分析哲学名著译丛

ESSAYS IN ANALYSIS

BERTRAND RUSSELL

分析论文集

〔英〕罗素 著

邱文元 译

商务印书馆
创于1897 The Commercial Press

Bertrand Russell
ESSAYS IN ANALYSIS

分析哲学名著译丛
出版说明

　　分析哲学是当代西方哲学的重要流派，起源于20世纪初期，与数理逻辑、科学发展有着紧密的联系。它不拘泥于传统哲学设定的理论框架，要求对讨论中使用的概念进行澄清，注重推理的有效性，帮助人们破除思维的迷障。

　　我馆历来重视分析哲学作品的移译出版。1920年，我馆全力资助学界邀请分析哲学的开创者之一罗素先生访问中国，并出版了相关著作。其后分析哲学诸多大家的重要作品代有新出，百余年来未曾间断。近年我馆陆续推出《罗素文集》《维特根斯坦文集》等，蔚为大观。今次编辑出版"分析哲学名著译丛"，旨在将已经出版的名著译作修订汇编，对尚未出版的重要著作规划引进，以期全面描绘分析哲学的学术地图，系统梳理分析哲学的百年学脉，架设文明互学互鉴的桥梁，形成多元互动的人文交流，为中国哲学的建设提供助力，为世界文明的发展提供滋养。希望海内外学者鼎力相助，推荐佳作，批评指教，在我们的共同努力下，充实和完善这套丛书。

商务印书馆编辑部
2022年4月

目　　录

一　罗素对迈农的批评

（一）迈农的复合物和假设理论 ⋯⋯⋯⋯⋯⋯⋯⋯⋯⋯⋯ 2
（二）对迈农《对象理论和心理学研究》的评论 ⋯⋯⋯⋯ 64
（三）对迈农《论科学理论中对象理论的位置》的评论 ⋯⋯ 78

二　摹状词和存在

（四）命题的存在的意义 ⋯⋯⋯⋯⋯⋯⋯⋯⋯⋯⋯⋯⋯ 86
（五）论指称 ⋯⋯⋯⋯⋯⋯⋯⋯⋯⋯⋯⋯⋯⋯⋯⋯⋯⋯ 91
（六）斯特劳森先生论指称 ⋯⋯⋯⋯⋯⋯⋯⋯⋯⋯⋯⋯ 111
（七）摹状词 ⋯⋯⋯⋯⋯⋯⋯⋯⋯⋯⋯⋯⋯⋯⋯⋯⋯⋯ 119

三　类和悖论

（八）论超限数和序类型理论的一些困难 ⋯⋯⋯⋯⋯⋯⋯ 146
（九）论类与关系的替代论 ⋯⋯⋯⋯⋯⋯⋯⋯⋯⋯⋯⋯⋯ 180
（十）论"不解之谜"及其符号逻辑的解决 ⋯⋯⋯⋯⋯⋯ 208

（十一）逻辑类型论⋯⋯⋯⋯⋯⋯⋯⋯⋯⋯⋯⋯⋯⋯⋯⋯236
（十二）类型论⋯⋯⋯⋯⋯⋯⋯⋯⋯⋯⋯⋯⋯⋯⋯⋯⋯⋯278

四 逻辑和数学的哲学

（十三）无限公理⋯⋯⋯⋯⋯⋯⋯⋯⋯⋯⋯⋯⋯⋯⋯⋯⋯288
（十四）论无限和超限的公理（1911）⋯⋯⋯⋯⋯⋯⋯293
（十五）论数学与逻辑的关系⋯⋯⋯⋯⋯⋯⋯⋯⋯⋯⋯307
（十六）发现数学前提的回归方法⋯⋯⋯⋯⋯⋯⋯⋯⋯319
（十七）数理逻辑的哲学意蕴⋯⋯⋯⋯⋯⋯⋯⋯⋯⋯⋯332
（十八）数学纯粹是语言学的吗？⋯⋯⋯⋯⋯⋯⋯⋯⋯343
（十九）建基于类型论的数理逻辑⋯⋯⋯⋯⋯⋯⋯⋯⋯357

五 附录 休·麦科尔的四篇文字

符号推理⋯⋯⋯⋯⋯⋯⋯⋯⋯⋯⋯⋯⋯⋯⋯⋯⋯⋯⋯⋯415
发表于《心灵》上的三篇笔记⋯⋯⋯⋯⋯⋯⋯⋯⋯⋯⋯426

六 参考文献

A 历史背景⋯⋯⋯⋯⋯⋯⋯⋯⋯⋯⋯⋯⋯⋯⋯⋯⋯⋯434
B 罗素的逻辑学著作⋯⋯⋯⋯⋯⋯⋯⋯⋯⋯⋯⋯⋯⋯444
C 二手文献⋯⋯⋯⋯⋯⋯⋯⋯⋯⋯⋯⋯⋯⋯⋯⋯⋯⋯456

一
罗素对迈农的批评

（一）迈农的复合物和假设理论 ①

首次发表于《心灵》杂志第 13 卷，分三部分发表（1904 年 4 月、7 月、10 月），分别是第 204-219 页，第 336-354 页，第 509-524 页。

I

除了某些涉及心理存在物的情况，每一表象和信念都必须有一个外在于自身并且是超心理的对象；通常所说的知觉的对象是一个存在命题——作为其组成部分进入其中的是其存在被涉及的事物，而非事物的观念；真和假不能应用于信念而只能应用于信念的对象；思想的对象，甚至当其不实存时，也具有存在，这种存在不依赖于它是思想对象：所有这些论点，虽然遭到普遍地拒绝，仍然被一些论据支持着，而这些论据至少是值得进行一番批

---

① 这篇文章讨论的作品是"论高阶对象和它们与内知觉的关系"，发表于《感觉器官的心理学和生理学期刊》第 21 卷，第 182-272 页（1899）和《论假设》（1902）。上述期刊有一篇重要的文章，"抽象与比较"，发表于第 24 卷，第 34-82 页（1900），尽管其内容在我看来完全正确，值得仔细关注，但是由于其主题和上述两部著作联系并不紧密，因此我在此不予讨论。

驳的。[①] 除了弗雷格，我知道没有别的作者像迈农一样在知识理论上更接近这种立场。在下文中我将致力于实现解读他的观点和提出我自己的见解的双重目的；这两个目的由于一致之处既多又重要，所以很容易结合在一起实现。

知识论常常被看作是与逻辑学同一的。这种观点来自于混淆了心理状态和它们的对象；一旦命题不等同于对该命题的认识这一点被确认，那么，关于命题性质的问题区别于所有关于知识的问题，就变得十分明白了。拒绝承认这个区别，除了其形而上学的后果外，还会带来两个坏的结果：它把不相关的心理学思考引进逻辑学中，与此同时又把相关的心理学思考排除于知识论之外。它做了前者，因为知识论是不能把心理学排除在外的；它做了后者，因为逻辑和心理学的区别是强烈地被感觉到的，因而常常被称作知识论和心理学的区别。知识论事实上不同于心理学，它在理论上更加复杂：这是因为，由于知识不过是对什么是真的东西的信念，因而它不仅涉及心理学对信念的讨论，而且涉及真与假的区别。这样，知识论的主题可能通过心理学也可能通过逻辑学的途径来研究，这两种途径的研究都比该主题自身简单。迈农通过心理学的途径进行研究，但结合着许多逻辑上的小聪明；因而把他的观点与通过逻辑学的途径进行研究的观点加以对照，就可能是一件有趣的事情。

在进入细节的讨论之前，我乐于重点介绍迈农的令人敬佩的

[①] 我在摩尔先生的影响下接受了这些论点，在下面的数页里，我都受到了他深刻的影响。

研究方法——这一方法很难在一个简短的评述中说清楚。尽管经验主义作为一种哲学看起来是站不住脚的,可是研究过程中的经验主义方法,却应该适用于各种主题的研究。我们正在考察的著作具有这种经验主义的很完美的形式。像我们的观察能够揭示给我们的那样,对感官材料的坦然承认,是一切理论探讨的前提条件。在一种理论被阐述时,阐述中的卓越技巧就显示在,对有利的或无利的事实例证的巧妙选取,以及如何更好地从这些例证引出各种相关的结论。这里就有一种机敏的推理能力和观察能力的罕见的巧妙结合。哲学方法并非根本不同于其它科学的方法:区别似乎仅仅是程度上的。哲学的材料更少但更难以理解;它所需要的推论可能比除了数学以外的其它科学的推论更加困难。可是,最重要的一点是,在哲学研究中就像在其它研究中一样,存在着我们由以出发的自明的真理;这些自明的真理是可在检视或观察的过程中被发现的,虽然要被观察的材料大部分不是由实存事物组成的。无论迈农独特论点的价值最终被证明是什么,毫无疑问,这种方法的价值是巨大的;因此而不是因其它理由,他的哲学值得仔细研究。

下面是迈农主要论点的简洁概述。在所有的表象和判断中,最基本的区分是内容和对象的区分。对象,当被他叫作"高阶对象"的时候,是一个复合物。论述这个主题的文章研究了对象的复杂性,并提出了复合对象可感知的主张。论假设的著作(《论假设》)起初给人的印象是关于另一个主题的,实际上却与这篇论文在主题上紧密地连接在了一起。判断被认为包含着两种要素,(1)信念,(2)肯定或否定。并且,在很多被叫作假设的普通事

（一）迈农的复合物和假设理论

实中，只有第（2）种要素而无第（1）种。[①] 判断和假设都涉及迈农所说的对象体，即所涉及的命题：一个判断和一个假设的区别，不在于对象体的不同，而在于前者有信念表现出来，而后者没有。现在看来这些对象体总是参加到复合物的构成中，尽管它们不总是等同于复合物。[②] 但是，人们认为，复合物由于总是要求一种根本不同于表象的假设，因此不能是表象的对象。这样，我们就有（1）可以被表象的简单物；（2）或者被假设或者被判断但不能被表象的复合物。对于逻辑，最重要的一点，在我看来，是复合物与命题的联系；对于知识论，重要的是命题的客观性，以及与判断相对的假设的存在和功能。

短语"高阶对象"被迈农用来涵盖关系以及他所说的 complexions；在英语中我们最好将 complexions 叫作 complexes（复合物）。确立这些对象的可知觉性是他写作这篇论文的主要目的；顺便地，许多其它的重要论点在其中也得到了透彻的讨论。

从心理意义上讲，迈农指出，在表象和判断的情况下，区分行动、内容和对象这三种要素是十分必要的。所有表象都共同拥有表象行动，但不同对象的表象在它们的内容上是相互有别的。需要清晰地区别内容和对象：当一个表象存在时，表象的内容一定存在，但表象的对象却不必存在——它可能是自相矛盾的东西，可能是碰巧不能成为事实的东西，例如金山；它可能是本质上不能存在的东

[①] 弗雷格已经指出过这一点，但他只将此应用于迈农研究所覆盖领域的一小部分，并且没有通过同样丰富的论证和说明确立这一点。参考见下文。

[②] 摩尔在 A 1899 中主张命题和复合物的同一，就像他主张真和假不属于判断而是属于命题的理论那样。摩尔所说的命题就是迈农所说的对象体。

西，例如平等；它可能是物理的而不是心理的东西，或者可能是某种曾经实存或将要实存，而现在不实存的东西。被叫作表象对象的存在，并非真实的存在；它可被称为虚假存在。虽然区分内容和对象是十分必要的，但是人们容易为了对象而忽视内容；内容本身不具有本然的名称，它们必须通过其对象来获得命名并被区分开来。

在对象中，有一些对象内在地缺乏独立性，例如多样性，只能在与区分项的关联中被思考。这些对象建立在作为必不可少的预设的其它对象之上：迈农把它们叫作"高阶对象"，并且他把预设的对象，叫作次阶对象（inferiora），将与之相对的它们叫作高阶对象（superiora）。一个可以有次阶对象的对象必定有一个次阶对象；但是可以有一个高阶对象的对象就不一定有一个高阶对象（第190页）。不是所有高阶对象都是关系：例如四个坚果，它们预设了每一个坚果的存在。一段旋律，也是如此；由一块形状和一种颜色混合而成的红色方块，也是如此（第184-192页）。

上述例子已经很明确地表明了迈农考察的对象是哪一类的了：它们是关系、由关系连接的项构成的复合物、其数中除0和1以外的数都可被断言的那一类对象（我们也许可以把它们叫作复数的）。在进展到新的论点之前，我们必须先考察他对这些对象的描述。他说（第189页），它们在本性上内在地缺乏独立性；它们建立在作为必不可少的预设的对象之上（第190页）。由于稍后会提到的理由，我们先忽略复数的。这个描述存在着若干困难。

首先，它奠基于逻辑在先性：次阶对象在某种程度上先于它们的高阶对象。现在逻辑在先性是一个很模糊的概念；就我们眼下可以弄明白的而言，一番仔细的讨论就可以摧毁这个概念。因为它依赖一个真命题被另一个真命题蕴涵而不是另一个被这一个蕴涵的假设；可是，根据符号逻辑，任何两个真命题都是相互蕴涵的。在这种情况下单边蕴涵的出现，似乎来源于无意识地用形式蕴涵替换了实质蕴涵的。① 如此结论就会是，整体的潜存或存在完全不能在如下意义上——部分的潜存或存在不预设整体的潜存或存在的意义上——预设部分的潜存或存在。②

与此联系在一起的是第二个反驳，即似乎不可能将必然的真命题和仅仅是事实的真命题区分开来的。因此，我们必须质疑如下这样的陈述：一个高阶对象必定有一个次阶对象，而相反则不是必然的，因为任何两个项都有某种关系，并且就像它们对这些关系是必然的，它们具有的关系对它们也是必然的。从始至终，在许多关键点上，迈农的著作都用到了必然性的概念；如果必然性不被认可，他的一些非常重要的论证就不能成立。他说，绿色和黄色的差异是必然的；但太阳正在发光的事实并不是必然的（《论假设》，第188页）。可是他加了一个脚注说，如果考虑与其

---

① 罗素 B 1903，第 3 章。
② 无论如何，必须被承认的是，单边的推论事实上在很多情况下是能够做出的，所以当我们进行推论的时候，必定涉及一些不同于符号逻辑所考虑的关系。其中一种是迈农所关注的关系，即简单物和复合物的关系：简单物是在如下这种意义上先于复合物，即我们可以从复合物中推出简单物，相反的推论甚至当其是有效的时候，也只能在结论已被知道是真的时候才被看作是有效的，这是一个规则。在这个意义上，逻辑在先性也许来自于相对的简单性；可是，一旦如此，我们当然就不能用逻辑在先性来定义简单与复杂的关系。当逻辑在先性被说成是稍后讲到的那样子，它就总是在这种派生的意义上即复合物的组成部分先于复合物本身被理解。然而，这种意义虽然与知识论相关，却显得不能用于逻辑：它由于本质上涉及推论，最好被叫作认识论的在先性。

原因的关系，事实也可以成为必然的，这似乎将心理过程导向一个与必然性判断相关的信念；他承认，这就引起了一个问题。现在当我们思考什么是我们通常叫作必然性的命题时，我们发现它们都是：（1）所有这些命题都不涉及时间的特殊部分，即，它们如果涉及时间的话，就涉及所有时间；（2）所有这些命题都是从真前提导出来的，不论这些真前提是否被认为是必然的。根据第2条，一个事件从原因推导出来时就成为必然的，而这些原因除非也是如此推导出来的，否则就不被认为是必然的。我禁不住觉得，所有必然性和偶然性的感觉都来自于这样一个事实：一个包含现在时态（或过去或未来时态，除非提及一特定时间）动词的句子的意义，随着"现在"的改变，连续地发生变化，因此在不同的时间代表不同的命题，有时代表真命题，有时代表假命题。一般而言，当一个命题包含着我们本能地认为是变量的一个项时，如果变量的一些值使命题为真，一些值使其为假，我们就觉得这个命题是偶然的。例如，当我们说"这辆出租车的车牌号是四个数"时，我们觉得它也许是五个，因为我们想到了所有我们坐过的其它出租车。但是，当这种关于变量的无意识的思想被排除了以后，我就无法看出涉及时间的事实以任何方式不同于可被叫作偶然性的其它东西。[①]

第三个反驳是，关系虽然不是复合物，但它似乎能够被思考为可与它的项相分离。如果不可能性只具有心理学的意义，那么，大多数人就有可能会觉得如此思考是困难的，虽然，甚至那时，所需的不是任何特别的项，而仅仅是某些项的概念。可是，多

[①] 参看摩尔 A 1900b。

样性或逻辑蕴涵似乎是一个简单概念，项的概念并没有进入其中成为其构成部分；而且似乎可以通过实践学会思考这种概念本身。确实可以怀疑的是，除了它们在联接这一事实，关系是否可以被其它事物恰当地刻画出其特征来；或者，除了包含被关联的项这一事实，复合物是否可以被任何其它事物恰当地刻画出其特征来。在我看来，只要刻画复合物的特征是可能的，这种刻画就来自于迈农后来所描述的某种同一性。

我们的作者假定复数具有某种同一性，这种同一性使得复数不仅仅是一个集合。不进入类和数的问题——这是我已经在别的地方仔细地讨论过的极端困难的问题——之中，我们就不能谈论复数。[①] 复数与关系和复合物在所有情况下都很不相同，它涉及不同类型的逻辑问题。因此，在下文中，最好是把它们排除在我们的讨论之外。

现在回到对迈农理论的解释上来，我们发现了一个刻画复合物的同一性特征的认真尝试。一个复合物蕴涵着一个关系，并且反过来也是如此；由于联结关系，一个复合物就不仅仅是其构成部分的集合。虽然关系是复合物的一部分，但是复合物不仅仅是由项和关系构成的，因为项是由被关系所联结而被联结到关系中的——这是导致了一个无穷后退，但是一个无害类型的后退的事实（第193-194页）。一段由四个音符组成的旋律不是第五个音符，一般而言，一个复合物不是通过添加一个对象到其组成部分中形成的；可还是有某种东西添加了进去。增加的是关系，它恰

---

① 罗素B 1903a，特别是第6章和第15章。

当地联结着其组成部分：因为红色、绿色和差异并不能造成"红色不同于绿色"（第236页）。

这些言论好像是完全合理的，就像一个关系或复合物可能有超过两个项的言论（第196页）那样。但是，复合物的同一性提出了一个逻辑问题，迈农似乎对其没有给予充分的关注。我们被告知，被添加的是关系，是恰当地联结着的关系；但是，当我们思考关系和项时，我们并没有得到复合物。并且即使我们再添加上关系与项的各种关系，并且再添加上在这样的无限的进程中产生的所有关系，我们仍然不能再度获得我们原来的同一性，而是仅仅获得一个集聚。因此，把我们的复合物区分开来的不是其构成部分，而简单地和唯一地是它们以某种方式联结起来的事实。即使所有无限多的关联着的关系都被考虑到了，不同的复合物仍然可以从给定的构成部分中构造出来：因此，例如"a 大于 b"和"b 大于 a"的区别不能通过分析其构成成分来解释。这种特殊的和明显不可定义的同一性，正是我主张用来刻画复合物的概念的特征的那种同一性。很明显，所涉及的这类同一性属于所有的命题；并且，在这种情况下，这一分析对如下事实就会是不恰当的：命题为真或假，而它们的组成部分一般来说却既不真也不假。

迈农说，理想对象，例如那些不能存在的对象，总是高阶的对象。例如，相似性，不能存在但可以潜存；类似地，四重性在四个坚果存在的地方并不存在。但是也存在着真实的复合物和真实的关系：对时间和空间的占有、欲望和其对象的关系、意识的同一性的部分之间的关系（第198-199页）。真实关系是不具有必然性的关系，但是理想关系是必然性的：他将后者叫作有恰当根基的关系，将此类对象叫作有恰当根基的对象（第202页）。

我们可以像先前怀疑必然性的概念一样，反驳上面最后的陈述：我们在充分承认存在和潜存的一般区别的同时，对于上述的观点进行一些批评似乎是需要的。如果只有现在实存着，已经实存着，或者将要实存着的，才能够实存，像我们如果拒斥传统的模态区别就必须认为的那样，那么必定会有不是高阶对象的理想对象存在。例如非欧几里得空间中的点，或者理论动力学想象的粒子。另一方面，如果成为一个可能的存在物，被认为不过是拥有像属于上述点和粒子那样的实际存在的类似物，那么迈农的观点就有变成纯粹的同语反复的危险。因此，所有理想对象是否在任何重要意义上都是高阶对象，就是可以质疑的了。可是，尽管举出了这些例子，相反的主张似乎也是可持有的。我们倾向于把存在赋予任何与时间或空间的特殊部分有密切联系的事物；但对我而言，研究似乎将我们引向这样的结论：除了空间和时间以外，只有那些与时间和空间的特别的部分有一种特殊的占有关系的对象存在。对于这样的问题，论证几乎是不可能的；我只能记下我的研究没有得出和迈农一样的结论这一事实。无论如何，我们可以觉得：是某些高阶对象可以被知觉的事实导致他形成了其观念，并且他主张不能存在的东西也不能被感知的学说是自明的（第200页）——我现在就转向讨论这种学说。

我们现在着手对舒曼的观点进行仔细的和有趣的反驳。根据舒曼的看法，内知觉没有告诉我们高阶对象的存在。迈农承认，常识倾向于立即接受这一主张：当我们看见红色和蓝色时，我们似乎并不同时也看到它们的差异。他说，让我们来考察尖塔的表象：内知觉仅仅为我们确认"被表象的尖塔",而不是真实的尖塔。但是,内知觉不仅产生了内容,而且也产生了(内在的)对象;这个事实就涉及到了知识论的一个根本问题,因为后者只具有虚假的存在(第207页)。的确,看的行为比被看到的东西更不容易为内知觉所感知:即使这样,除了物理对象,内知觉似乎仅仅能揭示出感觉的存在(第208-209页)。这个结论是按照舒曼的论证路线进行推论得到的。但是,这样的结论经受不住对可观察事实的更仔细的考察。很清楚,我们经常不用经过推论而只是通过知觉就知道我们的观念是如此这般;在这种情况下我们通过内知觉来感知一个判断。我们拥有知觉这个不能否认的事实,只能被内知觉所发现。可以观察到,包括内知觉的所有知觉不仅是表象,而且也是判断,即对对象存在的判断。而且我们感知到我们在欲望,欲望什么,以及欲望和欲望对象的关系;我们感觉同样如此。很明显,表象能够被感知,因为很多表象有不存在的对象,而不存在的对象由于不存在所以不能被感知,因此这些表象的知识只能来自对它们自己的知觉而不能来自对其对象的知觉(第212-218页)。

为了检查这些论证中的最后一个论证——其有效性似乎是可疑的,就像其结论是不可否认的一样——,有必要考察一下迈农对知觉本性的看法。人们普遍地假定,迈农似乎也如此假定,知觉是一类知识;然而,我认为也许可以主张,知觉仅仅是这样一类为真的知识,即在知觉中,我们不能获得对认知方式的清楚知识,仅仅能获得认知对象的清楚知识。在扩展这个论点之前,无论如何,我将先简略地陈述一下我们的作者对这个主题的见解。

（一）迈农的复合物和假设理论

我们被告知，当一物的存在不是通过从前提开始的推论而是直接地被认识到的时候，这一物才被知觉到了，并且同时也被认知了（至少是实践地）。这是不确切的：因为我们现在看到的固定在天上的星星也许很久以前就已经不存在了；但是这种不确定性只限定于外知觉。一个知觉依其特征被界定为内在的：(1) 其对象是心理的对象，(2) 特别清楚明白（第212页）。知觉的内容和对象接近的同时性，可以在下列情况下被证实，例如对一段旋律的知觉，或对一种运动的知觉，或对其组成部分是连续的一个复合物的知觉。在这种情况下，仅当其所有组成部分已经被感知到，并且还在被感知的时候，这个复合物才能被感知：在时间上清楚有别的复合物的次阶对象虽然不是同时存在的，却必定被同时给予表象。当我听完一段旋律的音符，知觉到了该旋律的时候，这些音符不呈现为仍然存在着：这些音符之间在时间中的联系，以及音符和表象音符的时间的联系都以某种方式被牵涉到，而该旋律似乎多多少少已经成为了过去。由此可见，对象的时间系列并不涉及与其对应的内容的系列，并且我们可以知觉到那些已成为过去了的东西（第244-255页）。

上述已被充分地展示出来的、在时间性复合物的知觉的问题上似乎是无法反驳的论证，引起了另一个有效性更加可疑的论证，根据这一论证又会得出过去能被感知的结论。如果我们只能感知实存着的东西，不能感知过去实存和将要实存的东西，那么，我们就不能感知在时间里延展的任何东西。并且仅有真实的东西才能被感知，而时间中的一刻只是一个界限，不是任何真实的事物。因此，不存在知觉。我们不是要绝对地否定时间或空间中的点的存在,而是只否定孤立的点的存在:点不实存,但是潜存,然而在点实存的地方仍然也许有某种东西实存,只是它不局限在点上(第259-260页)。

在这里我们不可能讨论与时间本性有关的所有问题;反驳似乎承认时间存在的迈农,证明瞬间是时间的终极组成部分,而且如果部分不实存整体就不能实存,就够了。如果承认瞬间存在,上述论证就失败了:为了保留其任何部分,就有必要假设(这无疑在某种意义上是正确的),我们只能感知那些如果能够持续一段有限时间的存在物。

另外一些具有同样结论但更难以攻击的论证如下。与现在的现实性相比较,人们习惯于说过去和未来是理想的;但我们必须承认过去与未来的实在:相反的思路过分地主观了,因为规定为过去或未来仅仅表示了判断的时间和对象的时间之间的关系,这种关系与实在无关,不论人们是否和何时认识到它。(这是一个非常清晰的观察,通过它很多混淆被澄清了。)没有什么理由可把知觉限制在当下,因为,记忆也是直接的,并且会随着流逝的时间变得更短而变得越来越确切。常识假定知觉和其对象之间存在着同时性,因为它假定知觉和其对象之间存在因果关系或条件关系。但是这种关系如果是因果的,同时性就成为不可能的了;如果是条件的,同时性就成为不必要的了。尽管受到限制,我们也许仍可以说,我们能感知过去的事物:可知觉部分也许可以叫作"心理现在"。因而我们能知觉变化和运动。通过这个理论,记忆和知觉的区别就变得不尖锐了,特别是当严格说来我们只能感知过去的事物的时候;而且尖锐的区别似乎是虚构的结果(第

260-266页）。

上述对知觉的讨论略去了一些似乎不需要讨论的部分，因而它们仍有某些地方有待考查。在涉及内知觉的地方，知觉和对象的不同时性，不会导致什么困难；但是在外知觉那里，这种同时性似乎是被感知事物的组成部分，然而有时这却是完全不真的，就像固定在天上的星星的情况那样，而且根据物理科学，这或多或少总是错误的。可是，物理科学完全依赖于知觉的可靠性：因此，似乎是，这种可靠性的假定摧毁了它自己。然而，也许仅仅否认现在的存在是外知觉所肯定的就十分充分了，尽管这样的否认似乎与有利于理论的研究结果相抵触。下一个要点涉及笛卡尔关于内知觉极其明晰的格言。霍布斯反驳说"我走故我在"（ambulo ergo sum）是和"我思故我在"一样好的论证；这种观点似乎是常识的观点。的确，像迈农自己说的那样（第210页），唯物主义是普通人自然就有的观点。可是，从其论证的过程和要义来判断，他似乎主张这种对物理对象的唯物主义信念是从内知觉衍生出来的。一个表象和组成它的三个元素行动、内容和对象，被认为完全是心理的，并且对象，像其它两个元素一样，被假定为整个心理状态的一部分——至少是某些章节如此主张。因此，对象被说成是"内在的"，在尖塔的例子里，内知觉被说成向我们确保了"被表象的尖塔"而不是真实的尖塔。所以，如果这种关于普通人的唯物主义的来源的推测是正确的话，普通人的唯物主义一定来自于对确实属于心理的东西的知觉——但从其论证的复杂来看，这一论述过程远离了事实。与此种观点相反，我更愿主张明显是常识哲学的观点，即一个表象的对象是实际存在的外在事物，而不是表象活动的组成部分。因而，以尖塔为例，我们有：（1）外知觉，它以实际存在的尖塔为对象，更准确地说尖塔的存在完全是超心理的物质的东西；（2）纯粹的内知觉，它以先有的外知觉的行动或内容的存在为对象；（3）高阶对象的知觉，它由认识关系结合在一起的对于尖塔的知觉和尖塔的存在构成。[（1）（2）的对象是高阶的，（3）的对象则是它们为其次阶对象的高阶对象。]有利于这种常识观点的理由可以简略地陈述如下。关于外知觉，如果两个人能够感知到同一个对象，就像任何共同世界的可能性所要求的那样，那么一个外知觉的对象就不能仅仅存在于感知者的心灵里。因此，在这种情况下，从而可能在任何一种情况下，知觉仅仅由行动和内容组成，对象是与知觉相联又外在于知觉的实体，更准确地说是命题（即那种宽松地叫作对象的东西存在的命题）。必须承认的是，纯粹的内知觉是极难理解的：就像迈农坦陈的那样，内容是"知觉难以把握的"。因此，当我们打算思考仅仅属于心理的事物时，我们总是不可避免地去思考由认知和被认识的东西所组成的认知复合物；因此，被认识的对象（命题）也被看作是心理的，尽管因此会产生极为不便的后果，即在这种情况下，两个人不能认识同一个命题。①

由于关注普通所说的知觉，我迄今仅仅讲到了对命题的意识；如同迈农所说（第216页），所涉及的所有情况，都是人们知道某种事物实存，从而知觉的对象是一个存在命题的情形。可是

---

① 在其《论假设》中，就像我们将要看到的，迈农的探索比起早一些的著作更接近我所主张的立场。

似乎不容否认的是，也存在一种其对象不是命题的单纯意识；因为，除非我们意识到了红色是什么，否则我们不能知道红色实存。然而，除了这个先验论证，根据我们的研究，否认这种意识是更自然的；在我们尝试思考红的时候，我们似乎仅仅成功地将红思考为实存，即成功地思想迈农所说的设想"红实存"。① 无论可能是什么，由于其对象既不真也不假，单纯意识（awareness）和认识是很不相同的；通常意义上的知觉则是一种认识，即对存在的认识。

现在回到知觉是由认识方式还是由被认识的命题的种类规定的问题上来。我们看到，无论如何，词语"知觉"总是伴随着一个标志，就是它没有在先的推论。这肯定不是被认识事物的性质，因为，除了所有推论都预设的少量的逻辑基本规律外，任何被认识的东西从理论上讲都可能是通过推论被认识的。但是，从任何严格的意义上，它好像也不是知识的性质：因为，在判断的对象被给予的时候，判断也似乎被给予了，即只有一个给定命题的知识，没有对它的不同类型的知识。因此，结论就是，在先的推论只是认知的外在联系，这种认知不能影响其自身的性质。然而，我们看见海王星和推论出其存在这两种情形间存在着极大的差别。这似乎主要地由两个事实来加以解释：(1) 被知觉的命题不是用语词表达出来的命题，(2) 命题总是一个无限复杂的时空连续体的构成部分，而且在知觉中不是孤立地被考察。在命题

---

① 迈农主张一个单纯的表象不拥有对象，只有通过与一个假设结合在一起才能得到对象。《论假设》，第101页。参看下文。

涉及的是抽象事物的时候，例如在推论原理"在 q 被 p 所蕴涵并且 p 是真的，那么 q 是真的"的情况中，没有任何可能的推论能够确保我们对这个命题的信念，因为所有的推论都要用到这一信念，但这一事实不会以任何方式改变我们信念的性质。推论出来的类似命题，会以完全相似的方式被认可，即它们在所涉及的感觉上没有任何内在的差别。因此，我们可以合理地设想，在时空命题的情况下，上述两点可以解释这种感觉上的差异。

可是，知觉通常也隐含着被感知的是涉及与现在非常接近的时间的存在命题；并且，通常存在着一个多少是隐含着的假设，即，这个标记和不是从推论得出的标记联系在一起。所有前提在如下这种意义上都是从知觉得来的，即任何不通过证明就被认可的命题都是关于现在和最接近现在的过去的存在命题，这是彻底的经验主义的一个信条。可是，那些考虑过证明包含不能被证明的逻辑规律的人不接受这个信条。这个逻辑规律的例子足以表明自明的命题不需要来自这种狭义的知觉；当这个例子表明的可能性被认可的时候，就可以很容易地看到，大量的不涉存在的未证明的命题是自明的。

如果以上所说是正确的，那么迈农的表象必须是可知觉的论证（第218页）就是无效的了，因为我们能够认识比如不存在的对象，而不存在的对象是不能被感知的。我们必须认为不存在的对象的存在或者迈农说的潜存常常是可被直接认识的；许多涉及不存在的命题也不是通过推论被认识的。迈农的论证无论如何是过于复杂和奇怪的。我们首先思考一座金山，然后知觉到我们在思考它；因此，我们推论出有一座金山的表象，最后得出金山

（一）迈农的复合物和假设理论

潜存或以某种方式存在的结论来。但是我们在最初思考金山的时候，就已经知觉到，或至少能够知觉到（如果我们选择这样说），金山潜存着；通过我们的表象走过的迂回道路似乎是相当多余的。对象不构成表象的部分的理论必须扩及对象是想象的即不存在的地方；在数学对象，例如数的情况中，这似乎是显然的。因此，知识论变成逻辑和一般的知识对象的衍生物：因为，在迈农的表述中，知识对象（命题）是次阶对象，对于它和认知来说，认知关系是高阶对象。正确和错误信念在其中没有区别的信念理论，是心理学的一个分支，而心理学和对信念对象的研究是同一个级别的；可是，信念只是在有认知关系潜存的地方才是知识，即在对象是真的地方才是知识。因此，如果还要主张迈农的次阶对象先于高阶对象的理论，知识论就必须以逻辑学和心理学为前提。

在我看来，与知觉相关的事实可以简述如下：有许多不同种类的命题是自明的，即它们不需要由别的命题证明就可被接受。所有自明的命题，更准确地说，它们当中那些真命题，在宽泛的意义上也许可以说是被知觉到的。但是，存在着一类特殊的自明的命题，它们涉及时间的特别部分，并且仅仅在这个时间部分，或刚好在其后成为自明的命题。这些命题在它们是真的时候，可以说是在第二种意义上被知觉到的。但是，在我看来，这些命题中的一部分，由于涉及潜存的而非严格意义上存在的关系，虽然迈农主张它们实存着（这些是他所说的与理想关系相对的实在关系），因此，不真正是实存的命题。因而，通过把那些不是实存的命题从第二类命题清除出去，我们获得了第三种或最狭义的知觉命题。①

迈农极其有趣的"逃离知觉的"(wahrnehmungsfleuchtig)对象理论——迈农用这个理论来答复高阶对象到底能不能被知觉的疑问——，几乎是纯心理学的，因而这里不予讨论。我也忽略他对被看作是复合物连续体的知觉所做的令人敬佩的分析，因为它们离主题有点远了。我对这篇文章主要的批评是：(1) 没有弄清楚知觉概念及其认识论意义；(2) 将表象或知觉的对象看作表象或知觉的组成部分，或者将它们看作是心理的事物。关于这最后一点，为了便于读者思考，或许应该提出下面的问题：拥有一个表象或信念而没有与其对应的对象是可能的吗？除了那些主张所有东西都可被某些心灵知道的人（迈农不属于这些人）以外，相反的可能性将会立刻得到承认；可是，一个不信任任何东西的信念的观念一眼看去就难以被承认。类比而言，如果内容和对象像我主张的那样是外在地联系着的，二者之一不需要另一方潜存就应该是可能的了。这个问题的主要意义是相关于错误的。在我们相信一个假命题的时候我们相信的是什么？我们相信一个存在于（例如）两个项之间的关系，而事实上这两个项不是这样联系着的。因此，我们似乎没有相信什么；因为，如果存在着这样一个我们相信的联系，这个信念就将不再是错误的了。如果一个信念是对一个没有对象的内容的信念，那么，虽然我们相信，我们却

---

① 上述定义知觉的方法，虽然似乎给出了第一个定义的近似值，却易于遭到某些反驳。这些反驳曾使摩尔先生将其存在是已知的东西和对这些东西的存在的知识间的因果关系引入到了知觉的定义中——我并不试图确定这是否正当。参看摩尔 A 1903 a。

没有什么可以相信，这可能是真的；在这种情况下，正确的信念和错误的信念会通过一种信念有对象另一种信念没有对象而区分开来。但是，这种可能性似乎太自相矛盾了，因而难以作为主张提出来，除非到了最后迫不得已的地步；假设了真假设的假设是假的情况似乎证明了假命题必定有某种超心理的潜存。无论如何，这个问题是一个很大的问题，就像本丢·彼多拉的"什么是真理"一样重要。我将在文章的结尾再回到这个问题。

II

迈农的《论假设》是一部很重要的著作，因为它引起了我们对以前几乎完全被忽视的一类事实的关注，并且给出了如此多的对它们有利的证据，以至于从此以后，它们的存在就几乎不可能再被疑问。

这部著作被分成了9章：论第一原理，句子的典型功能，假设的最明显的情况，从假设出发的推论，心理对象的客观性，对高阶对象的理解，对象体，欲望和价值的心理学，假设的心理学要素。最后两章主要致力于非认识论的主题，因而，在随后的讨论将被忽略掉，尽管它们就自身而言也十分重要。其它几章全都包含着任何知识论都不能忽视的内容。

第1章定义了要处理的一类事实。有两个标志把判断和单纯表象区别开来：一个是信念或确信，另一个是对于肯定和否定这个对立的态度。尽管第一类标志总是蕴涵着第二类标志，第二类标志却并不总是蕴涵第一类标志：要确定的主要论点是，肯定和否定能在没有确信的时候出现,并且出现在我们叫作"假设"(Annahmen)的地方(第2-3页)。初看起来一个假设可能就是一个单纯的表象,但是迈农相信这个观点是能够被反驳的,我则认为迈农的看法是错误的。他说,只是直接知觉自身似乎就足以确立一个假设和一个表象的区别;不过形式的证明可从否定假设的例子得到,例如从"假设布尔人没有被征服"。否定永远不是一个表象的问题:这可被看作是自明的事情(第6页)。可是,我们怎么看待"非红的"这类观念呢?这些观念通常被看作表象或概念。但是,如果如此看待,那么否定的元素是处在行为中,还是在内容中,或者在对象中呢?很显然不会处在行为和内容中,因为我们不会对同一个对象产生两种表象。因此,我们就必须假设一个否定的对象"非红的",并且这个对象必须是一个高阶对象,因为它在被想到的同时"红的"对象也必定被想到(第6-8页)。如果存在否定对象,那么它们很显然不会是经验对象。设想非A,我们不仅需要A,而且需要M,这里的M被断定为非A。[①]我们也许可以假设,否定虽然是判断的产物,但它本身还是一个可以不需判断而被把握的表象的对象,就像"区别于A"那样。并且这可能诱使我们把多样性和否定等同起来;但审查一番后我们发现这是一个错误:"不存在永动机"并不是说"任何不同于永动机的东西存在";并且"x不是a"不能通过任何分析来发现其中包含着多样性。因而,否定是一个否定判断的真实构成元素(第

[①] 注意这里的M必须是数学语言中所说的变量:即没有特定的对象符合要求,符合要求的是"任何对象"的概念。

（一）迈农的复合物和假设理论

9-11页）。现在回到我们假设的对象非A，它是高阶对象，并且是不可经验的对象，因此必定是有充分根据的对象。但如果是这样的话，它就必然地关联于它的基础；可是许多否定判断，例如"石头没有升起来"，并不是必然的。所以，非A不是有充分根据的对象，并且因此就完全不是对象（第12-13页）。确实，某物若被判断为不是红的，则是一个否定对象，我们可以把它叫作"非红的"；但是它涉及到否定判断及否定判断与所判断对象的关系，并且当此类心理学的和认识论的元素不是非常明显的时候，"非红的"就几乎不能涉及它们，然而，当我们考察所说的否定表象的时候，我们发现不了（也许要排除一些少见的情形）任何此类迂回过程的痕迹。因此，我们可以得出结论：肯定和否定的对立，对表象行为来说没有什么差异，它仅仅是以一种人为的方式应用于对象并因而应用于表象的内容，而永远不能出现在单纯表象之中（第13-14页）。

上述论证是随后的论证的基础，因而，必须对其进行仔细的审查。从必然性引出的论点，像上文提到的那样，在同样的关联中遇到了同样的反驳；并且，若此反驳是有效的，这整个论证，作为一段推理，就垮掉了。但还有几点要说。首先，"非红的"这类表达式是不确定的，因为它既可以用于不是红颜色事物的任何事物，也可以用于不是红色的任何颜色。在后一种意义上红颜色的某物就隶属于"非红的"概念之下了。在这个意义上，多样性就似乎先于否定或至少是伴随着否定了。如果A是一个对象，并且非A意指"任何不等同于A的某物"，那么非A就意味着"任何与A有区别的东西"。现在，多样性当然就可以定义为同一性的否定了；但是这个过程，虽然符合形式逻辑，几乎不可能经受得住检验。根据检验，多样性在多数人眼里是更基础性的。另一方面，如果A是一个谓词，非A通常意指不能被谓词A陈述的任何事物。在考虑非A的时候，把这些例子区别出来，就相当必要的了，因为它们给出的对象在类型上是相当不同的。但是，第二种情况，如果不是第一种情况，涉及"如此这般的关于某物的命题是假的"这个概念。迈农似乎反对对非A的这种意义解读，因为这一命题涉及心理学的和认识论的元素。在我看来，则没有涉及任何此类元素：对于任何对象x，如果A是一个谓词，就会得出"x具有谓词A"或者"x不具有谓词A"为真的相当客观的结论。但是，这就提出了问题：命题是否是心理学的？我在后面谈论此问题。现在假设它们不是，就会得到下面的结论：当A是一个谓词的时候，非A也是一个谓词，正如同A是一个对象，非A也是一个对象一样，只不过是一个复合对象。

看来我们必须承认否定只能从命题派生出来，同时还要做出一个重要的区分，没有这个区分混淆就几乎是不可避免的。否定一个命题和肯定它的否定是不同的。一个假设的例子可以清楚地显明这一点。对于任何命题p，存在一个关联命题非p。如同迈农指出的那样，这两者中的每一个都仅仅是假设的。但是，当我们否定p的时候，我们关心的不是一个单纯的假设，对于p我们没有做任何逻辑上等价于假设非p的事。我想，一番直接的考查会告诉我们，拒绝一个命题的心理状态和我们接受这个命题的否定命题的心理状态是不一样的。此外，排中律可以以如此形式表述：如果p被否定了，非p就必须被断定；这种形式确实太心理学化

（一）迈农的复合物和假设理论

了而不能是最根本的形式，但关键是，它是有意义的并且不仅仅是一个同语反复。逻辑上而言，对一个命题 p 加以否定的概念是不相关的：只有非 p 的真值才涉及逻辑。但是，对心理学而言，似乎是存在着两种都以 p 为其对象的心理状态，一种是肯定的，一种是否定的；并且有两种以非 p 为对象的心理状态，一个是肯定的，一个是否定的。p 或非 p 的假设又和肯定或否定有相同的对象，但这里对象仅仅是被考虑到了，而不是被肯定或否定了。

上述区别的重要性，在现在的情形中，部分地在于它为决定这样一个问题所提供的帮助。对于这个问题，迈农虽然没有讨论过，但在我看来却得出了正确的结论，而借助逻辑讨论这个主题的弗雷格明显得出了相反的结论。[1] 这个问题是：一个假设有一个与其相应的判断不同的对象，或者仅仅是对同一个对象（命题）有不同的态度？相信和不信的例子表明，我们对同一个对象有不同的态度是可能的，并且因此许可我们接受如下这个一眼看去就是正确的观点。在推理和假言命题的情形中，我曾在别的地方[2]讨论过这个决定提出的问题。

还有另外一个基本观点。除了一个命题的假设和断定，还有另一种把命题仅仅看作是表象的对象的态度吗？迈农给这个问题的解答是否定的，因为他主张不存在一个命题或一个复合物的表象（见上文的讨论），并且，"这个病人""这个人生病了"，二者中前一个是假设，第二个是一个判断，它们有相同的对象，虽然

---

[1] 参看弗雷格，A 1893, pp.x, 7–10。
[2] 罗素 B 1903 a, pp. 503–504。

并不表达相同的心理状态（第24-25页）。如果我没弄错，在这儿弗雷格也采纳了相反的意见，因为他认为"这个病人"指称了一个与"这个人生病了"不同的对象（同上）。我在断定这两种对象的同一性上和迈农是一致的，但是我和他的不同在于，我看不出会在什么意义上一个假设就不是一个命题的表象。但这个问题将在后面的阶段再占据我们讨论的时间。

迈农的第2章，在一个关于符号的简短讨论之后，研究了句子的特征。不是所有句子都表达判断——例如问句和祈使句（第26页）。附属从句也不能表达判断，因为他们没有被断定。"我期望今天下雨"没有断定下雨；"如此-如此是假的"和"如此-如此"是不一致的。从句可以以一种不产生任何判断的方式附属于一个词语，像在"那个如此-如此的意见"一样。同样，"如果p，那么q"，和"p或者q"，既没有断定p，也没有断定q。语言所表达的是一个思想，但它所指示的是一个对象：甚至当一个人不做断言时，我们通常不推测说话者的心理状态——例如，当我们听一个人读小说的时候。这里，像上面附属从句的情况一样，用假设来取代判断是很有必要的。

第3章列举了更明显是假设的一些例子。数学命题的假设，艺术性的文学作品，小孩子的扮相，谎言，和（有启发意义的搭配）哲学家的理论，没有一个离开假设能够获得人们的理解。当一个几何证明这样开始："假设一个直角三角形，它的一个边长是另一个边长的两倍"，我们处置的是一个没有被断定的命题：我们因此有一个假设，而不是一个判断。科学假设也至少在科学研究的起步阶段，是没有被断定的，并向我们提供了假设的例子。

（一）迈农的复合物和假设理论

当小孩子假装扮相的时候，很显然他们没有被自己的想象力的虚构所欺骗；这些想象组成了假设；同样的假设解释也适用于阅读一部小说。一个说谎的人期望使别人相信一个他自己并不相信的命题；如果他要成功，他就必须接受所讨论命题的假设。并且这是为什么骗子易于相信他们自己的谎言——一个单纯表象是不太容易变为一个判断的（第50页）。在理解我们阅读的哲学家的理论的时候，通常也要求通过同样的过程：我们可以把所讨论的观点变为表象的对象，然后在这个表象的基础上形成一个判断，或者可以（更经常地）接受与被考察的观点有相同对象的假设（第49-50页）。迈农现在回到了他在前面的章节里已经讨论到的问题的主题。一个问题表达了一种欲求，即，如果答案是肯定的或否定的，使一个假设转变为相应的判断或其否定的欲求（第54页）。并且在所有这些欲求中，由于肯定与否定的对立出现在欲求的对象中，我们必须关注一个假设：因为单纯表象是不充分和不适当的，被欲求的东西的真显然不是欲求本身的一个组成部分（第55页）。

第4章论假设推理，对推理的分析是很重要的。它以这样一个评论（第61页）开头，虽然推理的形式已经被形式逻辑学家精细地研究过了，这些推论涉及到了什么事实的问题直到今天还无人问津。如果迈农自己是一个形式逻辑学家的话，他也许会加上一句，说，在过去对推理的形式的研究也同样是盲目和不适当的，这些缺点在对推理进行分析的失败中是可以预料的。在今天，这两大缺点大体上已经被改正了。迈农不知道弗雷格——一个被过度忽视了的作者，只是通过分析推论，已经走向了区分假设和判断的方向。① 正是在这个语境关联中，或许与任何其它关联语境相比，假设的绝对必要性才能更清楚地被观察到。

在这个主题中，而不是在其它的我熟悉的主题中，在保持对逻辑和知识理论完全清晰的区别的问题上存在着一个严重的困难；然而，由于在这个问题上很令人惊诧地缺少两种立场的平行性比较，这个区别几乎没有在任何地方被认为是如此不可或缺的。我在别的地方② 讨论过其中包含着的逻辑问题；在当下的讨论中，我只提及最可能发生混淆的地方。

在这个主题中，根本的逻辑事实是命题之间的蕴涵关系，可表示为"p 蕴涵 q"或"q 从 p 导出"。就像被普遍地承认的那样，这个关系并不要求 p 或 q 为真。但是，在 p 为真的条件下，我们就得到了用于推论的原则，即"p，从而 q"。这里 q 借助 p 被断定为真；并且事实上，通过这个步骤，很多在直接观察中无法断言的命题可以被确认为真。迈农主张对于假设相似的操作也是可能的，即我们通过假设 p 获得 q（凭借 p 蕴涵 q），就像其中包含着一个真实的推论的程序操作一样；在这里，他看清了所谓假言判断的本质，他宣称，假言判断实际上根本不是判断（第89页）。根据迈农，存在对三件事的区别：(1) 蕴涵关系，(2) 所以-推论（therefore-inference），适用于判断，(3) 如果-那么-推论（if-then-inference）（像我们可以命名的），适用于假设。

区别(1)和(2)是很重要的，也是相当无可争议的；可是

---

① 弗雷格在 A 1891, 第21页已经发现了这个区分。
② 同上，第38, 52, 477节及以下。

(3)似乎招来了质疑。每个如果-那么句子，好像是断言了某种东西，并且或者真或者为假；不可否认的是，它所涉及的两个命题是假设的而不是断定的，但是，在它们之间的一个关系似乎不容置疑也是被断定的。迈农断言（第87页）这类关系仅仅被断定，当我们企图否定它们的时候我们实际上否定的是别的东西。在检验这个断言的过程中，必须指出，几乎所有迈农举的例子都包含着变量，因而涉及到的是我所说的形式蕴涵（formal implication）。"如果太阳出来了，并不因此就天气变热"，和"如果四边形是等边的，它们不必就是正方形"（第88页），他提出和拒斥的这些否定的例子，都具有这种性质。在第一个例子里，一个时间变量被包含在其中；在第二个例子中，一个四边形变量被包含在其中。他断定（引自同书），由于必然性不是如果-那么句式的组成部分，在这些命题中必然性就被否定了。我已经说过，在老式逻辑的情态意义上必然性是不可接受的；可是，在包含着变量的命题中，存在着必然性的一个含义，就是说，被谈论的命题对于变量的所有值为真。现在"如果太阳出来了，天气就变热"对于变量的所有值断定了某种东西；并且，这在被举出的例子中是被否定了的。因此，在必然性出现在被否定的例子中的意义上，它也出现在肯定的例子中。迈农谈论的时间性关联的命题，显而易见属于另一类，如"在一列火车离开车站的时候，提醒下一个车站的铃声就响起来了"。但是，这些句子恰恰和其它的陈述句是同类的；命题实际上是如下形式："如果 x 是火车离开车站的一个时间，那么 x 是提醒下一个车站的铃声响起来的时间"。观察发现，像在出现变量的所有这些例子中，不管假说还是结论都不能说是一个命题,仅仅在给变量赋予一个确定的值后才变成一个命题。所断定的是一个蕴涵对所有的情况都有效;我想,正是因为看不到这些,才导致迈农把否定例证看作和肯定例证很不相同。

必须承认,当我们在没对前提表示赞同的条件下就遵从推理的链条的时候,假设推理的概念似乎从实际上发生了什么的观察中获得一些支持。在每一个阶段,首先存在着对蕴涵的承认,然后从结论出发的一个新开端,然后是对在先的结论作为前提的一个蕴涵的新的承认。我想,如下就是所发生的事情。首先我们假设一个命题 p;然后我们判断 p 蕴涵 q;接着我们假设 q,并且判断 q 蕴涵 r。可是,这个例子与所以-推论区别开来的是,我们基本上就是假设了 q 而没有发现 p 蕴涵着它;反之,在另一种情况下,通过蕴涵关系,我们实际上断定了 q。显然,我们假设 q 的原因或许部分地来自我们对 p 蕴涵着它的知觉;但这不是根据,因为假设不需要根据并且也不能有任何根据。

关于迈农所说的假设推理——借助于蕴涵我们从一个假设走到具有他所谓相关证据的第二个假设,存在一个他自己也承认的难题(第261-265页),那就是实际上不一致的假设也能在这里结合在一起,并且推理的规则限制不住我们在做出假设时的自由任性。他似乎认为很少会造成自相矛盾的假设;但是,在论述他的否定理论的时候,自相矛盾的假设就隐含在他关于矛盾律本身的陈述中。因为这就肯定了,如果 p 是一个命题,p 和非 p 不能都是真的,即 p 和非 p 都为真是假的。但是,作为"p 和非 p 都是真的"的否定,在他看来,这是 p 和非 p 都为真的假设的仅有的后果(第105-108页)。有鉴于假设是如此不受约束的事实,我不能

（一）迈农的复合物和假设理论

理解，作为区别于蕴涵判断的假设推论的概念，怎么还可能保留了下来。

可是，即使迈农的特别观点是错误的，推论中假设的部分，还是很重要的。无论何时我们判断p蕴涵着q，我们就必然用到了p和q的假设，因为我们没有对p或q做出过断言；即使是在另一个判断中我们事实上断定了p因而断定了q的情况下，也适用。如果没有假设，推论就是不可解释的了；这特别明显地存在于归谬推理的情况中，在那里前提和结论都实际上是不可确信的。第5、第6和第7章互相紧密地联系在一起，必须合起来加以考虑。第5章，论心理对象的客观性，分别考察了在表象、假设和判断中对象和内容的关系。没有什么心理事件，特别是表象，不具有一个对象；但是为了解释表象怎样拥有一个对象，假设是不可避免的（第93页）。这里最好是从判断开始。如果我正确地判断我疼，那么事实上就存在着疼；如果做的是一个无关存在的正确判断，并且断定某物潜存着，那么对象必然就是潜存着的：在第一个例子里的判断传统上叫作超越的判断，第二个例子里叫作准超越判断。在这些例子里，判断的对象就被正确地确认为实存或潜存的（第94-95页）。但是在假的肯定判断或真的否定判断的情况下，这关于对象的解释就不合适了：因为根据推测，这些判断不会具有它们如果为真或是肯定的时候拥有的对象。在这个例子里，客观性似乎仅仅属于其中包含着的表象；但是表象的对象可能不存在，并且似乎仅仅存在着具有一个对象的能力。但是，能力虽然是事实，却是不可感知的，而表象的客观性似乎是可知觉到的（第96-100页）。在这个困难面前，假设提供了解决办法。困难仅仅关涉表象和否定判断；很显然，实证判断，不管真还是假，都服务于对一个对象的理解。但是纯粹表象完全不指向一个对象：它仅仅潜在地是客观的。[①]当我们的知觉似乎指向一个对象的时候，这个指向是通过一个肯定的假设的出现而产生的：对象被表象为"好像是真的"。如果不是这样，那么表象就只是具有潜在的客观性。以上述方式引进假设来替代判断，使我们甚至能够赋予"圆的方"一类表象以客观性，因为假设不受矛盾律的限制。因此，一个表象的客观性是它为肯定性假设提供基础的能力（第101-103页）。并且这也适用于否定判断和假设；这些判断总是建立在相应的实证假设之上，并且仅仅在这种实证假设揭示了自己的时候才被做出（第105-108页）。

在上述理论中，在我看来，存在着我们最好立刻加以审查的一些错误。首先，不是所有命题都肯定或否定存在或实存。迈农似乎主张，当一个关系R被肯定存在于a和b之间的时候，例如在"a是b的父亲"中，真正被肯定的是关系的存在或潜存。[②]但是这个观点受到了严厉的反驳。首先，使a和b相关联的必然是一种特定的关系，而不是其存在被认为得到了肯定的抽象的父子关系。但是，有逻辑理由认为根本不存在特定关系这样一类实体；我在别的地方提出过这些理由（同上，§55）。另一个理由来源

[①] Gegenständlich 被迈农用来指有一个对象，而非是一个对象。
[②] 在稍后的一个段落（第143-146页）迈农说他先前主张这个观点，但是现在发现了放弃这个观点的理由。然而他主张，总的来说，在假设它方便的时候假设它，不会导致严重的后果。尽管如此，上述例子似乎成为实际上导致了错误的例子，成为在一个意见被宣布放弃以后仍然产生影响的例子。

（一）迈农的复合物和假设理论

于错误命题。如果一个关系命题实际上意谓的是特定的关系的存在，那么当涉及的命题不是真的，它就必然是无意义的：因为它肯定了根据假说并不存在的东西的存在，因此它肯定的东西并不存在，因此没有肯定任何东西，而且其肯定是没有意义的。换句话说，不论命题是真还是假，命题的每一个组成部分都必须存在；因此，如果特定的关系是它被假定要出现在其中的命题的组成部分，那么，由于此命题在其为假的时候也是有意义的，特定的关系因而存在，甚至在该（表示这个特定关系的）项没有关联于所涉及的关系的时候也是这样。因此，特定关系的存在不是（命题的真假）所断言的存在。人们可能会认为，这个观点阐释得有些过度了；但是它产生了很重要的结果。由于不是所有命题都肯定或否定一个对象的存在或潜存，我们不能总是把此类对象看作判断的对象，并且我们因而很容易得出如下的结论：我们永远也不能这样做。我希望肯定的是，说"A存在"的判断或假设的对象，不是A而是A的存在，也就是迈农在第7章所说的判断或假设的对象体。因此不是像他似乎主张的那样，判断有两类对象，一类是判断涉及的事物，一类是关联着判断的被肯定的事实。我们已经清楚地看到，在上面"A是B的父亲"的例子中，父子关系不是对象，而且很明显A和B也不是：因此结论仍是，如果存在对象，只有整个命题才是。并且，这如果是正确的，似乎可以引起我们对如下观点的怀疑：表象只能通过假设获得对象，这个观点在任何情况下都明显有悖论的外观。当然，例如不假设红色的存在是很难思考红色的，对于红色的任何想象都必然需要这个假设。然而，如果像迈农承认的那样（第102页），存在纯粹的表象，那么，不设想红色的表象有红色这样的对象也是困难的。在不能存在的对象的例子里，类似的结论似乎更加显而易见。

非常重要的第6章讨论了理解高阶对象时假设的作用，还讨论了（虽然很难看出其间的关联）直觉（anschaulich）和非直觉的表象之间的区别的性质。我在讨论中几乎没有发现前一个问题有要批评之点，在这一问题中一个直接的逻辑方法似乎对我来说更直接地引向了目标。我们一旦考察复合物，就会看到它们总是命题的产物：人们常常会想把它们大致地描述为其真假未被考虑的命题。无论如何，只有相关于一个或多个命题才能对复合物进行分析。如果事情是如此，那么对一个复合物的理解就涉及对一个命题的理解；而且由于不是必须对命题做断定，命题的假设就将是所有相关的东西。这是直接的逻辑之路。迈农走的是另一条路：考察我们对复合物的理解，并且表明其中包含或涉及对命题的理解。我觉着这个方法可设想的优点是，由于我们的理解实存着，因而这个方法更易于研究：可是，除非对象本身易于研究，否则对对象的理解是不可能的。该假设等价于假定我们能够借助考查我们对对象的知识来发现否则是不可知的对象。迈农虽然并不主张只有存在的东西才是直接可知的，似乎仍然觉得从存在的东西出发是更安全和更加经验主义的；这样相对于逻辑的方法，心理学的方法得到了推荐。但是，除了在一些问题上显得笨拙累赘，这个方法的确没有带来任何不可避免的坏结果。

迈农说，直觉的和非直觉的表象的对立仅仅出现在复合物的表象中：单纯的对象不属于两者中任何一类（第114, 122页）。但是，同一个对象既可被直觉地表象出来也可被非直觉地表象出

（一）迈农的复合物和假设理论

来；因而区别就必然不能在对象上找。并且这一区别由于不能存在于表象的行动中，就必然存在于内容中。似乎是，同样局部内容在两种情况中都出现了，但这些内容根据它们之间存在的真实关系的不同，结合进了不同的复合物中（第112-113页）。直觉的组合是自然的，不需要我们的任何作为就可以展示自己；另一种组合是人为的，一般来说是由我们的理智活动创造的。他将第一种组合叫作 Zusammensetzung，将第二种组合叫作 zusammenstellung。（我把作为结果的复合物分别叫作结合物（compounds）和组合物（composites））。第一种可以以"红色的十字架"为例，第二种以"那个红色的十字架"为例（第116-117页）。可是非直觉表象还能组成"那个非红色的十字架"，直觉表象则不能构成。否定在这里出现，提示我们需要一个假设；并且类似地，肯定式"那个红色的十字架"要求一个肯定的假设。因此，所有非直觉表象都涉及假设（第118-119页）；并且，这对直觉表象也必然为真，虽然，在这些直觉表象是知觉的地方涉及到判断（第120，121，137，138页）。只要判断或假设不被引入，就不能消除处于关系R中的a和b的表象，因为我们必须正确地将R与a和b相关联，并且再进行关联，因此会有一个无穷后退，而这个无穷后退在逻辑上是不成立的（第122-123页）。这个论证由关于知识性质的一个长久的和困难的论证所加强，虽然，对知识的性质，我不敢确定说已经理解了，但我仍然要尽力把它陈述出来。如果真要求观念和事实符合一致，那么它一定是要求观念的内在对象而不是观念的内容和事实符合与一致：因为一个正方形桌子的表象的内容不是正方形的。当此种符合潜存着的时候，就有一种我们可以叫作适当的（adequacy）关系的存在。在被一个自明的断言确证了后，一个表象就是适当的；可是，如果不去考虑确证的知识，那么就仅仅存在一个内在的对象，并且我们说对象对表象是适当的，但不可以反过来说，因为在这里表象是在先的。现在，内容和对象的关系是理想的，不是真实的，理想的关系永远不会被组成它们的项之间的真实关系所影响。因此，以a和b和R的表象的内容作为对象，"a和b在关系R中"这一个对象的表象，不能被它们之间在表象中的真实关系所替代；不管我们做什么都不能给予它们与这个对象的适当关系，除非它们已经有了这个适当关系；因此，我们根本没有对这个对象的表象（第124-129页）。

这个论证包含着许多需要加以批评的地方：首先，适当的观念似乎和一个表象的对象是表象的组成部分并且也许可被恰当地叫作内在对象这种想法联系在一起。至于判断，不论它们是正确的还是错误的，它们在与其对象的关系上似乎没有什么不同；相反，差别在对象上，一种情况下有真命题，另一种情况下有假命题。其次，理想的和真实的关系的对立似乎与必然性的观念相关联，不能被进一步精确地加以辨析。可是，就算把所有这些观点都放在一边，还有一个很可能构成了论证基础的简单事实需要澄清。命题"a与b有关系R"是不能通过把a和R和b并置得到的对象；它是一个新的对象，具有命题所特有的那种特殊的同一性。因此，a和R和b的表象自身不能形成这个对象。我不明白为什么这个对象的思想不能被称为表象；这样假设是否仅仅是命题的表象的问题出现了。命题和它们所产生的复合物，除了真

（一）迈农的复合物和假设理论

和假之外，还有一种使它们在对象中与众不同的同一性；我看不出人们对假设的命题的态度和对被叫作表象对象的态度有任何区别。简而言之，在我看来，已列举的论证没有证明一个假设和一个表象的差别不是完全来自于它们的对象之间的差别。

通过引入判断或假设，迈农继续论证说，主观上把一个高阶的和一个低阶的对象（第134页）结合起来就是可能的了——我们如果把自己限制在表象上的话，这是不可能的。我认为我将要表述的与迈农分析的是相同的。我要表述的是：高阶对象和低阶对象的组合是构成命题的东西，并且，任何心理状态——它的对象是或者包含这样的组合——都有一个作为其整个对象或对象之部分的命题。并且，一个拥有一个命题为其整个对象的心理状态，是一个判断[①]或者是一个假设，后者仅仅是一个命题的表象，并且在行动和内容上以及内容与对象的关系上与判断区别开来。

在同一章迈农提出了一个研究的难点，这个难点似乎涉及到了关系的内在本质的问题。在"那个红色的十字架"的表象中，十字架和红色都是显而易见的，但是其中似乎没有它们的关系的表象（第142页）。这个事实导致迈农放弃了关系判断断言了关系的存在的观点（第144-145页）——我们已经发现了它为何是错误的理由。这一事实也导致我们得出如下结论：复合物和关系的共存关系不可能普遍地存在，因为一个复合物可以在没有关系表象的情况下被思考（第147页）。就我根据研究做出的判断来看，这个事实似乎是真实的。显然，我们能够且实际上可以思考某种

[①] 同时，包括判断下的不相信。

关系中的对象,而不同时思考任何关系。并且除了事实观察,论证中的无穷倒退似乎也证明了这一点;因为,如果不是这样,我们必须还要思考关系同诸关系项的关系等等,这就使我们对关系中对象的理解成为不可能了。我们可以推测,这就是为什么常识和很多哲学家认为关系在某种意义上不如其关系项真实、实在的理由。有可能存在一些与此相符的逻辑事实,可是我对这一事实是什么还是困惑不已。在某种我们很想确定的意义上,关系命题似乎是关于它的项而不是关于关系的。我们区别"A 是 B 的父亲"和"父子关系存在于 A 和 B 之间":后者而不是前者,是关于父子关系的,也是关于 A 和 B 的,并且断定了 A 和 B 之间的父子关系,前者则没有。因此,虽然,初看起来区别似乎只是主观语气强调上的区别,结果却是存在着真实的逻辑区别;并且这个区别与上述的问题相关。

"论对象体"(Objective)[①]的第 7 章指出,判断除了具有迄今为止被称作它的对象的东西以外,还与某种像对象的其它东西,即某种已知的东西,某种被整个句子显示出来的东西相关。如果我说"不存在扰动",那么某种确定的东西就被肯定了下来,这确定的东西显然不是扰动,因为它是被否定了的。我们可以说"不存在扰动是一个事实";因此"不存在扰动"是一个新的意义上的对象:迈农把它叫作"不存在扰动"这个判断的对象体(第 150-153 页)。在判断是假的时候,对象体仅仅是内在的,就像对

[①] Das Objective,我用大写的 O 来区分这个词的技术的实质意义和日常的形容词性的意义。

（一）迈农的复合物和假设理论

象在类似情况下一样：判断总是有其对象和对象体，但它们并不必然是存在的——当对象体是假的时，我们就仅能说判断指向一个对象体（第154-155页）。这个判断的对象体，我（跟随摩尔先生）叫作命题：真的、假的、显然的、可能的、必然的等词语可用于对象体（第174页）。许多例证表明存在着对象体。在我们说"可以确定的是，证据还没有得出结论"的时候，不是判断而是对象体才可以说是确定的。如果 A 不存在，我们可以说"'A 不存在'存在"——或者，用英语中更自然的表达，there is the non-existence of A（"存在着 A 的不存在"）。当我们说"我相信如此"时，我们所相信的是，如此的对象体而不是判断。（在我看来，在所有这些例子中，我们真正关心的显而易见地是诉诸使对象体完全可见的检验。如果我说"A 是 B 的父亲"，我关心的不是我自己的判断，而是某种完全在它之外的东西：在这个意义上，一个判断像一个表象一样，涉及某种与其自身不同的东西，即被断定的事实；并且这就是迈农的对象体。）

对迈农来说，不存在命题的表象这一结论引出了一个奇特的难题。在他的理论中，对象体不能是任何表象的对象，然而却可以成为判断的对象，例如在"p 是确定的"这一判断中，p 是对象体。由之可以得出的结论是，我们可思考某种东西，即思考一个对象体，而不同时拥有它的任何表象（第159页）。摆脱这个悖论的一些可能的办法被提了出来，可是读者接受的热情并不高。现在我承认，由于我自己不是一个心理学家，我在理解迈农的表象意谓什么的问题上有很多困难；这里提出的可能的摆脱办法又加剧了我的困难。因此，在这个问题上，我带着许多的不自信冒险批评了一番。可是我没有感受到反对复合物可表象性的论证的任何说服力。如果aRb表示"a与b有关系R",我承认迈农证明了没有任何操作能够从a和R和b的表象产生出aRb的表象。但是,认为不存在aRb的表象的进一步论证似乎忘记了对象体。这是因为,一个复合物的表象不必是几个表象的复合,如果记得复合物是对象体,如果我们记得因此如果存在这样一个表象,复合性首先是存在于表象的对象即对象体中的话。我承认,假定aRb的表象的内容不包含a和R和b表象的内容是困难的,因为对象的每一个性质似乎都要求一个内容的性质与其严格地关联着,所以内容必须具有属于对象的每一个复合性。然而,主张下述观点并不是不可能的: aRb的表象的内容虽然很明显地涉及a和b的表象的内容,却不涉及R表象的内容。无疑这个观点可能存在困难,但我不能想象它们会比思想的未被表象的对象的困难更大。并且,像迈农自己的论证表明的,这个观点无论逻辑上是否可能,必定是易于得到直接检验的。如果我们接受这个观点,一个假设就不过是一个对象体的表象。尽管如此,迈农仍在最后一章断定,在第1和第3章,假设第一次出现的方式毫无疑问地证明了假设不仅仅是表象(第276页),并且,事实上,它们更接近判断而不是表象;他说它们可被描述为我们没有信念的判断,但把它们描述为可被肯定和否定所决定的表象就是荒谬的了(第277页)。我将通过区别肯定和否定的三类对立来答复,其中两类是客观的并且属于假设的对象体,另一个则是主观的并且属于判断而不属于假设。给定一个命题p,首先存在它们的真和假: 这属于假设的对象体。其次存在p和非p的对立: 这也属于假设的对象体，因为 p 和非 p 都可被假设；这是迈农论证这个观点时常常采用的肯定和否定的对立。第三，存在肯定和否定的主观对立，这是相信和不相信的对立：或者 p 或者非 p 可被相信或者被不相信，不论它们为真或为假；这是具体地规定了判断的对立，并且不会出现在一个假设中。因此肯定和否定的对立，在其应用于假设的两种意义上，属于对象并且引申地属于内容，但在任何意义上都不属于行动；可是在判断中，行动本身就存在着肯定或否定。因此，只有在不可能具有一个包含了非（not）为其构成部分的对象的表象时，迈农的论证才是有效的——因为真与假的对立在这里是不相干的，并且问题只涉及 p 和非 p 的对立。可是，我们已经有理由怀疑他在这个观点上的推理正确性。我们可以总结说，假设与判断极大的相似性，来自它们的对象的同一和它们的内容的极其相似；可是相关于行动，假设由于仅是某种类型的对象的表象，就要被归入表象一类。

迈农区分了"思想的对象"和"表象的对象"，前者是不能被表象的（第163页），就像涉及对象体的情况那样。他指出，对象和对象体之间的区别，不像人们设想的那样严格。"黑色的"是一个表象的对象，"黑板的黑色"却是一个思想的对象，"这个黑色"，也即"是黑色的那个"，也是如此。事实上，关系、性质和复合物都必须有对象体，而对象体出现在每一个地方，除了不出现在简单物中，或者不太准确地说，除了不出现在仅有表象的直觉情况中（第178-180页）。此外，我们所欲求的，我们赋予价值的总是对象体，也即某种东西应该实存或应该不存在（第

182-183页)。[①]一些普遍性质属于所有的对象体。它们都是高阶对象;它们从不存在,但是,它们在为真而不为假的时候潜存着;并且它们是非时间性的(第187-189页)。对象体作为对象出现的时候,通常出现的是对象体的假设而不是判断(第203页)。由于它们总是被忽视,以至于迄今为止没有人知道什么类型的事物才可叫作真的或假的,或者怎样把逻辑学和认识论与心理学区分开来;因为如果没有对象体,仅有心理的认知(Erkennen)可成为认识论的对象,然而,我们这里事实上主要涉及的不是认知而是知识(Erkenntnis)。迈农承认,他只是由于认识了对象体,才知道为什么认识论不同于心理学;可是他主张逻辑学和认识论都必须既关心认知又关心知识,因此必须建立在心理学的基础上,这样就使心理学仍然是哲学的最核心和重要的部分(第192-197页)。

就迈农早期是从心理主义立场出发而言,在我看来,他最近

[①] 我不打算着手讨论迈农著作的非认识论部分,可是在这个语境中有一个观察似乎很重要。在完全赞同欲望总是针对对象体的观点的同时,我不能认为这些对象体总是实存的。每个数学家,除非他的耐心超过人类,必然常常期望,在许多普遍定理那里,例外越少越好;然而这里被欲求的不是一个存在命题。当对象体被感到具有美时,就像有时被感到的那样,似乎价值也可以赋予非存在命题。例如,克利福德觉得椭圆几何比欧几里得几何更有价值;设想只有知识而非所知道的东西具有较大的价值是困难的。然而对伦理学和逻辑学都是严重问题的另一点是,价值只能被认为属于真命题。被赋予假命题的价值只是命题如果为真时才会有的价值。这个结论来自如下事实:如果不是如此,一个坏的世界就会像一个好的世界一样好,因为好的假存在命题会潜存在一个世界中,就像好的真存在命题在另一个世界中一样。这似乎表明,不是假设而是判断才与价值的问题相关;因为"A存在"的假设仅仅在A实际存在和其存在是好的时候才有一个有价值的对象体。

（一）迈农的复合物和假设理论

这些对逻辑、认识论和心理学关系的论述，包含着他由之出发的早期理论的痕迹；无疑地，这些论述受到了其"内在"对象信念的影响。很显然，逻辑本身必须像关心真命题一样关心假命题；但依据迈农，假命题是错误判断的非潜存的、仅仅伪存的对象体，并且除了通过错误的判断，它们不能与存在或者潜存发生关联。因此，为了考察逻辑的整个范围，就必须要考虑判断；这样，心理学就显得是基础的。可是，如果我们否定了内在对象和（比方说）外在对象的区别，那么位置的顺序就颠倒了。我们应该主张，表象或判断能够指向对象，只是因为其对象潜存着，因而，对象的潜存先于表象或者判断。我们应主张，心理学判断像所有其它判断一样，断定了命题（即对象体），因此，关于命题能够说的所有东西同样适用于心理学的命题。我们不能说逻辑学尤其关心对象体，心理学尤其关心有这些对象体的判断，因为所有的知识都关心对象体，心理学的知识和其它的知识是一样的。但是，逻辑学必定要关心对象体的普遍性质，关心真假，以及所有可发现的具有相似程度的普遍性的东西。心理学尤其要关心判断；知识论要关心正确和错误判断之间的区别，即分别地断定真命题和假命题的判断之间的区别。心理学因为由命题组成，至少希望由真命题组成，逻辑就必须被预设为心理学的前提条件；不仅上述非常普遍的逻辑，而且诸如推理的标准等也要被预设；这些只能通过被假设才能推出，因而必然预设为任何从心理学材料出发的论证的前提条件。因为这些理由，似乎可以得出的结论是，逻辑学而不是认识论先于心理学。并且迈农自己的低阶对象先于高阶对象的原则，也必然使对象体在逻辑上先于判断所涉及的关系。

III

如果可能的话，我们还必须确立这样一个原则，所有的表象和判断都有一个不仅仅是内在对象的对象；这里虽然有利的论证在我看来是强有力的，我仍必须承认这些论证在解释假的时候遇到了严重的困难。不过，让我们先不管这些困难而考察事情本身。

迈农认为——似乎是这样——一个表象的对象有时是内在的，但在别的时候不是；而判断的对象——他叫作对象体，我叫作命题——总是内在的（第257页）。我看不出有一个内在的对象和没有任何对象有什么不同。迈农则认为，内在的对象并不实存，并且也不是以它为对象的心理状态的组成部分；因为这种心理状态是实存的。然而，内在对象虽然不是任何心理状态的组成部分，仍被设想为在某种意义上是心理的。但是它不能以任何方式与任何特定的以它为对象的心理状态结合在一起，因为其它心理状态，在其它时间和其他人那里，可能有完全相同的对象，这是由于一个对象或一个命题可被多次表象和相信。我承认，这些事实向我表明，无需更多费力，对象和命题必定一直存在，而不能仅仅是想象中的作为表象关系或判断关系的关系项。

让我们直接考查判断所涉及的关系的本质；为了排除错误的问题，让我们先假设判断是正确的。为了确定起见，假设我们的判断是"A实存"，其中A是事实上存在的某物。这样，A的存在显然是独立于它被判断为存在而存在的；因为，如果不是这样，判断就是错误的。在这种情况下，判断的对象体——至少在常识看来——就像A本身一样，是真正独立于判断的。但是我们想考察的认识关系的特殊之处在于：关系的一个项不是别的而是对另一个项的意识——或者是关于表象的或者是关于判断的意识。这使得这种关系比其它任何关系更根本、更密切；因为关系性似乎构成了这些关系项的一个项即心理项的本质的部分。在我所知的任何其它关系中都不会出现这种情况；初看起来好像是，当A大于B的时候，是A自己"超过了B"。但与此不同，因为认识不是意识到与一个对象的认识关系，而是仅仅意识到这个对象。此外，又好像判断的心理一边是一个复合物，其它边只是其构成部分；我觉着，这就是内在对象所意谓的：按照这种观点，对象总是作为一个元素进入到认识中，甚至在只有认识而没有认识对象的时候——这是人们认为错误发生时的情况——也是如此。然而在这里，对与对象相对立的内容进行思考的巨大困难又一次引起了混淆；没有别的办法来描述一个具体的判断，除非将之描述为如此这般的判断，即通过它的对象来描述。但是，纯粹的判断作为完全是心理的东西，仅仅是内容和行动：对象不是判断的一部分。因此，心理的一边，并不真正是内容和对象的复合物；因此，"内在的对象"可能就得被放弃。

但是，我们现在面临着两种不同的选择。或者表象或判断完全没有对象，或者假命题就像真命题一样潜存着。因为假命题可被假设，甚至（不幸地）可被相信。让我们来陈述支持和反对这两种观点的理由。

直接的考察似乎无法让人怀疑，在所有的表象和判断中都必然存在一个对象。如果我相信A是B的父亲，我就相信了某物；这一某物的潜存，如果不是直接的和明显的，似乎来自如下这个事实，如果它不潜存，我就只能相信虚无，也就是不相信。显然，其他人也许相信同一个东西；可是，这可能会被认为仅仅意味着内容的同一。此外，对命题计数是可能的，对命题分类是可能的等等；但是这样做的时候，没有必要把我们自己限制在真命题的范围之内。如下的原则是一个公认的原则：如果p蕴涵q，那么非q就蕴涵非p；可是在这里，如果p和q为真，非p和非q就为假；因此，如果除了判断和假设，只存在真命题，那么，在"p蕴涵q"和"非p蕴涵非q"之间就存在一个断裂，因为前者会潜存，后者则不能；但是我们不能看到这一断裂的痕迹。进一步说，命题"p蕴涵q"可能为真，虽然p为假；但在这种情形下，由于p仅仅是心理的，整个命题就将仅仅是心理的，可是，我们认为真命题不能是心理的。因此从潜存角度区分真假命题的企图，引起了数不清的困难和数不清的与显而易见事实的冲突。

首先，可以从另一边主张，内容蕴涵对象的论证是一个使内容和对象之间的关系区别于所有其它关系（除了整体和部分的关系）的论证：在其它情况下，虽然一个复合物蕴涵着一个关系，但任何复合物的初阶对象都不能蕴涵这个关系。人们也许会认为，所设想的蕴涵仅仅产生自如下这样的事实：内容是捉摸不定的，并且变得与认识复合物混淆不清——甚至在不存在这样一个复合物的地方。如果我们考虑一个存在于a和b之间的关系R，当认为存在这个关系的看法为假的时候，我们应该直接地说在a和b之间不存在关系R。但是，这个论证已经被一个观点推翻了，

（一）迈农的复合物和假设理论

这个观点是，这个关系的存在不是命题"a与b有关系R"实际上所断定的。然而，当我们思考"a和b之间的差异"这样的复合物（这是必须承认的）时，似乎显而易见的是：当a和b是同一的时候，a和b之间的差异就不存在了——这似乎相当于说，"不存在a和b之间的差异"。我们再次思考一下，当我们做判断的时候，我们意指的是什么？初看起来，我们似乎意指某个命题是真的；可是"p为真"和p不是同一个命题，因而不会是我们意指的。并且复合物"p的真"可能正好像p一样被假设：由于被假设，它就不是一个判断。因此，在我们肯定p的时候，我们仅仅关心p，而不关心它的真。这似乎表明，真和假不存在于判断的对象体中；可是，在这个判断有一个对象体的时候，我们的肯定就是正确的，相反就是错误的。

我们所考虑的事实可以总结如下。

（a）诸对象分为两类：简单物和复合物。复合物的特征是其间具有某种一致性，这种一致性显然是不可定义的，也不是它出现在其中的复合物的组成部分。一种观点认为，一个复合物和一个命题是相同的东西，并且总是或为真或为假，而且在为真为假的情况下都是存在的；另一种观点认为，复合物都是真命题，假是没有对象体（Objective）的判断的性质。

（b）有两种不同的对待对象的态度，一种是表象的态度，另一种是判断的态度。后者仅能指向复合对象，前者则可以指向所有对象。我们会说前者给人以亲知，后者给人以知识，或者至少给人以信念。对待同一对象的这两种态度，在行动和内容两方面都存在着区别。用迈农的术语来说，词语表达（express）心理状态，但指示（indicate）对象，"凯撒之死"和"凯撒死了"指示同一个对象但却表达不同的心理状态：前者仅仅理解所讨论的对象，后者则断言了它；前者是一个假设，后者是一个判断。

（c）一种观点认为，知识是对一个真的复合物的肯定，错误则是对一个假的复合物的肯定。肯定必须不被看作是对所涉及的复合物为真的肯定，因为这是一个新的肯定，其对象是一个不同的复合物；肯定的对象只是所涉及的复合物。另一种观点认为，除非对象是一个真命题，否则判断不会有对象；一个错误的判断是这样一个判断：它虽然看起来有一个对象，实际上却没有。根据这个观点，真和假可用于判断；对象也许应被称作事实，如果它存在的话。

在这里提出的两种观点之间做选择并不容易。为了能够做选择，我要列举五种知识理论，它们似乎涵盖了迄今为止提出的所有或几乎所有理论。然后，我将从一个普遍的观点出发，简要地做一整体讨论。

下面是五种知识理论：

（1）可以认为，知识和所认识的东西没有什么不同，即没有知识的对象。

（2）我们可以承认内容和对象有区别，但主张后者仅仅是内在的。

（3）我们可以主张，如果命题为假，对象就是内在的，如果为真，对象就是超越的。

（4）我们可以主张，一个判断如果为假，就没有对象，

(一)迈农的复合物和假设理论

如果为真,就有一个超越的对象。

(5)我们可以主张对象总是超越的。

这些理论可以是关于表象的,也可以是关于判断的;但是在表象的情况中,我们将用下述理论代替(3),即对象在实存或存在(它们是替代选择)时是超越的,相反就是内在的;对理论(4)也进行相应的修正。因此(3)要求命题理论应先于表象的超越理论得到阐述。这似乎是迈农的观点,为他认为表象的超越源自判断的超越提供了理由。对于上述观点,唯心主义在(1)和(2)之间摇摆;迈农在表象上持理论(3),在判断上持理论(2)。常识似乎倾向于理论(4),弗雷格和摩尔先生赞成理论(5)。让我们按顺序对它们加以考察。

1)表象或判断不指称一个在它之外的对象的理论,似乎已被直接观察彻底地反驳了;迈农已经充分地展开了这个论证。就表象来说,这一理论也和内容和对象之间有明显的区别这一事实不相容,比如,红色的表象不是红色,广延的表象不是广延,关于过去的表象也许存在于现在,也许有关于不存在的东西的表象。在表象的情况中,这一理论也导致了关于同一性的完全无解的逻辑困难。因为,根据这个观点,诸实体的整个世界必然是由特殊的心理实体构成的,因此说两个表象在什么方面是一致的——用日常用语说就是两者有一个相同的对象——变得不可能了。如果我们说它们彼此相似,我们只能意谓,认为它们彼此相似的判断存在着,并且,这反过来又只能意谓,有人判断这个判断存在,如此等等。并且如果我们说严格地说同一个表象可存在于不同的情况中，这也只能意谓着有人判断它是如此。简言之，没有逻辑学能够否认同一性独立于对于同一性的判断；这决定了在判断之外存在着对象和同一性；并且，在判断之外存在着同一性的事实，决定了有些判断至少有一个超越的对象。

2）由于"内在的"对象意谓着什么是不清楚的，因此，如果一个理论承认内容和对象有区别，同时主张对象仅仅是内在的，那么该理论是一个难以精确表述的理论。迈农说，内在知觉不仅给出了表象的内容，而且也给出了表象的内在对象；他认为，这个事实构成了知识论的根本问题（《论高阶对象和它们与内知觉的关系》，第207页）。现在看来，就观察所能表明的而言，对表象的任何知觉都涉及对对象的知觉。可是我觉得在这里我们必须极其小心以免混淆。如果所有的意识就像它看起来那样，都是对与自己不同的一个对象的意识，那么，在我们意识到一个意识的时候，我们必定也意识到了对一个对象的意识，并且，以这种方式对象似乎也被知觉到了。可是我不认为事实如此。由于内容是对一个对象的意识，对内容的知觉涉及的对象与内容涉及的对象一样多，但并不更多。因此，研究内容本身比研究对内容的知觉更好和更简单。

在我们思考对某种简单物例如红色的表象的时候，很显然，表象和对象是不同的。更显而易见的是，如果存在内在的对象，那么，也会存在非内在的对象。因为，如果这个命题被否定了，就不会有对不是现在的心理状态之组成部分的某物的意识：因为对一个内在对象的意识，实际上不是对在时间中已过去了的、或在空间中被移除了的、或者与我当时的想法完全不同的东西的意

（一）迈农的复合物和假设理论

识。因此，内在对象与超越对象之间关系的问题就出现了；并且唯一可能的关系是同一性。并且，我们也许应该在这里对真在于观念与实在符合的观念进行批评。就像迈农指出的那样（《论假设》，第125页），这只能意谓着观念的内在对象与实在即超越对象的符合。然而，设想二者的不符合是困难的：因为，一个观念仅仅在是别的东西的观念的时候，才不能与一个对象相符合；并且在这种情况下，存在着符合，只是该符合指向一个不同的对象。显然，人们记得认不出一个人这样的事情：我看见约翰沿着大路走来了，而我却认为他是彼得。这里，人们认为，内在的对象是彼得，超越的对象是约翰。但这是错的：因为内在对象是"彼得正沿着大路走来"；并且"约翰正如此走着"的事实在任何意义上都不是超越对象，至多是这个关于彼得的错误判断的原因。因此，如果存在不同于超越对象的内在对象，那么，错误的判断似乎完全没有超越对象。

让我们还是回到对意识本身的分析。首先，在表象的情形中，真和假都没有出现；表象是对如此这般的一个对象的表象，只有谈论它的对象是什么时才会出现错误，这一错误不存在于表象之中，而是存在于对表象的反思性分析中。我们必须考虑的问题是：对一个简单物例如红色的表象自身也是简单的吗？如果它像迈农主张的那样，由内容和对象组成，那么它显然不是简单物；它是一个具有关系的复合物。可是他承认，对象，甚至是内在对象也不存在于表象中，就像确实显而易见的那样；所以，结论似乎是，内在对象不是表象的组成部分；因为一个存在物的任何组成部分都存在着。然而，如果它不是表象的组成部分，它似乎在任何意义上都不是心理的，除非它恰好是某种其它心理状态的组成部分。这个论证似乎取消了内在对象。

然而，意识完全不同于其它的关系，除了整体和部分的关系，因为意识的一个项是以其它项为前提的。我们曾说，一个表象必须有一个对象；并且每一个意识似乎必定是对某物的意识：如果没有对象，意识就什么都不是，而这似乎是不可能的。当然，这并不是主张对象必定存在；要主张的是，一个特定的命题必须是关于一个对象的命题，然而我们似乎需要的一切在于，应该有这样一个对象；这个关于存在的断言，如果不是分析的，也比任何别的断言更接近分析的。因此，虽然对象并不蕴涵内容，可是内容却蕴涵着对象以及内容与对象的关系。在这里，要考虑的关系就和除了整体和部分关系之外的所有关系区别了开来；这个事实可能为对象是表象的组成部分的假设提供理由。我们在这里遇到一个完全独特的复合物，其中虽然一个项先于复合物，但另一个项不先于复合物，而是逻辑上与复合物和关系处在同一个阶位。这使得内容的地位完全不同于复合物中其它初阶对象的地位。

这样仅仅内在的表象对象的观念就必须被放弃了；可是，判断的情况仍然需要考察。这里问题被错误判断的出现搞得复杂化了；因为，尽管所有表象在是对象的意识上是相似的，判断则不同，因为有些判断是正确的，有些是错误的。在正确的情况下，对象的超越似乎是不可否认的：有一个我们意识到的事实，并且判断由于这个事实而是正确的。例如，存在的事物真实地存在，而不仅仅是被判断为存在；因为，如果如此，断言事物存在的那个判断，仅仅在有人断言它存在的情况下才存在，这会由于恶性

（一）迈农的复合物和假设理论

倒退继续下去。因此，正确的判断有超越的对象；但是，关于错误的判断，还需进一步考察：(1) 对象是否是内在的，(2) 对象是否存在，或 (3) 对象是否是超越的。这些可能性构成了上述的第三、第四和第五个理论。

3）我们现在假设正确的判断有超越对象，而错误的判断有内在的对象。我们一开始就必须反对说，内在对象这个短语的含义是混淆不清的，并且还要说，我们前面关于表象的论证在这里基本上适用。但是一些特别的反对意见适用于这个理论。有必要设想正确的判断也有内在对象；因为，如果不是这样，我们就几乎不能设想，正确判断和错误判断的区别，像它实际上所是的那样，会是不可感知的。可是，如果如此，我们就有了内在对象和超越对象的重叠，而这在表象的情况中是不被允许的。此外，人们很难设想，没有什么是客观上假的。例如，假设 A 不同于 B。这个判断由于是正确的，其对象就是客观的和超越的。但是，在这种情况下，"A 和 B 是同一的"似乎是客观上假的。这是这个理论无论如何要否定的，尽管它必须承认"A 不等同于 B"是有超越对象的判断。人们似乎不可能主张，像这个观点要求的那样，在一个对应的肯定判断不是超越的时，一个否定的判断的对象是超越的。为了满足这一点，我们可能主张正确的判断并不总是有超越的对象，而仅当它们是肯定判断的时候才有超越的对象。这个修正在讨论理论（5）时会被考虑；现在，对我们清楚的是，(3) 是站不住脚的理论。

4）所有用来反对错误判断的超越对象的论证——它们不是无足轻重的——，当内在的对象被抛弃时，可以用来支持这种观点，即在这种情况下没有对象。当我们考察一个正确的存在判断的超越对象的时候，这个对象似乎就是现实存在的对象。我们很容易会相信这个存在是一个事实，而且在我们做判断时，也意识到了这个事实。对正确判断可持同样的看法，甚至在它们不是存在判断的时候：它们有一个在较广的意义上可以叫作事实的对象，并且，（似乎）正是这个事实保证了它们的正确。可是在我们的判断是错误的时候，错误似乎恰恰是由这个对象的不存在造成的。如果它们有对象，这些对象无论如何都不是事实。如果我们判断A是B的父亲，我们就判断了一个关系的潜存，如果我们的判断是正确的，这个关系独立于我们的判断而潜存，并且是一个超越的对象。可是，如果A不是B的父亲，那么所说的关系就不潜存，因而似乎我们判断的对象不存在。可是，这里似乎涉及某种东西，这种东西不是一个事实，且似乎不同于并独立于我们的判断。而且，在这里，"A不是B的父亲"是一个事实，似乎等价于"A是B的父亲是假的"。可是如果后面的判断的对象是超越的，那么"A是B的父亲"也是如此；因为整体不能是超越的，除非其部分也是超越的。

为了考察这个问题，有几个探究是必须要进行的。首先，我们如何把判断和相对应的假设区别开来？我们可能像以前一样通过下述理论来回答这个问题：假设是与判断中被断定对象相同的对象的表象。但是，如果是这样，就会要么所有判断都有一个对象，要么所有假设都是真命题；因为我们承认一个表象总会有一个对象。现在显然我们不但能假设真的命题，而且也能假设假的命题；因此，如果只有正确的判断具有超越的对象，那么我们就

（一）迈农的复合物和假设理论

必须采纳迈农的观点：假设是根本不同于表象的某种东西。

现在在接受了假设和表象的区别以后，我们接下来要探究是否表象之间的任何关系都能产生一个假设。因为，如果这是可能的，一个错误的判断aRb（即"a和b有关系R"）可能由恰当地关联在一起的a和R和b的表象组成，并且可能没有相对应的对象。迈农认为这是不可能的。不管怎样，让我们把这个假设重新考查一遍。需要注意的主要之点是，关系的表象不是关系。所以，如果a的表象关联于b的表象，R的表象不可能是把它们关联起来的东西。似乎可以说，aRb的表象并不具有一种恰好类似于aRb本身的复杂结构；因为"被R联结在一起的a和b"的表象，不是被R的表象联结在一起的a和b的表象。而且，它更不可能是由被某种别的关系R'联结在一起的a和b的表象构成的。然而，如果是这样的话，问题就解决了。在这个观点看来，判断是由表象之间的关系构成的，判断（正确的判断）的对象则由表象的对象的不同但相关的关系构成。可能很容易发生的是，表象之间有某种关系而它们的对象却没有相关的关系。这可进一步解释如下的事实，如果它是事实的话：在假设或判断aRb中，R的表象似乎是不存在的。

在直接考察这一理论之前，我们可以观察到，当我们判断或假设aRb的时候，在a和b的表象之间必定一直存在着一个关系；因为我们直接观察到，a和b的表象总是出现在这种情况下，[①]因而它们之间必然存有某种被关于a和b的判断或假设的本性所决

---

① 不过，我们很快就会看到怀疑这一点的理由。

定的关系。所以,不管这判断或假设是否是由表象之间的关系所构成的,这一关系总是存在着,并且被相关的命题所决定。可是,存在对这个观点的根本的和致命的反驳,即,如果它是正确的,我们就永远不能意识到复合物。因为,虽然在所假定的情况下我们有表象的复合物,我们却不会有复合物的表象,因为联系在一起的表象不能产生一个新的和不同的表象。由于这个理由,如果没有别的理由,这一理论必须被放弃。

我们现在考察一个不同的理论,即,一个复合物的表象不是复合物,而是一个简单物。事实上,我们可以质疑上面假定为显而易见的东西,即,a和b的表象总是出现在aRb的表象中。以"a存在"这个复合物为例。似乎确定的是,如果,比如说,a是红色,或者任何我们已知存在的东西,那么,在我们想要思考a的时候,我们习惯上确实是在思考a,而不是"a存在"。并且,这确实是由以确定方式联结在一起的a和存在构成的一个复合物。但是,在常人红色存在的印象中,人们很难发现红色和存在的分离的表象;二者混合在一个表象中,这个表象的对象虽然是一个复合物,它自身却没有复合物的标记。并且,这个理论使我们能更理解这样一个奇特的事实:简单物不但不易理解,而且还是只有高度哲学能力的心灵才能理解的。这个理论还解释了红色存在的表象和红色存在的判断之间的巨大差异。因为,在后者那里,红色和存在的表象,似乎确实以一种方式,在我们的大脑里把它们自己区分了开来。在这个观点看来,分析的过程——这个过程的困难是令人惊奇的——在于发现其表象是简单物的对象的部分和成分。如果其部分存在于表象中,那么分析不比它实际所

（一）迈农的复合物和假设理论

是的更容易就是难以置信的了。

可是，当对象远不是像"红色存在"这样简单的时候，我们仍然能够主张表象是简单的吗？在存在单个词语表达它所意谓的东西的时候，这似乎仍然是可能的。君主制、预定论、议会、经验主义、退化及很多普通词语，都表达了其对象是异常复杂的复合物的观念；可是，在任何意义上说这些观念具有复合性——即使这是真的，都不是显而易见的。另一方面，在不是单个词语表达它所意谓的情况下，比如在"查理一世的死刑"例子里，初看起来似乎显而易见的是，表象是复合的：我们想到了死刑，也想到了查理一世，然后把这两个思想结合在一起。不过，我们结合在一起的是思想还是它们的对象，或许要根据情况而定；确实，只要想到的仅仅是思想，我们就没有成功地想到查理一世的死刑。无论如何，如果从这样一个观点出发可以获得巨大的理论优势，那么我们就要承认这样的理论：表象根本不是复合物，即使它们的对象是复合物。① 可是，令人怀疑的是，对这个问题的回答，是否以某种方式影响了我们的主要问题即关于错误判断的超越问题的解决。

其中涉及的是如下这些问题：(a) 当 a 和 b 没有关系 R 时，会有比如"在 a 和 b 之间的关系 R"的实体存在吗？举一个具体的例子，如果我有一张棕色的桌子，存在"我的桌子的黑色"这种东西吗？(b) 并且，如果存在这种东西，那么它是判断"我的桌

---

① 人们可以观察到，复合物的表象存在，并且，在某种意义上，单独存在的东西不论是什么，都必然是简单的。

子是黑色"的对象吗？（c）如果是，能把这个对象叫作假的吗？把它叫作假的是什么意思？

（a）以抽象命题 aRb 为例，第一个问题必然是：如果判断 aRb 为真，就存在"a 和 b 之间的关系 R"这种东西吗？这引起了极大的怀疑。存在关系 R，并且存在 a 项和 b 项；可是如果 R 把 a 和 b 联系起来，那么"a 和 b 之间的关系 R"仅仅是关系 R，伴随着 a 和 b 被它联系在一起的提示。如果我们试图通过说"被 R 联系起来的 a 和 b"解决问题，但这样说意谓的仍然仅仅是"a 和 b，且事实上它们被 R 联系在一起"。这些讨论的关键是，整个命题 aRb 似乎是基本的，并且不存在由它的项具体化的、与抽象的关系 R 对立的关系；我们也不能简单地把被关联的项与事实上被关联在一起的项区分开来。因此，似乎不存在桌子的黑色这种实体：只存在黑色和桌子以及命题"桌子是黑色的"。在桌子是黑色的时候，"桌子的黑色"仅仅是命题"桌子是黑色的"的另一个表述；但这个表述只适合于假设而不适合于命题的判断。①

（b）因此，看来，如果存在一个东西，比如本身不是黑色的桌子的黑色，那么，它就是判断"桌子是黑色的"的对象；但是，

---

① 可是，为了反对假设的唯一适用性，我们可以设定某些情形，比如"桌子的黑色是令人愉快的或漂亮的"。如果桌子不是黑色的我们就不能如此断言；由于假设可以在任何情况下做出，因此，如果仅仅涉及假设，这个世界并不会因为美丽的对象的存在而变得更加美好。如果我们承认有假命题，那么，我们必须承认在所有的伦理判断中它们都是无关的：好和坏都只能用于命题，并且仅仅用于命题中为真的那一部分。然而，对于假命题我们能够说，如果它们是真的，它们会是好的。

（一）迈农的复合物和假设理论

事实上，"桌子的黑色"是一个误导性的表述。[①] 然而，这个观点，虽然在形容词（例如黑色）的情况下是可接受的，似乎在其它情况下就不可接受了。研究认可的是下面的观点：无论如何，存在着命题aRb，并且在这个命题中出现的是抽象关系R，而不是被它的项具体化了的关系；可是，在aRb为真的情况下，存在着具体化了的关系这样的实体，而在aRb为假的情况下，不存在这类实体。这个实体，在它潜存着的时候，是和命题截然不同的。但是，这个观点的困难在于，当具体化的关系被看作不潜存时，如何弄清楚被否定的是什么；这个困难对这一观点来说似乎是致命的。

（c）显而易见，即使aRb为真时涉及具体化的关系，这仍然不是命题aRb断定的；因而，为真或假的不是具体化的关系，也不是"桌子的黑色"。命题似乎必定可以某种方式与此类复合物区别开来；可是，弄清楚命题是什么是很困难的。

5）甚至错误的判断也有超越的对象，并且至少在某些情况下，这个对象似乎难以与复合物相区别——这容易从任何具体的例子中发现。考虑：（1）"昨天我去城里了"；（2）"你进城真（was）是太冒险了"；（3）"昨天我没进城"；（4）"你进城会是（would have been）很不明智的"。这里（1）、（2）和（4）与一个确定的对象即"昨天我（或你）进城了"相关。我们将这个对象叫作p。（1）断定了p；（2）预设了p的断定把一个形容词给予了p；

[①] 当然，除非它指的是一种特殊类型的黑色——一种与这里无关的意思。

（4）预设了 p 的否定，并再次把一个形容词给予了 p。至于（3），可以认为也是关于 p 的，并且否定了 p；或者被认为断定了非 p。如果这两者是不同的，词语的形式同样适合于两者；并且我们可以假定被意谓的是 p 的否定，因此这里我们又与 p 相关。现在，非常清楚的是，冒险和不明智不适用于我在家里静静地做出的判断；不是判断让我在伦敦承担风险（不管它们是什么风险）。判断表达的命题 p，才是冒险的或不明智的。不论命题 p 为真或为假，这些形容词都附于它之上；因此，假的 p 必定和真的 p 一样都是超越的。可是，如果这个结论要成为不可置疑的，就必须考察过去时的"是"（was）和过去将来完成时的"会是"（would have been）的区别。因为 would have been 隐含一个未满足的条件，并且这个条件显然是 p 的真。因此（4）不是简单地把一个形容词赋予 p；完整的断定是："如果你已经进城了，那会是很不明智的。"如果我们把前提中隐含的假抽掉，这就变成了"p 蕴涵着 p 是不明智的"。但是，像前面的陈述表明的那样，这个蕴涵并不是只在 p 为真时才被认为是真的：在 p 为假时也同样被认为是真的。所以，在 p 为假时，必定存在一个实体 p。这适用于所有"p 蕴涵着 q"这类陈述；如果这仅仅在假设为真的情况下，我们就不会认为它等价于"非 q 蕴涵非 p"，我们认为这个等价事实上是自明的。因此，我们必须承认判断的假的超越对象。如果不是这样，那么，除非 p 为真，否则我们不能对如果 p 为真会有什么发生发表议论；因为我们在这里用到了"p 为真"的假设，而我们假定这个假设为假。如果没有假的对象体，所有关于未来的考虑都是不可能的。我们可以想象一个讲究修辞的战士在战斗中对

（一）迈农的复合物和假设理论

自己说："前进是死，后退是耻辱；宁愿选择死亡也不选择耻辱。"在这里他关心的肯定不是判断；如果是，他也许会通过撤退并同时判断自己前进了而逃避痛苦的两难选择（就像很多天真的理想主义者试图做的那样）。不能说，如果他前进了，撤退是耻辱就不再是真的了，尽管他没有撤退；除非每个决定蕴含着它自己的后果，否则不能对他应当如何做进行论争，虽然只有一个决定会成为事实。因此，假命题的超越性必须被承认。

我们现在的立场是，在判断之外并独立于判断，存在着真的或假的命题，并且这些或真或假的命题都可以被假设、被相信或不相信。

在考察假命题的性质之前，让我们先考虑一个预备性的问题。存在着包含了否定的命题，还是否定仅仅是不相信的表达？我们有三组对立：(1)真的和假的，(2)肯定的和否定的，(3)相信和不相信；我们想先考察区分(2)和(3)是否是必须的。如果像考察似乎显示的那样，我们能够区分不相信 p 和相信非 p，那当然就证明了必须进行区分。但是这里所涉及的考察是非常困难的；只要它没有得到足够多的支持，我们就不能相信它。然而，存在另一个相当有决定性的论证。令 p 是一个假的肯定命题；那么，p 或者被相信或者不被相信，可是两者都不能给我们任何关于真的知识。可是，显而易见的是，如果我们相信非 p，我们就确实知道什么是真的；因此，相信非 p 必定是某种东西，而不仅仅是不相信。这证明存在着否定命题；但也让人们对"不相信"是否不同于"对否定的相信"的问题留存疑惑：它决定了逻辑观点，不论非 p 是否是"p 为假"；并且我不知道如何决定这一点。对 p 的单纯的断定是否不同于"p为真"也是可疑的；但是，这里有更多的理由假定存在差别，因为真似乎不是被断定命题的构成部分，即使命题是真的。

可以这样说——我相信这是正确的观点——真和假不存在疑问；一些命题是真的，另一些是假的，正如一些玫瑰是红色的，另一些是白色的；信念是对命题的某种态度，当它们为真时叫作知识，它们为假时叫作错误。但是，这个理论似乎让我们对真的喜爱成为一种无法解释的偏见，并且无法回应对真和假的感受。对这个观点的反驳不是逻辑的，而是这样一种类型的反驳，比如在我们反驳这样一个人时感觉到的反驳：这个人告诉我们一匹马是一个长着象牙和象鼻的厚皮动物，一眼就可看出来，这个描述适用于与所涉及的对象完全不同的对象。

最根本的反驳也许可简单地表达为：真命题表达事实，假命题则不表达。这立刻就提出了问题：事实是什么？这个问题的困难在于，一个事实似乎仅仅是一个真命题，以至于一个看似有意义的断定变成了同语反复。人们很难避免这样的观念：一个命题是一个判断。我们可能认为，这就是为什么真命题表达事实这样一个陈述看起来是有意义的。可是，甚至在这个错误已经避免了的时候，似乎还存在这样一种情况，当命题为假时，某种在命题为真时潜存的东西不潜存了。然而，在这方面，我们在仔细考察时就会发现，在所涉及的理论中，肯定命题和否定命题不在一个层次。如果"A实存"为假，不仅A不实存，而且，我们假定，A的存在也不潜存；而如果"A不存在"为假，A的存在就潜存。因此，这里涉及的是：当A的不存在为真时，我们很难将之看作

（一）迈农的复合物和假设理论

事实，看作 A 的存在为真时 A 的存在是事实那样的事实。然而，我们可以怀疑，这个明显的差别不是逻辑上的，而是产生自知觉的本性：我们知觉到的所有命题都是肯定的，并且事实一词很自然地被用于知觉到的或者是类似于被知觉到的命题的命题。我们相信的所有否定命题似乎都是借助"p 蕴涵着非 q"形式的蕴涵，从肯定命题推论出来的；这似乎足以解释这样一种感觉：真的肯定命题在某种意义上表达了事实，而其它命题没有在同样的意义上做到这一点。

因此，与红色和白色玫瑰的类比，似乎最终尽可能地表述了问题。我们必须只是理解什么是真，什么是假，因为两者似乎都是不可分析的。至于多数人对真命题的偏爱，只要他们没有遇到困扰的例子，明显必定基于一个终极的伦理命题："相信真命题是好的，相信假命题是不好的。"希望这个命题是真的；如果不是，也没有理由认为我们相信它有多么错。

（二）对迈农《对象理论和心理学研究》[①]的评论

这是一个书评，首次发表于《心灵》第14期（1905年10月）第530–538页。

这本书由11篇论文组成，其中1篇是迈农写的，另外10篇是他的学生写的。迈农的论文和紧跟在这篇论文后面的两篇论文，讨论的是迈农所说的对象理论，主要涉及在哲学上具有重要性的基本问题。第8篇，"论表象生产"，讨论了理解一个复合物与理解它的构成部分的关系，因此与迈农的非心理学著作紧密相关。一篇讨论伦理学；一篇讨论思维经济原则；其它5篇讨论心理学的具体观点。因此除了在观点和方法上存在的类似性，不存在非常严格的一致性。只有开头的3篇论文和第8篇特别地结合在一起。它们建立起来的哲学是对迈农《论假设》中的哲学观的一个发展，在我看来有很大的价值。其原创性主要在于它清除了心理主义——这种心理主义对从开端以来的英国哲学和从康德以来的德国哲学产生过普遍的影响——，和认识到哲学本身不能只关注实存的东西。

[①] 迈农 A 1904。

（二）对迈农《对象理论和心理学研究》的评论

迈农指出，表象、判断和假设总是具有对象；并且这些对象独立于它们在其中获得理解的心理状态。迄今为止，这种独立性被"喜爱存在者（das Wirklichen）的偏见"所遮蔽，该偏见导致人们设想，在思想有非实存的对象的时候，就确实没有不同于思想的对象存在。但是，这是一个错误：实存物只是知识对象的一个无限小的部分。这可以用数学来说明，数学从不处理以实存为本质的事物，而主要处理不能实存的对象，比如数。现在，在研究对象本身之前，我们不需要先研究对象的知识；因而，对象研究是本质上独立于心理学和知识理论的。人们可能反对说，对象研究必须和所有的知识研究共存；但是我们可以分别考察对象的一般性质和种类，这是哲学研究的一个基本部分。这就是迈农所说的对象理论。

这门学科不等同于形而上学，而是范围更广大；形而上学只研究实在的东西，然而对象理论没有这个限制。对象理论研究的是对象的先天知识，而实在事物的知识只能通过经验获得。对象理论不是心理学，因为对象独立于我们对它们的理解。它也不是知识理论；因为知识有两个方面，属于心理学的认知和独立的对象。对象理论，迈农主张，也不能等同于纯逻辑，因为在他看来，由于关心正确的推理，逻辑基本上服务于实用的目的。（关于这一点，存在不同的意见；但问题无论如何仅仅是命名法的问题。）结论是，对象理论是一个独立的学科，是所有哲学学科中最具有普遍性的学科。数学本质上是它的一部分，最终在这里找到了它的恰当位置；传统科学划分为自然科学和精神科学，没有为数学留下空间，原因是它只说明实存物。语法可以在普遍的对象理论中成为指南，就像数学在理论的更特殊部分中一样。

对象首先被划分为三大类,即实存的、潜存的和既不实存也不潜存的三类。[1] 显然,抽象物例如多样性和数并不实存;此外,命题不是实存的;因此,确实有些对象不实存,又在某种意义上潜存。但是,即使把潜存包括在内,我们似乎也没有为每一个对象找到位置。一些对象,例如假命题、圆的方等等,是对象且不潜存。

有两类判断,一种可以叫作直接判断,另一种可叫作综合判断;前者断言某物存在,后者断言它的如此这般的存在(Sein 和 Sosein)。后一类可以在它们的主词不潜存的时候潜存;圆的方确实是圆的和方的,尽管圆的方并不潜存。如果我们愿意,我们可以说,"存在着一些我们确实可以说不存在的对象"(第9页)。第2篇论文("论对象理论的基础")的作者艾麦思德更细致地讨论了三类对象,并且把实存还原为某种类型对象的存在。一个对象或者是一个对象(Objekt)[2] 或者是一个对象体(Objective)——后者是一个命题或命题的衍生物。[3] 对象可以划分为三类,其存在分别是必然的、可能的和不可能的。可能之物的存在——如果可能的对象是一个 Objekt——就被定义为实存;一个可能的对象体(即一个可能的 Objekt 的实存)具有存在,却并不实存。必然的东西都是一个对象体;可是有些对象体是可能的,也有一些是不可能的(第82-84页)。莫利在第3篇论文("论测量的对象理论")

---

[1]　迈农似乎把 Sein 和 bestehen 看作同义词,我则把 being 和 subsistence 用作同义词。

[2]　Objekt 这个词是在不同于 Gegenstand 的意义上被使用的,由于我已经用"object"(对象)翻译了 Gegenstand,我就不再翻译 Objekt 了。

[3]　关于 Objective 的词义,参看罗素 B 1904a,第349页及以下。

（二）对迈农《对象理论和心理学研究》的评论

中更确定地界定了非潜存对象的主词。他将这样一个如此这般的存在定义为矛盾的，这一如此这般的存在的潜存排除了其 Objekt（即通常说的主词）的潜存；他将一个不矛盾的 Objekt 定义为可能的。"方的圆"是一个不可能的如此存在；但是"圆的方"的圆和方，虽然彼此矛盾，却不是不可能的，而是必然的。一个方形是圆的是不可能的，但"圆的方"是圆却不是不可能的而是必然的（第128页）。他又说："即使 A……事实上不潜存……，'潜存的 A'的存在潜存着却因是同语反复而是确定的。通过判断'潜存的 A 潜存'而对 A 的（事实上的）存在或不存在做出的断定……并没有比通过假设判断'如果 A 存在，它存在'……对'存在和不存在的 A'的'存在和不存在'做出的断定更多"（第133页）。艾麦思德在前面的论文中以同样的精神说，如果 B 是不可能的，那么"A 区别于 B"和"A 不区别于 B"可能都是真的。

哲学家们不习惯于如此勇敢地面对圆的方；的确，几乎没有逻辑学家经受得住它的攻击。但是如果我们想要弄清楚这些假设的非潜存对象，有一个关于圆的方的令人满意的理论就是必要的了。就我而言，我不相信存在着任何非潜存对象。让我们看看反对的理由是什么。

迈农的理论可以（1）通过否定他的非潜存对象，（2）通过否定它们不潜存而被修正。① 我建议把前者用于圆的方，后者用于假命题。迈农认为（第12页），有一个强有力的论证，支持他称

---

① 我们也许还能构造第三类的存在，甚至比潜存更难以把握。迈农考虑过并最终放弃了这个方案（第11页）。他的理由对我来说不是决定性的；因此我不会进一步考虑这个方案。

作非潜存对象的潜存，那就是，这些对象可以用作真的因而潜存的命题的主词。可是，他说，这个论证有赖于把命题看作一个复合物，并且其主词是它的一个成分；他认为，这个观点，只能形象地理解。我应该在更基本的意义上想到命题的主词是一个复合物的成分，其它的都来自于这种意义，因此论证就是合理的了。但是，对我来说，迈农的观点的主要问题在于，一旦不可能的对象是成分，就包含着对矛盾律的否定。如果"A区别于B"和"A并不区别于B"都为真，我们就不能分辨，比如，由A和B组成的类是否有一个或两个成员。因此在所有计数的过程中，如果我们要达到一个确定的结果，就必须把不可能的事物排除在外。如果B是不可能的，我们就不能说"A和B是两个对象"；严格讲来，我们也不能说"B是一个对象"。困难存在于不可能的对象经常潜存，甚至存在着。因为如果圆的方是圆的和方的，那么存在的圆的方是存在的、圆的和方的。因此，圆的和方的某物存在，虽然任何既是圆的又是方的东西都是不可能的。这个本体论证明，是不能借助康德的策略，即主张存在不是一个谓词的论断，来回避的。因为艾麦思德承认（第79页），当且仅当"实际存在"适用的时候，"实存"才适用，并且后者是一个如此存在。因此我们不能回避这样的结论，"存在的上帝"既存在又是上帝；人们难以弄清楚，怎么可能认为——如莫利暗示的（第133页）——这和上帝是否存在的问题没有任何关系。因此，我宁愿说不存在"圆的方"一类的对象。我认为，排除这类对象的困难，可以通过指称理论予以避免；无论如何，显而易见的是，承认此类对象会招致强烈的反对。无论怎样，这本书的作者的观点得到了充分的

（二）对迈农《对象理论和心理学研究》的评论

展示，他们应该得到很大的荣誉。

对那些赞同这本书的基本观点的人来说，这个不可能的对象的问题是所有思考它就产生的问题中最重要的一个，并且我们关于它的主张会影响到我们的很多其它观点。两种假设都存在着困难；但是，我认为迈农、艾麦思德和莫利的假设涉及到更大的困难。

在第3篇论文中，为了取代指称理论，[①] 莫利发展了一个显性和隐性对象的理论，以服务于同样的目的。莫利的论文，在到达衡量的主题前，重新处理了对象理论所有的基本原则；它通过一系列的定义完成此工作，（我认为）这些定义常常包含重要的观念，可是表述得却如此隐晦，以至于它们意谓什么都难以得到理解。我不打算写一个摘要，因为没有哪种摘要会比原文更加凝练，其中的每一页包含的内容比人们通常在20页文章中发现的都要多。可是必须做出某种尝试来解释显性和隐性对象的性质，虽然我不敢确定已经充分把握了作者的意思。

一个具有"A存在"、"A存在这一事实"、"A是b"、"A是b这一事实"形式的对象体被叫作显性对象体，并且它的主词[②]是显性主词且具有"存在的A"和"是b的A"的形式。一个还不是规定而与一个显性目标"基本符合"[③]的规定叫作隐性规定；并且类似的定义适用于隐性主词。带有隐性规定的显性规定或显

---

① 这是指弗雷格意义和指称的区别；参见弗雷格 A 1892b。亦参见罗素 B 1905c。

② 我用 subject（主词）来翻译 Eigenschaftsgegenstand，后者在非常接近（虽然不精确）subject 的通常意义上被使用。

③ 这是说大约符合，也即有相同的谓词，或应用于相同的主词。

性主词,叫作虚构的规定或虚构的主词(第137,138页)。举例说明,"比5大的数"是一个显性对象;它不是6,不是7,不是8等等,也不是所有这些数的集合;可是它们中的每一个都"完全符合"(莫利意义上的)这个显性对象。因此,比如6是一个隐性对象,与我们的显性对象有所说的那种关联。现在考虑"大于5的某个数"。它仍然和显性对象一样不确定,但是它说它是所有可能的数6,7,8等等中特定的一个。因此它是虚构的:它是一个殊相,不过是一个一般的殊相,如果人们可以造这样一个短语的话。这个区别是难以把握的;同时,它又确实是真实的和重要的。例如在那些作为数学前提的不可证明的命题中有两个可以大略这样表述的命题:(1)"对所有的适用的,也对任何一个适用";(2)"对所有的适用的,也对每一个适用"。在所有人都是必死的的前提给予我们时,第一个命题让我们推论出"任何一个人都是必死的";第二个准许我们推论出苏格拉底是必死的,并且柏拉图是必死的等等。从第二个命题我们推论出某个确切的人的必死性;但是,在我们一般地陈述原则的时候,其确定性是虚构的:我们说它在那里,但事实上并不存在。这似乎是与莫利的虚构对象类似的一个例子。他的显性和隐性对象的关系似乎就是指称概念与指称对象之间的关系。其陈述的方式不同于指称的方式,它似乎由对非潜在对象的认可所决定,这认可使得彻底区分涵义和指称,就像我们在不可能对象的例子里为否定指称所要求的那样,成为不必要的了。

　　莫利接着过渡到对复合体(complexion)和复合物(complex)的定义。定义如下:一个有一些规定的对象(Bestimmungsgegenstände)和一个隐含主体（Eigenschaftsgegenstand）的性质，叫隐性的复合体。一个复合体的隐性主体叫作隐性的复合物。一个隐性复合体的规定的对象叫作它的初阶对象。一个隐性复合物的规定的对象叫作它的成分，或者叫作复合物的初阶对象（第147页）。①

我希望别的读者也发现这些定义不是那么完全容易理解。我认为它们的意思实际上相当确定，但是所引入的技术术语如此之多，而且基本的名词如此难以理解，以至于定义变得非常令人困惑。现在，一个使问题变得容易理解的例子提出来了。莫利说，"三个一组"是一个具有一些规定对象的隐性规定，也即具有一个、一个又一个。它的隐性主体不是多个，而是一个，即隐性复合物"三"。这个例子使得意思变得明白多了；但是我难以相信一个复合性的定义能避免循环。在上述的例子里，在复合性被看作不可定义时，复多性被引入，它是一个特别的"复合体"，并且是可被定义的。

莫利的数的理论不是很令人满意。他说，每个复合物都有一个它的构成部分的集合-复合物与其"符合"。完全由它的复合体所规定的集合-复合物——即完全由未确定的对象组成——是纯粹的集合-复合物。每一个集合-复合物有一个仅仅依赖于这个复合物的复合体的度。有确定的度的集合-复合物叫作数-复合物或者叫作数（第163—165页）。

首先，这个理论仅适用于有限的数；但这不是唯一的反对理

---

① 上述定义以简短的形式重述在第153页。

由。在我看来,在一个数和它适用于之上的集合之间,似乎存在着一个混淆。莫利承认(第166页)"一双"、"三件"等等词语似乎比2,3等等更合适;事实上,他给予数2的定义实际上是一个不确定的双。我应该通过把2定义为双的类来避免这个不确定性;我认为,人们必须像莫利那样通过双得到数2。类似的论述适用于上述的"纯粹"集合的概念。它似乎仅仅是一个未确定的集合,即是说,任何集合。只有在使集合仅仅成为一个未确定的集合的意义上,才可能存在由未确定对象组成的集合;但是,如果是这样的话,就不存在许多被称为"纯粹"的,而且其构成部分是未确定的集合。在此处和别处,人们感觉到了对弗雷格变量和函项理论的需要;但是,语言是如此不适宜于表达这个主题的基本概念,在必须区分下述四者的地方,任何害怕符号的人几乎都不可能有希望获得精确的概念:(1)与其值相对的变量本身,(2)变量的任何值,(3)所有值,(4)有些值。这些观念似乎出现在了莫利的阐释中,但是它们在复杂情况下的应用对他来说是很难的。

莫利的数量理论紧紧跟从了迈农的理论;它同样使用了一个趋近零的系列的准则;它对于数量的差异和类似的观点是相似的。他主张每一个数量都是可以减少的,零因此是自相矛盾的和非潜在的,但其理由不是非常有说服力。他有一个有趣的连续统的定义(第169页)。这个定义是以如下方式得到的:一个复合物,如果它的成分是它自己的复合体的诸复合物,就叫作同数(homoiomeric)复合物;例如,双的双。如果成分的成分,以及成分的成分的成分,一直到无限,都属于与原初复合物一样的复合

（二）对迈农《对象理论和心理学研究》的评论

体，那么这原初复合物就是完全同数的。一个与一个完全同数的复合物完全符合的隐性复合物是一个连续统。虽然这个定义是有趣的，但可以观察到，它不能用于数学的空间和时间，并且是否存在它可用于的对象也是可以怀疑的。然而，后一个问题有赖于我们是否主张每一个复合物必定能够分解为简单部分——这是一个不需要在这里提出的困难的问题。

莫利的数的外延的理论——负数、分数、无理数和虚数——是不能用于数学的一类。由于在一个数为 a 的集合中，–b 在 a–b 中意谓着消除其数是 b 的部分，因而 –b 似乎意指 b 的不存在。他说（第 207 页）："一个（不可能的）数，当其存在等价于另一个数的不存在时，叫作负数。"（他关于数的其它外延的理论是同一类型的。）但是，事实上，在 a–b 中，被消除的不是数 b 本身，而是有 b 个项的集合；这里早先的数和集合的混淆造成了关于减法的新混淆。进一步，如果要构造一个正确的负数理论，我们就必须区分减去 b 和在数 a 那里进行减的结果。如果我们定义 –b 为 0–b，那么，我们确定得到了一个不可能的对象，如果 0 和 b 是适合用于集合计数的数的话。事实上，+b 和 –b 都必须被定义为关系，并且 +b 必须和 –b 一样与 b 相区别。+b 和 –b 是彼此的逆运算；如果两个数 a，c 是这样的：a+b=c，那么 a 对 c 有 +b 的关系，并且 c 对 a 有 –b 的关系；[①] 换句话说，数学家所说的运算 +b 使 a 变成了 c，运算 –b 把 c 变成了 a。如果负数实际上是非实体，它们就没有什么用处，因为存在一个普遍地用于反对将非实体引

[①] 或反之亦然，依据定义时的选择。

进具体推理的理由：对于每个不可能的对象，两个彼此矛盾的命题都可以成立。可是，如果两个彼此矛盾的命题对一个对象都成立，那么所有关于这个对象的命题都是真的；因为，如果 p 是任何命题，那么每一个命题或者被 p 所蕴涵，或者被非 p 所蕴涵。①所以，如果负数是非实体，说关于它们的一件事情与说关于它们的另一件事情就没有什么不同：这就是当我们否定矛盾律时可以期待的后果。②

人们自然要考察与 3 篇关于对象理论的论文存在着联系的第 8 篇论文"论表象生产"。它是艾麦思德所写。在一开始，他先简洁地（第 481-483 页）阐发了该书中别的地方也在解释的感觉理论。③根据这个理论，感觉具有对象和原因，但是它们的对象不同于它们的原因。因此，蓝色的感觉以蓝色为对象；可是蓝色虽然潜存却不存在。蓝色感觉的原因是物自身，并且实际存在。可是，蓝色虽然不实存，但其潜存却不依赖感觉，也不存在于蓝色的感觉中。它的潜存事实上并不预设任何其它东西的潜存。但这不是对所有对象都为真。构造的对象④和理解它们的表象内在地依赖于它们的初阶对象；没有相互区别的对象它们就没有区别，没有相互区别的对象的表象就没有区别的表象。艾麦思德关心的问题是，一个构造的对象的表象与其初阶对象的表象的关系。构

---

① 参看罗素 B 1903a，第 18 页。
② 通过修正蕴涵理论，这个结果无疑可避免；可是似乎可能的是，任何适合于这个目的的修正都可能因其它理由而不被接受。
③ 比如，他自己在第 91-95 页的解释。
④ 关于这一术语的意义，参见 Russell B 1904a，第 210-211 页。

（二）对迈农《对象理论和心理学研究》的评论

造的对象的表象不是构造的，因为没有什么构造的东西能够存在。可是一个高阶对象的表象以某种方式建立在初阶对象的表象之上。这个过程叫作创造；它存在于所有超出感觉的知觉中，例如，一个旋律的知觉中。这达至的结论是，构造的对象的表象由初阶对象的表象组成，这些初阶对象彼此处于真实的关系中（第496页）。这依赖于迈农对真实关系和理想关系的区分；前者不是必然的并且可能存在，后者是必然的并且不存在。一个真实的关系是类似于一个化合物的元素之间的关系；并且被创造的表象与初级表象的联系被设想为一个化合物和其元素之间那样的联系。这个理论可能令人满意也可能不令人满意；无论如何，问题陈述得很清楚，并且其重要性也是不可否认的。

关于表象创造的理论被用于解释穆勒-莱尔图的错觉，维托里奥·本努西在一篇篇幅很长并很有趣的文章处理了错觉的问题（第5篇）。在"论图形理解的心理学"中他区分了感觉的错觉、判断的错觉和创造的错，并且通过一系列的实验表明所涉及的错觉必定是创造的错觉。似乎是，或者在图形中或者在观察者的心理状态中，如果什么东西增强了对作为整体的图形的意识，它也就增加了对于图形中心线段的长度的错觉。这个错觉不是判断的错觉，因为它没有被关于事实的知识所影响；它不是感觉的，因为这些错觉具有如下这些感觉所没有的标志：（1）它们依赖刺激，并且不能被主体修正；（2）它们唯一地被刺激所决定；（3）它们的大小原则上没有界限；（4）它们不能被实践所改变。关于（1）和（2），本努西发现通过告知观察者把注意力集中在中心线段上错觉会减弱，通过告知他观察整个图形错觉会增加。他总结说（第395页），在一个真实关系中的诸内容会在它们本来性质的意义上彼此互相影响；并且形状的表象在很大程度上具有这个效果，因为它包含着诸形状之部分的表象的真实关系。

维托里奥·本努西和威廉明尼·利尔所撰写的第6篇论文，把同样的原则用于解释移位棋盘的错觉，并得出了相似的结论。威廉·弗兰克尔撰写的第4篇论文讨论了阿芬那留斯的思维经济原则，并且判定，虽然某些经济原则是有效的，但没有一个如同阿芬那留斯主张的那样，是普遍的和根本的。第7篇也是维托里奥·本努西撰写的，它为颜色的具体亮度提供了一个新的证明。第9篇为艾麦思德撰写，名为"论颜色的绝对亮度"，它主张这种特性能够通过实验测定，而且他已做了一些实验，并得出了结果。第10篇"驳价值论的唯意志论根据"为威廉明尼·利尔所写，主要是与施瓦兹争论，主张价值来源于情感而不是意欲。第11篇即最后一篇的作者是罗伯特·萨克辛格，文章名为"论想象的感觉和想象的欲望的性质"，它主张想象的情感和欲望是一类特殊的事实，它们像假设区别于判断那样，与本然的情感和欲望区别开来。这个论证对我来说没有说服力，因为我经常不能赞同他求助于反省。例如，他说所有本然的情感，在缺少新的刺激的情况下，都会随时间的流失而减弱，而想象的情感却是恒常的——在我看来，这个差别在经验中并不是显而易见的。

总的看来，这本书为格兰茨学派的心理学和哲学做出了最大贡献：它的主要论文包含着需要并值得仔细研究的理论。艾麦思德和莫利所写的第2和第3篇论文，包含着如此众多和接连不断的定义，以至于不可能在一篇评论中提出一个关于它们的内容的充分观点。第1篇论文给出了我们可以猜测为迈农脱离心理主义发展的最后阶段；在我看来，他现在的立场是清楚和一致的，富有有价值的哲学成果。

（三）对迈农《论科学理论中对象理论的位置》[①]的评论

这是一篇书评，第一次发表于《心灵》第 16 期（1907 年 10 月）第 436-439 页。

这本书是迈农面对各种批评为自己的观点所做的辩护，也是对他所称的"对象理论"的新科学的进一步解释。书中证明了这门科学的必要性和重要性，并给出了不把它认作逻辑或知识论或任何其它至今有了名称的科学的理由。文章的风格非常清晰，其论证在我看来总体上是令人信服的，除非（不用说）是针对他自己的。

在简短的介绍之后，迈农开始思考他所谓的"无处存在的对象"，他指的是那些确实存的或可能实存的表象的非实存的对象。例如，颜色：它们不是心理的，因为它们与颜色的表象不同，它们不是物质的，因为它们不实存于物质世界中。（这可能会受到质疑；但正如迈农在其它地方对这个问题所讨论的那样，他满足于接受他之前讨论的结果。）因此，虽然颜色的表象实存，但颜色本身并不实存。然而，关于颜色有许多正确的命题，例如，黑

[①] 迈农 A 1907。

（三）对迈农《论科学理论中对象理论的位置》的评论

色和白色是不同的。这样的命题应该归属于什么科学？不能归属于任何一门本质上研究现存事物的科学，而应归属于一门研究这样的对象的科学，即对象理论。

构成这门科学的知识是先天的，即与狭义的经验无关。迈农解释说，他不要求一个命题的成分独立于经验而被认知；因此，对他来说，"黑色不同于白色"是先天的，尽管黑色和白色是在经验中给定的。他所说的经验显然指的是知觉。关于何物实存的知识总是依赖于知觉；但构成对象理论的知识是独立于实存（daseinsfrei）的，因此也独立于经验，也就是说是先天的。

在我看来，把命题精确地划分成依赖知觉的命题和不依赖知觉的命题的问题，涉及某些被迈农（我认为）忽视了的困难，而这些困难又使这些命题不能与存在命题一致。① 比如，他认为"鬼不实存"这个命题是存在命题；他说，任何肯定一个实存或一个非实存的，都是存在命题。现在我们清楚地知道，直接来自知觉的知识总是肯定的，因此，任何否定的命题最多可从来自知觉的命题推断出来，并且蕴涵命题——借助它推理才能进行——是不能完全来源于知觉的，必须是一个先天的蕴涵命题或依赖于一个先天的蕴涵命题。让我们举个例子，比如说"琼斯不在这个房间里"。我没有知觉到这个命题；我只知觉到什么在（is）这间屋子里；但我假设了命题："如果琼斯在这个房间里，我应该能看到他。"在这个假言命题里，我们很难区分先天的要素，但很明显，有一个先天的要素，而且它与存在有关。这个命题会是这样

---

① 迈农承认存在着不同（如第35页），但这种不同不是我所关心的不同。

一个命题,断言在一定条件下,如果一个事物存在,它就会被感知。如果没有一些这样的前提,没有知觉能确保否定的结论。因此,我认为,经验与先天之间的真正区别,并不在于是否出现或不出现存在的断言,而在于是否出现或不出现在知觉中给定的特定主体。[①]然而,对于通过归纳法得出的一般命题,这些认识需要一些修正。例如迈农所举的例子,"鬼不实存"。这个命题当然是经验性的,它是由鬼在合理预期的情况下的不出现而归纳得出的。但是,就像所有通过归纳法得到的命题一样,它不是确定的,而是或多或少可能的。因此,我们可以说,关于存在的命题,如果没有特定的主项,要么是先天的,要么是不确定的。举一个更重要的例子来说:"每一件事都有一个原因。"就其形式来看,它可以是先天的、必然的,也可以是经验的,并且或多或少是可能的。因此,似乎一个命题的形式本身并不能决定它是经验的还是先天的,若我们把其证据是归纳的命题包括在内的话。但是,如果我们把这些当作为未在严格意义上被认知的东西排除在外,经验的东西就是任何包含特殊成分的东西,且这种特殊成分是在是"这个"这种意义上是特殊的,而先验的东西则不包含这样的组成部分。

本书用了很大的篇幅证明几何是先天的,独立于存在的。这些讨论大部分都很精彩,尤其是对马赫的"思想实验"的完全毁灭性的批评。但不幸的是,迈农认为有必要在他的论文中主张平行公理是先天确定的。如果我没有误解他的话,他对这一主题的

---

① 即一个实际上观察到的主体,或通过现在或过去实际观察到的某物的关系来定义的主体。

（三）对迈农《论科学理论中对象理论的位置》的评论

论证基于一个基本的错误，即假定在非欧几里得空间中平行线相交。他非常正确地指出，平行线不可能相交；但这一点从未被否认。问题是，通过给定直线外的一个点，是否有一个、两个或没有平行于给定直线的直线存在。他认为，平行线不相交并不仅仅是同语反复；这似乎是因为他认为平行线可被定义为具有相同方向的线。但"方向"，正如一个更熟悉几何学的人会告诉他的那样，是一个只有在平行公理成立时才适用的概念；如果有任何可接受的平行线的定义，那么说它们不能相交就只是同语反复。

我完全同意纯粹的几何是先天的这一论点；但在纯粹几何学中的公理并不被认为是真的，而只是以假言命题形式出现的假设。现实世界的空间是欧几里得空间还是非欧几里得空间的问题，不是纯粹的几何问题，而是关于实际存在之物的经验问题。迈农相当细致地反驳了现实世界的空间可能不同于欧几里得空间，以至于达不到观察的阈限的观点。他的理由很简单，"平行的"和"互相倾斜的"都是精确严格的概念，对于它们可做先天的判断（第86页）。但这个理由与平行线在现实世界中是否可能的问题无关。对于迈农来说，后一个问题被这样一种论证遮蔽了，即直线在任何情况下都不实际存在，因此，关于它们的任何问题都不可能是关于实际存在之物的问题。这就提出了没有绝对空间一类东西的假定，以及进一步的假定，世界也不是一个充满物质的空间。但是，即使有了这两个令人怀疑的假设，仍然有可能根据实际空间（无论如何理解）是欧几里得的还是非欧几里得的而指出，存在的事物在哪些方面是不同的，尽管和在抽象的几何表述中相比较，这些不同变得更为复杂。

在第14页及以下几页有一个为不可能的对象比如圆的方进

行辩护的论证，这是对先前发表在《心灵》上的评论所提出的批评的回应。① 由于这个主题很重要，我将简要地陈述迈农的观点，并说明为什么在我看来它们是无说服力的。人们承认，不可能的对象不服从矛盾律；但它们为什么不服从呢？因为，毕竟除了对于现实的和可能的事物外，矛盾律从来没有被明确地规定过，而且我们也没有理由假定它对不可能的对象也为真。这个回答似乎忽略了这样一个事实，即人们根据矛盾法则做出的断言，是关于命题（即迈农术语中的"对象体"）而不是关于主词的。假设两个相互矛盾的命题都为真似乎是不可接受的，无论它们的主词是什么。迈农强调的下一点是，我的反对意见同样适用于"金山"这类对象，它们并非不可能，只是不存在而已。我当然承认这一点；事实上，我特别想要取消的是"现在的法国国王"②这样的对象，它和"金山"的对象处于同一层面。迈农提出的下一个论点，是对我的答复。我指出，依据他的原则，"存在的圆的方"存在。对此，他回答说，它是存在的（is existent），但并不存在（exist）。我必须承认，我看不出"是存在的"（being existent）与"存在"（existing）之间有什么区别；除此之外，我在这里没有更多的话要说了。最后，他认为，虽然我断定不存在不可能的事物，但我还是被迫去构造关于它们的命题，从而隐含地承认了它们。对此，我的回答是，我会很谨慎地提出对此类对象似乎要出现③在其中的命题的解释，因此迈农的观点预先就得到了回答。因此，我认为

---

① 罗素 B 1905d，第 532 页。
② 罗素 B 1905c。
③ 同上，第 490 页。

（三）对迈农《论科学理论中对象理论的位置》的评论

没有理由承认不可能的对象的存在；在我看来，反对它们的理由仍然是不可辩驳的。

在此之前，我主要评述了迈农似乎容易受到批评的观点。但在我看来，与他的真实而重要的观点相比，这样的观点少之又少。而且，他的论点在任何情况下都是清楚的，无论正确与否，都必定值得我们认真地思考。

二
摹状词和存在

（四）命题的存在的意义

第一次发表在《心灵》第 14 期（1905 年 7 月）第 398-401 页。

麦科尔先生在《心灵》一月号上发表的一篇有趣的论文，以及他在《心灵》四月号上发表的一篇论文，提出了一些观点，要求那些（像我一样）在命题的存在的意义这一主题上持符号逻辑学家的通常立场的人做出回答。

第一个有必要弄清楚的是"存在"一词的意义。这个词有两个意思，这两个意思就像花园里的树干（stock）和证券交易所里的股票（stock）一样截然不同，但它们总是被混淆，或者至少被认为是有某种联系的。在这些意义中，只有一个出现在哲学或一般用语中，另一个出现在数学或符号逻辑中。直到人们意识到它们之间完全没有任何关系之前，人们是不可能对我们当前的话题有清晰的想法的。

（a）在哲学和日常生活中出现的存在的意义是可以谓述一个个体的：在这种意义上，我们询问上帝是否存在，我们确认苏格拉底存在，而否认哈姆雷特存在。在这个意义上，数学所涉及的实体并不存在：数 2，或三段论的原则，或乘法，都是数学所思考的对象，它们当然不构成实存的事物的世界的一部分。这种意义的存在完全在符号逻辑之外，符号逻辑并不关心它的实体是否在这种意义上存在。

（b）符号逻辑中所使用的存在的意义是可定义的和纯粹技术的意义，即：说 A 存在，意味着 A 是一个至少有一个成员的类。因此，在这个意义上，任何不是类的东西（如苏格拉底）都不存在；而类中只有一个非实存的类，即没有成员的类，称为空类。在这个意义上说，数的类（例如）是存在的，因为1、2、3等都是它的成员；但在意义（a）上，类和它的成员都不存在：它们不占据空间和时间的某一部分，也不具有属于神的那种超感觉的存在。

人们可能会问：为什么两个如此不同的概念会被混淆？通过考虑这样的类，很容易看出混淆是如何产生的，这样的类如果有成员，则必定有意义（a）上存在的成员。假设我们说："没有怪物存在。"我们可能是指怪物这个类没有成员，即在意义（b）上不存在。或者在意义（a）上存在的东西都不是怪物。在目前的情况下，这两者是等价的，因为如果有怪物，它们就是意义（a）上存在的实体。但是，如果我们说"没有数存在"，我们的陈述在意义上（a）为真，在意义上（b）为假。在意义上（a）存在的东西都不是数，这是正确的；数这个类没有成员是错误的。因此，混淆来自于对意义（a）上存在的事物的过分关注，这是一种由实际利益引起的坏习惯。

麦科尔假设（第74页）有两个宇宙，一个由存在的东西组成，另一个由非存在的东西组成。可以看出，如果上面的区别被接受，这两个宇宙在符号逻辑上是无法区分的。所有的实体，无论它们是否在意义（a）上存在，对于符号逻辑和数学来说都是实在的。在（b）的意义上（它是唯一相关的），在类中没有很多非实在的类，而是只有一个，即空类。每一个类的所有成员都在现实中，[①] 不过这仅在符号逻辑与现实有关的意义上。

但是很自然地，我们要问一下对于麦科尔先生的非实在的类，马人（centaurs）、圆的方等类，我们会说些什么。对于所有这些，我们将简单地说，它们是没有成员的类，因此它们每一个都与空类相同。没有马人；"x是马人"是错误的，不管我们给x什么值，即使我们包括了意义（a）上不存在的值，如数、命题等。同样地，也没有圆的方。神酒和仙馔的情况比较困难，因为它们似乎是个体，而不是类。但在这里，我们必须预先假定神酒和仙馔的定义：它们是具有某种性质的物质，而事实上，没有任何物质具有这种性质。因此，我们对它们的每一个都只有一个定义的概念，而没有任何实体适用于这一概念。在这种情况下，概念是一个实体，但它不指称任何东西。举个简单的例子："现在的英国国王"是一个复合概念，指称的是一个人；"现在的法国国王"是一个类似的复合概念，不指称任何东西。这个短语意在指出一个人，但没有做到：它没有指出一个不实存的人，而是根本没有指一个人。同样的解释也适用于神话人物，阿波罗、普里阿摩斯等等。这些词有一个意义，人们可以查阅标准的词典发现它；但它们没有指称：它们所指的实体，无论是真实的还是想象的，都是不存在的。

我希望，现在可以清楚地看到，符号逻辑学家对于存在的意义的普通看法，并不需要麦科尔先生的修正。这个看法是，A和

[①] 这甚至适用于空类。每一个陈述都适用于空类的所有成员，因为空类没有它不适用的成员。参见后面对普遍肯定A的解释的讨论。

E没有蕴涵其主词在意义（b）上存在，但 I 和 O 确实蕴涵其主词在意义（b）上存在。这四种中没有一种蕴涵它的主词或主词的任何成员在意义（a）上存在。我们采用皮亚诺的解释：

A. 所有的 S 是 P = 对于 x 的所有值，"x 是 S" 意味着"x 是 P"。

E. 没有 S 是 P = 对于 x 的所有值，"x 是 S" 意味着"x 不是 P"。

I. 有些 S 是 P = 对于至少 x 的一个值，"x 是 S" 和"x 是 P"都为真。

O. 有些 S 不是 P = 对于至少 x 的一个值，"x 是 S" 和"x 不是 P"都为真。

因此，I 和 O 要求至少有 x 的一个值使得 x 是 S，即 S 应该在意义（b）上存在。I 还要求 P 应该存在，O 要求非 P 应该存在。但 A 和 E 并不要求 S 或 P 的存在，因为一个假言命题只要其假设为假，它就为真[①]，所以如果"x 是一个 S"总是假的，那么"所有的 S 是 P"和"没有 S 是 P"无论 P 是什么都为真。

上述评论是为了回答麦科尔先生在《心灵》四月号（第 295 页）中对方程 OA=O 提出的异议。首先，O 不代表非存在的东西构成的类（the class of non-existences），而代表非实存的类（the non-existent class），即没有成员的类。因此，如果"XA=X"意味着"每个 X 都是 A 一个"，[②] 那么"OA=O"就意味着"没有成员的

[①] 参看罗素 B 1903a，第 1 卷，第 18 页。
[②] 就像麦科尔先生，以及很多逻辑学家说的那样：不是"每个 X 都是 A"。

类的每个成员都是 A",或者"对于每个 x 的值,'x 是没有成员的类的成员'蕴涵着'X 是一个 A'"。这个假言命题对 x 的所有值都成立,因为它的假设对 x 的所有值都为假。一个假设是假的假言命题就是真的。因此,麦科尔先生的反对基于,他在意义(a)上将 O 视为非存在的东西构成的类,因为只有这样 O 才会是一个有许多成员的类,这些成员都是不真实的,就像他认为的那样。对非存在类 O 真正做意义(b)上的解释,立刻克服了这个困难。

同样的原理解决了《心灵》四月号中"W"注意到的刘易斯·卡罗尔的悖论(第 293 页)。我不同意"W"把这个悖论仅仅看作是语词上的;相反,我认为它很好地解释了假命题蕴涵所有命题的原则。假设 p 代表"卡尔出局了",q 代表"艾伦出局了",r 代表"布朗出局了"。刘易斯·卡罗尔的两个假言命题是:

(1) q 蕴涵 r。
(2) p 蕴涵着,q 蕴涵非 r。

刘易斯·卡罗尔假设"q 蕴涵 r"和"q 蕴涵非 r"是矛盾的,因此推断 p 一定是假的。但事实上,如果 q 为假,则 q 蕴涵 r,q 蕴涵非 r,则两者必定同时为真,且决不是矛盾的。与"q 蕴涵 r"相矛盾的是"q 并不蕴涵 r",它不是"q 蕴涵非 r"的结果。因此,从刘易斯·卡罗尔的前提(1)和(2)得到的唯一推论是,如果 p 为真,则 q 为假,即,如果卡尔出局,则艾伦入局。这就是该悖论的完全解。

（五）论指称

第一次发表在《心灵》第 14 期（1905 年 10 月）第 479-493 页。

我用"指称短语"意指下列形式的任何一个短语：一个人、有些人、任何人、每个人、所有人、现在的英格兰国王、现在的法国国王、太阳系在20世纪最初的的质量中心、地球绕着太阳的旋转、太阳绕着地球的旋转。因此，一个短语只能根据它的形式来指称。我们可以区分三种情况：(1)短语可以指称，但不能指称任何东西，例如，"现在的法国国王"。(2)短语可以指称一个确定的对象，例如"现在的英国国王"指的是某个人。(3)短语可能有歧义，例如，"一个人"指的不是很多人，而是不确定的一个人。对这类短语的解释是一个相当困难的事情。事实上，要建立一个不容易在形式上受到驳斥的理论是非常困难的。就我能发现的而言，所有这些熟悉的困难都可以通过我将要解释的理论来解决。

指称这一课题不仅在逻辑学和数学中具有重要意义，而且在认识论中也具有重要意义。例如，我们知道，在一个确定的时刻，太阳系的质量中心是某个确定的点，我们可以肯定关于它的一些命题；但我们对这个点还没有直接的亲知，我们只能通过摹状词来了解。亲知和关于某事物的知识之间的区别，就是我们拥有其表象的事物和我们只能通过指称短语来认识的事物之间的区别。经常发生的是，我们知道某个短语的指称是确定的，尽管我们没有亲知它所指称的东西。这发生在上述质量中心的情况中。在知觉中我们对知觉的对象有亲知，在思想中我们对具有更抽象逻辑特性的对象有亲知，但是我们不一定对由亲知其含义的单词组成的短语指称的对象有亲知。举一个很重要的例子：我们似乎没有理由相信我们曾经亲知过别人的思想，因为这些思想并不是直接被感知到的，因此我们对它们的知识是通过指称获得的。所有的思想都必须从亲知开始：但思想成功地思考了许多我们不能亲知的东西。

我的论证过程如下。首先，我陈述我打算主张的理论；[1]然后讨论弗雷格和迈农的理论，说明它们为什么不满足我的要求；接着，我提出支持我的理论的理由；最后，我将简要地指出我的理论的哲学结论。

简而言之，我的理论如下。我把变量当作基本的概念；我用"C(x)"表示一个命题[2]，其中x是它的一个组成部分。这里的变量x本质上是不确定的。然后，我们可以考虑两个概念："C(x)总是真的"和"C(x)有时是真的"。[3]这样，每一个事物、没有事物和有些事物（它们是最基本的指称短语）便可解释为：

---

[1] 我已经在罗素B 1903a第5章和第476段中讨论过这个主题，那里所提倡的理论与弗雷格的几乎相同，但与下面将要提倡的理论有很大的不同。

[2] 更确切地说，一个命题函项。

[3] 第二个可以由第一个定义，如果我们把它理解为"'C(x)为假'总是真的是假的"。

C（每一个事物）意谓"C（x）总是真的"；

C（没有事物）意谓"'C（x）是假的'总是真的"；

C（有些事物）意谓"'C（x）是假的'总是真的是假的"。①

在这里，"C（x）总是真的"这一概念被认为是最终的和不可定义的，其它概念是通过它来定义的。每个事物、没有事物和有些事物都不被认为可以独立地具有任何意义，意义被赋予它们出现于其中的每一个命题。这就是我所要主张的指称理论的原则：指称短语本身并没有任何意义，但是每一个命题（指称短语出现在命题的语言表达式中）都有一个意义。我认为，有关指称的困难是对其语言表达式中包含指称短语的命题进行错误分析的结果。如果我没有弄错的话，正确的分析可以进一步阐述如下。

假设我们现在要解释这个命题："我遇见了一个人。"如果这是真的，那么我遇到了某个确定的人；但这不是我所断定的。根据我所提倡的理论，我所断定的内容是：

"我遇到了 x，并且 x 是人"并非总是假的。

一般地，在把人的类定义为具有谓词人的对象所构成的类时，我们说：

"C（一个人）"的意思是"C（x）并且 x 是人"并不总是

---

① 我有时不用这个复杂的短语，而用"C（x）不总是假的"或者"C（x）有时是真的"——假定后两者与这个复杂短语意谓同样的东西。

假的。

这就使得"一个人"完全没有独立的意义,但却使其语言表达式中出现了"一个人"的命题具有了意义。

再来考虑"所有的人都是必死的"这个命题。这个命题[①]实际上是假言命题,并且实际上陈述了,如果有任何事物是一个人,那他就是必死的。也就是说,它陈述的是:不管 x 可能是什么,如果 x 是一个人,那么 x 就是必死的。因此,用"x 是人"代替"x 是一个人",我们得到:

> "所有的人都是必死的"意味着"'如果 x 是人,x 是必死的'总是真的"。

这就是符号逻辑通过如下所表达的:"'所有的人都是必死的'意谓,对于所有的 x,'x 是人'蕴涵着'x 是必死的'。"更一般地说,我们说:

> "C(所有人)"的意思是,"'如果 x 是人,那么 C(x) 是真的'总是真的"。

类似地:

> "C(没有人)"的意思是,"'如果 x 是人,那么 C(x) 是假的'总是真的"。

---

① 正如在布拉德雷在 A 1883,第一卷,第二章中巧妙地论述的那样。

"C（有些人）"的意思与"C（一个人）"[①]相同。

"C（一个人）"的意思是，"'C（x）并且x是人'总是假的是假的"。

"C（每一个人）"的意思与"C（所有人）"相同。

包含the的短语还有待解释。它们是迄今为止最有趣和最困难的指称短语。以"查理二世的该（the）父亲被处决"为例。它断言：存在一个x，x是查理二世的该父亲，并且他被处决了。因此，当被严格使用时，冠词the就涉及唯一性；确实，即使某某有几个儿子，我们也会说"某某的该儿子"，但这时说"某某的一个儿子"更正确一些。因此，为了达到我们的目的，我们认为the涉及到唯一性。因此，当我们说"x是查理二世的该父亲"时，我们不仅断言x与查理二世有某种关系，而且还断言其它任何东西都与查理二世没有这种关系。这种关系是由"x是查理二世的生父"表述的，其中没有假定唯一性，也不包含指称短语。为了得到"x是查理二世的该父亲"的等值式，我们必须添加："如果y不是x，y就不是查理二世的生父"；或者，添加与此等价的句子："如果y生了查理二世，y就是与x同一的。"因此，"x是查理二世的该父亲"变成了"'x生了查理二世'，并且'如果y生了查理二世，y和x是相同的'这对y总是真的。"

因此"查理二世的父亲被处死"就变成了：

[①] 在心理学上，"C（一个人）"提示只有一个，并且C（一些人）提示有不止一个；但是，我们可在初步的设想中忽视这些提示。

> "x生了查理一世,并且x被处死,并且'如果y生了查理二世,y和x是同一的'这对y总是真的,并对于x并非总是假的。"

这似乎是一个令人难以置信的解释;但我现在不是在提出理由,我只是在讲理论。

要解释C(查理二世的该父亲)——C代表任何关于他的陈述,我们只要用C(x)代替上面的"x已被处死"。注意,根据上面的解释,无论C是什么表述,C(查理二世的该父亲)都意味着:

> "'如果y生了查理二世,y就等同于x'对y总是真的,这句话对x并非总是假的。"

这在日常用语中是这样表达的,"查理二世只有一个父亲,没有更多"。因此,如果这一条件不成立,每一个形式为"C(查理二世的父亲)"的命题就都是假的。所以,每一个形式为"C(现在的法国国王)"的命题就是假的。这是现在这个理论的一大优点。我将在后面指出,它并不像最初被认为的那样违反了矛盾律。

以上将所有出现指称短语的命题都还原到了没有出现指称短语的命题。为什么必须这样还原,后面的讨论将努力说明。

如果我们把指称短语看作是命题(指称短语出现在命题的语言表达式中)的真正组成部分,就似乎会产生不可避免的困难,上述理论之成立就由于它克服了这一困难。在承认指称短语是组成部分的可能理论中，最简明的是迈农的理论。[①]这一理论认为任何语法正确的指称短语都代表了一个对象。因此，"现在的法国国王"、"圆的方"等等，都被设想为真实的对象。它承认这样的对象不能潜存，但仍然认为它们是对象。这种观点本身存在着困难；主要的反对意见是，承认这些对象存在，就容易导致违反矛盾律的后果。举例来说，它主张现存的现任法国国王存在，但也不存在；圆的方是圆的，也不是圆的，等等。但这是不被允许的；如果能找到一个理论来避免这个结果，这个理论肯定更为可取。

弗雷格的理论避免了上述违反矛盾律的结果。他在指称短语中，区分了分别称为意义和指称的两种元素。[②]因此，"二十世纪初太阳系的质心"这个指称短语，在意义上是高度复杂的，但它的指称是一个确定的简单的点。太阳系、二十世纪等等，都是意义的组成部分；但指称却根本没有可分析的构成部分。[③]这个区分的一个好处是，它表明了为什么断定同一性经常是值得的。如果我们说"司各特是《韦弗利》的作者"，那么我们就断定了指称的同一性，虽然两个指称短语的意义不同。然而，我将不再重复支持这一理论的理由，因为这一理论的主张我在其它地方已经提到（上述引文中）。现在，我要对这些主张提出质疑。

---

① 见迈农 A 1904，前三篇文章（分别由迈农、艾麦思德和莫利撰写）。
② 参见弗雷格 A 1892b。
③ 弗雷格不仅在复合指称短语中，而且在所有地方都区分了意义和指称这两种元素。因此，是指称复合体的各成分的意义，而不是它们的指称，进入到了它的意义中。按照他的看法，在"勃朗峰有1000多米高"的命题中，是"勃朗峰"的意义而不是实际的山构成了命题的意义。

当我们认为指称短语表达了一种意义并且指称了一个所指的时候,[①]在所指似乎缺失的情况下,我们遇到了第一个困难。如果我们说"英国国王是秃头",这似乎不是对"英国国王"这个复合意义的陈述,而是对这个意义所指称的实际的人的陈述。现在考虑"法国国王是秃头的"。按照形式上的对等,它也应当是关于短语"法国国王"的指称的陈述。然而,尽管只要"英国国王"有意义,这个短语也就有意义,但是,至少在明显的意义上,它确实没有指称。因此人们认为"法国国王是秃头"应该是无意义的;但它不是无意义的,因为它显然是假的。或者再考虑下面这样一个命题:"如果 u 是一个只有一个成员的类,那么,这一个成员属于 u。"或者,像我们可能陈述的那样,"如果 u 是一个单元类,那么,该 u(the u)是一个 u"。这个命题应该总是真的,因为只要假设是真的,结论就是真的。但是"该 u"是一个指称短语,被我们说成是一个 u 的东西是指称短语的所指,而不是它的意义。如果 u 不是一个单元类,那么"该 u"似乎什么也指称不了。因此,一旦 u 不是一个单元类,我们的命题就会变得毫无意义。

现在,这样的命题显然不会仅仅因为它们的前提是错误的,就变成无意义的。《暴风雨》中的国王可能会说:"如果费迪南德没有淹死,那么费迪南德就是我唯一的儿子。"现在"我唯一的儿子"是一个指称短语。从表面上看,当且仅当我恰好有一个儿子,这一短语有一个指称。但是,如果费迪南德真的已经被淹死

[①] 在这个理论里,我们可以说,指称短语表达意义;而且我们还可以说,指称短语和它的意义都指称指称。在我所提倡的理论中,没有意义,有时只有指称。

了，上述陈述仍然成立。因此，我们或者必须在初看起来没有指称的情况下提供指称，或者我们必须放弃包含指称短语的命题涉及指称的观点。我主张的是后一种途径。像迈农那样，选择前一种途径，要承认不潜存（subsist）的对象，并且否认它们遵循矛盾律的必然性。然而，这都是要尽量避免的。弗雷格选择了同一种途径的另一种方法（就我们目前的选择而言），他通过定义，为否则就没有指称的情况提供了一些纯粹约定的指称。这样，"法国国王"指称的是一个空类；"（有一个十口之家的）某某先生的独生子"是指他所有的儿子的类，等等。但是，这个路径虽然可能不会导致实际的逻辑错误，却显然是人为的，并没有对问题做出准确的分析。因此，一般说来，如果我们允许指称短语具有意义和指称这两个方面，那么，在似乎没有指称的情况下，不论假定确实有指称，还是假定确实没有指称，都会造成困难。

一个逻辑理论可以通过它解决难题的能力来得到检验。在研究逻辑问题时，尽可能多地思考难题是有益的，因为思考这些难题的目的与物理科学实验的目的大致相同。因此，我将陈述关于指称的理论应当能够解决的三个难题，然后将说明我的理论如何解决了它们。

（1）如果 a 与 b 相同，那么对其中一个是真的，对另一个也是真的，两者可以在任何命题中被替换，而不改变该命题的真伪。现在乔治四世想知道司各特是不是《韦弗利》的作者，而事实上，司各特是《韦弗利》的作者。因此，我们可以用司各特来代替《韦弗利》的作者，从而证明乔治四世想知道司各特是不是司各特。然而，人们并不认为这位欧洲显贵的绅士对同一律感兴趣。

（2）根据排中律，"A是B"或"A不是B"必有一为真。因此，"现在的法国国王是秃头的"或者"现在的法国国王不是秃头的"必有一为真。然而，如果我们把是秃头的东西都列举出来，再把不是秃头的东西都列举出来，我们不会在这两份名单中找到现在的法国国王。喜欢综合的黑格尔信徒可能会认为他戴了假发。

（3）考虑"A不同于B"这个命题。如果它是真的，A和B就是有区别的，这个事实可以由"A之间B的区别潜存着"的形式来表述。但如果A不同于B是假的，那么，A和B之间就没有区别，这个事实可以由"A和B之间的区别并不潜存"的形式来表述。但一个非实体怎么可能是命题的主词呢？只要"我在"（I am）被认为是对潜存或存在（being），①而不是对实存的断言，"我思故我在"就不比"我是命题的主词，所以我在"更显而易见。因此，否认任何事物的存在似乎总是自相矛盾的；在谈及迈农时我们已经看到，承认存在有时也会导致矛盾。因此，如果A和B不相异，那么，设想有或没有"A和B之间的区别"这样的对象同样是不可能的。

意义与指称的关系包含着某些相当奇特的困难，这些困难本身就足以证明导致这种困难的理论一定是错误的。

当我们要讨论一个指称短语的意义，而不是它的指称时，最自然的方式是用引号。因此我们说：

---

① 我把这些当作同义词。

太阳系的质心是一个点,而不是一个复合指称短语。

"太阳系的质心"是一个复合指称短语,而不是一个点。

又或者:

格雷挽歌的第一行陈述一个命题。

"格雷的挽歌的第一行"没有陈述一个命题。

因此,选取任何指称短语,如C,我们都要考虑C与"C"之间的关系,因为两者的区别正如上面两个例子所示。

我们说,首先,当C出现时,它就是我们所说的指称;但当"C"出现时,它就是意义。因此,意义与指称的关系不仅是通过短语表现出来的语言上的关系,而且这一关系必然是逻辑上的关系——我们说意义指称所指时说的就是这种关系。但我们所面临的困难是,我们不能既成功地保持意义与指称的联系,又阻止它们成为同一的东西;同时,我们也不能理解意义,除非通过指称短语。事情是以如下方式发生的。

同一个短语C同时具有意义和指称,但是当我们说"C的意义"时,这个表达式给予我们的是指称的意义(如果有的话)。"格雷挽歌的第一行的意义"与"'晚钟鸣报离别之日的哀伤'的意义"相同,与"格雷挽歌的第一行"的意义不同。因此,为了得到我们想要的意义,我们不应该说"C的意义",而应该说"'C'的意义",这个意义与"C"本身同一。同样地,"C的指称"并不意指我们想要的指称,而是意指某种东西,这种东西如果有指称的话,指称我们想要的指称所指称的东西。例如,假设"C"

为"出现在上述第二个例子中的复合指称词组"，那么C="格雷挽歌的第一行"，并且，C的指称＝晚钟鸣报离别之日的哀伤。但我们想要指的指称是"格雷挽歌的第一行"。因此，我们没有得到我们想要的。

谈论复合指称词组的意义时遇到的困难可以陈述如下：当我们把复合指称词组放在一个命题里的时候，这个命题就是关于它的指称的；如果我们提出一个命题，其主词是"C的意义"，那么这个主词就是这个指称的意义（如果有指称的话）——但这不是我们想要的。这使我们说，当我们区分意义和指称的时候，我们一定是在讨论意义：意义具有指称并且是一个复合物。而且，除了意义以外，没有可以称为复合物，同时又具有意义和指称的东西。根据上述观点，正确的说法是，有些意义是有指称的。

但这只会使我们在谈论意义时遇到的困难更加明显而已。假设C是复合物，然后我们说C是复合物的意义。然而，只要C出现时不加引号，所说的话就不是对意义为真，而只是对指称为真。比如，我们说如下这句话时就是这种情况：太阳系的质心是一个点。因此，要谈论C本身，即，要提出一个关于意义的命题，我们的主词不能是C，而必须是指称C的东西。因此，当我们想要表达意义时，我们所使用的"C"一定不是意义，而是指称意义的东西。而C不能是这个复合物的组成部分（像它是"C的意义"的组成部分那样）；因为如果C出现在复合物中，C将作为复合物的指称而非意义出现，并且没有从指称到意义的相反的道路，因为每一个对象都可以由无数不同的指称短语来指称。

（五）论指称

因此，似乎"C"和C是不同的实体，并且"C"指称C；但这不能成为一种解释，因为"C"和C之间的关系仍然是完全神秘的；我们在哪里可以找到指称C的复合指称词组"C"呢？而且，当C出现在一个命题里时，它不仅仅是一个指称（我们将在下一段中看到），然而，根据我们所讨论的观点，C只是一个指称，它的意义完全归属于"C"。这是一个无法解决的问题，似乎证明意义和指称的整个区别是错误的。

当一个命题中出现了指称短语时才涉及到意义，这一点已被关于《韦弗利》作者的难题正式证明了。"司各特是《韦弗利》的作者"这一命题具有"司各特是司各特"不具有的性质，即乔治四世想要知道这个命题是否为真的性质。因此，这两个命题并不完全相同；从而，如果我们坚持这一区分所属的观点，那么"《韦弗利》的作者"必定既与意义相关，也与指称相关。可是，正如我们刚才所看到的，只要我们坚持这一观点，我们就不得不认为只有指称才是相关的。因此，这个观点必须被放弃。

接下来要说明的是，我们一直考虑的所有这些难题，是如何通过本文开头解释的理论得到解决的。

根据我所主张的观点，指称短语本质上是句子的一部分，它像大多数单词一样，并非本身就有意义。如果我说"司各特是一个人"，这句话是"x是一个人"形式的一个陈述，它的主词是司各特。但是，如果我说"《韦弗利》的作者是一个人"，这句话就不是"x是一个人"形式的一个陈述了，也没有以"《韦弗利》的作者"为主词。对在这篇文章开头所做陈述加以缩写，我们可以把"《韦弗利》的作者是一个人"改为"有且仅有一个实体写了

《韦弗利》,并且这个实体是一个人"。(这并不严格地是前面所说的话的意思;但它更容易理解。)一般而言,假设我们想说《韦弗利》的作者具有性质 φ,我们想说的话就相当于"有且仅有一个实体写作了《韦弗利》,并且这个实体具有性质 φ"。

现在我们对指称进行解释。如果每一个出现"《韦弗利》的作者"的命题都可按上述那样来解释,那么命题"司各特是《韦弗利》的作者"(即"司各特等同于《韦弗利》的作者")变成了"有且仅有一个实体写了《韦弗利》,并且司各特和这个实体是同一的";或者,重新回到完全精确的形式:"x写了《韦弗利》并非对于x总是假的;如果y写了《韦弗利》,那么y与x是同一的,这对于y总是真的;并且司各特与x是同一的。"因此,如果"C"是一个指称短语,则有可能存在一个实体x(不可能有多个),使如上解释的命题'x与C等同'为真。然后,我们可以说实体x是短语"C"的指称。因此,司各特是"《韦弗利》的作者"的指称。引号中的"C"仅仅是短语,而不是可被称为意义的东西。短语本身是没有意义的,因为在任何有它出现的命题中,命题在获得充分表达时并不包含短语,这时短语已被分解掉了。

现在看来,关于乔治四世的好奇心的难题,有了一个非常简单的解答。在上一段我们是以非缩略的形式将命题"司各特是《韦弗利》的作者"写出来的。这个命题不包含我们可以用"司各特"来替代的"《韦弗利》的作者"的部分。但这并不妨碍在语词上用"司各特"替换"《韦弗利》的作者"而获得的推论的真实性,只要"《韦弗利》的作者"在所讨论命题中的出现是我称之为的初次出现。指称短语初次出现和二次出现的区别如下:

（五）论指称

当我们说"乔治四世想知道是否如此这般"时，或者当我们说"如此这般令人吃惊"或"如此这般是真的"等等时，这个"如此这般"一定是一个命题。现在假设"如此这般"包含了一个指称短语。我们可以从从属命题"如此这般"中消除这个指称短语，或者从"如此这般"仅仅是其构成成分的整个命题中消除这个指称短语。根据具体做法是哪一种，我们得到不同的命题。我曾听说过，一位客人第一次看到一位脾气暴躁的游艇主人的游艇时，对他说："我以为你的游艇比它大呢。"船主回答说："不，我的游艇并不比它大。"客人的意思是"我想象中的你的游艇比实际上你的游艇大"，而船主归属于他的意思是"我以为你的游艇比你的游艇大"。回到乔治四世和《韦弗利》。当我们说"乔治四世想知道司各特是否是《韦弗利》的作者"时，我们平常的意思是"乔治四世想知道是否有且仅有一个人写了《韦弗利》，而司各特就是这个人"。但我们也可以这样理解："有且仅有一个人写了《韦弗利》，乔治四世想知道司各特是不是这个人"。在后一种情况下，"《韦弗利》的作者"是初次出现。在前一种情况下，是二次出现。后一种情况可以用"乔治四世想知道，是否那个事实上写《韦弗利》的人就是司各特"的方式来表达。如果乔治四世在远处看到司各特，并问道："那是司各特吗？"那么，这个陈述会是真的。一个指称短语的二次出现可被定义这样的出现，在这种出现中，短语出现在命题 p 中，而命题 p 只是我们正在考虑的命题的成分，并且指称短语的代换只在 p 中，而不在所涉及的整个命题中。语言中难以避免初次出现和二次出现的混淆；但是，如果我们对它保持警惕，它也不会带来害处。在符号逻辑中，这当然是很容易避免的。

初次出现和二次出现的区别也使我们能够处理现在的法国国王是不是秃头的问题,并且普遍地处理那些没有所指的指称短语的逻辑地位的问题。如果"C"是一个指称短语,比如说"C"是"有性质F的项"的指称短语,那么:

"C具有性质 ϕ"意味着"有且只有一个项具有性质F,并且这个项具有性质 ϕ。"①

如果现在性质F不属于任何项,或属于几个项,那么,得到的结论就是"C具有性质 ϕ"对于 ϕ 的所有值都为假。因此,"现在的法国国王是秃头的"这句话当然是假的;并且"现在的法国国王不是秃头"也是假的,如果它的意思是:

"有一个实体是现在的法国国王,并且不是秃顶",

但它如果意味着如下情况,则是真的:

"有一个实体是现在的法国国王而且是秃头,这是假的。"

也就是说,如果"法国国王"的出现是初次的,那么"法国国王不是秃头的"是假的;如果"法国国王"的出现是二次的,那么"法国国王不是秃头的"就是真的。因此,凡是"法国国王"初次出现的命题都是假的;这些命题的否定命题则是真的,但在

---

① 这是简略的而不是严格的解释。

这里"法国国王"是二次出现。因此，我们避免了做出法国国王戴假发的结论。

我们现在还可以看出，当 A 和 B 不存在区别时，如何否定 A 和 B 之间的区别这样的对象的存在。如果 A 和 B 确实不同，那么有且只有一个实体 x，使得"x 是 A 和 B 之间的区别"是一个真命题；如果 A 和 B 实际上没有区别，就不存在这样的实体 x。因此，根据刚刚解释的指称的意义，当 A 和 B 不同时，且仅仅在 A 和 B 不同时，"A 和 B 之间的区别"有一个指称。这种区别普遍地适用于真命题和假命题。如果"aRb"表示"a 与 b 有 R 关系"，那么，当 aRb 为真时，存在 a 与 b 之间的关系 R 这个实体；当 aRb 为假时，则不存在这样的实体。因此，我们可以把任何命题变成一个指称短语，如果命题为真，指称短语就指称一个实体；如果命题为假，指称短语就不指称一个实体。例如，（至少我们可如此想）地球绕太阳转是真的，太阳绕地球转是假的。因此，"地球绕太阳转"指称一个实体，而"太阳绕地球转"就不指称一个实体。[①]

非实体的整个领域，例如"圆的方"、"2 以外的偶素数"、"阿波罗"、"哈姆雷特"等等，现在都可以得到满意的处理了。所有这些都是不指称任何东西的指称短语。一个关于阿波罗的命题意指，通过把它替换为经典的词典告诉我们的它的涵义，（比如）"太阳神"而得到的东西。所有出现阿波罗的命题，都要用上述

[①] 这些实体由之而来的命题既不与这些实体等同，也不与断言这些实体存在的命题等同。

指称短语的规则来解释。如果"阿波罗"是初现,则包含该初现的命题为假;如果是二次出现,那么该命题有可能为真。同样,"圆的方是圆的"的意思是,"有且只有一个实体 x,它是圆的又是方的,并且这个实体是圆的",这是一个假的命题,而不是如迈农认为的那样是一个真命题。"最完美的存在具有一切完美,实存是一种完美,因此最完美的存在实存"就变成为:

> "有且仅有一个实体 x 是最完美的;它具有所有的完美;实存就是一种完美;因此它实存着。"这作为一个证明是失败的,其失败是因为它缺乏证明的前提:"有且仅有一个实体 x 是最完美的。"①

麦科尔先生(《心灵》杂志,第54期和第55期第401页)认为个体有真实的和不真实的两种;因此,他将"空类"定义为由所有不真实的个体组成的类。这种定义假定这样的短语,如"现在的法国国王"虽然并不指称一个真实的个体,但指称一个不真实的个体。这根本上还是迈农的理论,我们已经知道拒绝它的理由,因为它与矛盾律相冲突。根据我们的指称理论,我们可以认为不存在不真实的个体;所以,空类是不包含成员的类,而不是包含所有不真实个体的类。

考察我们的理论对通过指称短语来解释定义有何影响,是很

---

① 这个论证可以有效地证明最完满存在的类的所有成员存在;也可以形式地证明这个类不能有一个以上的成员;但是,如果把"完满"定义为具有所有肯定的谓词,那么几乎可以同样形式地证明这个类甚至连一个成员都没有。

重要的。大多数的数学定义是这样的：例如，"m-n是指那个加上n后得到m的数"。因此，m-n被定义为具有与某一指称短语相同的意义；但我们认为，孤立的指称短语没有意义。因此，这个定义实际上应该是这样的："任何包含m-n的命题都是指这样一种命题，即把m-n替换为'一个加上n得到的数m'所得到的命题。"这样得到的命题，要根据为了解释其语言表达式中包含指称短语的命题而给出的规则进行解释。在这样的情况下，即在存在m和n使得有且只有一个数x，把它加到n上就得到m的情况下，有一个数x可在任何包含m-n的命题中代替m-n，而不改变该命题的真或假。但在其它情况下，所有"m-n"在其中是初次出现的命题都为假。

同一性的用处可以用上面的理论来解释。除了在逻辑学书上，没有人愿意说"x是x"。不过对同一性的断言常常是以这样的形式出现的："司各特是《韦弗利》的作者"或"你就是那个人"。如果没有同一性的概念，这些命题的意义就无法表述，尽管它们并不是简单地说，司各特与另一个项（即《韦弗利》的作者）相同，或者你与另一个项（即人）相同。"司各特是《韦弗利》的作者"这句话最简短的表述似乎是："司各特写了《韦弗利》；如果y写了《韦弗利》，那么y就等同于司各特，这对y总是成立的。"正是通过这种方式，同一性进入了"司各特是《韦弗利》的作者"；正是由于这种使用，同一性才值得肯定。

上述指称理论的一个有趣结果是：当我们没有直接亲知而只有通过指称短语定义而知的东西存在时，通过指称短语引入这个东西的命题并不包含这个东西作为其组成部分，而是包含这个指称短语的几个词所表达的成分。因此在每一个我们可以理解的命题中（即不仅在那些真和假我们可以判断的命题中，而且在我们可以考虑的所有命题中），所有的成分都是我们直接亲知的真正实体。因而，诸如物质（物理学意义上的物质）和别人的心灵是我们只能通过指称短语才能认识的事物，即我们不是亲知它们，而是通过它们具有的这样那样性质认识它们。因此，虽然我们可以形成命题函项C（x），并且它必定对某某物质粒子，或某某心灵成立，但我们不亲知肯定这些事物的命题（我们知道这些命题一定是真的），因为我们无法了解有关的真正实体。我们所知道的是"某某拥有具有这样那样性质的心灵"，但我们不知道"A有这样那样的性质"，这里的A就是我们所说的心灵。在这种情况下，我们在不亲知事物本身的情况下就知道了事物的性质，因此也就不知道事物本身是其构成部分的任一命题。

对于我所提倡观点的许多其它后果，我就不说什么了。我只恳求读者不要下定决心反对这一观点——鉴于它表面上看来就过分复杂，他可能会被诱导着去反对它——除非他就指称这一主题尝试建构自己的理论。我相信，这种尝试将使他确信，不管真的理论是什么，它都不可能像人们事先所期望的那样简单。

（六）斯特劳森先生论指称

第一次发表在《心灵》第66期（1957年7月）第385-389页。

斯特劳森先生在1950年发表了一篇题为"论指称"的文章。该文收录于安东尼·弗卢教授选编的《概念分析论文集》。本文后面的引用来自这篇重印的文字。这篇文章的主要目的是反驳我的摹状词理论。当我发现我所尊敬的一些哲学家认为它已经成功地达到了目的时，我得出了一个结论，那就是需要一个抗辩的回答。首先，我可以说，我完全看不出斯特劳森先生的论证有任何正确性。我的无能是由于衰老还是其它原因，我必须让读者自己去判断。

斯特劳森论证的要点在于指出了两个我认为截然不同的问题——即摹状问题和自我中心问题。这两个问题我都已经详细地讨论过了，但由于我认为它们是不同的问题，所以我在考虑一个问题时没有讨论另一个。这使得斯特劳森能够声称我忽视了自我中心的问题。

他精心地挑选材料来支持他的这个声称。在我第一次阐述摹状词理论的文章中，我特别讨论了两个例子："现在的法国国王是秃头的"和"司各特是《韦弗利》的作者"。后一个例子不适合斯特劳森，因此除了一个相当敷衍的引用外，他完全忽略了它。至于"现在的法国国王"，他紧紧抓住"现在"这个以自我为中心的词，并且似乎不能理解：如果我把"现在"这个词换成"1905年"，他的整个论证就会崩溃。

由于在斯特劳森先生写作此文之前我就已经说过的理由，这也许不是全部。举出其它完全没有以自我为中心的摹状短语的例子并不难。我倒想看看他是如何把他的学说运用到这样的句子上的："负1的平方根是负4的平方根的一半"，或者"3的3次方是紧接在第2个完全数之前的整数"。这两句话中都没有自我中心的词，不过即使有，解释摹状短语的问题也是一样的。

在斯特劳森先生的文章中，没有一句话暗示我曾考虑过以自我为中心的词，更不用说，他所倡导的关于这些词的理论正是我曾经详细阐述过的。[①] 在他对这些词不得不说的东西中，主旨在于这样一个完全正确的陈述，即这些词指的是什么，取决于何时何地使用它们。关于这一点，我只需引用《人类的知识》的一段话（第107页）：

"'这'（This）指的是，在这个词被使用的那一刻，占据了注意力中心的任何东西。在不是自我中心的词中，恒常的东西是关于所指对象的。但'这'在每一次使用时指不同的对象：恒常的东西不是所指的对象，而是它与这个词的特定用法的关系。当这个词被使用的时候，使用它的人是在关注某件事，而且这个词表示这件事。当一个词不是以自我为中

[①] 参考罗素 B 1940，第七章，罗素 B 1948a，第2部分，第4章。

心的时候，就没有必要去区分它使用的不同场合，但是在使用以自我为中心的词的时候我们就必须进行这个区分，因为，它们所表示的是与这个词的特定用法有特定关系的某物。"

我还必须提到我所讨论的一个例子（第101页及以后各页），在这个例子中，我和一个朋友在一个漆黑的夜晚散步。我们失去了联系，他喊道："你在哪里？"我回答说："我在这里！"对于科学地解释世界来说，根本的是要在断言中把自我中心的因素减少到最低限度，但这一尝试的成功只是程度上，在涉及到经验的时候永远不会达至完满。这是因为所有经验语词的意义最终都依赖于实指定义，实指定义依赖于经验，而经验是以自我为中心的。然而，我们可以通过以自我为中心的词汇来描述一些不以自我为中心的事物；正是这一点使我们能够使用一种共同的语言。

所有这些可能是对的，也可能是错的，但无论如何，斯特劳森先生都不应该把它解释得好像是他自己发明的理论。而事实上，我在他写作之前就已经阐述过了，尽管他可能没有领会我所说的意思。关于自我中心，我就不再多说了。因为，基于我已经给出的理由，我认为斯特劳森先生把它与摹状问题联系起来是完全错误的。

我不明白斯特劳森先生在命名问题上的立场。当论到我的时候，他说："在逻辑上没有专名，也没有摹状词（在这个意义上）"（第109页）。但是在《心灵》1956年10月号中论到奎因的时候，他采取了完全不同的路线。奎因有一个理论，认为名称是不必要的，总是可以被摹状词代替。斯特劳森先生对这一理论感到震惊，其原因我至今还不清楚。然而，我将把保卫奎因的任务交给奎因，他完全有能力照顾好自己。对我的目的来说，重要的是阐明"在这个意义上"这几个字的含义，斯特劳森把它们放在括号里。就我从上下文所能发现的而言，他所反对的是这样一种信念，即有些语词之所以有意义，是因为存在它们指称的东西，如果没有这种东西，它们就会是空洞的噪音，而不是语词。就我而言，我认为如果语言要与事实有任何联系，就必须有这样的词。这类词的必要性通过实指定义的过程得以体现。我们怎么知道"红"和"蓝"是什么意思？除非我们看到过红色和蓝色，否则我们不可能知道这些词的意思。如果在我们的经验中没有红色和蓝色，我们也许可以发明一些详细的摹状词来代替"红色"或"蓝色"的语词。举个例子，如果你是在和一个盲人打交道，那么，你可以举起一个火炉旁的掏火棍，靠近他足以让他感觉到热，然后，你可以告诉他，红色是如果他能看的话就能看到的东西——当然，你必须用另一个详尽的摹状词来代替"看到"这个词。盲人所能理解的任何摹状词都必须借助于用来表达他的经验的语词。除非个人词汇表中的基本词汇与事实有直接的联系，否则语言一般不会与事实有这种联系。我反对斯特劳森先生给予"红色"这个词通常的意义，除非存在着这个词指称的某种东西。

这让我想到了另一个问题。"红色的"通常被看作一个谓词，并被认为指示了一个共相。为了进行哲学分析，我更喜欢讨论一种以"红色的"为主词的语言。虽然我不愿意说把它称为一个共相确实是错误，但我愿意说这样称呼它会引起混乱。这与斯特劳森所说的我的"逻辑上灾难性的名称理论"有关（第118页）。他没有屈尊自己谈论为什么他认为这个理论"在逻辑上是灾难性的"。我希望在今后的某个场合，他能使我明白这一点。

这让我与许多哲学家产生了根本分歧，斯特劳森似乎与这些哲学家达成了普遍共识。他们相信，普通的语言不仅适用于日常生活，而且适用于哲学。相反，我相信，普通语言充满了含糊和不准确，任何以精确和准确为目的的企图，都需要通过修改普通语言的词汇和语法来达成。每个人都承认，物理、化学和医学需要一种不同于日常生活的语言。我不明白，为什么单单哲学，就应该被禁止用类似的方法来达到精确和准确。让我们以日常用语中最常见的一个词"日"（day）来说明。这个词最庄严的用法出现在《创世记》第1章和《十诫》中。为了保持安息日的神圣，正统的犹太人给了"日"这个词一个精确的定义，日常用语中没有这样的定义：他们把它定义为从一个日落到下一个日落的时间。出于别的理由寻求精确规定的天文学家，有三种"日"的定义：真太阳日、平均太阳日和恒星日。这些定义有不同的用途：如果你正在考虑白天的时间，真太阳日是相关的；如果你被判14天徒刑而没有其它选择，那么平均太阳日就是相关的；如果你想估算潮汐对地球自转减速的影响，恒星日是相关的。所有这四种日——十诫的日、真太阳日、平均太阳日、恒星日——比"日"这个词的一般用法更为精确。如果天文学家们要遵守某些近代哲学家显然赞成的禁止精确的规定，那么整个天文学就不可能了。

为了实现技术的目的，不同于日常生活的技术语言是必不可少的。我觉得那些反对语言使用创新的人，如果他们生活在150年前，就会坚持使用英尺和盎司的度量单位，并认为使用厘米和克同上断头台的味道差不多。

在哲学中，日常语言的语法甚至比词汇更需要纠正。我们所习惯的主谓逻辑之所以方便，是基于这样一个事实，即在地球通常的温度下，存在着近似永恒的"事物"。这在太阳的温度下是不正确的，只在我们所习惯的温度下才大致正确。

我的摹状词理论从来就不是用来分析那些说出含有摹状词的句子的人的心理状态的。斯特劳森先生把"S"这个名称给予"法国国王是智慧的"这句话，并且议论我说："他达到分析目的方法显然是，通过问自己，在什么情况下我们会说，任何说'S'这句话的人做了一个真断言。"这似乎并没有正确地说明我做的是什么。假如（但愿不会如此）斯特劳森先生如此鲁莽以至指责他的雇佣女工偷窃，她会愤怒地回答："我从来没有伤害过任何人。"通过假设她是一个有美德的人，我会说，她做了一个真断言。尽管根据斯特劳森先生自己语言中的句法规则，她的所说应该意谓着："至少有一个时刻我伤害了整个人类。"尽管斯特劳森先生不会用她的话来表达同样的感情，但他不会认为这是她想要表达的意思。同样的，我也想找到一种更准确的和分析的思想，来代替大多数人大多数时候脑子里的多少有些混乱的思想。

斯特劳森先生反对我所说的——如果没有法国国王的话，"法国国王是智慧的"是假的。他承认这句话是有意义的，且不是真的，但不承认它是假的。这只是一个口头用语上的便利的问题。他认为"假的"这个词有一个不可改变的意思，如果认为它是可以改变的，那就是一种犯罪，尽管他谨慎地避免告诉我们这个意思是什么。就我而言，我觉得下述做法更方便：给"假的"下个定义，从而让每一个有意义的句子不是真的就是假的。这是一个纯粹的口头用语的问题；虽然我不希望得到语言的日常用法的支持，但我不认为他能得到支持。例如，假设某个国家有这样一条法律：如果一个人认为宇宙的统治者是智慧的这一判断是假的，那么他就不能担任公职。我认为，一个自称是无神论者的人，如果自欺欺人地利用斯特劳森的学说说，他并不认为这个命题是假的，那么，他就会被认为是一个有点狡诈的人。

斯特劳森不仅在名称和假上表明了他的信念，即认为有一种不可改变的正确用词方式，且这种方式不能容忍任何改变，无论改变是多么方便。对于普遍肯定句，他也持同样的看法——例如，对于"所有的A都是B"这种形式的句子。传统上，这样的句子被认为蕴涵A存在，但在数理逻辑中，放弃这一蕴涵，并认为如果A不存在，那么"所有A都是B"为真，要方便得多。这完全是并仅仅是方便的问题。对于某些目的，这一种约定更方便，对另一目的，另一种约定更方便。我们将根据我们考虑的目的，选择一种约定或另一种约定。然而，我同意斯特劳森的说法（第127页），即普通语言没有精确的逻辑。

尽管斯特劳森先生有很强的逻辑能力，但他对逻辑却有一种奇怪的偏见。在第121页，他突然狂热地爆发，大意是说生命比逻辑更伟大，他用它来对我的理论做出了相当错误的解释。

撇开细节不谈，我想可以把斯特劳森先生的论点和我的答复归纳如下：

存在两个问题，即摹状词问题和自我中心问题。斯特劳森认为它们是同一个问题，但从他的讨论中可以明显看出，他没有考虑与争论相关的许多摹状短语。在混淆了这两个问题之后，他武断地断言需要解决的只是自我中心的问题，并且提供了一个解决这个问题的方案。他似乎认为这个方案是新的，但实际上这个方案在他写作之前就已为人们所熟悉了。然后，他认为自己提供了一个充分的摹状词理论，并以令人吃惊的方式武断地宣布了他的自我设想的成就。也许，我这样做对他是不公平的，但我看不出这种不公体现在哪里。

（七）摹状词

本文为《数学原理》（*Principia Mathematica*，剑桥大学出版社，1910年）一书第二部分 B 节第 14 小节。收在该书第 173-186 页。

*14 概要：

摹状词是一种其形式为"具有……等等（属性）的项"短语，或者更明确地说，"满足 $\phi\hat{x}$ 的项 x"，其中函项 $\phi\hat{x}$ 由一个且只由一个变量所满足。由于在导论（第三章）中所解释的原因，我们不定义"满足 $\phi\hat{x}$ 的 x"，但我们定义任何出现这个短语的命题。因此，当我们说："满足 $\phi\hat{x}$ 的 x 满足 $\psi\hat{x}$"时，我们的意思是："存在项 b，当且仅当 x 为 b 且 ψb 为真时，ϕx 为真。"也就是说，把"满足 ϕx 的项 x"写成"$(\jmath x)(\phi x)$"，$\psi(\jmath x)(\phi x)$ 表示

$$(\exists b){:}\phi x.\equiv_x.x=b{:}\psi b$$

然而，作为一个定义，这还不够充分，因为当 $(\jmath x)(\phi x)$ 出现在一个命题中，而这个命题是一个更大的命题的一部分时，是否将更小的命题或更大的命题当作"$\psi(\jmath x)(\phi x)$"还存在疑问。以 $\psi(\jmath x)(\phi x).\supset.p$ 为例。这可能是

$$(\exists b):\phi x.\equiv_x.x=b:\psi b:\supset.p$$

或是 $(\exists b):.\phi x.\equiv_x.x=b:\psi b.\supset.p$

如果"$(\exists b):\phi x.\equiv_x.x=b$"为假，第一个必定为真，而第二个必定为假。因此，区分它们是非常必要的。

我们将要被视为"$\psi(\imath x)(\phi x)$"的命题称作$(\imath x)(\phi x)$的范围。因此，在上述两个命题的第一个命题中，$(\imath x)(\phi x)$的范围是$\psi(\imath x)(\phi x)$，而在第二个命题中，范围是$\psi(\imath x)(\phi x).\supset.p$。为了避免范围上的歧义，我们应该在范围的开头写"$[(\imath x)(\phi x)]$"来表示范围，后面跟着足够多的点以延伸到范围的末尾。因此，在上述两个命题中，第一个命题是：

$$[(\imath x)(\phi x)].\psi(\imath x)(\phi x).\supset.p,$$

第二个命题是：

$$[(\imath x)(\phi x)].\psi(\imath x)(\phi x).\supset.p。$$

这样我们获得如下的定义：

*14·01. $[(\imath x)(\phi x)].\psi(\imath x)(\phi x).=:(\exists b):\phi x.\equiv_x.x=b:\psi b$ Df.

在实践中会发现，通常所需的范围是用点或括号围起来的其中出现"$(\imath x)(\phi x)$"的最小命题。因此，当这个范围被赋予$(\imath x)(\phi x)$时，我们通常会省略明确提及范围。这样，我们就有了：

$$a\neq(\imath x)(\phi x).=: \quad (\exists b):\phi x.\equiv_x.x=b:a\neq b,$$
$$\sim\{a=(\imath x)(\phi x)\}.=.\sim\{(\exists b):\phi x.\equiv_x.x=b:a=b\}$$

（七）摹状词

这其中的第一个必然蕴含着 $(\exists b):\phi x.\equiv_x.x=b$，而第二个则不蕴含。我们给出：

*14·02. $E!(\imath x)(\phi x).=:(\exists b):\phi x.\equiv_x.x=b$ Df.

它定义了：当且仅当 x 的一个值而不是其它值满足 $\phi\hat{x}$ 时，"满足 $\phi\hat{x}$ 的 x 存在"成立。

当两个或两个以上的摹状词出现在同一个命题中时，需要消除歧义，以确定哪个范围更大。为了这个目的，我们设定：

*14·03. $[(\imath x)(\phi x),(\imath x)(\psi x)].f\{(\imath x)(\phi x),(\imath x)(\psi x)\}.=:$
$\qquad\qquad [(\imath x)(\phi x)]:[(\imath x)(\psi x)].f\{(\imath x)(\phi x),(\imath x)(\psi x)\}$ Df.

我们可以看到（*14·113），包含两个摹状词的命题的真值不受哪个范围更大的问题的影响。因此，我们通常采用这样一种约定，即在印刷上最先出现的摹状词具有较大的范围，除非有相反的明确指示。因此，如：

$$(\imath x)(\phi x)=(\imath x)(\psi x)$$

意指：$(\exists b):\phi x.\equiv_x.x=b:b=(\imath x)(\psi x)$，

即：$(\exists b):.\phi x.\equiv_x.x=b:.(\exists c):\psi x.\equiv_x.x=c:b=c$

根据这种约定，我们几乎总是能够避免明确指出两个或多个摹状词的消除顺序。然而，如果我们要求后面的摹状词有更大的范围，我们就有：

*14·04. $[(\imath x)(\psi x)].f\{(\imath x)(\phi x),(\imath x)(\psi x)\}.=.$
$\qquad\qquad [(\imath x)(\psi x),(\imath x)(\phi x)].f\{(\imath x)(\phi x),(\imath x)(\psi x)\}$ Df.

当我们有 E!($\imath x$) (ϕx) 时，($\imath x$) (ϕx) 在形式上就像它出现于其中的任何函项的普通变量一样。这一事实具体表现为以下命题：

*14·18. ⊢ :. E!($\imath x$) (ϕx). ⊃ : (x). ψx. ⊃ . ψ($\imath x$) (ϕx)

这是说，当 ($\imath x$) (ϕx) 存在时，它具有属于一切事物的任何性质。当 ($\imath x$) (ϕx) 不存在时，这不成立；例如，现在的法国国王既没有秃顶也没有不秃顶的性质。

如果 ($\imath x$) (ϕx) 有任何性质，它就必定存在。这一事实已在如下命题中陈述：

*14·21. ⊢ : ψ($\imath x$) (ϕx). ⊃ . E!($\imath x$) (ϕx)

这个命题是显而易见的，因为根据定义，"E!($\imath x$) (ϕx)" 是 "ψ($\imath x$) (ϕx)" 的一部分。在日常语言或哲学中，当我们说某物"存在"时，它总是被描述的东西，也即它不是立即呈现的东西，如味道或颜色，而是像"物质"或"心灵"或"荷马"（意为"荷马史诗的作者"），被摹状为"如此如此的"，因此是 ($\imath x$) (ϕx) 的形式。因此，在所有这些情况下，（语法）主语 ($\imath x$) (ϕx) 的存在可以从任何具有这个语法主语的真命题分析地推断出来。"存在"一词似乎不能有意义地应用于直接给予的对象，也即，不仅我们的定义没有给予"E!x"任何意义，而且在哲学上，也没有理由假定存在的意义可以被发现，并且适用于直接给予的主体。

除了以上，以下是适用于目前的数的比较有用的命题。

*14·202. ⊢ :. $\phi x . \equiv_x . x = b : \equiv : ($\imath x$) (ϕx) = b : \equiv : \phi x . \equiv_x . b = x : \equiv : b = ($\imath x$) (ϕx)$

由上面的第一个等价，可以得出：

（七）摹状词

*14·204. ⊢ :E!(℩x)(φx).≡.(∃b).(℩x)(φx)=b

即当 (℩x)(φx) 所是的某物存在时，(℩x)(φx) 存在。我们有：

*14·205. ⊢ :ψ(℩x)(φx).≡.(∃b).b=(℩x)(φx).ψb

这是说，如果 (℩x)(φx) 所是的事物存在并且具有性质 ψ，(℩x)(φx) 具有性质 ψ。

我们必须证明诸如"(℩x)(φx)"这样的符号在同一性方面与直接表示对象的符号遵循相同的规则。然而，有一个部分的例外，我们不是有：

(℩x)(φx)=(℩x)(φx)

而是仅有：

*14·28. ⊢ :E!(℩x)(φx).≡.(℩x)(φx)=(℩x)(φx)

即，如果 (℩x)(φx) 存在，那么"(℩x)(φx)"仅仅满足同一性的自反特性。

同一性的对称属性适用于 (℩x)(φx) 这样的符号，而不需要假设存在，即我们有：

*14·13. ⊢ :a=(℩x)(φx).≡.(℩x)(φx)=a
*14·131. ⊢ :(℩x)(φx)=(℩x)(ψx).≡.(℩x)(ψx)=(℩x)(φx)

同样，同一性的传递性也不需要假定存在。这在 *14·14·142·144 中得到了证明。

*14·01.　　$[(\jmath x)(\phi x)].\psi(\jmath x)(\phi x).=:(\exists b):\phi x.\equiv_x.x=b:\psi b$　　Df.

*14·02.　　$E!(\jmath x)(\phi x).=:(\exists b):\phi x.\equiv_x.x=b$　　Df.

*14·03.　　$[(\jmath x)(\phi x),(\jmath x)(\psi x)].f\{(\jmath x)(\phi x),(\jmath x)(\psi x)\}.=:$

$\qquad\qquad\qquad[(\jmath x)(\phi x)]:[(\jmath x)(\psi x)].f\{(\jmath x)(\phi x),(\jmath x)(\psi x)\}$　　Df.

*14·04.　　$[(\jmath x)(\psi x)].f\{(\jmath x)(\phi x),(\jmath x)(\psi x)\}.=.$

$\qquad\qquad\qquad[(\jmath x)(\psi x),(\jmath x)(\phi x)].f\{(\jmath x)(\phi x),(\jmath x)(\psi x)\}$　　Df.

*14·1.　　$\vdash:.[(\jmath x)(\phi x)].\psi(\jmath x)(\phi x).=:(\exists b):\phi x.\equiv_x.x=b:\psi b$

$\qquad\qquad\qquad\qquad\qquad\qquad\qquad\qquad[\ast 4\cdot 2.(\ast 14\cdot 01)]$

在没有明确指出范围的情况下，根据我们对范围预期的约定，上述命题同于下述命题：

*14·101.　$\vdash:.\psi(\jmath x)(\phi x).\equiv:(\exists b):\phi x.\equiv_x.x=b:\psi b$　　　　$[\ast 14\cdot 1]$

*14·11.　　$\vdash:.E!(\jmath x)(\phi x).\equiv:(\exists b):\phi x.\equiv_x.x=b$　　　$[\ast 4\cdot 2.(\ast 14\cdot 02)]$

*14·111.　$\vdash:.[(\jmath x)(\psi x)].f\{(\jmath x)(\phi x),(\jmath x)(\psi x)\}.\equiv:$

$\qquad\qquad\qquad(\exists b,c):\phi x.\equiv_x.x=b:\psi x.\equiv_x.x=c:f(b,c)$

证明：

$\qquad\vdash.\ast 4\cdot 2.\ \ (\ast 14\cdot 04\cdot 03).\supset$

$\qquad\vdash::[(\jmath x)(\psi x)].f\{(\jmath x)(\phi x),(\jmath x)(\psi x)\}.\equiv:.$

$\qquad\qquad\qquad[(\jmath x)(\psi x)]:[(\jmath x)(\phi x)].f\{(\jmath x)(\phi x),(\jmath x)(\psi x)\}:.$

$[\ast 14\cdot 1]\quad\equiv:.[(\jmath x)(\psi x)]:.(\exists b):\phi x.\equiv_x.x=b:f\{b,(\jmath x)(\psi x)\}:.$

$[\ast 14\cdot 1]\quad\equiv:.(\exists c):.\psi x.\equiv_x.x=c:.(\exists b):\phi x.\equiv_x.x=b:f(b,c):.$

$[\ast 11\cdot 55]\quad\equiv:.(\exists b,c):\phi x.\equiv_x.x=c:\psi x.\equiv_x.x=b:f(b,c)::\supset\vdash.\text{Prop}$

（七）摹状词

*14·112. ⊢ :.f{(⅂x)(ϕx), (⅂x)(ψx)}.≡:

$$(\exists b, c): \phi x.\equiv_x.x=b: \psi x.\equiv_x.x=c: f(b,c)$$

［如 *14·111 中的证明］

在上述命题中，在 *14·03 陈述之后，我们假设了在同一页上解释的约定。

*14·113. ⊢ :[(⅂x)(ψx)].f{(⅂x)(ϕx), (⅂x)(ψx)}.≡.f{(⅂x)(ϕx), (⅂x)(ψx)}

[*14·111·112]

这个命题表明，当两个摹状词出现在同一个命题中时，命题的真值不受哪一个范围更大问题的影响。

*14·12. ⊢ :.E!(⅂x)(ϕx).⊃:ϕx.ϕy.⊃_{x,y}.x=y

证明：

⊢.*14·11　　　　⊃⊢:.Hp.⊃:(∃b):ϕx.≡_x.x=b　　　(1)

⊢.*4·38.*10·1.*11·11·3.⊃

⊢:.ϕx.≡_x.x=b:⊃:ϕx.ϕy.≡_{x,y}.x=b.y=b.

[*13·172]　　　　⊃_{x,y}.x=y　　　(2)

⊢.(2).*10·11·23.　⊃⊢:.(∃b):ϕx.≡_x.x=b:⊃:ϕx.ϕy.⊃_{x,y}.x=y　(3)

⊢.(1).(3).　　　⊃⊢.Prop

*14·121. ⊢ :.ϕx.≡_x.x=b:ϕx.≡_x.x=c:⊃.b=c

证明：

⊢.*10·1.　　⊃⊢:.Hp.⊃ϕb.≡.b=b:ϕb.≡.b=c:

[*13·15]　　⊃:ϕb:ϕb.≡.b=c:

[Ass]　　　　　　⊃:b=c:.⊃⊢.Prop

*14·122.　⊢::ϕx.≡$_x$.x=b:≡:ϕx.⊃$_x$.x=b:ϕb:

$$≡:ϕx.⊃_x.x=b:(\exists x).ϕx$$

证明：

⊢.*10·22.　　⊃⊢::ϕx.≡$_x$.x=b:≡:ϕx.⊃$_x$.x=b:x=b.⊃$_x$.ϕx:

[*13·191]　　　　　　　≡:ϕx.⊃$_x$.x=b:ϕb　　　　(1)

⊢.*4·71.　　⊃⊢::ϕx.⊃x=b:⊃:ϕx.≡.ϕx.x=b:.

[*10·11·27]　⊃⊢::ϕx.⊃$_x$.x=b:⊃:ϕx.≡$_x$.ϕx.x=b:

[*10·281]　　　　　　⊃:($\exists x$).ϕx.≡.($\exists x$).ϕx.x=b.

[*13·195]　　　　　　　　　　≡.ϕb　　　　　(2)

⊢.(2).*5·32.　⊃⊢::ϕx.⊃$_x$.x=b:($\exists x$).ϕx:≡:ϕx.⊃$_x$.x=b:ϕb　(3)

⊢.(1).(3).　　⊃⊢.Prop

因为与*14·122相似，下面两个命题（*14·123·124）被放在这里，但它们直到我们转向"对"（couples）的理论（*55和*56）才被使用。

*14·123.　⊢::ϕ(z, w).≡$_{z, w}$.z=x.w=y:

$$≡:ϕ(z, w).⊃_{z, w}.z=x.w=y:ϕ(x, y):$$

$$≡:ϕ(z, w).⊃_{z, w}.z=x.w=y:(\exists z, w).ϕ(z, w)$$

证明：

⊢.*11·31.　⊃⊢::ϕ(z, w).≡$_{z, w}$.z=x.w=y:

$$≡:ϕ(z, w).⊃_{z, w}.z=x.w=y:z=x.w=y.⊃_{z, w}.ϕ(z, w):$$

(七) 摹状词

| [*13·21] | $\equiv:\phi(z, w).\supset_{z, w}.z=x.w=y:\phi(x, y)$ | (1) |

⊢.*4·71.　⊃⊢:.$\phi(z, w).\supset.z=x.w=y$:

$\supset:\phi(z, w).\equiv.\phi(z, w).z=x.w=y$:.

[*11·11·32]　⊃⊢:.$\phi(z, w).\supset_{z, w}.z=x.w=y$:

$\supset:\phi(z, w).\equiv_{z, w}.\phi(z, w).z=x.w=y$:

[*11·341]　⊃:$(\exists z, w).\phi(z, w).\equiv.(\exists z, w).\phi(z, w).z=x.w=y$.

| [*13·22] | $\equiv.\phi(x, y)$ | (2) |

⊢.(2).*5·32.　⊃⊢:.$\phi(z, w).\supset_{z, w}.z=x.w=y:(\exists z, w).\phi(z, w)$:

$\equiv:\phi(z, w).\supset_{z, w}.z=x.w=y:\phi(x, y)$　(3)

⊢.(1).(3).　⊃⊢.Prop

*14·124.　⊢::$(\exists x, y):\phi(z, w).\equiv_{z, w}.z=x.w=y$:

$\equiv:(\exists x, y).\phi(x, y):\phi(z, w).\phi(u, v).\supset_{z, w, u, v}.z=u.w=v$

证明:

⊢.*14·123.*3·27.⊃

⊢::$(\exists x, y):\phi(z, w).\equiv_{z, w}.z=x.w=y:\supset.(\exists x, y).\phi(x, y)$　(1)

⊢.*11·1.*3·47.⊃⊢:.$\phi(z, w).\equiv_{z, w}.z=x.w=y$:

$\supset:\phi(z, w).\phi(u, v).\supset.z=x.w=y.u=x.v=y$.

| [*13·172] | $\supset.z=u.w=v$ | (2) |

⊢.(2).*11·11·35.⊃

⊢::$(\exists x, y):\phi(z, w).\equiv_{z, w}.z=x.w=y$:

$\supset:\phi(z, w).\phi(u, v).\supset.z=u.w=v$　(3)

⊢.(3).*11·11·3.⊃

⊢::$(\exists x, y):\phi(z, w).\equiv_{z, w}.z=x.w=y$:

$⊃:\phi(z, w).\phi(u, v).⊃_{z, w, u, v}.z=u.w=v$ (4)

⊢ .*11·1.　　　　$⊃⊢ ::\phi(x, y):\phi(z, w).\phi(u, v).⊃_{z, w, u, v}.z=u.w=v:$

　　　　　　　　$⊃:\phi(x, y):\phi(z, w).\phi(x, y).⊃_{z, w}.z=x.w=y:$

[*5·33]　　　　$⊃:\phi(x, y):\phi(z, w).⊃_{z, w}.z=x.w=y:$

[*14·123]　　　$⊃:\phi(z, w).≡_{z, w}.z=x.w=y$ (5)

⊢ .(5).*11·11·34·45. ⊃

⊢ :.$(Ǝx, y).\phi(x, y):\phi(z, w).\phi(u, v).⊃_{z, w, u, v}.z=u.w=v:$

　　　　　　　　$⊃:(Ǝx, y).\phi(z, w).≡_{z, w}.z=x.w=y$ (6)

⊢ .(1).(4).(6).⊃⊢ .Prop

*14·13.　⊢ $:a=(ɿx)(\phi x).≡.(ɿx)(\phi x)=a$

证明：

⊢ .*14·1.　　　　$⊃⊢ :.a=(ɿx)(\phi x).=:(Ǝb):\phi x.≡_x.x=b:a=b$ (1)

⊢ .*13·16.*4·36.　$⊃⊢ :.\phi x.≡_x.x=b:a=b:≡:\phi x.≡_x.x=b:b=a:$

[*10·11·281]　　$⊃⊢ :.(Ǝb):\phi x.≡_x.x=b:a=b:$

　　　　　　　　$≡:(Ǝb):\phi x.≡_x.x=b:b=a:$

[*14·1]　　　　$≡:(ɿx)(\phi x)=a$ (2)

⊢ .(1).(2).　　　⊃⊢ .Prop

这个命题不是 *13·16 的直接结果，因为"$α=(ɿx)(\phi x)$"不是函项"$x=y$"的值。类似的话也适用于下列命题：

*14·131.　⊢ $:(ɿx)(\phi x)=(ɿx)(\psi x).≡.(ɿx)(\psi x)=(ɿx)(\phi x)$

证明：

⊢.*14·1. ⊃⊢::(⫮x)(ϕx)=(⫮x)(ψx).≡:.(∃b):ϕx.≡ₓ.x=b:b=(⫮x)(ψx):.

[*14·1]   ≡:.(∃b):.ϕx.≡ₓ.x=b:.(∃c):ψx.≡ₓ.x=c:b=c:.

[*11·6]   ≡:.(∃c):.ψx.≡ₓ.x=c:.(∃b):ϕx.≡ₓ.x=b:b=c:.

[*14·1]   ≡:.(∃c):.ψx.≡ₓ.x=c:(⫮x)(ϕx)=c:.

[*14·13] ≡:.(∃c):.ψx.≡ₓ.x=c:c=(⫮x)(ϕx):.

[*14·1]   ≡:.(⫮x)(ψx)=(⫮x)(ϕx)::⊃⊢.Prop

在上述命题中，根据我们的约定，摹状表达式 (⫮x)(ϕx) 在 (⫮x)(ψx) 之前被消除，因为它首先出现在"(⫮x)(ϕx)=(⫮x)(ψx)"；但在"(⫮x)(ψx)=(⫮x)(ϕx)"中，(⫮x)(ψx) 第一个被消除。消除顺序对真值没有影响，如 *14·113 所证明的那样。

上述命题还可以证明如下：

⊢.*14·111. ⊃⊢:.(⫮x)(ϕx)=(⫮x)(ψx).

≡:(∃b,c):ϕx.≡ₓ.x=b:ψx.≡ₓ.x=c:b=c:

[*4·3.*13·16.*11·11·341] ≡:(∃b,c):ψx.≡ₓ.x=c:ϕx.≡ₓ.x=b:c=b:

[*11·2.*14·111] ≡:(⫮x)(ψx)=(⫮x)(ϕx)::⊃⊢.Prop

*14·14. ⊢:a=b.b=(⫮x)(ϕx).⊃.a=(⫮x)(ϕx)   [*13·13]

*14·142. ⊢:a=(⫮x)(ϕx).(⫮x)(ϕx)=(⫮x)(ψx).⊃.a=(⫮x)(ψx)

证明：

⊢.*14·1. ⊃⊢::Hp.⊃:.(∃b):ϕx.≡ₓ.x=b:a=b:.

(∃c):ϕx.≡ₓ.x=c:c=(⫮x)(ψx):.

[*13·195]   ⊃:.ϕx.≡$_x$.x=a:.(∃c):ϕx.≡$_x$.x=c:c=(ɿx) (ψx):.

[*10·35]   ⊃:.(∃c):.ϕx.≡$_x$.x=a:ϕx.≡$_x$.x=c:c=(ɿx) (ψx):.

[*14·121]   ⊃:.(∃c):.ϕx.≡$_x$.x=a:a=c:c=(ɿx) (ψx):.

[*3·27.*13·195]   ⊃:.a=(ɿx) (ψx)::⊃ ⊢ .Prop

*14·144. ⊢ :(ɿx) (ϕx)=(ɿx) (ψx).(ɿx) (ψx)=(ɿx) (χx).⊃.(ɿx) (ϕx)=(ɿx) (χx)

证明：

⊢.*14·111.⊃ ⊢ ::Hp.⊃:.(∃a, b):ϕx.≡$_x$.x=a:ψx.≡$_x$.x=b:a=b:.

(∃c, d):ψx.≡$_x$.x=c:χx.≡$_x$.x=d:c=d:.

[*13·195]   ⊃:.(∃a):ϕx.≡$_x$.x=a:ψx.≡$_x$.x=a:.

(∃c):ψx.≡$_x$.x=c:χx.≡$_x$.x=c:.

[*11·54]   ⊃:.(∃a, c):ϕx.≡$_x$.x=a:ψx.≡$_x$.x=a:

ψx.≡$_x$.x=c:χx.≡$_x$.x=c:.

[*14·121.*11·42]   ⊃:.(∃a, c):ϕx.≡$_x$.x=a:χx.≡$_x$.x=c:a=c:.

[*14·111]   ⊃:.(ɿx) (ϕx)=(ɿx) (χx)::⊃ ⊢ .Prop

*14·145. ⊢ :a=(ɿx) (ϕx).a=(ɿx) (ψx).⊃.(ɿx) (ϕx)=(ɿx) (ψx)

证明

⊢.*14·1.   ⊃ ⊢ :.a=(ɿx) (ϕx).≡:(∃b):ϕx.≡$_x$.x=b:a=b:

[*13·195]   ≡:ϕx.≡$_x$.x=a   (1)

⊢ .(1).*14·1. ⊃ ⊢ ::Hp.≡:.ϕx.≡$_x$.x=a:.(∃b):ψx.≡$_x$.x=b:a=b:.

[*10·35]   ≡:.(∃b):.ϕx.≡$_x$.x=a:ψx.≡$_x$.x=b:a=b:.

[*14·111]   ⊃:.(ɿx) (ϕx)=(ɿx) (ψx)::⊃ ⊢ .Prop

*14·15. ⊢ :.(ɿx) (ϕx)=b.⊃:ψ{(ɿx) (ϕx)}.≡.ψb

（七）摹状词

证明：

⊢.*14·1.⊃

⊢::Hp. ⊃:.(∃c):ϕx.≡_x.x=c:c=b:.

[*13·195] ⊃:.ϕx.≡_x.x=b (1)

⊢.(1).*14·1.⊃

⊢::Hp. ⊃:.ψ{(ɿx)(ϕx)}.≡:(∃c):x=b.≡_x.x=c:ψc:

[*13·192] ≡:ψb::⊃⊢.Prop

*14·16. ⊢:.(ɿx)(ϕx)=(ɿx)(ψx).⊃:χ{(ɿx)(ϕx)}.≡.χ{(ɿx)(ψx)}

证明：

⊢.*14·1. ⊃⊢:.Hp.⊃:(∃b):ϕx.≡_x.x=b:b=(ɿx)(ψx) (1)

⊢.*14·1. ⊃⊢::ϕx.≡_x.x=b:⊃:.

χ{(ɿx)(ϕx)}.≡:(∃c):x=b.≡_x.x=c:χc:

[*13·192] ≡:χb (2)

⊢.*14·13·15. ⊃⊢:.b=(ɿx)(ψx).⊃:χb.≡.χ{(ɿx)(ψx)} (3)

⊢.(2).(3). ⊃⊢:.ϕx.≡_x.x=b:b=(ɿx)(ψx):

⊃:χ{(ɿx)(ϕx)}.≡.χ{(ɿx)(ψx)} (4)

⊢.(1).(4).*10·1·23.⊃⊢.Prop

*14·17. ⊢:.(ɿx)(ϕx)=b.≡:ψ!(ɿx)(ϕx).≡_ψ.ψ!b

证明：

⊢.*14·15.*10·11·21.⊃

⊢:.(ɿx)(ϕx)=b.⊃:ψ!(ɿx)(ϕx).≡_ψ.ψ!b (1)

⊢ .*10·1.*4·22. ⊃ ⊢ ::χ!x.≡$_x$.x=b:ψ!(ɿx) (φx).≡$_ψ$.ψ!b:

⊃:(ɿx) (φx)=b.≡.b=b:

[*13·15]   ⊃:(ɿx) (φx)=b   (2)

⊢ .(2).Exp.*10·11·23.⊃

⊢ ::(∃χ):χ!x.≡$_x$.x=b:⊃::ψ!(ɿx) (φx).≡$_ψ$.ψ!b:⊃.(ɿx) (φx)=b   (3)

⊢ .*12·1. ⊃ ⊢ :(∃χ):χ!x.≡$_x$.x=b   (4)

⊢ .(3).(4). ⊃ ⊢ ::ψ!(ɿx) (φx).≡$_ψ$.ψ!b:⊃.(ɿx) (φx)=b   (5)

⊢ .(1).(5). ⊃ ⊢ .Prop

注意，我们没有：

(ɿx) (φx)=b.≡:ψ!(ɿx) (φx).⊃$_ψ$.ψ!b

因为，如果 ~E!(ɿx) (φx)，那么，ψ!(ɿx) (φx) 总为假，因此，

ψ!(ɿx) (φx).⊃$_ψ$.ψ!b

对于 b 的所有值都成立。但我们有：

*14·171. ⊢ :.(ɿx) (φx)=b.≡:ψ!b.⊃$_ψ$.ψ!(ɿx) (φx)

证明：

⊢ .*14·17.   ⊃ ⊢ :.(ɿx) (φx)=b.⊃:ψ!b.⊃$_ψ$.ψ!(ɿx) (φx)   (1)

⊢ .*10·1.*12·1. ⊃ ⊢ :.ψ!b.⊃$_ψ$.ψ!(ɿx) (φx):⊃:b=b.⊃.(ɿx) (φx)=b:

[*13·15]   ⊃:(ɿx) (φx)=b   (2)

⊢ .(1).(2).   ⊃ ⊢ .Prop

*14·18. ⊢ :.E!(ɿx) (φx).⊃:(x).ψx.⊃.ψ(ɿx) (φx)

证明：

⊦.*10·1.　　⊃⊦:(x).ψx.⊃.ψb:

[事实]　　⊃⊦:.ϕx.≡$_x$..x=b: (x).ψx:⊃:ϕx.≡$_x$..x=b:ψb:

[*10·11·28] ⊃⊦:.(∃b):ϕx.≡$_x$..x=b:(x).ψx:⊃:(∃b):ϕx.≡$_x$..x=b:ψb:.

[*10·35]　　⊃⊦::(∃b):ϕx.≡$_x$..x=b:.(x).ψx::⊃:(∃b):ϕx.≡$_x$..x=b:ψb:.

[*14·1·11]　⊃⊦:.E!(ɿx)(ϕx):(x).ψx:⊃:ψ(ɿx)(ϕx):.⊦.Prop

上述命题表明，只要 (ɿx)(ϕx) 存在，它就具有（正式地说）直接表示对象的符号的全部逻辑性质。因此，当 (ɿx)(ϕx) 存在时，它是一个不完整符号的事实与出现在其中的逻辑命题的真值无关。

*14·2.　⊦.(ɿx)(x=a)=a

证明：

⊦.*14·101.　　⊃⊦:.(ɿx)(x=a)=a.≡:(∃b):x=a.≡$_x$..x=b:o=a:

[*13·195]　　　　　≡:x=a.≡$_x$..x=a　　　　(1)

⊦.(1).Id.　　⊃⊦.Prop

*14·201.　⊦:.E!(ɿx)(ϕx).⊃.(∃x).ϕx

证明：

⊦.*14·11.⊃⊦:.HP.⊃:(∃b):ϕx.≡$_x$..x=b:

[*10·1]　　　⊃:(∃b):ϕb.≡.b=b:

[*13·15]　　　⊃:(∃b).ϕb:.⊦.Prop

*14·202.　⊦:.ϕx.≡$_x$..x=b:≡:(ɿx)(ϕx)=b:≡:ϕx.≡$_x$..b=x:≡:b=(ɿx)(ϕx)

证明：

⊢.*14·1.⊃⊢:.(ɿx)(ϕx)=b.≡:(∃c):ϕx.≡ₓ.x=c:c=b:

[*13·195]　　　　　≡:ϕx.≡ₓ.x=b:.⊃⊢.Prop

后半部分的证明方法与前半部分相同。

*14·203. ⊢:.E!(ɿx)(ϕx).≡:(∃x).ϕx:ϕx.ϕy.⊃_{x,y}.x=y

证明：

⊢.*14·12·201. ⊃⊢:.E!(ɿx)(ϕx).⊃:(∃x).ϕx:ϕx.ϕy.⊃_{x,y}.x=y　　(1)

⊢.*10·1.　　⊃⊢:.ϕb:ϕx.ϕy.⊃_{x,y}.x=y:⊃:ϕb:ϕx.ϕb.⊃ₓ.x=b:

[*5·33]　　　　　⊃:ϕb:ϕx.⊃ₓ.x=b:

[*13·191]　　　　　⊃:x=b.⊃ₓ.ϕx:

　　　　　　　　　　ϕx.⊃ₓ.x=b:

[*10·22]　　　　　⊃:ϕx.≡ₓ.x=b　　(2)

⊢.(2).*10·1·28. ⊃⊢:.(∃b):ϕb:ϕx.ϕy.⊃_{x,y}.x=y:⊃:(∃b):ϕx.≡ₓ.x=b:.

[*10·35]　　⊃⊢:.(∃b).ϕb:ϕx.ϕy.⊃_{x,y}.x=y:⊃:(∃b):ϕx.≡ₓ.x=b:

[*14·11]　　　　　　　　⊃:E!(ɿx)(ϕx)　　(3)

⊢.(1).(3).　　⊃⊢.Prop

*14·204. ⊢:.E!(ɿx)(ϕx).≡:(∃b).(ɿx)(ϕx)=b

证明：

⊢.*14·202.*10·11.⊃

⊢:.(b):.ϕx.≡ₓ.x=b:≡:(ɿx)(ϕx)=b:.⊃

[*10·281] ⊢:.(∃b):ϕx.≡ₓ.x=b:≡:(∃b).(ɿx)(ϕx)=b　　(1)

⊢.(1).*14.11.⊃⊢.Prop

*14·205. ⊢ :ψ(ɿx)(ϕx).≡.(∃b).b=(ɿx)(ϕx).ψb   [*14·202·1]

*14·21.   ⊢ :ψ(ɿx)(ϕx).⊃.E!(ɿx)(ϕx)

证明：

⊢.*14·1.⊃

⊢:.ψ{(ɿx)(ϕx)}.⊃:(∃b):ϕx.≡$_x$.x=b:ψb:

[*10·5]   ⊃:(∃b):ϕx.≡$_x$.x=b:

[*14·11]   ⊃:E!(ɿx)(ϕx):.⊃⊢.Prop

这个命题表明，如果对于 (ɿx)(ϕx) 可以有任何真陈述，那么 (ɿx)(ϕx) 一定存在。在后面的工作中，它将被非常频繁地使用。

当 (ɿx)(ϕx) 不存在时，仍然存在"(ɿx)(ϕx)"在其中出现的真命题，但是，在这些命题中，它有导论第三章所解释的意义上的"二次出现"，即是说，被断定的命题涉及的不是 ψ(ɿx)(ϕx) 的形式，而是 f{(ψ(ɿx)(ϕx)} 的形式，换句话说，(ɿx)(ϕx) 的范围内的命题只是全部被断定命题的一部分。

*14·22.   ⊢ :E!(ɿx)(ϕx).≡.ϕ(ɿx)(ϕx)

证明：

⊢.*14·122.   ⊃⊢:.ϕx.≡$_x$.x=b:⊃.ϕb   (1)

⊢.(1).*4·71. ⊃⊢:.ϕx.≡$_x$.x=b:≡:ϕx.≡$_x$.x=b:ϕb:.

[*10·11·281] ⊃⊢:.(∃b):ϕx.≡$_x$.x=b:≡:(∃b):ϕx.≡$_x$.x=b:ϕb:.

[*14·11·101] ⊃⊢:E!(ɿx)(ϕx).≡.ϕ(ɿx)(ϕx):⊃⊢.Prop

我们可以给出上述命题如下这样的例子:"'《韦弗利》的作者存在'命题等价于'写《韦弗利》的人写了《韦弗利》'。"因此,"写《韦弗利》的人写了《韦弗利》"这样的命题并没有体现逻辑必然的真,因为如果《韦弗利》没有被写出来,或者是由两个人合作写出来的,这个命题就为假。例如,"变圆为方的人把圆变方了"是一个假命题。

*14·23.   ⊢ :E!($ɿx$) ($\phi x.\psi x$).≡.ϕ{($ɿx$) ($\phi x.\psi x$)}

证明:

⊢.*14·22.⊃⊢:.E!($ɿx$) ($\phi x.\psi x$).

≡:[($ɿx$) ($\phi x.\psi x$)]:ϕ{($ɿx$) ($\phi x.\psi x$)}.ψ{($ɿx$) ($\phi x.\psi x$)}

[*10·5.*3·26]   ⊃:ϕ{($ɿx$) ($\phi x.\psi x$)}   (1)

⊢.*14·21.⊃⊢:ϕ{($ɿx$) ($\phi x.\psi x$)}.⊃.E!($ɿx$) ($\phi x.\psi x$)   (2)

⊢.(1).(2).⊃⊢.Prop

注意,在上述证明的第二行 *10·5 中,不仅是 *3·26 不可缺少。因为摹状符号 ($ɿx$) ($\phi x·\psi x$) 的范围是 ϕ{($ɿx$) ($\phi x·\psi x$)}·ψ{($ɿx$) ($\phi x·\psi x$)} 的整个积,因此,应用 *14·1,第一行中右边的命题变成:

(∃b):$\phi x.\psi x.\equiv_x.x=b$:$\phi b.\psi b$

根据 *10·5 和 *3·26,它蕴含着:

(∃b):$\phi x.\psi x.\equiv_x.x=b$:$\phi b$

(七) 摹状词

即：$\phi\{(\jmath x)(\phi x.\psi x)\}$

*14·24. $\vdash :.E!(\jmath x)(\phi x).\equiv:[(\jmath x)(\phi x)]:\phi y.\equiv_y.y=(\jmath x)(\phi x)$

证明：

$\vdash .*14·1.\supset \vdash :.[(\jmath x)(\phi x)]:\phi y.\equiv_y.y=(\jmath x)(\phi x):$

$\equiv:(\exists b):\phi y.\equiv_y.y=b:\phi y.\equiv_y.y=b:$

[*4·24.*10·281] $\equiv:(\exists b):\phi y.\equiv_y.y=b:$

[*14·11] $\equiv:E!(\jmath x)(\phi x):.\supset \vdash .Prop$

这个命题需要与 *14·241 进行比较，在那里由于 $(\jmath x)(\phi x)$ 的范围较小，我们得到的是一个蕴涵，而不是等价。

*14·241. $\vdash :.E!(\jmath x)(\phi x).\supset:\phi y.\equiv_y.y=(\jmath x)(\phi x)$

证明：

$\vdash .*14·203.\supset \vdash ::Hp. \supset:\phi y.\phi x.\supset.y=x:.$

[Exp] $\supset:.\phi y.\supset:\phi x.\supset.y=x::$

[*10·11·21]$\supset \vdash ::Hp.\supset:.\phi y.\supset:\phi x.\supset_x.y=x:.$

[*4·71] $\supset:.\phi y.\equiv:\phi y:\phi x.\supset_x y=x:$

[*13·191] $\equiv:y=x.\supset_x.\phi x:\phi x.\supset_x.y=x:$

[*10·22] $\equiv:\phi x.\equiv_x.y=x:$

[*14·202] $\equiv:y=(\jmath x)(\phi x)::.\supset \vdash .Prop$

*14·242. $\vdash :.\phi x.\equiv_x.x=b:\supset:\psi b.\equiv.\psi(\jmath x)(\phi x)$ [*14·202·15]

*14·25. $\vdash :.E!(\jmath x)(\phi x).\supset:\phi x\supset_x \psi x.\equiv.\psi(\jmath x)(\phi x)$

证明：

$\vdash .*4\cdot 84.*10\cdot 27\cdot 271.\supset \vdash ::\phi x.\equiv_x.x=b:\supset :.\phi x\supset_x\psi x.\equiv :x=b.\supset_x.\psi x:$

[*13·191] $\equiv :\psi b:$

[*14·242] $\equiv .\psi(\jmath x)(\phi x)$ (1)

$\vdash .(1).*10\cdot 11\cdot 23.\supset \vdash :.(\exists b):\phi x.\equiv_x.x=b:$

$\supset :\phi x\supset_x\psi x.\equiv .\psi(\jmath x)(\phi x)$ (2)

$\vdash .(2).*14\cdot 11. \quad \supset \vdash .\text{Prop}$

*14·26. $\vdash :.\text{E}!(\jmath x)(\phi x).\supset :(\exists x).\phi x.\psi x.\equiv .\psi\{(\jmath x)(\phi x)\}.\equiv .\phi x\supset_x\psi x$

证明：

$\vdash .*14\cdot 11.\supset$

$\vdash :.\text{Hp}.\supset :(\exists b):\phi x.\equiv_x.x=b$ (1)

$\vdash .*10\cdot 311.\supset \vdash ::\phi x.\equiv_x.x=b:\supset :.\phi x.\psi x.\equiv_x.x=b.\psi x:.$

[*10·281] $\supset :.(\exists x).\phi x.\psi x.\equiv .(\exists x).x=b.\psi x.$

[*13·195] $\equiv .\psi b.$

[*14·242] $\equiv .\psi\{(\jmath x)(\phi x)\}$ (2)

$\vdash .(2).*10\cdot 11\cdot 23.\supset$

$\vdash :.(\exists b):\phi x.\equiv_x.x=b:\supset :(\exists x).\phi x.\psi x.\equiv .\psi\{(\jmath x)(\phi x)\}$ (3)

$\vdash .(1).(3).*14\cdot 25.\supset \vdash .\text{Prop}$

*14·27. $\vdash :.\text{E}!(\jmath x)(\phi x).\supset :\phi x\equiv_x\psi x.\equiv .(\jmath x)(\phi x)=(\jmath x)(\psi x)$

证明：

$\vdash .*4\cdot 86\cdot 21. \quad \supset \vdash ::\phi x.\equiv x=b:\supset :.\phi x.\equiv .\psi x:\equiv :\psi x.\equiv .x=b$ (1)

（七）摹状词

⊢.(1).*10·11·27.⊃⊢::$\phi x.\equiv_x.x=b$:⊃:.$(x):.\phi x.\equiv.\psi x:\equiv:\psi x.\equiv.x=b$:.

[*10·271]　　　　　　⊃:.$\phi x.\equiv.\psi x:\equiv:\psi x.\equiv_x.x=b$:

[*14·202]　　　　　　≡:$b=(\jmath x)(\psi x)$:

[*14·242]　　　　　　≡:$(\jmath x)(\phi x)=(\jmath x)(\psi x)$　　　(2)

⊢.(2).*10·11·23.*14·11.⊃⊢.Prop

*14·271.　⊢:.$\phi x.\equiv_x.\psi x$:⊃:E!$(\jmath x)(\phi x).\equiv.$E!$(\jmath x)(\psi x)$

证明：

⊢.*4·86.　　⊃⊢::$\phi x\equiv\psi x.⊃:.\phi x.\equiv.x=b:\equiv:\psi x.\equiv.x=b$::

[*10·11·27]⊃⊢::Hp.　⊃:.$(x):.\phi x.\equiv.x=b:\equiv:\psi x.\equiv.x=b$:.

[*10·271]　　　　　　⊃:.$(x):\phi x.\equiv.x=b:\equiv:(x):\psi x.\equiv.x=b$::

[*10·11·21]⊃⊢::Hp.　⊃:.$(b):.\phi x.\equiv_x.x=b:\equiv:\psi x.\equiv_x.x=b$:.

[*10·281]　　　　　　⊃:.$(\exists b):\phi x.\equiv_x.x=b:\equiv:(\exists b):\psi x.\equiv_x.x=b$::

　　　　　　　　　　　　　　　　　　　　　⊃⊢.Prop

*14·272.　⊢:.$\phi x.\equiv_x.\psi x$:⊃:$\chi(\jmath x)(\phi x).\equiv.\chi(\jmath x)(\psi x)$

证明：

⊢.*4·86.　　⊃⊢::$\phi x\equiv\psi x.⊃:.\phi x.\equiv.x=b:\equiv:\psi x.\equiv.x=b$:.

[*10·11·414]⊃⊢::Hp.　⊃:.$\phi x.\equiv_x.x=b:\equiv:\psi x.\equiv_x.x=b$:.

[Fact]　　　　　　　　⊃:.$\phi x.\equiv_x.x=b:\chi b:\equiv:\psi x.\equiv_x.x=b:\chi b$:.

[*10·11·21]⊃⊢::Hp.　⊃:.$(b):.\phi x.\equiv_x.x=b:\chi b:\equiv:\psi x.\equiv_x.x=b:\chi b$:.

[*10·281]　　　　　　⊃:.$(\exists b):\phi x.\equiv_x.x=b:\chi b:\equiv$

　　　　　　　　　　　　　　:$(\exists b):\psi x.\equiv_x.x=b:\chi b$:.

[*14·101]　　　　　　⊃:.$\chi(\jmath x)(\phi x).\equiv.\chi(\jmath x)(\psi x)$::⊃⊢.Prop

以上两个命题表明 E!($ɿx$) (ϕx) 和 χ($ɿx$) (ϕx) 是 $\phi\hat{x}$ 的 "外延"性质，即，用任何形式上等价的函项 $\psi\hat{x}$ 替代 $\phi\hat{x}$，它们的真值不变。

*14·28.　⊢ :E!($ɿx$) (ϕx).≡.($ɿx$) (ϕx)=($ɿx$) (ϕx)

证明：

$$⊢.*13·15.*4·73.⊃⊢:.\phi x.≡_x.x=b:≡:\phi x.≡_x.x=b:b=b \quad (1)$$

⊢.(1).*10·11·281.⊃

$$⊢:.(\exists b):\phi x.≡_x.x=b:≡:(\exists b):\phi x.≡_x.x=b:b=b \quad (2)$$

⊢.(2).*14·1·11.⊃⊢.Prop

这个命题陈述说，($ɿx$) (ϕx) 只要存在而非相反，就与自己是同一的。例如，"现在的法国国王就是现在的法国国王"这个命题为假。

提出以下命题是想表明，当 E!($ɿx$) (ϕx) 时，($ɿx$) (ϕx) 的范围对于 ($ɿx$) (ϕx) 在其中出现的命题的真值都无关紧要。这个命题不能被普遍地证明，但可以在每一种具体情况下得到证明。下面的命题展示了这种方法，它总是通过 *14·242，*10·23 和 *14·11 进行。当 ($ɿx$) (ϕx) 以函项 χ($ɿx$) (ϕx) 的形式出现，而且 χ($ɿx$) (ϕx) 出现于一个我们叫作真值函项的命题（其真或假仅取决于其变量的真或假）中时，命题可以被普遍地证明。这包括了我们考虑的所有情况。这是说，如果 χ($ɿx$) (ϕx) 以任何可由 *1·*11 过程生成的方式出现，那么，只要 E!($ɿx$) (ϕx)，$f\{[(ɿx) (\phi x)]·\chi(ɿx) (\phi x)\}$ 的真值就等同于：

$$[(ɿx) (\phi x)].f\{\chi(ɿx) (\phi x)\}。$$

(七) 摹状词

这在下面的命题中得到了证明。然而，在这个命题中，将命题用作表面变量涉及到一种其它地方不需要的方法，因此我们在以后的证明中不再使用这个命题。

*14·3. ⊢ :: $p \equiv q . \supset_{p,q} . f(p) \equiv f(q) : \mathrm{E}!(\imath x)(\phi x) :\supset:$
$$f\{[(\imath x)(\phi x)] \chi(\imath x)(\phi x)\} . \equiv . [(\imath x)(\phi x)] . f\{\chi(\imath x)(\phi x)\}$$

证明：

⊢ .*14·242.⊃

⊢ :. $\phi x . \equiv_x . x = b :\supset: [(\imath x)(\phi x)] . \chi(\imath x)(\phi x) . \equiv . \chi b$ (1)

⊢ .(1).⊃ ⊢ :. $p \equiv q . \supset_{p,q} . f(p) \equiv f(q) : \phi x . \equiv_x . x = b :\supset:$
$$f\{[(\imath x)(\phi x)] . \chi(\imath x)(\phi x)\} . \equiv . f(\chi b) \quad (2)$$

⊢ .*14·242.⊃

⊢ :. $\phi x . \equiv_x . x = b :\supset: [(\imath x)(\phi x)] . f\{\chi(\imath x)(\phi x)\} . \equiv . f(\chi b)$ (3)

⊢ .(2).(3).⊃

⊢ :. $p \equiv q . \supset_{p,q} . f(p) \equiv f(q) : \phi x . \equiv_x . x = b :\supset:$
$$f\{[(\imath x)(\phi x)] . \chi(\imath x)(\phi x)\} . \equiv . [(\imath x)(\phi x)] . f\{\chi(\imath x)(\phi x)\} \quad (4)$$

⊢ .(4).*10·23.*14·11.⊃ ⊢ .Prop

以下命题是上述命题的直接应用。然而，它们是被独立证明的，因为 *14·3 引入了作为表面变量的命题（即 p, q），这是我们在其它地方没有做过的，而且如果不明确地引入命题的层次结构和如 *12·1 的可归约性公理，我们就不能合法地这样做。

*14·31. ⊢ :: $\mathrm{E}!(\imath x)(\phi x) . \supset :. [(\imath x)(\phi x)] . p \vee \chi(\imath x)(\phi x) .$

$$\equiv :p.\vee.[(\jmath x)(\phi x)].\chi(\jmath x)(\phi x)$$

证明：

⊢*14·242.⊃⊢:.ϕx.≡ₓ.x=b:⊃:[(ɿx)(ϕx)].p∨χ(ɿx)(ϕx).≡.p∨χb　　(1)

⊢*14·242.⊃⊢:.ϕx.≡ₓ.x=b:⊃:[(ɿx)(ϕx)].χ(ɿx)(ϕx).≡.χb:

[*4·37]　　　　⊃:p∨[(ɿx)(ϕx)].χ(ɿx)(ϕx).≡.p∨χb　　(2)

⊢.(1).(2).　⊃⊢:.ϕx.≡ₓ.x=b:⊃:[(ɿx)(ϕx)].p∨χ(ɿx)(ϕx).

$$\equiv .p\vee[(\jmath x)(\phi x)]\chi(\jmath x)(\phi x) \quad (3)$$

⊢.(3).*10·23.*14·11.⊃⊢.Prop

下列命题的证明方法与*14·31完全相同；因此，我们只优先考虑证明中使用的命题。

*14·32.　⊢:.E!(ɿx)(ϕx).≡:[(ɿx)(ϕx)].~χ(ɿx)(ϕx).

$$\equiv .\sim\{[(\jmath x)(\phi x)].\chi(\jmath x)(\phi x)\}$$

[*14·242.*4·11.*10·23.*14·11]

当~E!(ɿx)(ϕx)时，这里断言的等价就不成立了。例如，设ϕy为"y是法国国王"。那么，(ɿx)(ϕx)=法国国王。设xy为"y是秃头的"，然后，[(ɿx)(ϕx)].~χ(ɿx)(ϕx).=.法国国王存在并且不是秃顶的；但是~{[(ɿx)(ϕx)].χ(ɿx)(ϕx)}.=.法国国王存在并且是秃顶的说法为假。其中第一种为假，第二种为真。

两者都可能是指"法国国王不秃顶"，这是模糊的；但是，把第一种（假的）解释当作这些词的意义更为自然。如果法国国王存在，这两者是等价的；因此，如果用在英格兰国王身上，两者都为真，或者都为假。

*14·33. ⊢ ::E!(ℷx)(ϕx).⊃:.[(ℷx)(ϕx)].p⊃χ(ℷx)(ϕx).

$$\equiv :p.⊃.[(ℷx)(ϕx)].χ(ℷx)(ϕx)$$

[*14·242.*4·85.*10·23.*14·11]

*14·331. ⊢ ::E!(ℷx)(ϕx).⊃:.[(ℷx)(ϕx)].χ(ℷx)(ϕx)⊃p.

$$\equiv :[(ℷx)(ϕx)].χ(ℷx)(ϕx).⊃.p$$

[*4·84.*14·242.*10·23.*14·11]

*14·332. ⊢ ::E!(ℷx)(ϕx).⊃:.[(ℷx)(ϕx)].p≡χ(ℷx)(ϕx).≡

$$:p.\equiv.[(ℷx)(ϕx)].χ(ℷx)(ϕx)$$

[*4·86.*14·242.*10·23.*14·11]

*14·34. ⊢ :.p:[(ℷx)(ϕx)].χ(ℷx)(ϕx):≡:[(ℷx)(ϕx)]:p.χ(ℷx)(ϕx)

这个命题不需要假设 E!(ℷx)(ϕx)。

证明：

⊢ .*14·1.⊃

⊢ :.p:[(ℷx)(ϕx)].χ(ℷx)(ϕx):≡:d:(∃b):ϕx.≡ₓ.x=b:χb:

[*10·35]   ≡:(∃b):p.ϕx.≡ₓ.x=b:χb:

[*14·1]   ≡:[(ℷx)(ϕx)]:p.χ(ℷx)(ϕx):.⊃ ⊢ .Prop

上述类型的命题可以无限地继续下去，但由于它们是在一个统一的方案中被证明的，因此没有必要超出 $p\vee q$、$\sim p$、$p\supset q$ 和 $p\cdot q$ 的基本情况。

注意，(ℷx)(ϕx) 在其中有更大范围的命题总是蕴含着 (ℷx)(ϕx) 在其中有更小范围的对应命题，但只有当 (a) 我们有 E!(ℷx)(ϕx)，或

(b) (ɿx)(ϕx) 在其中有更小范围的命题蕴含着 E!(ɿx)(ϕx) 时，逆蕴涵才成立。第二种情况发生在 *14·34，这是我们在没有假设 E!(ɿx)(ϕx) 的情况下得到等价的原因。根据 *14·21，(ɿx)(ϕx) 在其中有更大范围的命题总是蕴含着 E!(ɿx)(ϕx)。

三
类和悖论

（八）论超限数和序类型理论的一些困难

本文在 1905 年 11 月 24 日被伦敦数学学会接受为会议论文，在 1905 年 12 月 14 日宣读，并发表在《伦敦数学学会学报》第 2 卷第 4 期（1906 年 3 月 7 日）第 29–53 页。

霍布森博士在《伦敦数学学会学报》[①]上发表的一篇非常有趣的论文中，提出了一系列问题。这些问题，在数学的原理被认为获得相当充分的彻底理解之前，必须得到解答。我并不自称知道这些问题的全部答案，本论文的大部分内容将只包括试探性的建议，这些建议是走向真正解决办法的一个可能的步骤，虽然它本身并不就是真正的解决办法。我发现自己对霍布森博士的论文的大部分内容表示赞同；我的目的，因此，将主要不是辩论性的，而是，通过引入我认为是相关和重要的某种区别，并且，通过尽可能地总结迄今为止发现的超限理论的困难和矛盾，将讨论推进一步。

在超限基数理论中，有两个完全不同的困难需要考虑，即：

---

① 霍布森 A 1905。

（1）不一致集合的困难（茹尔丹这样称呼它们）；

（2）我们称之为策墨罗公理的困难。①

霍布森博士似乎并没有清楚地区分这两个困难；然而，就表面上看来，它们在很大程度上是独立的，各自具有大不相同的重要性。前者导致确定的矛盾，并使一切关于类和关系的推理表面看来都是可疑的；而第二个困难，只是对一个被广泛使用的公理是否正确的问题提出了一个疑问，而没有展示出，任何根本的困难会从假定它为真或从假定它为假中产生。我将把这些困难分开考虑，并从第一个困难开始，因为它更根本。

I

霍布森博士在谈论对于构成一个集合来说规范是必要的时，他有时似乎假定，在不一致的集合的情况下，规范是不存在的或被错误定义的；在其它时候他假定规范不存在，这时策墨罗公理要求规范的存在。但实际上，这两种情况是截然不同的。人们对策墨罗公理的真理性的怀疑，源自不可能发现一个规范，通过这个规范从一个由诸多类组成的集合的每一个类中选择一项，而不一致集合的困难则来自于存在着一个完全确定的规范而又不存在其相应的集合（这是可证明的）。这表明，规范是一个集合存在的必要条件，但不是充分条件；如果是这样，我们最初的困难的彻底解决办法将在于发现规范必须满足的精确条件，以便确定

---

① 参见策墨罗 A 1904。关于这一公理的各种形式的表述，见本文的第三部分。

一个集合。正如霍布森博士所设想的那样,逻辑上的确定性似乎是不够的(第173页),而他所赋予"集合"一词的意义(第173页)似乎太宽泛了。这是通过一个完全严格的论证来证明的,我将在解释不一致集合的一些产生途径之后,尝试陈述这个论证。

首先,既然讨论属于符号逻辑——符号逻辑已经具有了我们所需观念的技术名称——,我们就需要对霍布森博士的术语与当前使用的术语进行比较。他所说的规范就是我所说的命题函项。x的命题函项是任何表达式 $\phi!x$,对于x的每一个值,它的值都是一个命题;比如"x是人"或"sin x=1"。同样我们把有两个变量的命题函项写为 $\phi!(x, y)$;等等。

在本文中,我将把规范、性质和命题函项作为同义词来使用。

集合一词有时带有次序的含义,有时没有;在没有次序含义的情况下,我将使用类;在有次序的情况下,我将考虑生成次序的前后关系。最后一种是必要的,因为每一个可以被排序的类都能以多种方式被排序;所以,决定次序是什么样的只是次序关系而不是类。关系是在外延的意义上被使用的,也就是说在这种意义上——只要两种关系的一种在另一种关系成立时也都成立,这两种关系就是同一的。我们将发现:在某种意义上,对于x的每一个值,$\phi!x$ 都是可确定为真或假的,尽管使 $\phi!x$ 为真的x的值并不会形成一个类;而在同样的意义上,一个命题函项 $\phi!x$ 可以是完全确定的。同样地,我们将发现一个命题函项 $\phi!(x, y)$ 可以在同一种意义上是确定的,而不需要当且仅当 $\phi!(x, y)$ 为真时在x和y之间成立的关系R存在。

为了在一开始就消除一些无关紧要的困难,我可以指出,我们将要考察的论证并不取决于关于类和关系的性质的这个或那个观点。可以驳倒的关于类和关系的性质的假设仅仅是这样的：一个类总是唯一地被包含一个变量的规范或性质所确定，不等价（例如，对变量的任何值，两者都为真或为假）的两个规范不能确定同一个类；关于关系也有一个类似的假设。对于这个论证来说，绝对没有必要做如下的假定：类和关系是外延的，即两个等价的规范决定同样的类或关系。因此，这个论证证明了规范本身通常不是实体；也就是说，如果对于x的一些不同值，我们作出 $\phi!x$ 形式的陈述，那么我们不能挑出一个实体 ϕ，它是这些陈述的共同形式，或者是当我们陈述 $\phi!x$ 时，指派给x的性质。换句话说，关于x的陈述一般不能分为两部分，x和关于x所能说的。只要我们记住这个事实，谈论规范或性质就没有害处；但是，如果我们忘记它，就会陷入悖论之中。

最先发现的两个悖论，分别是关于最大序数和最大基数的。[1] 在这两个悖论中，基数悖论是比较简单的悖论，在算术和逻辑内也比较容易消除，而这正是我对这两者都希望做到的。因此，我将首先考虑这个问题。

基数的悖论简单地说是这样的：康托尔[2]证明了没有最大的基数，可是，存在属于所有实体的性质（如"x=x"）。因此，拥有该性质的实体的基数必定是基数中最大的。这样就产生了一个悖论。

如果每一个逻辑上确定的规范都定义了一个类，那么就会产生一个避免不了的结果，即存在一个"所有实体"的集合的基

---

[1] 最大序数的悖论最早是布拉里-弗蒂（A 1897）提出的。最大基数的悖论在罗素，B 1903a，第344节及以下中有论述。
[2] 康托尔 A 1890，第77页。

数。因为，在这种情况下规范"x=x"定义了包含所有实体的一个类。称这个类为V。然后，规范"u类似于V"定义了诸类的一个集合，诸类的这个集合可被看作V的基数即最大基数。[①]因此，如果每个逻辑上确定的规范都定义了一个类。我们不能不得出这样的结论：有一个最大的基数。

这个两难困境的另一个方面产生了更有趣的结果。康托尔的没有最大基数的证明，可以简化为以下：假设u是任何一个类，并且R是u的所有成员与包含在u中的部分（或全部）的类之间的一一对应关系。存在这种对应关系，因为其中一个是通过将u的每个成员与该成员为其唯一项的类相对应而得到的。现在考虑下面的规范："x是u的一个成员，但不是将其与之对应起来的那个类的成员。"假设这个规范定义了一个类ω，那么ω在关联中被省略掉了：因为，如果ω与x相关，那么，如果x是ω的任何成员，则根据ω的定义，x不是与其相关项的成员，即x不是ω的成员；反之，如果x不是ω的成员，那么它就是它的相关项，即ω的成员。这样，假设ω是x的相关项就产生了矛盾。因此，在u的所有项与u中包含的类的任何一次性关联中，u中至少有一个类被省略了，因此，无论u是什么类，u中包含的类都比u中的成员多。

我们可以根据施罗德-伯恩施坦定理的证明方法，构造一个所有项与所有类一一对应的关系，然后考虑康托尔表明的被省略的类，从而在所有实体的类中检验这个结论。这个过程引导我们考虑这样一个规范："x不是一个它自身是其成员的类。"如果这

---

① 稍后我将考虑霍布森博士对这个定义的反驳。

个规范定义了一个类ω，那么类ω在我们的关联中被忽略了。但是很容易看出这个规范根本没有定义一个类。因为，如果它定义了一个ω类，我们就会发现，如果ω是它自身的一个成员，那么它就不是它自己的一个成员，反之亦然。因此，不存在ω这样的类。本质上，同样的论证可以表述为：如果u是任何类，那么当x=u时，"x不是一个x"等价于"x不是一个u"。因此，无论u是什么类，都有一个x-的值即u-，对于这个值，"x不是一个x"就等价于"x不是一个u"；因此，不存在一个类ω使得"x不是一个x"总是等价于"x是一个ω"。因此，同样，这个规范没有定义类。

因此，我们发现，不用涉及任何关于基数性质的观点，也不需要任何属于算术的考虑，我们就可以证明，至少有一个完全确定的规范并不定义类。用同样的方法，我们可以很容易地构建其它类似的规范。取任意的类u，对于这个类u我们可以将所有的实体一一关联到某些u。用施罗德-伯恩施坦定理的证明方法构造一个使u的所有成员与包含在u中的所有类一一对应的关联。然后考虑规范："x是u的一个成员，这个u（根据所涉及的关联）不是其关联对象的一个成员。"此规范没有定义一个类。因此，从所有关系组成的类中，我们得到这样的规范："R不是这样的一个关系，这一关系是关系自己的值域的一个成员。"从所有"一双"（couple）的类中，我们得到了这样的规范："υ具有如此这般的性质，使得其成员是（1）所有实体的类，（2）υ，不是υ的成员。"因此，我的《数学的原理》第10章所讨论的悖论，似乎是一般悖论的特殊情况，这种悖论来自于假定某些命题函项确定了类，而实际上它们并没有确定。当我们发现这些命题函项时，并不需要用上述发现这些命题函项的方法来证明它们是不定义类的那一类。在每一种情况下，都很容易发现一种确定的简单悖论，类似于上述章节中所讨论的那种悖论，这种悖论来自于假定所讨论的命题函项确实决定了类。

同样，两个变量的命题函项并不总是决定关系。例如，"R与S没有关系R"并不决定R与S之间具有关系T，也就是说，对于R和S的所有值，它不等价于"R与S有关系T"。因为，如果它是这样的，那么用T代替R和S，我们应该有"T与T没有关系T"，等价于"T与T有关系T"，这是一个矛盾。

下面这个与上面所讨论的类似的悖论表明，一种规范或性质并不总是一种可以与它断定的自变量分离开来的实体。考虑这样一个规范："x没有它所具有的任何性质。"如果给x指派性质θ，那么"x具有性质θ"就等价于"x没有它所具有的任何性质"。因此，用θ代替x，"θ具有性质θ"就等价于"θ没有它所具有的任何性质"。后者等价于"θ没有性质θ"，从而产生了一个矛盾。在这种情况下，解决方案是，性质并不总是（如果有的话）可分离的实体，这些实体可被看作其它性质或其自身的自变量。因此，当我们说到性质时，我们有时（如果不总是）使用缩略形式陈述，如果我们假设我们说的性质是真正的实体，该陈述就会导致错误。

因此，我们得出这样的结论：一些规范（如果不是全部的话）并不是可以独立于它们的自变量而被考虑的实体，而且一些规范（如果不是全部的话）不定义类。我提议将不定义类的规范（包含一个变量）叫作非谓述的；那些定义类的，称之为谓述的。类似地，通过扩展，如果一个包含两个变量的规范定义了一个

(八)论超限数和序类型理论的一些困难

关系,那么它将被称为谓述的;在相反的情况下,它将被称为非谓述的。因此,我们需要规则来决定哪些规范是谓述的,哪些不是,除非我们接受没有规范是谓述的这一观点(我们将看到这一观点有很多可取之处)。

现在我来谈谈关于最大序数的布拉里-弗蒂悖论,我将说明它如何也还原至一个简单的逻辑矛盾,这一矛盾来自于假定一个非谓述的函项是谓述的。

在作了一些修改之后,可以把布拉里-弗蒂悖论表述如下:如果 u 是按大小排序的序数序列中的任意一段,则 u 的序数大于 u 中的任意一个成员,并且实际上是 u 的直接后继(也就是说,u 的限定没有最后一项,如果 u 有最后一项,则是最后一项的直接后继)。u 的序数总是一个序数,并且它永远不是 u 的一个成员。现在,考虑所有序数的整个序列。它是有序的,因此应该有一个序数。它必定是一个序数,但又必定大于任何序数。因此,它既是序数,又不是一个序数,这就是自相矛盾。

我们更进一步展开这一矛盾,用 $\phi!x$ 代替"x是序数",$f‘u$[①] 代替"u的序数"。这样序数 ϕ 和 f 的情况就具有这样的特点:如果 u 的所有成员满足 ϕ,那么 $f‘u$ 满足 ϕ 并且不是 u 的一个成员。对于 u 的所有值,只要这两个条件得到满足的,就会有下面两个结论中的这一个或那一个:(1) $\phi!x$ 不是一个谓述性质;或者(2) 如果 $\phi!x$ 是谓述性质,并且定义了类 ω,那么必定没有

[①] 单引号可以读作of,记号 $f‘u$ 和 $f(u)$ 是等价的,只是出于若干理由更加方便而已。

f'ω这样的实体。这个证明很简单，如下所示。如果有一个类ω，也有一个实体f'ω，那么，由于每一个ω的成员满足φ，可以得出结论f'ω满足φ；但相反，由于ω是由所有具有性质φ的项构成的，所以，f'ω必定不是ω的成员，因而必定没有性质φ。在序数的特殊情况下，我们的两个选择是：（1）序数不构成一个类；（2）虽然它们构成一个类，但没有序数。第二个选择是相当于假设：或者序数的整个序列不是良序的，或者如果它是良序的，"α和β是序数并且α小于β"这一两元性质是非谓述的；因此，该序列作为一个整体没有确定的类型，即没有序数。整个序数序列不是良序的假设可以被否证；[①]因此我们剩下的选择是，要么（1）性质"x是一个序数"是非谓述的，要么（2）虽然"x是一个序数"是谓述的，但"x和y是序数并且x小于y"是非谓述的。

我们已经看到，布拉里-弗蒂悖论是下列情况的一个具体的例子。

"假定性质φ和函项f使得，如果φ属于u的所有成员，而f'u总是存在，并且具有性质φ，并且不是u的一个成员；然后假设，有一个所有项都具有性质φ的类ω，并且f'ω存在，那么结论就是，f'ω同时具有和没有性质φ。"

这个概括很重要，因为它涵盖了迄今为止在这个问题上出现的所有悖论。对于由不是自己的成员的项组成的类，我们把"x

[①] 这一假设可以通过有序数列的每一段都是有序的这一定理来否证（通过适用于任何良序序列的归纳法的一般形式）。茹尔丹定理并没有否定如下这一点，即每一个非有序的序列必定包含类型 *ω 的一部分；因为这个定理依赖于策墨罗公理，其真理是值得怀疑的。

不是x的一个成员"写作φ!x，将u记为f'u。在这种情况下，由于f'u就是u，所以我们只有一种可能性：即，"x不是x中的一员"是非谓述的。在其它情况下，我们有两种可能性，通常很难决定选择哪一种。

当我们有上文的φ和f这样一对性质时，我们可以不用引入φ而只用f来定义与序数序列在次序上类似的序列，并且只要f满足某些条件，就可得到关于这个序列的类似于布拉里-弗蒂悖论的悖论。我们如下这样做。取任意类x（对于这个类x来说，f'x存在），令f'x为我们序列的第一项；令通过将f'x添加到x上而得到的类的f为第二项等等。一般来说，任何项的后继是，由该项和其所有前行者和x组成的类的f，没有最大项的诸项组成的类u的后继是由类u定义的整段组成的类的f。这给出了康托尔的两个原则，我们可以通过归纳的一般化形式来定义在这个序列中出现的性质。[①]由于f受制于某些条件，我们于是可以用出现在从x开始的f-序列的性质来代替φ。如果f具有某种性质使得——如果u是由上述序列的项所组成，那么f'u存在，并且不是u的一个成员——，那么，结果便是，这整个序列不形成一个类；因为，如果这个序列形成一个类，其f就既是也不是这个序列的一个成员。在序数的特殊情况下，如果u是一个序数的类，那么

[①] 这是通过如下方式做到的：如果一个属性只要属于类u，就属于把f'u加到u得到的类，并且它只要属于类的集合中的每一类，就属于它们的逻辑和，即该集合的成员的成员的类，这个属性在f-序列中就是归纳的，如果一个项具有x具有的每个属性并且在f-序列中是归纳的，这个项就属于"从x开始的f-序列"。

f'u是它们的直接后继；整个序数序列可以以0为开端由上述方法产生出来。在"x不是一个x"的情况下，f'x是x本身：如果我们从任何不是自己的一个成员的一个类出发，并通过上述的方法继续下去，那么我们就获得一个序列，它像所有序数的序列那样，完全由不是自己的成员的类组成，[①]并且这整个序列不能形成一个类。

基于以上考虑，我们可以得出这样的结论：导致悖论的事实是，根据当前的逻辑假设，存在着我们可以称之为"自我繁殖"的过程和类。也就是说，有这样一些性质，以至于给定由所有具有这样的性质的项组成的类，我们总是可以定义也有这类性质的一个新项。因此，我们永远不可能把所有具有上述性质的项集合成一个整体，因为，只要我们希望我们拥有所有的项，我们所拥有的集合立即产生出也具有上述性质的一个新项。根据上述所有已知悖论的一般形式，如果φ是任何确定的非谓述性的性质，对于它我们就可构造一个完全由具有性质φ的项组成的序列，次序上与序数的序列类似。因此，如果满足φ的项可以安排在一个次序上类似于一段序数序列的一个序列中，只要φ是谓述性质，就不会导致悖论。但是这个命题是没有什么用处的，除非我们知道序数的序列能走多远；目前很难看出这个序列从什么地方开始不存在，如果可以有这样荒唐的不存在的话。

[①] 我应该把这个序列是良序的，并且在次序上与所有序数的序列相似的证明归于牛津大学图书馆的贝里先生。

II

我们现在已经看清了困扰着超限理论的悖论的性质：我们已经看到，这些悖论不是孤立的几个，而是可由一个配方制造出所需的数量的；我们已经清楚它们都属于某种类型，我们也看到它们本质上都不是算术的，而是属于逻辑的，并且，通过改变当前的逻辑假设，我们可以解决它们。在这一节中，我建议考虑三个在其中可能做这种改变的不同方向。我将尽力阐述这三种方法的优点和缺点，但不决定哪一种更好。

我们所考虑的各种悖论大体上表现为："一个具有变量的命题函项并不总决定一个类。"①

鉴于这一事实，表面上看来，我们可以接受两种理论中的一种或另一种。我们可以认为，所有普通的、直接的、具有一个变量的命题函项都决定类，并认为我们需要的是一些原则，通过这些原则我们可以排除没有类的复杂情况。根据这种观点，事态像微分学中的事态一样，在微积分中每一个普通的连续函数都有导数，只有极其复杂和难解的函数必须被排除在外。另一种理论认为，世界上不存在类、关系和函项这样的实体，习惯上把它们称为实体只是方便的缩写。

---

① 这里需要理解的是，论证表明并不总是有一个类，也表明并不总是有一个可分离的实体，即命题函项（相对于它的值）；同时，如果我们指的关系是一个可分离的实体，可以脱离相关的项而被考虑，那么一些有两个变量的命题函项在内涵或外延上都不能决定一个关系。

这两种理论中，第一种理论本身可分为两种，这种区分依据于我们认为，类应当避免的是过分的规模，或者依据于我们可以称之为之字形的特性。其中，后者更为保守，也就是说，它比前者保留了更多的超限理论。两者都比认为没有类这类东西的理论保留了更多的超限理论。我将从以下几个方面来考虑这三种理论：

（a）之字形理论。

（b）限制大小的理论。

（c）无类理论。

（a）之字形理论

这三种理论中的每一种都可以通过某些先验的逻辑考虑被推荐为可接受的。在之字形理论中，我们从如下提示开始：命题函项在是简单的时候，就决定类，它们只有在是复杂的和难解的时候，才不决定类。如果是这样，类就不可能是因为规模大而出错的；因为像"x 不是一个人"这样的命题函项具有典型的简单性，而且除了有限数量的实体外，能被所有的实体满足。在这个理论中，以及在限制大小的理论中，我们将一个谓述的命题函项定义为决定一个类（或一个关系，如果它包含两个变量）的函项；因此在之字形理论中，一个谓述函项的否定总是一个谓述函项。换句话说，对于任意一个类 u，所有不属于类 u 的项构成一个可以称为非 u 的类。

如果现在 $\phi!x$ 是一个非谓述函项，就会有如下结论，即，给定任何类 u，要么必定有 u 的成员使得 $\phi!x$ 为假，或者有非 u 的

成员使得 φ!x 为真。(因为,如果 φ!x 不是一个非谓述函项,那么当且仅当 c 属于 u,φ!x 为真。这样 φ!x 就是谓述的。)因此看来,θ!x 不是谓述的,不论是从它包含的项或它不包含的项看都一样。再次,给定任何类 u,性质 φ!x 属于 u 中的某些成员,但不属于全部成员;或者属于非 u 中的某些成员,但不属于全部成员。这就是给予了我们所考虑的理论之名称的之字形性质。这一理论是由康托尔的论证特别提出的,他证明没有最大的基数。我们已经看到,通过规范"x 不是它通过关系 R 与之关联的类的成员",这个证明构造了一个可能的类 ω,其中 R 是一个将个体与类相关联的关系。我们看到,这个可能的类很容易成为一个非类,并且它们都有某种之字形性质:事实上,当 x 不是与其关联的类的成员时,x 是 ω;当 x 是与其关联的类的一个成员时,x 不是 ω。

这一理论的充分发展需要公理来说明哪些函项是谓述的。它有一个很大的优点,那就是它把所有可以简单表述的函项都当作谓述的,而只把那些很可能具有奇怪性质的复杂情况排除在外。[①]

就其目前的发展而言,这一理论的主要反对意见认为,关于什么函项是谓述的公理必定极其复杂,并且不能根据任何内在合理性提出来。这是一种缺陷,也许可以用更大的聪明才智,或者用某种迄今未被人注意到的区别加以修正。但迄今为止,在试图为这一理论建立公理的过程中,除了避免矛盾之外,我还没有找

---

① 对于或多或少与上面所说的相似的解决方案,见罗素 B 1903a,第 103,104 节。

到任何其它指导原则；而避免矛盾是一个非常不充分的原则，因为它总是让我们面临这样的风险：进一步的推论会引发矛盾。谓述的命题函项必定具有某种简单性这个一般的假设，并不能很容易地决定这个或那个命题函项是否具有所要求的简单性。然而，由于这些困难都是进一步研究可能消除的困难，所以这个理论不应被全盘否定，而应作为可能的理论之一加以保留。一般地说，它更适用于基数的矛盾，而不是序数的矛盾：它更容易处理诸如并不是自身成员的类的类的困难，而不容易处理诸如布拉里-弗蒂悖论。

这种或那种形式的之字形理论，是在作为类的类的基数和序数的定义中（如果数应该是实体）被假定的。对于所有这些类的类，如果它们是合理的，则必定包含与实体总数相同的成员；因此，如果"大"导致类出错，就像我们在限制大小理论中假设的那样，那么这样定义的基数和序数就将是不合理的类。霍布森博士对基数和序数的这些定义提出了各种各样的批评；但他对于之字形理论的批评，我认为完全可以得到令人满意的回应。

霍布森博士说[①]："人们已经看到，认为一个有序的集合拥有一个可被视为对象的确定的次序类型和一个确定的基数的假设，导致了布拉里-弗蒂指出的悖论。"在我看来，这种说法有些过于笼统。对于我们来说，每一个有序的集合都有一个确定的基数，而且每一个有序的集合，如果它在大小顺序上与序数的一个

---

① 第176页，第5号开头。

（八）论超限数和序类型理论的一些困难

片段相似，那么它就有一个确定的序数。布拉里-弗蒂悖论迫使我们承认的是没有最大的序数，例如，函项"α和β是序数，并且α小于β"和所有次序上与此类似的其它函项是非谓述的。同样地，最大基数的困难，可通过否认康托尔的"省略的类"的定义函项在某些情况下是谓述的来避免。因此，我们可以得出这样的结论，在这个理论里，有一个最大的基数，但没有最大的序数：在每一种情况下，矛盾都是通过把某些函项看作不是谓述的来避免的。

霍布森博士区分了两种确立一个数学实体的类存在的方法：发生方法和假设方法。对于基数和序数他拒绝了前者；但他似乎没有意识到，要做到这一点，就必须认识到，即使存在完全确定的规范，也可能不存在类。从他的第2号（No.2）来看，人们会设想他认为规范是类的充分条件，然而，后来，他拒绝承认由绝对的规范所定义的类。像他这样的说法几乎不可能是正确的："当发生方法被应用于构建序数成员的整个系列时，这种对应概念就不起作用了"（第6号，第177页）。对应概念定义了构造一个序数的关系的类；这个类是由所有类似于（like①）某一给定关系的关系组成的。"一个数的存在"，他正确地说，"是不断地从一个单一、独特和有序的集合的存在推断出来的"（第177页）。对这个过程不可能有异议，除非因为当P给定时，"Q类似于P"对于Q不是谓述的。

---

① 我用like表示"非常相似的"意思。关于精确的定义，参见罗素B 1903a，第253节。

当然，很容易证明，当我们有一个特定类型的系列时，有无穷多个相同类型的系列。为了做到这一点，我们只需要用其它的项来代替我们的系列的项。假如，我们的系列是由数组成的。我们可以用苏格拉底来代替系列中的任意项；这将给出与给定系列中的项数量一样多的相同类型的新系列。如果我们的系列是无限的，我们可以通过去掉开始的项来得到相同类型的$\aleph_0$个系列等等。因此，如果需要很多给定类型的系列，则获得给定类型的与实体的总数具有相同数量的系列不存在困难，即给定类型的系列的最大基数（除了苏格拉底，我们可以代之以系列中没有出现的任何其它形式）。因此，发生方法并不涉及"建立一个标准尺度，不是由'在先的'数组成的集合不能与其相符合的标准尺度"（第6号，第179页），尽管我看不出如果涉及会有什么损害。

同样的评论也适用于对将基数定义为由相类似的类组成的一个类的批评（第7号，第179页）。[1] 很容易证明，与从0到n的数组成的类类似的类的数量与所有实体的总数一样大。即使没有其它的类类似于这个类，就我所见，也不会构成任何反对意见。在这种情况下，数n+1将是以从0到n的数组成的类作为唯一成员的类。

霍布森博士解释说，关于基数的定义，他的观点和我的观点是不同的，因为我与他不同，"认为心灵的活动与实体的存在无关"（第7号，第18页）。这是一种哲学上的差异，就像所有哲学上

---

[1] 这个定义是由弗雷格提出的。参见弗雷格A 1884，第79, 85页。

的差异一样，它不应该影响数学的细节，而应该只影响解释。如果数学直到观念论和实在论之争得到解决才能继续发展下去，那它就会陷入困境。当一个新的实体被引入时，霍布森博士认为这个实体是由心灵活动创造的，而我认为它仅仅是得到了心灵的辨析而已。这种解释上的差别，对于引进实体是否合法的问题，并没有什么影响，因为这是数学——与哲学不同——关心的唯一问题。

第7号（第179页）中还有另一段落需要解释，即如下：

> "罗素反对把数看作一个由等价的集合组成的族的共同特征，其依据是：没有理由认为，诸集合与其有特殊关系的这样单一的实体存在，而是有理由认为可能会有许多这样的实体存在。但事实上，至少就有限的集合而言，人们承认这种单一实体，即集合的数的存在；这是我们心理活动服从于矛盾法则的有效结果。"

首先，这不仅是"可能有很多这样的实体"的情形，而且也是这种实体和实体的总和一样多的情形，这是可证明的。考虑任何具有如下这样性质的多对一关系，即当且仅当u和v是相似的两个类时，有一个u和v与其都有关系S的实体α存在，那么S的逆域（即，和诸类有关系S的诸项）将具有基数所有的形式性质。[1] 现在，如果存在一个像S这样的关系，就很容易证明存在着和存在的实体一样多的关系；如果不存在S这样的关系，就不存

---

[1] 关于这一观点的发展，参见罗素B 1901b的第2节。

在基数这样的实体。(如果存在像关系S这种在其域中有一些类的关系,但不存在像关系S这种在其域中有所有类的关系,则可能有一些类有基数,而其它的没有基数。)

一个类和与它相似的所有类的类之间的关系具有我们希望S具有的性质,这一事实证明了不存在S这种关系的假设是错误的。霍布森博士拒绝了这种反驳,因为他认为这涉及不正常的类。他的观点似乎是,至少在有限的集合里,"心灵"立即认出某种所需的关系。这一观点最简单的正式表述大致如下:

在最初的基数算术中,我们引入了一个新的不可定义的S,关于它我们给出了一些不可证明的性质:[①]

  1. S是一个多一关系;

  2. 每一个有限类(大概还有些无限类)都与某个项有关系S;

  3. 当且仅当两个有限类(大概还有若干对无限类)相似时,它们与同一项有关系S;

  4. 不是类的事物与任何事物都没有关系S。

S是不可定义的并且上述诸命题是不能被证明的,其理由是,如果我们认为上述命题"通过假设"给予类S一个定义,那么这些命题并不决定S,因为无限数量的关系(如果有的话)满足上面的条件,并且对于一个合适的S,每一个实体都会是(关于S的)有一个基数的某个类的基数。此外,霍布森博士所谈的

[①] 也许可以把这些无法证明的陈述简单化。

"心灵"的认识,恰恰是引入一个不可定义者的过程。在某些情况下,我充分认识到这一过程的有效性和必要性;但是要尽可能地减少不可定义的和不可证明的事物的数量。[①]而且,我不能同意所设想的这种情形,即霍布森博士说的"心灵"认知这种实体的情形:如果他说"我的心灵",我就应该相信他的话;但就我个人而言,我没有感知到基数这样的实体,除非它们是由类似的类组成的类。

(b)限制大小的理论

这一理论的提出自然地是由对于布拉里-弗蒂悖论的考虑,以及对某些一般的论证的考虑,这些论证倾向于表明,并不存在(如之字形理论中那样)像所有实体的类这样一种东西。这一理论自然地被特殊化为这样一种理论,即一个适当的类必定始终能够被安排在一个有序的序列中,在大小次序上与一个序数序列的一个片段类似;选择这种特殊的限制是为了避免布拉里-弗蒂悖论。[②]我们仍然有谓述函项和非谓述函项的区别;但谓述性的检验不再是依据形式上的简单性,而是依据对大小的某种限制。在这个理论中,如果u是一个类,"x不属于u"总是非谓述的;因此,不存在非u这样的类。

主张这一观点的理由大致如下:在本文的第一部分我们看到,存在很多似乎基本上无法终止的过程,序数的产生是其中的

---

① 这只是戴德金(Dedekind)的老生常谈,他由之开始讨论"这些数是什么"(was sind and Was sollen die Zahlen),即:没有证据就不应该相信科学(was beweisbar ist, soll in der Wissenschaft nicht ohne Beweis geglaubt werden)。

② 这个观点在茹尔丹 A 1904a 中被提倡过;亦参见茹尔丹 A 1905。

一个过程,虽然每个过程都是如下这样的:它所产生的由所有项构成的类,应该是这一过程(或这个类的一个函项)所产生的最后一个项。因此,人们很自然地假设这样一个过程产生的项不构成一个类。而且,如果是这样,那么就会很自然地假设任何由这些过程中的一个过程所产生的包含所有项的集合都不能构成一个类。因此,就会存在(可以说)任何类都达不到的大小的确定的界限;任何达到或超过这个界限的类都是一个不恰当的类,即是一个非实体。这种自我繁殖过程的存在,似乎使所有实体的总和的概念成为不可能的概念;这往往会破坏之字形理论,该理论承认所有实体组成的类是一个有效的类。

这个理论乍一看似乎很有道理,也很简单,我不准备否认它是真正的解决办法。但这种合理性和简洁性往往会在检验的时候就消失了。

让我们先回忆一下我们在本文的第一部分获得的布拉里-弗蒂悖论的一般化形式。基本命题是:"给定性质 ϕ 和函项 f,并且如果 ϕ 属于任何类 u 的所有成员,那么 $f'u$ 总是存在,并且具有性质 ϕ,但不是 u 的成员,那么会得出结论,或者 ϕ 是非谓述的,或者如果 ϕ 是谓述的并决定类 ω,那么 $f'\omega$ 并不存在。"

限制大小的理论忽略了第二种选择($f'\omega$ 可能不存在),并选定第一种(ϕ 不是谓述的)。因此,在序数序列的情况下,第二种选择是整个序数序列没有序数,相当于否认了"α 和 β 是序数,α 小于 β"的谓述性。采用这种方案会使我们认为所有序数组成一个类,但是没有最大的序数。但该理论否定了这种选择,并决定序数不构成一个类。当 $f'u$ 是 u 自身时,这是唯一的选择;否则我们总是有选择的。

这个理论的一个很大的困难是，它并没有告诉我们这个序数的序列在合法的条件下能够走多远。有可能 ω 已经是不合法的了：在这种情况下，所有合适的类都是有限的。因为，在这种情况下，一个在次序上类似于序数数列的一段的序列，必然是一个有限序列。或者有可能 $ω^2$ 是非法的，或者有可能 $ω^ω$ 或 $ω_1$ 或其它没有直接前导的序数是非法的。我们需要进一步的公理才能知道这个数列从哪里开始是不合法的。因为，为了使一个序数 α 能够是合法的，则必须有：命题函项"β 和 γ 是小于 α 的序数，β 小于 γ"是谓述的。（当然，这里"小于 α"必须更换为一些不涉及 α 的性质，但是，如果 α 是合法的，该性质等价于小于 α。）但是我们的一般原则并没有告诉我们在什么情况下这样一个函项是谓述的。

毫无疑问，那些主张这个理论的人认为，所有可由下面所说来定义的序数，也就是说，不需要引入整个序数序列的概念来定义的序数都是可被接受的。因此，他们会承认所有的康托尔序数，并且只是避免承认最大序数。但很难看出如何准确地表述这一界限；至少，我没有成功地做到这一点。因此，这个理论的优点似乎比它们最初看起来的要少。

（c）无类理论

在这个理论中，类和关系被完全摒弃了。[①] 对于这个理论来

[①] 必须认识到，设定类与关系的存在，与设定命题函项是与其一切值不同的可分离实体的存在，是同一论证的正反面。因此，在我们所考虑的理论中，关于命题函项的任何陈述都只能被看作是关于其部分或全部值的陈述的缩写。

说，不必假定函项不决定类和关系；对这个理论来说，最重要的是避免假设相反的情况。这就是我们现在要讨论的这个理论的优势：这个理论仅仅由对一个可疑的假设的戒除而构成，因此，它允许我们获得的任何数学知识都以一种方式是不容置疑的，而任何涉及类或关系的东西都不能以这种方式是不容置疑的。反对该理论的理由如下：(1) 对常识来说似乎显而易见的是，类是存在的；(2) 康托尔的超限理论的大部分，包括许多不容置疑的部分，在可见的范围内，如果没有类或关系，就是无效的；(3) 理论的推导过程是非常复杂的，因此很可能包含错误，去掉这些错误，也许会使理论甚至不能得出哪怕是初级算术的结果。

要充分解释这个理论将如何发展，将会占用太多的篇幅。但是，我们可以简单地阐述一下它的一些要点。

在记号不可避免地暗示 φ 所指称的东西存在的地方，我们用来代替函项 φ!x 的方案如下：令 p 是任一命题，而 a 是 p 的成分。(如果在陈述 p 时提到 a，我们可以广义地说 a 是 p 的成分。)然后令 p(x/a) 表示，当 a 在 p 中出现时，用 x 代替 a 之后的 p。对于 x 的不同值，我们会得到我们通常所说的命题函项的不同值。代替 φ，现在我们有两个变量，即 p 和 a：相关于 p(x/a) 的不同值，我们可以把 p 叫作原型，把 a 叫作原点或初始主词。(因为 a 在广义上可以被理解为 p 的主词。)现在考虑这样一个陈述："p(x/a) 对于 x 的所有值都成立"。令 b 为不是 p 的成分的实体，令 q=p(b/a)；那么 "q(x/b) 对于 x 的所有值都成立" 就等价于 "p(x/a) 对于有 x 的所有值都成立"。因此，在有所保留的条件下，"p(x/a)

对于的x的所有值都成立"这一陈述独立于初始主词a，因此可以说，它只依赖于p的形式。[①] 这种类型的陈述替代了本来具有命题函项为其自变量的陈述。例如，代替"φ是一个单元函项"（也就是说，"有且只有一个x使φ!x为真"），我们有"当且仅当x与b相同时，有一个实体b使得p(x/a)为真"。现在不会有独立的数1这样的实体；但是我们应该能够定义我们所说的"有且仅有一个p(x/a)类型的命题（对于给定的p和a）为真"。我们不说"类u是一个只有一个成员的类"，而说（如上所述）"存在这样一个实体b，当且仅当x与b相同时，p(x/a)为真"。这里使p(x/a)为真的x的值取代了类u；但我们不假设这些值共同形成一个单独的实体，这个实体就是由这些值组成的类。

重新表述大多数定义使其适应新的观点并不困难。但是现在，存在定理变得很难证明了。我们可以构造出足够多的不同命题，来证明现在ω和$\aleph_0$的存在等价于什么，尽管这个过程是累赘和人为的。我们将能够通过继续一个类似的过程来证明各种超限序数类型的存在。但我们不能证明所有通常的序数类型的存在。我不知道这个序列从什么时候开始不存在；我目前无法用这种方法证明ω_1或$\aleph_1$的存在，因此，必须暂时认为ω_1或$\aleph_1$是没得到证明的。

[①] 保留的仅仅是，初始主词，除非出现在我们希望出现变量的地方，不能出现在原型中。例如，如果我们的原型是"3>2"，而我们的初始主词是"3"，那么用x替换3就得到了"x>2"。但是，如果我们现在以2作为我们的初始主词，因此我们的原型是"2>2"，x的替换得到"x>x"，这不是我们想要的命题函项。

我希望在未来能把这个理论发展到这样一个程度，我们可以精确地知道，它保留了多少数学知识，又迫使我们放弃了多少数学知识。很明显，普通的算术、分析、几何，甚至任何不涉及后来的超限数的东西，都可以不使用被当作独立的实体的类和关系来表述，尽管这种表述是迂回而困难的。超限算术也有一定的部分可以保留下来，但不容易发现这一部分有多少。这个理论是安全的，但有些极端；而且，如果实际上存在类和关系，它就有些不必要地困难和复杂了。就目前而言，它可能被认为是避免悖论的一种方式，虽然避免悖论的方式并不必定是这种。

Ⅲ

我现在谈谈我们的第二个困难，即对策墨罗公理的真理性的怀疑。这是霍布森博士在他的第10号和第11号报告中提到的，我发现自己与他完全一致。[①]

我所要做的就是把这个问题以各种形式提出来，并指出这个问题的一些关联。为了表述简单起见，我将假定存在类和关系。该困难是一种不同类型的困难，并且用这种形式的陈述更容易理解。

策墨罗公理断言了从给定类（空类除外）所包含的每个类中

---

① 尽管我不同意他在第14号对哈代先生所做的专门批评，根据这个批评，哈代先生序列中的第二个数"对第二类的所有数β都有绝对大的值。因此对于第二类的足够大的序数，相应的序列可能不存在"。

选择一个项的可能性。到目前为止，数学家们普遍认为它是成立的。策墨罗工作的优点，就是他把这个假设非常明确地提出来。这个公理可以表述为："对于任意类ω，有一个函项f'u，并且如果u是ω中的一个存在的[①]类，那么f'u就是u的一个成员。"也就是说，公理断言我们可以找到一些规则，根据这些规则我们从ω所包含的每个存在的类中挑选一个项。该公理也可以陈述为："给定一个包含在一个特定的类ω中的所有存在的类的集合κ，存在着以κ为其值域的多一对应关系R，它是这样的：如果u属于κ，那么和u具有R关系的项属于u。"该公理可以用不涉及类、函项或关系的形式来陈述，但我不会给出这种形式的陈述，因为它的复杂性使其几乎难以理解。

一个简单的例子可以用来说明与这个公理有关的困难的性质，并可以用来引入类似的"乘法公理"。给定$\aleph_0$双靴子，假定需要证明的是靴子的数量是偶数。如果所有的靴子都可以分为两个相互类似的类，情况就会是这样。现在，如果每一对左、右靴不同，我们只需要把所有右靴放在一类，左靴在另一个类，而右靴的类类似于左靴的类，我们的问题便解决。但如果每一对的左脚和右脚的靴子是没有区别的，那么我们就不能发现只是一半靴子具有的性质。因此，我们不能把靴子分成相等的两部分，我们也不能证明靴子的数量是偶数。假如靴子的数量是有限的，我们只能从每一双靴子中选择一只；但是，除非我们有一个选择的规则，否则我们不能从无穷多对中的每一对中选择一个，而在目前

---

① 一个存在的类是至少有一个成员的类。

的情况下，我们找不到任何规则。

上面的例子所涉及的问题，引起了基数乘法的基本定理方面许多严重的困难。怀特海的乘法的定义如下：[①]

设κ是一个由诸类组成的集合，在这些类中，没有任何两个有公共项。然后，我们将"κ的乘法类"（用×'κ表示）定义为通过在属于κ的每个类中选择一个且只选择一个项而形成的类，并使用所有可能的方法来选择。这就是说，×'κ的一个成员是由每个属于κ的类的一个成员组成的类。这样，×'κ中的项的数量被定义为属于κ的诸类的项的数量的乘积。当作为κ的一个成员的类的数量是有限的时，当每个作为κ的一个成员的类有某个特殊的项（例如，如果每个类都是由一个良序的序列组成，我们可以选择第一项）时，这个定义是完全满意的。但在其它情况下，就没有明显的规则，使我们可以借以从κ的每一个成员中恰好选择一项，因而，×'κ是否有成员，也不是明显的。因此，就像定义所表明的，无穷多个因子（这些因子都不是零）的乘积可能是零。因此，在靴子的例子中，我们希望从每双靴子中挑选出一只，但是我们找不到这样做的规则。

这所要求的不是，我们应实际地能从每个作为κ的一个成员的类中挑选一项，而是至少应该有（不论我们是否可以确定它）一个由从κ的每个成员选取一项组成的类。如果有一个，就必定有很多个，除非κ的所有成员都是单元类；对于一个这样的类：如果u是κ中的一个成员，x是被挑选出来的u中的一个成员，

[①] 罗素 B 1902b。

（八）论超限数和序类型理论的一些困难

那么我们可以把 x 替换成 u 中的任何其它成员——比如说 y——并且我们仍然有一个 ×'κ 中的成员。因此，我们需要的公理可以这样表述："如果存在一组相互排斥的类 κ，且成员中没有一个是空的，那么至少有一个类由从 κ 的每个成员挑选出的一项组成。"

这个公理比策墨罗公理更具体。它可以从策墨罗公理推导出来；但是，据我所知，相反的推论虽然可能成立，却还没有得到证明。我将之称为乘法公理。

在关于超限数的定理的证明中，经常用到乘法公理。到目前为止，人人都可以接受它是一个不言而喻的真理，但它仍然有可能受到归谬法的反驳。当然，它也可能有证明，但可能性是很小的。这个公理所适用的由诸类为成员组成的一个类，可以方便地称为诸类的一个可乘类。

上述公理是识别有限数的两种定义所必需的。我们可以把一个有限的基数定义为：

（a）遵循从 0 开始的数学归纳法的一个基数；

（b）一个具有下述特点的基数：拥有该基数的任何类都不包含与其自身相似的部分。

我们现在称（a）类型的任意数为一个归纳数，称（b）类型的任意数为一个有限数。那么很容易证明所有的归纳数都是有限的；每一个基数是无限的类，包含一个其基数是 $\aleph_0$（其中 $\aleph_0$ 被定义为归纳数的数量）的部分，反之亦然；如果有限类中包含的类的基数总是有限的，那么所有有限数就都是归纳数。但是，就我所知，我们不能证明有限类中包含的类的数总是有限的，或者每个有限数都是一个归纳数。[1]

乘法公理也为 α 个有 β 个项的集合构成的集合的项是 α×β 个的证明——即加法和乘法关系的证明——所必需。如果没有这个公理，我们甚至不能证明，在 α 个有 β 个项的集合构成的集合中项的数量总是相同的。同样我们也无法证明 α 个每个等于 β 的因子的乘积是 βα（康托尔的求幂的定义），[2]或者它总是相同的数量。

在 $\aleph_0$ 双靴子的情况下，我们不能证明靴子的数量是 $\aleph_0$（即 $\aleph_0 + \aleph_0$），除非在我们可以区分左右靴子的情况下。

在存在从 κ 的每个成员中各挑选一项的方法的地方，×'κ 的存在就可得到证明。如果，例如，来自 κ 的成员的成员的所有项，都属于一个良序的序列，那么我们挑选 κ 的各成员的（κ 被假定为一组互斥的存在类）第一项就得到一个 ×'κ。当 κ 中的每个成员都是良序的时，×'κ 并不随之而存在；因为 κ 中的每一个成员都有很多种有序的方式，我们需要一些规则来选出，在每种情况下，每个成员的所有可能的有序方式中的一种。也就是说，我们需要一个类的乘法类的项，这个类的一个成员就是使 κ 的一个成员成为有序的那些关系的类。

如果 κ 是任意一组互斥的存在类，并且如果我们用 u 中包含

---

[1] 布拉里-弗蒂表明，如果我们假设以下公理，关于有限数的两个定义可以同一："如果 u 是存在的类中的任意一个类，那么 u 的成员的数量小于或等于 u 的成员的成员的数量"（布拉里-弗蒂 A 1896）。这个公理直接的结果是，包含在一个有限类中的类的数量必定是有限的，从而会有上面指出的结论。这样确立的一个公理不是真的：必须假定类是互相排斥的，或是类似的东西。我不知道它是否会产生预期的结果。

[2] 康托尔 A 1895，第 4 节。

（八）论超限数和序类型理论的一些困难

的所有的存在类的类即u'取代κ的每一个成员u，就得到另一个类κ'，这样κ'就是一组互斥的存在类，并且×'κ'存在，因为κ是属于×'κ'的一个成员（因为每个u属于u'）。

假设κ是一组相互排斥的存在类，就存在×'κ的存在是可被证明的情况，因为存在某种结构使我们能够从κ的成员中挑选出特定的项。例如下面的情况：假设存在一个多一关系P，使得κ的每一项都由P的定义域的有些项与之有关系P的所有项组成，进一步假设P的定义域的每一项都与自身有关系P：那么P的定义域就是k的乘法类的一个成员。

如果κ是互斥的存在类的一个集合，×'κ存在，当且仅当，存在一个一对一的关系S，S的定义域是κ，并且S把属于κ的每个类u与u的一个成员联系起来；当满足这个条件时，S的逆域属于×'κ；对于给定的×'κ的项，κ的成员与给定的×'κ项中的相应成员之间的关系是满足上述条件的S。另一种说法是，×'κ存在，当且仅当，存在一些函项f'u使得如果u是κ的成员，f'u是u的成员；因为κ的各成员的f构造了κ的一个项。每当κ是一组互斥存在的类，×'κ存在的一个充分条件是存在一个函项f'u使得，如果u是任意的存在类，f'u是u的成员。这相当于策墨罗公理，[①]并且，据我所知，在所有这些情况下，它都不是×'κ存在的必要条件。

策墨罗公理是一种普遍化形式的乘法公理，并且是有趣的，

[①] 假设有一个所有实体的类，但是，如果没有这样的类，我们只需要采用策墨罗公理的陈述，它不假设有类存在。

因为他已经表明[1]，如果它是真的，那么每个类都可以是有序的。由于，所有类是否都服从策墨罗公理是可疑的，我们可以将策墨罗类定义为遵守策墨罗公理的类；也就是说，ω 是一个策墨罗类，如果至少有一个多一关系 R 使得，R 的定义域由所有包含在 ω 中的存在类所组成，并且使得，如果 u 与 x 有关系 R，那么 x 是 u 的成员。也就是说，如果有方法使包含在 ω 中的每个存在类与它的一个成员相关联，类 ω 是一个策墨罗类。策墨罗证明了任何符合这个条件的类 ω 都可以是有序的。反之亦然；因为，如果 ω 是有序的，我们将 ω 中存在的每一类 u 与 u 的第一项联系起来，就得到满足上述条件的关系 R。因此，策墨罗公理适用于那些可良序的类，而不适用于其它类。

将其公理应用于所有实体的类，我们发现，如果它普遍成立，那么必然存在一个函项 f'u 使得，如果 u 是任意的存在类，那么 f'u 就是 u 的成员。反之，如果存在这样一个函项，那么策墨罗公理显然总是满足的。因此，如果存在一个所有实体的类，策墨罗公理就相当于："存在一个函项 f'u 使得，如果 u 是任何的存在类，f'u 是 u 的成员。"

我认为，以函项形式应用的策墨罗公理，在不假设类或关系的存在时，导致的结果是，任何只满足于一种类型的项的命题函项都使得所有满足它的项是可良序的。如果根据其它理由，这似乎并不总是正确的，那么就可以推出，策墨罗公理就其函项形式而言，是错误的。它是否确实在仅适用于类时为真这样一个问

---

[1] 策墨罗 A 1904。

题，在得到回答之前，我们需要对什么命题函项是谓述的问题作出预先决定：我们越是限制类的概念，这种形式的策墨罗公理就越有可能为真，并且给予我们的信息就越少。发现策墨罗公理和乘法公理所适用的条件，对数学和逻辑学将是一个非常重要的贡献，这不应该超出数学家的能力之外。

很容易看出，如果 ω 是一个策墨罗类，而 κ 是由一组相互排斥的存在类组成的集合，并且这些存在类之间只包含所有的 ω 项，而不包含更多的项，那么 κ 就是一个诸类的可乘类。因为 κ 的每个成员都是 ω 中的一个存在类；因此，如果我们从包含在 ω 中的每个存在类挑选一项，我们就是随机地从 κ 的每个成员中挑选一项。因此策墨罗公理的普遍真理包含着乘法公理的普遍真理。据我所知，相反的东西还没有被证明，它可能是真的也有可能不是真的。

应当指出，在策墨罗公理和乘法公理的两种情况下，我们主要怀疑的是是否存在某种规范或性质，比如从我们的每一个集合中选出一个项的规范或性质；对做出这种选择的类的存在的怀疑，是从对规范的存在的怀疑中衍生出来的。

在这种情况下，所涉及的问题类似于"无规律"小数，它归结为有限整数的"无规律"类问题。如果我们考虑所有可由有限整数组成的类，乍一看似乎很明显，许多类将由一个完全随机的集合组成，不能由任何公式定义。但这是值得怀疑的。正如霍布森博士所强调的那样，似乎无限的集合需要一种规范，而那些看似可以设想的随意的集合实际上是非实体。康托尔关于有限数的类多于有限数的"证明"的例子，表明没有一个可数的公式集能涵盖所有有限数的类；但是，在每种情况下，显示出将被留下的类是由一个公式定义的，该公式在显示类被留下的过程定义这些类。因此，这个过程并没有给我们任何理由去认为存在着一些不能用公式来定义的有限数的类。

综上所述：有两个类似的公理——策墨罗公理和乘法公理——数学家们在超限问题的推理中经常使用它们，但如果不加以限制，它们很可能是不正确的。没有它们，就目前看来，我们无法确定关于有限的两种定义，也无法构建加法、乘法和指数的通常关系。如果策墨罗公理是正确的，那么每个类都将是有序的，而且我认为，每个项的集合都具有某种性质。但在这方面，我们第二部分所考虑的问题取决于我们第一部分所考虑的问题。

以上所主张的一般观点可简述如下：

当我们说许多对象都具有某种性质时，我们自然地假定这种性质是一个确定的对象，这个确定的对象可以与任何或所有具有或可能具有这种性质的对象分开来考虑。我们还很自然地假设，具有该性质的对象形成了一个类，而这个类在某种意义上是一个新的单一实体，通常与类的每个成员不同。通过如此简短从而几乎不可能出错的论证，这两种自然的假设都可以被证明无论如何不是普遍为真的。鉴于这个事实，我们可以采用两种路线的一种：我们可以或者断定所说的假设总是为假，或者努力找到使它们为真的条件，这些条件排除了虚假的假设可得到证明的情况。后者的优点是更符合常识，保存了更多的康托尔的工作；但到目前为止，它的缺点是在细节上有很大的不确定性和人为性，因为它没有任何一般的原则来决定哪些函项是谓述的。在实践中，前一种方法仅仅是放弃可疑的假设，而不需要我们认为这些假设是错误的；因此，只要有任何疑问存在，就应谨慎地尽可能地采取前一种做法。经过考察，我们似乎可以建立普通的数学和超限的大部分理论，而不必假设任何一个可疑的假定是真的。就目前所知道而言，在这个发展过程中我们并没有遇到任何矛盾。我们必须对是否能够更多地挽救康托尔的工作的问题保持怀疑，直到其使用的基本逻辑概念被更彻底地理解为止。尤其是，策墨罗公理是否正确是很可能还不能得到解答的问题，因为更基本的内容仍是有疑问的。我们可以推测，要彻底解决我们的困难，很可能取决于逻辑上更清晰的概念，而不是数学上的技术进步；但在找到解决方案之前，我们无法确定有多少数学知识是无需修正的。

[1906年2月5日添加的笔记：通过进一步的研究，我现在几乎毫不怀疑无类理论为本文第一部分所述的所有困难提供了完备的解决方案。]

（九）论类与关系的替代论

此文于1906年4月24日为伦敦数学学会接受，并于1906年5月10日在学会宣读。

这篇论文的目的是想说明，我认为是对我和布拉里-弗蒂发现的悖论的解决方案。以前在本学会宣读的论文中，[1]我已经讨论了这些悖论，并给出了解决方案的一个简短的描述。在这篇论文中，我将更详细地说明如何避免这些悖论，以及如何根据我所乐意提倡的理论来表达数学的基本概念。

这个理论由以出发的基本逻辑原理是很少有人会否认的。它说的是，在任意一个句子里，一个词、一个短语，如果脱离了它的上下文，常常是毫无意义的。在这种情况下，如果这个词或短语被错误地假定为具有独立的意义，我们就会得到所谓的"错误的抽象"，因而，很容易导致悖论和矛盾。一个简单的例子可以说明我的观点。[2]如果我说"苏格拉底是秃头"，苏格拉底这个词就代表一个确定的实体，我把秃头的性质归之于这个实体。但

---

[1] 这篇论文是"论超限数与序类型理论的一些困难"，罗素 B 1905a。
[2] 参见"论指称"，罗素 B 1905c。

（九）论类与关系的替代论

是，如果我说"现在的法国国王是秃头的"，"现在的法国国王"这个短语并不能代表任何东西，但我的陈述仍然有一个完全确定的含义。因此，我们不能把这句话分解为"现在的法国国王"（主语）和"是一个秃头"（谓语）。这句话的真正意思似乎是"目前有且只有一个人统治法国，而且他是一个秃头"。这个陈述是错误的，但并非毫无意义。根据形式的对等，如果我说"现在的英国国王是秃头的"，那么同样的分析也会出现。因此，像"现在的法国国王"一样，"现在的英国国王"本身没有任何意义，而只是作为一个命题的一部分。

我愿意提倡的理论是，在"现在的英国国王"或"现在的法国国王"是一个错误的抽象概念这个意义上，类[①]、关系、数，实际上几乎所有数学处理的东西，都是"错误的抽象概念"。因此，例如，"数1是什么？"这个问题是没有答案的；有答案的问题是："出现1这个词的陈述句是什么意思？"即使是这个问题，也只有当这个词出现在适当的语境中才有答案。在这方面，"数1"甚至比"现在的英国国王"更加难以捉摸；因为，对于实体的每一种可能的陈述都是有意义的——如果这些陈述是就现在的英国国王而做，然而对于数1的陈述只有某些类的陈述才是有意义的。"数1是秃头"或"数1喜欢奶油芝士"，我认为，这些话不仅愚蠢，而且毫无意义。事实上，所有使人觉得荒谬的关于数1的陈述，在严格意义上也都是荒谬的，也就是说，它们是根本不表达命题的短语。根据这个理论，一切类和一切关系也都是一样的。因此，"人

---

① 我将类（class）当作集合（aggregate）或簇（manifold）的同义词。

的类是人"的说法不是错误的，而是毫无意义的，而"人的类不是人"的说法同样没有意义。原因是，实际上不存在类这样的东西，而且表面上关于类的陈述只有在可以分析为关于类的所有或部分成员的陈述时才有意义。谈论类的语言，实际上只是一种缩略的形式，一旦不能翻译成不谈论类的语言，它就是不合法的。

在这个普遍理论中没有新的东西。[①]然而，直到最近，一直使我不能接受这种观点的是，我认为不使用类详细地陈述算术的基本命题是不可能的；显然，数学哲学必须赋予"二加二等于四"某种意义。这种意义是由类的替代论给出的；因此，现在有可能在实践中实行把类仅仅当作语言虚构来对待的政策。但为了解释这一理论，有必要通过一定数量的初步逻辑基础知识的铺垫。

首先要解释的是决定和替代之间的区别。决定是将一个常数赋值给一个变量；替代是用一个常数替换另一个常数。在回答这样的问题时我们需要决定："当 x=3 时，x^2+x+2 的值是什么？"或"在'如果 x 是一个男人，x 是必死的'中，用苏格拉底替代 x，得到的命题是什么？"当我们说"柏拉图是一个同情贵族党的哲学家，苏格拉底同样是"，或者说"2 是偶数素，其它数都不是"时，需要的是替代。当我们说苏格拉底"同样是"时，我们意指，用苏格拉底替代柏拉图所得到的命题是真的；当我们说其它数都不是时，我们的意思是，如果我们用任何其它数替换命题"2 是偶素数"中的2，结果都是一个错误命题。在这两种情况下，我

[①] 例如，马克西姆·博谢教授就提出过类似的观点。这一点在1904年他的《数学的基本概念和方法》(博谢 A 1904)中有所暗示，在他的私人信件中，他对这一观点进行了更全面的阐述。

们可以从一个"命题函项"开始,并比较两个决定:在第一种情况下,当x=柏拉图时和当x=苏格拉底时,x是一个同情贵族党的哲学家为真;在第二种情况下,"x是偶素数"在x=2时成立,否则不成立。因此,决定和替代通常会导致同样的结果,因此,它们通常没有明确的区别。但是在很多情况下,它们会产生不同的结果,所以很重要的是不要把它们混淆了。

函项"x=a"给出了决定和替代之不同的一个简单例子,它被认为是x的函项。这个函项仅对于决定a是真的,也就是说,如果我们将a值赋给x,那么函项的值为真,否则为假。但是如果我们取(a=a)这个值并用b代替a,我们得到b=b,这也为真,但它不是x=a的值。因此,虽然a=a是x=a的一个决定(或值,这两个词是同义词),但在a=a中代替a不能得到x=a的其它决定。从这个例子我们可以概括出:如果 φx 是任意命题函项,用b替代在 φa 中出现的a,结果通常会是 φb。但也可能不是 φb,如果a以不同于每个x出现在 φx 中的方式出现在 φa 中的话。在这种情况下,这个另外出现的a也将被b取而代之,但是 φb,通常仍将仅仅包含a的这个(而非另外的)出现。因此从对"a=a"的替代,我们可以获得函项"x=x"的任何值,但我们除了能获得"a=a"本身之外,不能获得函项"x=a"的任何值。因此,替代容易受到某些决定不服从的限制。但是,正如我们后面将看到的那样,决定要服从的是一种非常重要的替代不服从的限制。

在进一步讨论之前,我们需要作一些定义。我用 p(x/a)!q 或 p/a˙x!q 表示"q由p产生,方法是在所有(如果有的话)a在p中出现的地方用 x 代替 a"。① 把 p（因此也包括 q）看作一个命题是方便的，但这并不是必须的；我们只需要，p 应该是一个真正实体的名称，而不仅仅是"法国国王"或"英国国王"这样的短语。根据定义，如果 a 完全不出现在 p 中，q 就等同于 p。我们可以把这看作是"a 不出现在 p 中"的定义，写作"a ex p"。无论我们为 x 赋什么值，当用 x 取代在 p 中出现的 a 的结果是 p 时，根据定义这是为真的。如果 ϕx 是任意命题函项，我们将

$$(x).\phi x: =.\phi x$$ 看作对于 x 的所有值都为真。

因此，"(x).p(x/a)!p"表示"对于 x 的所有值，将 x 替换 p 中的 a 的结果是 p"。因此我们的定义是：

$$a\ ex\ p. =:(x).p(x/a)!p \quad Df.\ ^{②}$$

然后我们将"a 确实出现在 p 中"定义为"a ex p"的否定，写作"a in p"。也就是说，如果我们能找到一个 x，用 x 代替 a 改变了 p，那么 a in p 就为真。我们用符号 ~q 来表示命题 q 的否定；因此：

$$\sim q. =.q\ 为假。$$

因此我们有：

$$a\ in\ p. =\sim\{a\ ex\ p\} \quad Df.$$

我们需要的另一个同源概念是独立性：我们说，当 p 和 q 没

---

① 上述两种符号对于不同的展开路线都是有用的。
② 圆点代表括号，就像在皮亚诺那里那样：多个圆点代表外面的括号。

（九）论类与关系的替代论

有共同成分时，即当 p 和 q 中没有 x 时，p 是独立于 q 的。我们用符号记为"p ind q"，因此：

$$p \text{ ind } q. =.(x). \sim(x \text{ in } p.x \text{ in } q) \quad \text{Df.}$$

"p 独立于 q"意味着"对于 x 的所有值，x 同时存在于 p 和 q 中为假"。

我们可以用替代的方法来定义同一性：如果用 y 替代 x 中的 x 的结果是 x，我们就可以说 x 和 y 是相同的。我们可以将这写成"x=y"，因此：

$$x = y. =.x(y/x)!x \quad \text{Df.}$$

用 y 代替 x 的结果显然是 y；因此，如果 x 和 y 是同一的，它只能是 x；这证明了定义的正确性。（我们假设替代的结果总是唯一的。）我们将满足 p(x/a)!q 的 q 写作 p(x/a) 或者 p/a;x。因此：

$$p(x/a) \text{ 或 } p/a;x.=.x \text{ 替代 p 中的 a 的结果} \quad \text{Df.}$$

在 p(x/a) 中，我们称 (x/a) 为替代；在 p/a;x 中，我们称 p/a 为基体。两者都可以扩展到任何有限数量的变量上；我们可以用 x 和 y 来代替 a 和 b，我们因而得到了替代 (x, y)/(a, b) 和基体 p/(a, b)。这些概念是可定义的，尽管定义相当复杂；下面我们将给出双重替代的定义。可以看出替代或基体不是一个实体，而是一个像 d/dx 这样的单纯运算；也就是说，符号 x/a 和 p/a 本身完全没有意义，只有作为适当命题的一部分才有意义。

我希望提倡的理论是，这个不确定的符号 p/a 代表一个类。

类似地，p/(a, b) 代表二元关系，p/(a, b, c) 代表三元关系，依此类推。这些都不是实体，因此不存在类和关系。

既然存在的每个事物绝对地是一个实体，那么有人可能会问，说一个基体不是一个实体是什么意思。当我们说"某某（so-and-so）不是实体"时，确切地说，我们是说短语"某某"不是实体的名称。因此，当我们说一个基体不是一个实体时，我们是说，一个基体是一组符号，或一个短语，它本身没有意义，但是它通过添加其它符号或文字而成为一个有意义的符号或短语的一部分，即成为某个东西的名称的一部分。因此，基体 p/a 是短语"……替代 p 中的 a 的结果"的符号，这个短语是不完整和没有意义的；为了获得意义，我们必须添加要替代 a 的实体的名称。[1] 类似地，p/(a, b) 代表"同时用……替代 p 中的 a 和 b 的结果"。因此，"x 是类 p/a 的成员"被解释为"用 x 替代 p 中的 a 的结果为真"。在这里，p/a 所代表的短语作为整个句子的一部分出现，但显然不是一个有独立意义的部分。因此，一个基体是一个句子的一部分，但不是意谓任何孤立的事物的一部分。因此，它不是实体的名称，而只是实体的名称的符号的一部分。

为了说明基体理论的基础，首先有必要简要地解释一下我此前所接受的弗雷格的类理论，[2] 然后概述一下反对这个理论的理由。

弗雷格理论的要点如下。类不论是什么样的，似乎显而易见

---

[1] 严格地说，只有当我们陈述替换的结果时，这个短语才有意义；目前我们不考虑这一点。

[2] 弗雷格 A 1893。

（九）论类与关系的替代论

的是，命题函项 φx 决定了一个类，即满足 φx 的对象的类。因此，"x 是人"定义了人的类，"x 是偶素数"定义了唯一成员为 2 的类，依此类推。然后我们可以（看起来是这样）定义我们所说的"x 是类 u 的成员"或我们可以更简短地说"x 是一个 u"是什么意思。这将意味着："有一些函项 φ 定义了类 u 并且被 x 满足。"然后，我们需要一个假设，大意是，当两个函项等价时，它们定义的是同一个类，即对于 x 的任意值，两个函项都为真或都为假。因此，"x 是人"和"x 是无毛的和两条腿的"将定义相同的类。在这个基础上，整个类理论就可以发展起来。

但是，如果我们像弗雷格那样假定类是一个实体，我们就不能很好地避免关于不是其自身成员的类的类的悖论。因为一个实体必定有可能决定任何命题函项 φx 中的 x；也就是说，如果 φx 是任意一个命题函项，并且 a 是任意一个实体，φa 必定是一个有意义的命题。现在，如果一个类是一个实体，"x 是一个 u"将是 u 的一个命题函项；因此，"x 是一个 x"必定是有意义的。但是，如果"x 是一个 x"是有意义的，那么避免这种悖论的最佳希望就破灭了。

因为在我看来，上述"x 是一个 u"的定义的错误之处是，它谈论没有任何自变量的函项 φ。现在，正如弗雷格自己所正确主张的那样，一个没有一些自变量的函项是毫无意义的；因此，对于任何一个包含变量函项的公式，我们永远不能说，它对"φ 的一些值"或"φ 的所有值"成立，因为没有 φ 这种东西，因此没有"φ 的值"。借助于基体概念，如同我将展示的，人们几乎总是可以表达与公式"对 φ 的所有值"所断言的东西实质上相同的东西,但是在某些限定性情况下基体不会如此,而这些极限情况恰恰会导致悖论。在上面,我们不能用"φz的某些值"替代"φ的某些值";因为,在这里,如果φ和z都是变量,当y可以是任何实体时,"φz的某些值"就等价于"y的某些值";但如果z是固定的,那么"φz的某些值"意谓"某些包含z的东西";这两个都不是定义"x是一个u"所需的最低限度的东西。

相反,基体理论避免了所有这些困难。如果p是φa,p/a'x一般而言就是φx(即如果有一个把a从φx中替代出去的x的值)。[①]因此p/a'x在大多数情况下将替代φx,并且我们不说"φ的所有值"而说"p和a的所有值"。因此,我们不是有一个变量函项φ,而是将有两个变量实体p和a。任意两个实体p和a定义一个类,即p/a,如果p/a'x为真,x就是这个类的成员。(如果p不包含a,那么,如果p为真,这个类就包含任何东西,而且如果p为假,这个类就什么也不包含。)说x是类α的一个成员,现在就是说,对p和a的一些值,α是基体p/a并且p/a'x为真。在这里,我们不是有变量函项φ——它不能脱离它的自变量,而是有两个变量p和a——它们是实体,也是变量。但是现在"x是一个x"变得毫无意义,因为"x是一个α"要求α必须是p/a的形式,并且α因此根本不是一个实体。这样就可以定义类的成员关系,[②]同时避免了悖论。

[①] 罗素引入了短语"out of"却没有解释。显然 a ex p 可以读作 a out of p。

[②] 应该注意的是,如果我们把"x是一个u"视为不可定义的,就像在皮亚诺的系统中那样,这个悖论就会变得更加难以避免,因为很难建立任何排除"x是一个x"的规则。

（九）论类与关系的替代论

还有一个我们可以如下方式获得的"ϕ 所决定的类"的类似物。对于 y 的某些值，如果 x 不在 ϕy 中，那么，对于 z 的任何值，(ϕx)/x′z 是 ϕz。结论就是，对于所有满足这个条件的 x，(ϕx)/x′z 有相同的值，即 ϕz。因此类 (ϕx)/x 和类 (ϕx′)/x′ 有相同的成员，如果 x′ 是满足上面的条件的另一项；在每种情况下的成员都是 z 的值并且使得 ϕz 是真的。因此我们可以定义所有基体 (ϕx)/x 的共同值[①] 为"ϕ 所决定的类"，只要对于 y 的某些值，x 不在 ϕy 中。

如果我们把以上言论应用到具体情况之中，比如"柏拉图是一个男人"或"柏拉图是男性类的一个成员"，我们必须从一些命题 p 而不是"x 是一个 u"的形式出发。让我们把"苏格拉底是人"称作 p，并且"苏格拉底"称作 a。如果，当 x 替代"苏格拉底是人"中的"苏格拉底"，结果是一个真命题时，那么 x 属于类 p/a。因此，如果我们把人的类定义为类 p/a，那么，我们就会发现柏拉图是人，因为 p/a′柏拉图 = 柏拉图是人，而这是一个真命题。如果我们从命题函项"x 是人"出发，那么基体（x 是一个人）/x 将给出人的类，对于任何独立于人性的 x 的值，即对于除了一个包含在人性中也可发现的成分的概念以外的 x 的所有值。因此，特别地，x 可以是任何人或动物，或一粒物质，或一个空间点，或任何这样的东西，以至于，当 y 在"x 是人"中替代 x 时，结果是"y 是人"。

[①] 两个基体 p/a 和 p/a′ 被定义为当对于每一个 x，p/a′x 和 p/a′′x 都为真或都为假时具有相同的值。在这种情况下，我们写作 p/a=p/a′。在这个意义上的相等发生在数学方程中，使用相等符号的特殊情况除外。

在处理两个变量时，需要对"同时替代"下一个相当复杂的定义，以便使（比方说）x代替a，y代替b，就好像a和b是独立的，即使在它们不是独立的情况下。例如，考虑"p/a'x对于x的所有值为真"，这是一个p和a的函项。我们想用p′和a′替代p和a，使得这变为"p′/a′'x对于x的所有值为真"。但如果p包含着a，用一个a′替代a会改变p，使得p一般而言将不是结果的组成部分。因此没有p留下来可以被p′替代。这个困难可通过选择一个独立于p和a的辅助实体来避免。这样，用x和y同时替换在p中的a和b的结果，用p(x, y)/(a, b)或p/(a, b); (x, y)表示，可以定义如下：如果b在a中，选择一个不在p中并且独立于b和y的实体u；先用u替代a，然后用y替代b，最后用x替代u；结果是p(x, y)/(a, b)。但是如果b不在a中，选择一个不在p中并且独立于a和x的实体u；先用u替代b，然后用x替代a，最后用y替代u；结果是p(x, y)/(a, b)。这个复杂定义的目的是为了尽可能经常地确保用x和y替代φ(a, b)中的a和b的结果是φ(x, y)。

形式为p/(a, b)的基体是一个对偶或二元关系。如果我们选取任意一个包含两个实体a和b的命题，并且想象其它实体x和y代替a和b，那么，如果结果为真，x和y彼此之间就有断言p时断定的存在于a和b之间的关系。（人们必须明白，这不是一种严格的说法，因为事实上没有关系这样的实体。）因此，令a是菲利普并且b是亚历山大，令p是"菲利普是亚历山大的父亲"。这样，当且仅当x对y有父子关系，而这个关系是被p所肯定的潜存于a和b之间的关系时，p/(a, b)'(x, y)是"x是y的父亲"成立。因此，基体p/(a, b)可被视为代表父子关系。在这种情况下，和一

（九）论类与关系的替代论

个变量的情况恰好一样，我们可以定义任一个函项 $\phi(x, y)$ 生成的基体，它将是由函项 $\phi(x, y)$ 所决定的关系，并将是除了特殊的 x 和 y 值以外的 $\phi(x, y)/(x, y)$ 的值。

应当注意，二元基体所确定的关系（近似地）是外延的关系。如果我们说"x 生 y"，这个词"生"以内涵方式表达了与基体 p/(a, b) 以外延方式表达的关系。从数理逻辑的角度来看，内涵关系的缺点是：并不是所有有两个变量的命题函项都符合内涵关系，就像不是所有有一个变量的命题函项都符合谓词一样。这样一来，一个命题，比如"如果菲利普没有准备好道路，亚历山大的征服会是不可能的"，以断言菲利普和亚历山大之间内涵关系的形式说出必定会被扭曲，但它产生一个可被视为外延关系的基体。内涵关系对于哲学和哲学逻辑是极其重要的，因为它们对于复杂性，对于命题，对于真理或谬误的可能性，都是必不可少的。但在符号逻辑中，我们最好从作为我们的材料的命题出发；先于命题的东西，据我所知，还不能做符号的处理，甚至它是否能做符号的处理都是可怀疑的。

虽然基体在外延上比在内涵上更接近于类或关系，但它并不完全是外延的；因为即使 p/a 和 p′/a′ 定义了同一个类，如果 p 不同于 p′ 或 a 不同于 a′，它们仍然是可以区分的。因此这里所提倡的理论是介于内涵理论和外延理论之间的。

下一点要考虑的是类的类的定义。这一点特别重要，因为基数是类的类。在讨论一般情况之前，让我们通过示例定义基数 0 和 1。

考虑这样一个命题"爱尔兰没有蛇"。这就相当于"对于 x 的所有值,认为 x 是爱尔兰的一条蛇是错误的"。如果我们用 p 代表"苏格拉底是爱尔兰的一条蛇",用 a 代表"苏格拉底",那么类 p/a 没有成员,也就是说,类 p/a 的成员数为 0。因此,说"类 p/a 的成员数为 0"相当于说"对于 x 的所有值,p/a$\dot{}$x 为假"。这个陈述包含 p 和 a;让我们叫它为 q。那么 0 可被定义为基体 q/(p, a)。因为,假设 p′ 和 a′ 之间有 q/(p, a) 关系就是假设 q/(p, a)$\dot{}$(p′, a′) 为真。在进行替代时,我们看到这陈述的是"对于 x 的所有值,p′/a′$\dot{}$x 为假",而这说的是 p′/a′ 是一个没有成员的类,即其成员数为 0。因此,0 是除了某些 p 和 a 的特殊值之外的值的基体 {(x).∼(p/a)$\dot{}$x}/(p, a) 的值。实际上,它是由函项 (x).∼(p/a)$\dot{}$x 决定的基体。根据这个定义,0 是一个命题和一个实体之间的关系,即无论我们用什么来代替命题中的实体,结果总为假的关系。①

所有的基数都有相同类型的关系。考虑数 1。如果 p/a 只有一个成员,并且如果 c 是这个成员,那么 p/a$\dot{}$c 为真,如果 x 不等同于 c,则 p/a$\dot{}$x 为假。因此,"p/a 是一个单元类"等价于"有一个 c,使得当且仅当 x 与 c 相同时,p/a$\dot{}$x 为真";换句话说,"对于 c 的所有值,如下命题不都是假的:对于 x 的所有值,p/a$\dot{}$x 等价于② 'x 等同于 c'"。这是 p 和 a 的函项;由这个函项所确定的基体的值是数 1。

从上面的两个例子,可以明显地看出有限基数是如何被定义的。但现在我们必须回到类的类的一般情况。在上面 0 和 1 的例

---

① p 并不必然是一个命题:如果 p 是命题而非实体,a 是实体而非 p,则 p/a$\dot{}$x 永远不为真,因此 p/a 为空。但通常把 p 想象成一个命题是很方便的。

② 当两个命题都为真或都为假时,我们称它们为等价命题。

（九）论类与关系的替代论

子中出现的类的类，具有一种特殊的二元关系，即当 p 和 a 只以 p/a 的形式出现时，由 p 和 a 的函项定义的关系。然而，这不太适合作形式的定义。形式定义如下："基体 q/(p, a) 被称为类的类，如果，对于 r、c、r′、c′ 的所有值，只要 r/c =r′/c′，那么 q/(p, a)ʹ(r, c) 就等价于 q/(p, a)ʹ(r′, c′)。"因为在这种情况下，q/(p, a)ʹ(r, c) 的真假并不分别取决于 r 和 c，而只取决于基体 r/c 的值。在这种情况下，当 q/(p, a)ʹ(r, c) 为真时，我们说类 r/c 是类 q/(p, a) 的类的一个成员。因此，在上述关于 0 的定义的情况下，我们令 a= 苏格拉底，p= ∼苏格拉底是爱尔兰的一条蛇，q.=:(x). ∼ (p/a)ʹx。那么，q/(p, a)ʹ(r,c).=:(x). ∼ (r/c)ʹx，即 "r/cʹx 对于 x 的所有值都为假"。现在，如果 r′/c′ʹx=r/c，即，如果 r′/c′ʹx 总是等价于 r/cʹx，结果就是，如果 r/cʹx 为假，那么 r′/c′ʹx 也总是为假，也就是说，如果 q/(p, a)ʹ(r, c) 为真，那么 q/(p, a)ʹ(r′, c′) 也为真。根据定义 q/(p, a) 是类的类，因此 0 是类的类。

正如我们定义类的类一样，我们可以继续定义类的类的类，这是一种三元关系。类似地，类之间的二元关系，例如相似性，将是一种特殊的四元（或四重）关系，等等。p/a 形式的基体被称为第一类基体；p/(a, b) 形式的基体被称为第二类基体，依此类推。我们应该能够定义一个基体对另一个基体的替代，这样我们就可以得到 q/(p/a) 这样的基体，即 "用……代替在 q 中的 p/a 的结果"。因此，例如，如果 q 是 "x 是 p/a 的成员"，那么，q/(p/a)ʹ(p′/a′) 将是 "x 是 p′/a′ 的成员"。这类基体产生了"类的类"；它仅仅是属于第二类基体的次类。有时基体是什么类的并不显而易见。例如考虑一序列实体的序数。这是一实体关系的类，将由 q/{p/(a, b)} 形式的基体定义，这种基体是第三类的基体。现在，假设我们有一序列这样的序数；它的序数是什么类的？这是这些序数之间的关系的一个类。每一个序数都属于第三类；因此，其中两个序数间的关系属于第六类，并且这些关系的类属于第七类。因此，适用于一序列实体的一序列序数的序数是第七类的基体。

虽然很容易解释我们所说的类型是什么意思，但是严格地定义我们所说的类型是什么意思，或者对类型做任何一般的陈述都是不可能的，因为对一种类型有意义的陈述通常对另一种类型没有意义。因此，例如，人们可能会假设有 $\aleph_0$ 类型，但这个陈述似乎真的没有意义。

当一个公式包含基体时，检验它是否有意义的方法是非常简单的：如果它可以完全用实体来陈述，它就是有意义的。基体只不过是语词或符号的缩写；因此，这些缩写出现于其中的一个陈述如果是有意义的陈述而不是纯粹的乱说，该陈述不用借助基体都能被清楚地说出来。因此，例如"p/a = q/b"的意思是："无论 x 是什么，如果用 x 代替 p 中的 a，和 q 中的 b，结果是等价的。"这里只有实体出现。但是，如果我们试着解释（比如说）"p/a=q/(b, c)"，我们就会发现，在用 x 替代时，我们左边有一个命题，右边有一个基体。[①] 因此，在右边必须补充另一个自变量，但是在左边已经没有补充一个自变量的空间了。因此，所提出的公式是没有意义的。（它不是错误的：它的否定和它的肯定一样毫无意义。）因此，在基体出现的地方，类型的同质性是有意义的必要

[①] 具体来说是，我们通过用 x 替代得到的结果是 "用 x 替代 p 中的 a 的结果与用 x 代替 q 中的 b 和用……代替 q 中的 c 是同一的"，而这是没有意义的。

条件：这不需被陈述为一个原则，而是每次都是为了发现命题的真正含义，必须摆脱基体的结果。

通过类型的上升序列和同质性的要求，最大基数和最大序数的难题被避免了。在每种类型中，都有一个最大基数和一个最大序数；但是这两个数在更高的类型中都可以被超越。由于在类型的总体中没有最高类型，类型总体本身也没有意义，所以既没有基数也没有序数的绝对最大值。迄今为止，我们只定义了实体类的基数；我们现在必须定义更高类型的基数。

如果不仅 $q/(p_0, a_0)'(p, a)$ 为真，而且，只要 $p'/a'=p/a$，$q/(p_0, a_0)'(p', a')$ 也为真时，我们说类 p/a 是基体 $q/(p_0, a_0)$ 的一个成员。如果 $q/(p_0, a_0)$ 没有成员，那么，在这个意义上，只要它是一个类的类，其成员的数量为 0_1，这里的 0_1 意味着类-零，有别于实体-零。类似地，如果有一个基体 p/a 使得，当且仅当 $p'/a'=p/a$，$q/(p_0, a_0)'(p', a')$ 为真，那么 $q/(p_0, a_0)$ 成员的数量为 1_1，这里的 1_1 是类 -1 而不是实体 -1。类似地，我们定义 0_2，1_2 等等。因此，0 或 1 的整个等级结构适用于不同类型的基体。所有的 0，或所有的 1，它们的定义在形式上都非常相似，但它们不能合并，因为它们都有各自的意义条件。

但是，我们可以定义我们说两个特定的不同类型的基数相等，或者一个大于另一个是什么意思。给定某一类型的项的一个类，我们可以在这个类的项与同一类型或任何特定类型的类的项之间，定义一个一一对应关系，因此，我们可以定义我们说不同类型的类相似是什么意思。如果我们知道存在某种类型的 α 个项的类，我们可以证明与 α 个项数量相同但是更高类型的类的存在，但总的来说，却不能证明与α个项数量相同但是较低类型的类的存在。现在考虑一下引起最大基数难题的那个定理。该定理断言，不管基数α可能是什么，$2^α$大于α。因此，不可能有最大的基数，尽管所有实体的基数初看起来，似乎是与可合理预期的一样大。然而，现在我们可以看到，在更高类型中我们将得到比所有实体的基数更大的基数，并且$2^α>α$（没有任何例外地）为真。$2^α$的简单定义为，包含在有α个成员的类中的诸类的基数；康托尔有一个定义，根据这个定义，它是某种类型的多一关系的数，这是等价但复杂一些的定义。无论我们采用什么样的定义，其项的数被定义为$2^α$的类，在类型上，总是高于其数为α的类。如果我们把$2^α$定义为包含在一个有α个成员的类中的类的数量，那么，$2^α$适用的类的类型刚好比α适用的类的类型高一级。因此，如果实体的总数是α，$2^α$将会是实体的类的总数；$2^α>α$将会为真，但将不会存在有$2^α$个项的实体的类。同样地，$2^{2^α}$将是实体的类的类的数量；以此类推。我们不能把所有这些类型放在一起，然后问"对象、实体、基体等的总数是多少"？因为将一种类型中的数与另一种类型中的数进行比较是根据每对类型的单独定义进行的，不能一般化。一个贯穿有限数量的类型的数的序列可以被比较，因为我们可以将所有其它类型与相关的最高类型进行比较；但是，如果在相关类型中没有最高类型，比较就不可能进行了。

因此，最大基数问题的解决仅仅在于认识到这样一个事实：一个类不是一个实体，因而，诸类不是诸实体构成的一个（如同设想的）子类。任意两个实体p, a定义一个类p/a；但一对实体不是一个实体，因此，实体的对的数量可能会比实体的数量大没有丝毫矛盾。

序数难题更加复杂，需要更长的讨论；但是其解决和基数问题的解决十分类似。

生成一个序数序列的自繁殖方法假定，给定这一序列的任何一段，在该段的结尾可以添加一个序数，使得一个其序数超过给定段的序数并且比它大1的新序数序列产生出来。就像大家知道的那样，这个过程导致了布拉里-弗蒂悖论，即存在一个最大序数，但它仍然可以通过加1来变大。还有另一个困难，虽然不是这么严重但也值得考虑。可以依据一个给定的基本项的有限集合加以定义的对象的总数为$\aleph_0$；[①]因此，如果可定义的序数多于$\aleph_0$，就会产生矛盾。但如果不多于，那么在第二类序数中一定有一个最小的不可定义序数；而且，这个序数似乎可被定义为可定义序数的类的极限。

我认为，类和关系的替代论已圆满地解决了这两个困难。下面我试图表明这一点。

通过将一个序列的序数作为一个附加项添加到该序列的末尾来生成新序数的方法，由于一个序列的序数与该序列的项属于不同的逻辑类型而被破坏。如果序列的项是实体，则序列的序数是实体的二元关系构成的类。我把这种序数叫作实体-序数，因为它适用于实体的序列。类似地，一个适用于类的序列的序数，将被称为类-序数，等等。一个适用于实体-序数的序列的序数将

[①] 霍布森博士否认了这一点，但我将努力表明，我们有理由不相信他。

会经常被提到，我称它为序数-序数。一个适用于一个序列的序数-序数的序数将被称为序数-序数-序数。如果 α 是任意一个逻辑类型，一个 α-序数永远就不是 α 类型的，而总是一个由 α 类型的项之间的二元关系组成的类，因此是 2α+1 类型的序数。因此，无论一个序数序列的项可能属于什么类型，我们永远都不能通过在最后加上序列的序数来形成一个新的序列。

因此必须重新提出这个问题：关于序数我们可以证明什么存在定理？首先，对于实体-序数我们可以证明什么存在定理？

我们可以借助发生的方法沿着序数序列向上走很长的一段路，这几乎和被证明是错误的方法一模一样。令 R 为任意二元的实体-关系，并且 a 为任意的实体；那么，当 x 和 y 之间有关系 R，或者 x 属于 R 的定义域并且 y 是 a 时，我们将把 R+a 叫作 x 和 y 之间的关系。也就是说，如果 R 生成一个序列，R+a 生成的序列是把 a 添加到同一序列的尾部得到的。为了得到一个自我繁殖的过程，令 a 为命题 bRc，其中 b 和 c 为任意常数。假定 R_1，一个只在 b 和 c 之间成立的关系，因此：

$$xR_1y \text{ 等于 } x=b.y=c。$$

假定 $R_2=R_1+(bR_1c)$，并且一般地说 $R_{n+1}=R_n+(bR_nc)$。很容易看出这些关系都是不同的。R_n 生成一序数为 n 的实体序列；因此，一切有限的实体-序数都存在。

我们现在将 R_ω 定义为，每当 R_n 中的任一关系存在于 x 和 y 之间时，x 和 y 之间的关系。这是通过使用如下的归纳法而得到的：

（九）论类与关系的替代论

$xR_\omega y$ 的意思是："x 和 y 之间存在关系 Q 使得，如果 s 是任意一个关系类，那么，如果 R_1 是 s 的一个成员，并且如果，只要 R 是 s 的一个成员，R+(bRc) 也是 s 的一个成员，那么 Q 也是 s 的一个成员。"

然后我们继续像以前一样进行：$R_{\omega+1}=R_\omega+(aR_\omega b)$ 等等。从 R_ω，$R_{\omega+1}$ 等我们获得 $R_{\omega \cdot 2}$，正如从 R_1，R_2 等等获得 R_ω，从 R，R_2，R_3 等获得 R_{ω^2}。用这种方法，我们可以得到曾得到过的第二类序数的每一个序数。但是我们不能以这种方式定义第二类序数的全部，而且，当它被另外一种方式定义时，我们也不能表明它的每一个成员都可以通过这样的过程获得。相反，我们有理由认为，虽然第二类的所有序数都是作为实体-序数而存在的，但它们不可能都由我们所掌握的工具来定义。

第二类的序数可被定义为所有可用于由诸项构成的一个可数集合的序数。这是说，给定一个有 $\aleph_0$ 个项的类 α，第二类的序数是所有的序数 y，从而，存在由 α 的项组成的序列并且以 y 为它们的项的序数。这些序数的基数被定义为 $\aleph_1$。注意，这样定义的 $\aleph_1$ 是一个序数-基数，也就是说是一个序数的类的基数。作为一个序数-基数，它的存在源于上述定义，但它作为实体-基数而存在仍有疑问，即我们没有理由假设存在一个有 $\aleph_1$ 个实体的类。我们可以假设，给定一个基体的类，我们总是可以构造出具有相同基数的命题的类（这将是一个实体的类）。但是，这样做并不总是可能的。例如，人们可以取对于 α 在给定类中的所有值的命题 0=α。但证明只要 α≠β，0=α 就不同于 0=β，会遇到困难。因此，我们不能确保，有多少α的值，就有多少形式为o=α的不同命题。这样，从高级类型到低级类型的推论通常是不可靠的，尽管从低级类型到高级类型的推论总是可能的。

现在有了第二类序数的所有序数的定义，问题就来了，如果按大小顺序排列，它们是否会形成一个良序的序列。如果是这样，在这样安排时，它们的序数是ω_1，它是第三类序数的第一个。我认为，它们是良序序列必定是可证明的。证明是康托尔的。从段的性质出发，康托尔证明了，任意两个不同的序数，必定有一个是大的，另一个是小的。[①] 这个论证既长又复杂，就我可以发现的而言，采用替代理论并没有对它里面的东西造成什么影响。因此，我们被带到序数-序数的ω_1的存在，和序数-基数的$\aleph_1$的存在。

我们现在可以继续证明分别是序数-序数-序数的ω_2的存在和是序数-序数-基数的$\aleph_2$的存在。按这个方式，对于n的任意有限值，我们都可以得到一个ω_n和$\aleph_n$。但我们不能以这种方式超越n的有限值，因为逻辑类型每一步都在提高，而且，一个不是有限级别类型的类型是没有意义的表达式。

因此，我们得到以下结果：存在具有第二类序数的任意序数的实体的序列；存在具有第三类序数的任意序数的实体-序数的序列；存在具有第四类序数的任意序数的序数-序数的序列，依此类推；以及相应的与阿列夫基数有关的命题。我们还不能证明

---

① 参见康托尔 A 1897，以及我那篇关于良序的序列的文章，罗素 B 1902c。

或证伪ω_1存在,或后续的作为实体-序数的序数存在,也不能证明或证伪$\aleph_1$和后续的作为实体-基数的阿列夫数存在。但我们已经足够清楚了,知道该如何解决布拉里-弗蒂悖论。

这个解决方案如下。如果我们把所有的实体-序数按大小排列,它们就会形成一个良序的序列,这个序列有一个序数-序数。这个序数-序数大于任何一个实体-序数,并且是第一个具有这个性质的。这里并没有矛盾,因为不能证明有任何构造实体-序列的一般方法——顺序上与给定的序数序列相似。如果我们再把所有的序数-序数按大小排列,它们会形成一个良序的序列,这个序列有一个序数-序数-序数,它是第一个比任何序数-序数都大的序数-序数-序数,以此类推。根据上面出现的,有可能ω_1是所有的实体-序数的序数-序数,ω_2是所有序数-序数的序数-序数-序数,等等。但目前这只是一种可能性。整个解决方案在于一个序列的序数的类型总是比它的成员的类型高。

仍然需要考虑可定义项的数目问题。这里要建立的第一个命题是,给定由基本项构成的任何有限集合,可定义项的数目不能超过$\aleph_0$。柯尼希[①]和迪克森[②]主张这一命题,而霍布森[③]博士则否认这一命题。霍布森博士的否认基于这样一个事实:数学除了使用固定的未定义的概念外,还使用了变量。但在我看来,这个事实并不影响该问题。当一个变量出现时,我们只有在某物涉及"所有值"或"某些值"的情况下才有定义。后者也许可被排除在

---

① 柯尼希 A 1905b。
② 迪克森 A 1906。
③ 霍布森 A 1906。

我们考虑之外，因为断言 ϕx 对 x 的一些值为真等价于否认 ϕx 对 x 的所有值为假。因此，在任何可定义的数学命题中，如果 x 出现，所做的陈述是对一些"ϕx 对 x 的所有值为真"形式的命题的断言或拒绝。任何一个可定义的命题都不包含超过有限数量的变量。只要我们不取 x 的所有值，或者不将之前定义的某个值赋给 x，我们的命题就是无法定义的。例如，我们可以定义对于 x 的所有值来说的命题"x=x"。但是命题"苏格拉底 = 苏格拉底"不能以纯数学的方式来定义，因为苏格拉底不能用我们的基本概念工具来定义。命题"1=1"是可定义的，因为 1 是一个可用数学方法定义的常数。但是，如果我们给 x 赋予可用数学方式定义的值之外的任何值，那么，在所考虑的意义上，"x=x"命题就不是可定义的。

一个定义从符号学的角度看是由一定的有限数量的标记组成的。这些标记必须或者是我们未定义的基本项的符号，或者是括号，或者是代表变量的字母，这些变量可取所有的值。[①] 在一个包含 n 个标记的定义中，不可能有超过 n 个括号，也不可能有超过 n 个变量。如果基本概念的数量是 c，那么包含 n 个标记的定义的数量肯定不会大于从 2n+c 个东西中每次选取 n 个东西所产生的排列的数量。这个数是有限的；对于 n 的不同的有限值，所有这些数的和是 $\aleph_0$。因此，可能的定义的总数，以及可定义项的总数，不能超过 $\aleph_0$。

现在第二类序数的基数超过了阿列夫零（$\aleph_0$）；因此，其中

---

① 我认为每一个定义都是完整的，即没有使用任何以前的定义。

（九）论类与关系的替代论

一些基数必然是不可定义的，而在这些不可定义的基数当中，必然有一个是最小的。但这个序数似乎被定义为"可定义序数的直接后继"。乍一看，这似乎是一个悖论，但事实上并非如此。因为，虽然每一个比这个数小的数是可定义的，但它们的整个类是不可定义的。它似乎可被定义为"可定义序数的类"，但可定义是相对于基本概念的一些给定的集合的，如果我们将这个基本概念的集合叫作I，那么"依据I可定义的"本身依据I是永远不可定义的。这也许被看作已被上述悖论所证明；除了悖论外，当我们试图寻找一个定义时，它立刻就被认为是可能的。用一个更大的工具集I可以很容易定义"根据I可定义的"；但是，"根据I′可定义的"将需要一个更大的工具集I′来定义它，以此类推。或者我们可将"根据I可定义的"本身当作我们的工具集的一部分，以至，我们现在有一个由I和"根据I可定义的"组成的工具集J。按照这个工具集J，"根据I不可定义的最小序数"是可定义的，而"根据J不可定义的最小序数"是不可定义的。因此，最小的不可定义的序数的悖论只是表面上的。

因此，我的结论是，对于任何有限数目的基本概念，第二类的序数只有一部分是由可定义序数构成的，如果不扩大我们的工具集，其它的序数就不能被定义。当我们开始定义尽可能多的第二类序数时，就会出现这种情况。定义第二类特定实体-序数的唯一方法是找到一个生成一些具有给定诸项的序数的实体序列的方法。以上面考虑的关系序列为例，在那里我们设定$R_{n+1}=R_n+(aR_nb)$，这些关系加上我们以前对级数极限的定义，把我们带到了很多第二类序数面前。但这些关系的级数的极限必须有一个定义来规定级数的规律。现在级数的规律一定能使我们，对于 m 的一些有限的值，从它的 m 个前项中推出一个新项来。因此在定义 ω 的级数中，我们有 $R_{n+1}=R_n+(aR_nb)$，使得单独一个直接的前项就足以定义一个新项。这适用于所有缺乏康托尔叫作 ε_0 的数的级数的极限，这个 ε_0 是方程 $\omega^x=x$ 的最小根。从 ε_0 开始，为了定义任何级数（这个级数的极限不是 $x+\alpha(\alpha<\varepsilon_0)$ 形式的）中的下一个项，至少需要两个前项。然后，我们将达到一个需要三个前项的阶段，以此类推。如果我们在每一个阶段选取第一个序数，我们得到一个级数 0，ω，ε_0……，它的极限是（我认为）第二类序数中的第一个不可定义序数。这里定义级数有一个不能用我们的数据来表达的规律；至少，这条规律看起来似乎不能这样表达。对不能做的事采取教条主义的态度是危险的，但无论如何，从上面我们可以清楚地看到，存在着其极限是不可定义的第二类可定义序数的级数。

最后，我们应该注意到，我们不需能够用所选择的基本概念来定义序数，就可明白序数是什么。一个序数根据我们的工具是不可定义的时候，借助我们所理解的其它概念，也许变得是可被定义的。不可定义悖论的要点是，当我们扩大我们的工具集时，我们改变了"根据我们的工具集可定义的"的概念，而这个概念，就像一个良序序列的极限那样，总是处在根据我们的工具集可定义的范围之外；因此，如果 I 是基本概念的一个任意集合，那么，无论 I 是什么，"根据 I 可定义的"仍然是无法依据 I 来定义的。

综上所述：每一个第一类和第二类序数都是一个实体-序数，

但它们并不都是可定义的。第二类中最小的不可定义序数是那些可定义序数的序数。任何给定逻辑类型的所有序数按照大小顺序构成一个良序的序列；这个序列的序数比这个序列的任何一个成员都大，逻辑类型也更高。每一个第三类序数都是一个序数-序数，并且 $\aleph_1$ 是一个序数-基数。对于一个足够高的类型，只要 n 是有限的，$\aleph_n$ 和第 n+2 类的序数是存在的。我们还没有找到方法确定第三类的实体-序数是否存在，或是 α_ω 这样的基数（任何类型）是否存在，或对 n 的某些有限值来说不是第 n 类的序数（任何类型）是否存在。我不认为这些问题的解决是特别困难的，但我没有发现解决它们的方法。

随着序数的序列的上升，序数的类型也在上升。序数序列的每一段都是良序的，但并不存在序数的整个序列，因为只存在有限的类型，任何指定的类型都被足够大的序数所超越。因此，布拉里-弗蒂悖论既得到了解释又得到了避免。

从有限数到 ω，或从任何无限序列到它的极限的整个过程，在某些情况下，常常受到一个奇怪的限制。上面的讨论中出现的类型的序列给出了这种情况的一个例证。经常发生的情况是，语词上和表面上关于所有情况的普遍定理，实际上只是关于每个特定情况的特定定理。这样一个定理也许在每一个特定的情况下都是可证明的，而且我们也能看出它在每一个特定的情况下都是可证明的，但是我们却可能绝对没有办法来普遍地陈述这个定理。在这种情况下，看似普遍的陈述，可被称为一种指令：它在每一种情况下都是有效的，但是，可以说，并不存在从各种情况中提取出来并被称作普遍定理的精粹（指令）。最基本的例子是函项呈现的。如前所述，关于 φx 我们可以陈述许多命题，这里 φx 可能是 x 的任意函项；但说这样的命题对 φ 的所有值都成立是毫无意义的。例如，如果 x 和 y 是等同的，那么，φx 就意指 φy。这在每个特定情况下成立，但我们不能说这总是成立，因为各种特殊情况之间没有足够多的共同之处。这种区别是困难和微妙的，我不知道如何把它弄清楚；但对它的忽视是迄今为止困扰着超限理论的一切矛盾的最终根源。

在使用中，基体与命题函项非常类似；它最大的优点是它允许真正的普遍陈述，而不仅仅是指令。因此，在上面的例子中，我们不能说当且仅当，φx 意指 φy 对 φ 的所有值都成立时，"x 等同于 y"，但我们可以说"当且仅当，对 p 和 a 的所有值，p/a'x 意指 p/a'y 时，x 等同于 y"。为了这个普遍性，基体必须引进来替代函项。使矛盾可避免的限制完全是由基体不是实体这一事实和由其产生的同质性要求施加上的。

必须承认，数学原理的技术发展由于替代理论的引入而变得更复杂了。但是，它确实简化了基本假设、简化了演绎大厦所赖以立足的初始命题：我们的假设比以前更温和了。即使终究存在类和关系这样的实体，用替代法所得到的一切仍然为真；我们不否认有这样的实体，我们只是不肯定有这样的实体。就目前看来，唯一严重的危险是，担心某些矛盾是由于假定命题是实体而产生的；但我没有发现任何这样的矛盾，并且很难认为世界上不存在命题这样的东西，也很难想象，如果没有命题，如何能够进行一般性的推理。因此，在这种方法中潜存严重的谬误的可能性不大。而这一点在替代法中得到了证实，替代法巧妙地避免了产生矛盾的结果,而几乎保留了其它一切。

关于这一理论的哲学后果,我不再说什么,只指出它至少提供了一种似乎彻底解决"一"和"多"的所有古老困难的方法;因为,它尽管承认有许多实体,却极端学究气地坚持古老格言:"任何存在的东西,都是一。"

（十）论"不解之谜"及其符号逻辑的解决

第一次以"逻辑悖论"为题发表在《形而上学与道德杂志》第14期（1906年9月）第627-650页。英文版来自手稿"论'不解之谜'及其符号逻辑的解决"，现藏于伯特兰·罗素档案馆。

庞加莱在"论数学与逻辑"这篇评论文章[①]中提供了我所认为的对数理逻辑的本质和目的的误解的例证，由于这篇文章主要针对的是我的作品，因此我认为由我来澄清这个误解似乎是更合适的。同时，我对困扰超限理论的悖论提出了解决方案。庞加莱认为这些悖论都源于某种恶性循环，在这一点上我同意他的观点。但他低估了避免这种恶性循环的难度。我将努力表明，如果要避免恶性循环，我的"无类理论"似乎是必要的；事实上，正是为了此目的，我才发明了这个理论。在本文中，我将首先讨论一些一般性的基本问题；然后，我将对庞加莱先生所批评的那篇文章做一个综述。[②]

[①] 庞加莱A 1906年5月。
[②] 这篇文章是"论超限数与序类型理论的一些困难"，收录于本书。

接着，我将考虑对我在该文中提出的理论进行扩展，我现在认为这是很有必要的；同时，我还要回答庞加莱先生更严厉的批评。

I

庞加莱先生在他的文章一开始就对古图拉特先生做了某些具有讽刺意味的让步，将其它讨论都看作不重要的。然而，在一个问题上，他平心静气地重申了他的指控，而没有做任何尝试来回应对他先前观察的明确反驳。我指的是我的据说是对归纳法的原则的双重阐述。庞加莱先生说："这种混淆出现在一篇争论的文章中，而不是在他的主要著作中，所以我不以此指责他"（第301页）。我要感谢庞加莱先生的宽宏大量。这就像一个人，已经做出了谋杀罪的指控，但遇到了被控人不在场的证据，然而却回答说："好吧，我不更多地责怪你，因为我敢说，你做那件事的时候，正患着暂时性的精神错乱。"[1]

在对皮亚诺先生的评价上，我不得不冒昧地提出与庞加莱先生不同的观点。当他认为我的工作——和我自己的观点完全相反——如果是有效的，将会毁灭皮亚诺的工作时，更是如此。庞加莱说：

"我对皮亚诺先生有最高的敬意，他做了一些很好的事情（例如，他的填满了整个区域的皮亚诺曲线），但是，在

---

[1] 参看古图拉特先生（Couturat A 1906）的清晰论述，对此我没有什么看法可以添加。[这是法文版增加的注释。]

最终的分析中,他并没有比大多数没有翅膀的数学家走得更远、更高、更快。凡他所行的,都行在地上"(第295页)。

现在我想对庞加莱先生说,这不过是表明,皮亚诺先生所做的大部分研究工作并没有引起他的兴趣。皮亚诺先生已经为某些类型的研究构造了一种极有效力的工具。我们中的一些人对这些研究感兴趣,因此向皮亚诺表达了敬意。我们认为,皮亚诺已经比"没有翅膀的"数学家们走得更远和更快,以至于他们已经看不见他了,也不知道他已是远远地走在了他们前面。虽然,一个专家没有义务对另一个专家的工作产生兴趣;但是,承认不是自己所研究的主题也有其重要性,这当然是礼貌所需的;庞加莱先生确实通过写作关于这些主题的评论表明他认识到了它们的重要性。

如果庞加莱先生能够抛弃数理逻辑与数学的任何其它部分是相当不同的信念,他也会认识到,我提出不把类看作独立实体的观点,并不是要提议一个变革,使得"重建所有逻辑"成为必需的;我也不希望禁止人们"说'类'这个词",就像哥白尼不希望禁止人们谈论日出一样。他说,"对于只谈论类和类的类的数理逻辑学家来说,这是一个多么大的变化啊!"或许打个比方就能清楚地说明,变化毕竟不是多么大。现在人们普遍地认识到,微积分既不运用也不假定无穷小。但是这对微积分的"简要的外观"有多大的改变呢?几乎没有。某些论证被重写,某些困扰十八世纪的悖论被解决了;除此之外,微积分的公式几乎没有改变。但是,假设上述悖论及其当前的解决方案在莱布尼茨的反对者的有生之年就已被发现,他们会怎么说呢?

(十) 论"不解之谜"及其符号逻辑的解决

"'无穷小'这个词是被禁止说出来的,人们不得不用各种迂回的说法来代替它。对于那些只说 dx 和 d²x 的创新者来说,这是多么大的变化啊!整个微积分都要重写。你能想象当你排除了所有涉及无穷小的命题后,一整页的微积分计算会是什么样子吗?只不过是在一张白纸的中间有一些零散的结论。无论如何,微积分都要重构,而旧的微积分能保留下来多少还不太清楚。没有必要说,所涉及的仅仅是莱布尼茨主义,真正的数学——代数、几何和力学——则会根据它们自己的原理继续发展。"①

正如现代微积分理论不是用来推翻莱布尼茨和牛顿的理论一样,我提出的原则也不是用来推翻皮亚诺的理论的。我想不起有什么例证,可以证明他沉溺于导致悖论的推理中而不能自拔;所有能说的不过是,他的原则并没有明确地排除这种推理。我现在的观点与我的《数学的原理》没有(如同庞加莱设想的)太大的不同。在那部著作中,我尝试了之字形理论。② 在序言(第 v 和 vi 页)中我还提出了无类理论:"我必须承认,在类的类的情况下,我并没有发现任何满足类概念的必要条件的概念。并且,第 10 章所讨论的悖论证明有些事情出错了,但出错的是什么,我至今还没有发现。"从技术上讲,附录 B 中提出的类型理论与无类理论差别不大。当时唯一促使我保留类概念的理由是不使用类概念来陈述基本算术命题产生的

---

① 参看第 306—307 页。论文开头的"人们不得不替代……",是罗素用法语写的。

② 参看第 103 和 484 节结尾。

技术困难——当时我觉得这个困难似乎是无法克服的。

在试图解释我应该怎样建议以一种避免悖论的方式陈述数理逻辑的原则之前,有必要就"直觉"这一主题以及数理逻辑中使命题为真的证据的性质说点什么。

庞加莱说(第295页):

"'必须盲目地遵守你的规则吗?'是的——否则你就只能凭直觉来区别它们;但它们必须是绝对正确的。……你没有权利对我们说:'没错,我们犯错了,但你也犯错了。'对我们来说,犯错是一种不幸,一种非常巨大的不幸,但对你来说,却是死亡。"

在我看来,这些话似乎体现了对数理逻辑的主张和它所依据的证据的性质的误解。这种误解是很自然的一种,它的一些支持者和反对者可能都有这种误解。[①] 这个主题不仅对逻辑学很重要,而且对科学的一般理论也很重要;此外,有必要把对这个主题的解释看作探讨悖论的先决条件。

数理逻辑的方法与其它任何一门科学的方法基本上是一样的。存在着同样的不可靠性,同样的不确定性,同样的归纳法和演绎法的混合使用。在证实原理的过程中,同样必然地要求计算结果与观测结果的普遍一致。数理逻辑的目的并不是要排斥"直觉",而是要检验和系统化对它的运用,消除它的不受控制的使用所引起的错误,并发现普遍的规律,从中我们可以推演出不相

---

① 确实我自己也有这种误解,直到我遇到了悖论。

矛盾的,在关键时刻得到直觉证实的真结论。在所有这些方面,逻辑与(比方说)天文学完全是一致的,只不过在天文学中,验证不是靠直觉,而是靠感觉。逻辑推理借以进行的"初始命题",如果可能的话,对直觉来说应该是显而易见的;但这并不是不可缺少的,而且在任何情况下,这都不是它们被接受的整个理由。这个理由是归纳的,即,在已知的从它们推出的结果(包括它们自己)之中,有很多对于直觉来说是真的,没有一个对于直觉来说是假的。并且,就可以看到的而言,那些对于直觉来说是真的结果,没有可能从与所讨论的系统不一致的任何不可证明的命题的系统中推论出来。

在满足所有这些条件的几个系统中,一个其初始命题最少和最普遍的系统,在审美的意义上,是可首选的;这恰恰就像引力定律比开普勒三定律更适合作为数学推导的起点那样。如果直觉是绝对正确的,那么这种复杂的验证过程就没有必要了。但是,正如悖论所表明的那样,直觉并非绝对正确。因此,不确定因素必定始终存在,就像天文学中存在不确定因素一样。随着时间的推移,它可能会大大减少;但永不犯错的神性没有馈赠给有死的人类(除了教皇),[①]他们即使像庞加莱建议的那样,在致力于使自己的论证更有说服力的时候,小心谨慎,出错也往往无法根本上避免。

当庞加莱先生问,"必须盲目地遵守你的规则吗?"从一种意义上说,答案是肯定的;从另一种意义上说,答案是否定的。在

[①] 这句话在法语版中被省略了。

使用一套规则的时候,有所保留地应用它们将是荒谬的,因为这样一来,对它们有效性的归纳检验将变得不可能。当一个科学家想要构建一个假说时,如果他是智慧的,他不会只把它应用于最有可能成功的例子;他还会尤其将其应用于那些可能会出错的例子。如果它没有出错,那么它就因此被证实了;如果出错了,那么它就必须被抛弃。数理逻辑对哲学的最初贡献之一就是指出了迄今为止普遍接受的逻辑规则需要修正;人们可能希望,它的下一个贡献将是提供所需的修正。如果我们没有"盲目地"应用我们的规则,我们就不会发现它们是错误的。

但从另一种意义上说,这些规则的应用绝不应该是盲目的。也就是说,我们应该在那些可能——如果存在任何可能——导致错误的关键时刻保持警惕。为此,我们需要一种快速推断结果的能力,以及对可能出现的错误结果的想象力。最后,如果我们能达至一组原则,这组原则与我们的直觉相一致,并且能准确地解释我们从前是如何犯错的,那么,我们就有理由相信,我们的新原则无论如何比旧原则更接近真理。

仍然存在的问题是:用这些方法获得的数理逻辑如何与普通数学相联系?数理逻辑声称自己只关心普通数学中使用的原则;它的目的是发现这些原则,把普通数学从这些原则演绎地推导出来,并从这些原则中得出可能看起来有趣的任何其它结论。正是由于这第三点数理逻辑与康托尔及悖论关联起来了。一般数学中所使用的原则,在按照它们的逻辑纯粹性来表述的时候,对于直觉来说仍然是显而易见的,因为直觉(除非经过特殊训练)不考虑特异的情况,而在一般的情况下,这些原则是成立的。当庞加

（十）论"不解之谜"及其符号逻辑的解决

莱大声呼吁在推理中使用直觉时，我们可能会退一步承认，如果我们只在"直觉"（即常识）表明我们可以安全地使用规则的情况下使用规则，那么实证的错误实际上就不太可能出现。但有些人更愿选择真正的推理规则；这些人特别关注常识无法涉足的特异情况，以便发现普通数学规则的使用所受到的限制（如果有任何限制的话），并发现使所有的限制（如果有的话）都得以确定的规则。在这项工作完成之前，不仅是"康托尔主义"，还有传统的数学，可能会把它的规则应用到它们不适用的情况中。只要我们只知道一个规则在"通常"情况下成立，而不知道什么是通常的情况，我们的数学就处于一种危险的境地。

我现在把上述原则应用到"不解之谜"的情况。自从克里特人埃庇米尼得斯①以来，这样的悖论已经为人熟知，并且它们产生自一个恶性循环的主张似乎要归于奥卡姆。②对被庞加莱重新提出来的这个主张，我完全赞同。但是，与奥卡姆③不同，庞加莱似乎没有意识到，如果要避免这种恶性循环，以或多或少类似于我的无类理论那样对一些逻辑原则进行精心的重述，是绝对必要的。我们可以用庞加莱对理查德悖论的论述来说明这一点。由于

---

① 假定他真的说过所有克里特人都是骗子。
② 参见鲍德温的《哲学心理学词典》："不解之谜"条目。这个恶性循环并没有被明确地提到，但似乎不容置疑的是，所提出的解决办法的意义就是我在这里所赋予它的意义。［前一句话是法文版所加的。］
③ 鲍德温，《哲学心理学词典》："奥卡姆……承认这一论证及其结果的有效性，即不可能存在这样的命题，这一论证还试图通过其他论证来表明，没有命题可以断言自身的任何东西。许多逻辑学家都赞成奥卡姆的解决方案的第一部分；但没有看到第二部分的必要性。"

假设E="在一有限数量的单词中所有可定义的数"，我们就遇到了一个悖论，庞加莱说，这是因为我们把一个只可借助E在有限数量的单词中定义的数包括在内了。他提出通过定义E为"一个没有提及E的有限数量的单词中所有可定义的数"[1]来避免这个恶性循环。对于外行人来说，这个定义看起来比以前的定义更加循环。这同样适用于他对归纳的论述。只要φ可不提及归纳而被描述，[2]那么，归纳显然是有限数的性质，根据这个性质，有限数拥有被0和每一个拥有该性质的数的后继数所具有的性质φ。即使从表面上看，这似乎也不是一个很有希望避免恶性循环的方案。

对庞加莱在其文章最后就整体性的主题（第316-317页）所说的，类似的评述同样适用：

"没有实无限；康托尔们忘记了这一点，并且他们陷入了矛盾……数理逻辑家和康托尔主义者一样忘记了这一点，而且，他们遇到了同样的困难。"

关于这一点，我们可以首先指出，矛盾本质上并不与无限

---

[1] 参看第307页："在我看来，解决办法可以在理查德先生的信中找到……在揭示了我们称之为理查德二律背反的矛盾之后，他给出了一种解释……E是所有可以用有限数量的单词定义的数的集合，而不需要引入集合E的概念本身。否则，E的定义就会陷入一个恶性循环；人们不能用集合E本身来定义E。"

[2] 第309页："一个归纳数是一个属于所有递归类的数，如果我们希望避免一个恶性循环，我们必须这样理解：所有的递归类的定义中都没有包含归纳数的概念。"

相涉。古人所认为的不解之谜，没有一种涉及到无限；对此，奇怪的是，庞加莱说埃庇米尼得斯悖论与超限理论中出现的悖论具有相同的性质（第306页）。这个悖论的简化形式是由说"我在撒谎"的人构成的；如果他说的是谎言，他就是在说真话；如果他说的是真话，那他就是在撒谎。这个人难道忘记了没有实无限吗？

但是，进一步，在标题为"真正的解决方案"的段落中，庞加莱表明了他坚持恶性循环理论，该理论不涉及无限，也不排除无限集合；也就是说，它完全在认可有限集合的意义上，认可无限的集合。我将试着说明，康托尔和逻辑学家只有在一种意义上才需要承认实无限：我们也是在这种意义上能够做出关于任何或某些具有某种性质的项的陈述，即使这些项的数目不是有限的。并且，在这个意义上，庞加莱先生自己也必须承认实无限，因为，在上文出现否定实无限的仿宋体字那一段的前一段，他曾说过："'所有'这个词，当它适用于有限数目的对象时，是相当恰当的。"换句话说，"所有"这个词可以合法地应用于任何对象的有限类。但有限类的数目并不是有限的；因此，在数理逻辑（根据无类理论）所要求的意义上，庞加莱先生自己也承认了数理逻辑所要求的东西。在另一种意义上，无类理论不假定集合是无限的，它也不假定集合是有限的，也就是说，它不假定一个类必定是单个的个体。

我承认，无论如何，这些悖论的线索可以在"恶性循环"的提示中找到；我进一步承认庞加莱先生拒绝整体性的观点中的真理性要素，即以任何方式涉及一个类的所有成员或一些成员（未定的)之全体的东西,本身都不应是这个类的成员。按皮亚诺的语言,我希望倡导的原则可以这样表述:"任何涉及到一个表面变量[①]的东西都不应该出现在该变量的可能值中。"但在解释如何确保这一点之前,我将给出庞加莱批评过的那篇文章[②]的一份简述。

II

要谈论的这篇文章处理的仅仅是类和关系理论中出现的悖论。为了处理与命题有关的埃庇米尼得斯及其同类的悖论,我们需要对这篇文章中所包含的学说进行扩展,我将在后面对此进行解释。这些在我看来是目前最有希望的观点很可能需要做相当大的修正。但是,不完善的理论往往可以作为有用的踏脚石,因此,即使这些理论的正确性还不能得到很大的确认,提出它们似乎仍然是必要的。

首先是要区分两个独立的、几乎没有联系的问题,即(1)悖论问题,(2)策墨罗公理问题。在这篇文章中,这两者都被讨论到了,但目前我们的讨论只着眼于前者。在讨论这些悖论时,我试图首先表明所有的悖论都是逻辑的,而不是算术的,也就是说,如果要解决这些悖论,就必须通过修改现有的逻辑假设来解决。我所说的"现有的逻辑假设"并不是指逻辑学家所特有的假设(如果有的话),而是指人们普遍承认、至少是默认的假设——

[①] 表面变量(亦译似是而非的变量)相对的是真实变量,后来更通行的术语是约束变量(相对于自由变量而言)。——中译者注

[②] 罗素 B 1906a。

除了人们意识到这些假设会导致尴尬结果的时候。我曾指出布拉里-弗蒂悖论,不是自身成员的类的类的悖论,以及所有类似的悖论(任何数量的悖论都可以在一个系统中构造出来),都是下列情况的特定情况:

> "给定一种性质 ϕ 和一个函项 f,并且若果 ϕ 属于 u 的所有成员,则 fu 总是存在,具有性质 ϕ,并且不是 u 的一个成员;那么,若假设类 ω 是所有具有性质 ϕ 的项组成的类,并且 $f\omega$ 存在,则 $f\omega$ 具有并且不具有性质 ϕ。"

因此,在乍看起来 ω 和 $f\omega$ 似乎都存在的情况下,我们必须找到一种方法确认它们并不都存在。考查发现,这要求我们承认至少有一些命题函项(即在上述性质 ϕ 中)不决定类,这假定类是实体,而实体可有意义地被看作任何要求一个实体为其自变量的函项的自变量。然后问题就出现了:准确地说,如果要定义一个类,性质 ϕ 必须服从什么样的限制?

三种理论被考虑到了,我分别称之为之字形理论、限制大小理论和无类理论。其中,前两种,以我迄今为止所能提供的形式看,都被证明是完全无用的。我之所以提到它们,部分是出于历史原因,部分是为了以后更好地进行阐述。但是,第三种理论被认为是更令人满意的,并且能够解决悖论——它是为了解决这些悖论被发明出来的。

无类理论的要点是,所有有意义的关于类的命题都可被看作是关于其全部或部分成员的命题,即,都是关于满足某些命题函项 ϕx 的全部或部分的项的命题。看来,唯一不能被这样看待的关于类的命题,就是引起悖论的那种类型的命题。因此,假设类仅仅是语言或符号缩写是很自然的。因此,例如,当我们说"人被包含在必死的物之中"时,我们似乎是在对人的类作为一个集体进行陈述;但当我们说"所有的人都是必死的"时候,我们并不一定认为有一个新实体存在,即,在所有个别存在的人之外,有人类的类这个实体存在。要彻底地贯彻这种解释是一件相当复杂的事情;但它是可以做到的,当它做到的时候,人们发现它只是排斥那些导致悖论的命题。

我所提出的用以实现这一解释的替代方法或多或少具有技术手段的性质,如果发现了更方便的手段,它就应该被替换。重点是提供一种不假设类是实体的关于类的普通陈述的解释模式。在替代理论中,它被实施如下:

令 p 是一个命题,a 是 p 的成分,那么 "p$\frac{b}{a}$!q" 是指 "每当 a 在 p 中出现时,用 b 代替 a 都得到 q"。然后我们定义 p$\frac{b}{a}$ 或 p/a'b 为 "满足 p$\frac{b}{a}$!q 的 q"。严格地说,正如所有以 "the" 开头的短语一样,我们不定义 p/a'b 本身,而是定义它在其中出现的任何陈述。因此 "p/a'b 具有性质 φ" 的意思是:"当且仅当 r 等同于 q,并且 q 具有性质 φ 时,有一个 q,使得 p$\frac{b}{a}$!r 为真。"[①] 我们称 p/a 为替代基体;它本身没有任何意义,因为它只是表示 "用……代替 p 中的 a 的结果"。一个基体具有类的所有形式性质;因此 p/a 的成员是 x 的使 p/a'x 为真的值,等等。为了确保关于 p/a 的陈述适用于 "所有类",我们必须声明它适用于 "p 和 a 的所有值",这样

[①] 参看"论指称",罗素 B 1905c。

（十）论"不解之谜"及其符号逻辑的解决

我们就有两个变量而非一个变量。一个是其自身成员的类的概念变得毫无意义；虽然当我们说一个类是一个类的类的成员时，我们的意思很容易确定。同样地，我们通过替代一个命题的两个成分获得关系，如此等等。通过这种方式，我们得到了一系列的类型，这样，在所有以前可能出现悖论的情况下，我们现在有了类型的差异，使得悖论的陈述变得毫无意义。

在这个过程中出现了各种类型：类、类的类、类的类的类、二元关系、二元关系的类、类与实体的二元关系、三元关系等等；所有这些都仅仅是一些不完整的短语，就像"用……替代p中的a的结果一样"。因此，要产生任何有意义的命题，一定的补充总是需要的。要补充的是什么，总是一目了然的。以"关系p/(a, b)和q/(c, d)具有相同的外延"为例。这将意味着："对于x和y的任何值，命题p/(a, b)'(x, y)[①] 和q/(c, d)'(x, y)是等价的"，即都为真或都为假。我们把它定义为两个二元关系的等同，即，当上面所说成立时，我们写作：p/(a, b)=q/(c, d)。在说明一个关系的类时，等同的关系被看作同一的关系。这同样适用于所有的基体。但是，如果我们试图给p/(a, b)=q或p/(a, b)=q/c赋予意义，就不能这样做了。对包含基体的公式的有意义检验是，当被完全写出时，它应只包含实体；通过这个检验，一个关系和一个实体，一个关系和一个类，一个类和一个实体的等同，是没有意义的。这样，就避免了布拉里-弗蒂悖论和其它悖论。

我们可以通过比如考虑基数1的定义来说明替代理论。它仍

[①] 这里的p/(a, b)'(x, y)意指"用x和y替代p中的a和b的结果"。

然是一个类的类，但是，像所有的基体一样，它在孤立的情况下没有意义。代替"u是一个单元类"，我们应当有"p/a是一个单元类"，我们把它的意思解释为："当且仅当，x与c相同时，有一个c，使得p$\frac{x}{a}$为真。"如果我们称这一命题为q，那么，无论p和a如何选值（假定p和a是不等同的），基体q/(p, a)具有同样的值；也就是说，如果q′是这个命题："当且仅当，x与c相同时，有一个c，使得p′$\frac{x}{a}$为真"，那么q′(p′, a′)=q(p, a)。所有这些基体的共同值被定义为数1。

上面论及的那篇文章只是用最简短提纲的形式草绘了无类理论，我当时并不知道用这种语言可以表达多少超限理论。从那以后，我得出了这样的结论：至少到目前为止我发现，除了悖论外，几乎没有什么是被排除在外的。简单地解释一下把以前的结果加以重新陈述的方法是值得的。

我们以如下方式得到了几个主要的存在定理。我们将下述内容假设为一个初始命题：给定任意命题p，至少存在一个在陈述p时没有被明显地提到的实体u。我们还假设对于x的所有值为真的对于x的一些值（或与这一假设等价的东西）也为真。这相当于假设至少有一个实体。[1]

---

[1] 这种假设是必要的；因为如果没有实体，就不会有命题，也就不会有前后不一致的可能性。如果"没有命题"这个陈述本身就说出了一个命题，它当然是对自身的反驳；但是根据后面要解释的理论，这种陈述要么没有意义，要么不能用于自身。它反驳自身的论点，包含着恶性循环的谬误。因此，我们需要某种公理来表明至少存在一个实体。有关的文章没有给出这样的公理，因为那篇文章假定普遍命题（如包含表面变量的陈述）是实体，而在这篇文章中，我建议放弃这一假设，只把具体命题当作实体。参看下文。

（十）论"不解之谜"及其符号逻辑的解决

给定一个实体a，我们有命题a=a；根据上一段开头的公理，有一个实体u，在a=a中没有被提到。这个实体不是a，因为a在"a=a"中被提到。因此，至少有两个实体。同样地，在"a=u"中也会有一个实体没有被提到，它既不是a也不是u。我们可以用这种方法证明，如果n是任意有限的数，那么就有n个以上的实体，并且通过把命题计算在内，我们构造出$\aleph_0$个实体。例如，假定：

$$p_0.=.a= u, p_{n+1}.= .p_n = u;$$

不难证明后续的p都是不同的，因此至少有$\aleph_0$个实体存在。因此，到$\aleph_0$并包括$\aleph_0$的基数存在，而且第二类有限序数存在。这些是实体-序数，也就是实体序列的序数。如果我们按大小顺序排列，就得到一个新的序数ω_1，它是第三类序数的第一个。但这是一个序数-序数，[①]而不是一个实体-序数；因此它的逻辑类型比实体-序数更高，既不等于、大于、也不小于任何实体-序数，除非通过一个特别引入的新定义。这样，我们发现，尽管存在定理可以为ω、ω_1、ω_2……ω_n……所证明，但每个阶段都为一个更高的类型所证明。因此，没有（至少就这种方法看来是这样）对ω_ω存在的证明，并且有一个证明：在任何意义上，不存在所有类型的序数的整个序列。因为这样一个序列迟早要超越任何一种类型，因此，它不满足包含基体的表达式的有意义的条件。因此，布拉里-弗蒂悖论得到了如下的解决方案：存在这样一个基体，

[①] 即，一个实体-序数的序列的序数。

即一个给定类型的所有序数的序数；这不是给定类型的序数，而是（用"大"和"小"的适当定义）比任何给定类型的序数都大的第一个序数。在它所属的类型中，它不是最大的。因此序数序列的每一段都是有序的，没有最大的序数，所有类型的序数的整个序列则是一个虚构的东西。

III

就我所能发现的而言，上述学说解决了所有关于类和关系的悖论；但为了解决埃庇米尼得斯难题，我们似乎需要一个类似的关于命题的学说。为了避免恶性循环谬误，正如我们在第一节结尾所看到的，我们需要这样的原则："一个表面变量涉及的任何东西，都不应该出现在该变量的可能值中。"我们将之称为"恶性循环原则"。关于这一原则的重要事例，也许可不那么精确地表述如下："凡是涉及一切的，一定不属于它所涉及的一切。"因此，一个关于所有命题的陈述，要么是毫无意义的，要么是对不是我们所说的命题的某种东西的陈述。对于所有命题的陈述都涉及一个作为表面变量的命题；因此，为了避免恶性循环，我们需要一种命题的意义，根据这种意义，任何命题都不能包含表面变量。在我看来，这个结论可以通过断定关于所有（或任何，意思是一样的）命题的陈述实际上是在肯定一个不确定命题得到保证，而这个不确定的命题是从特定情况中得到的命题之一。例如，如果我们说："无论 x 是什么，x=x"，我们是在陈述 x=x 这种形式的命题的一个不确定的命题；因此，尽管我们有了一个新陈述，但我们没有一个新命题。只有当命题为真时，我们的陈述才为真，而不管可能存在的歧义是怎样被决定的；但是，由于一个陈述的真与一个命题的真是不同的，我们就没有机会进行那种会使我们陷入恶性循环谬误的推理。

重要的是要注意，恶性循环原则本身并不是恶性循环悖论的解决，而仅仅是一个理论在解决这些悖论时必定产生的结果。也就是说，有必要建立关于包含表面变量的表达式的理论，从这个理论得出避免恶性循环的原理。正因为如此，我们需要重建逻辑的第一原则，而不能仅仅满足于对悖论是由恶性循环引起的这一事实的认识。

应用恶性循环原则的困难来自于这样一个论证，我们似乎可以通过它来证明我们的变量必定能够是所有的值。年长一些的符号逻辑学家有关于论域的学说，这种学说设定了恰当的界限，任何正常的变量都不会超出这个界限。因此当他们断言（比如说）φx 总为真时，他们只意谓着，只要 x 是在域内，它总为真。我们称这个域为 i。这样他们真正意谓的是："'x 是 i' 蕴涵着 φx。" 但这只在 x 是 i 时成立吗？如果是这样，我们应该说："'x 是 i' 蕴涵着 'x 是 i' 蕴涵着 φx。" 以此类推以至无穷。这样，一个陈述，例如在一个假设中为真的陈述 φx，只能根据这个假设被陈述为真——如果陈述（这个假设蕴涵着 φx）可不需要对 x 做任何限制就可以做出的话。对 x 的任何限制都是真正被断言的整体的一部分；在限制被明确规定时，只要限制为假，所得到的蕴涵命题就仍然为真。因此，一个变量必须能够是所有的值。这个论证可能是谬误的，但我从未见过有人试图反驳它。

有一种我们可以用来避开这个结论的办法。我们可以说"φx总为真"的意思是"φx为真，只要它是有意义的"或"φx从来不为假"。我们可能会说，一个给定函项φx总有确定的意义域，它将或是个体，或是类，或是类的类，或是个体的二元关系等等。这一观点的困难存在于命题（比方说）"φx只当x是一个类时才有意义"之中。这个命题的域，不能局限于x是一个类的情况；我们希望它意味着"当x不是一个类时，φx没有意义"。因此，我们发现，我们终究回到了域不受限制的变量。如果要避免这种情况，有意义的域必须与变量一起给出；这只能通过使用具有某些内在结构的变量来实现，这些内在结构指明变量是某些确定的逻辑类型而不是个体。例如，皮亚诺的符号"x3(φx)"只能代表一个类，而且在特定的情况下对此效果加以明确陈述是不需要的。但是，我们必须假定，一个字母，例如x，只能代表一个个体；而只有当个体实际上是所有实体，并且类等等都只是一种说话方式，情况才会如此。因此，变量x现在又有了一个不受限制的域，因为它可以是任何个体，而且实际上没有什么不是个体的。因此，为了调和变量的无限制的域与恶性循环原则（这一原则乍一看似乎是不可能的），我们必须构建一个理论，使得每个包含一个表面变量（即包含所有的、任何一个，有些，该等词的变量）的表达式只表示一种说话方式，即某种和（比如）$\frac{d}{dx}$或$\int_a^b$一样没有独立的实在性的东西。在这种情况下，如果（比如）φx对于x的每一个值为真，这种表达式将不真，而且没有意义——如果我们用一个包含表面变量的表达式来代替x的话。这样的表达式包含所有摹状短语（如此这般），所有类，所有外延的关系，所有普遍命题,即所有形式为"对 x 的所有或有些值 ϕx 为真"的命题。

要详细说明如何做到这一点需要大量的数学知识,这在本文中是不可能做到的。在这篇文章中,我将满足于展示上述原则如何解决这些悖论,以及无类理论如何体现这一原则在类上的应用。

让我们从那个说"我在撒谎"的人开始吧。首先,我们需要用不同的词语来描述两种情况,一种情况下一个人的断言包含一个表面变量,而另一种情况下不包含。在后一种情况下,我们假设存在一个真正的实体,它就是那个人所断言的命题。如果我说,"苏格拉底是必死的",有一个事实与我的断言相对应,这个事实就是我所说的命题。我假设存在命题这样的东西,即使在命题为假的情况下,[1]不过不是在命题是普遍命题的情况下。我认为"无论 x 是什么,x=x",或"对于 x 的所有值,x=x"这类陈述,是"x=x"形式的命题的一种不确定的陈述。因此,并不存在一个新的命题,存在的仅仅是对若干命题的无限制的未定的选择。同样地,如果我断言"我遇见了一个人",我就断言"我遇见了 x,并且 x 是人"这种形式的某个命题,但并不以任何方式确定我断言的是哪个命题。因此,在接下来的论述中,命题一词将被限定在一个由不包含表面变量的陈述所断定的范围内。[2]

---

[1] 罗素 B 1904a,第 521 页。

[2] 命题一词的这种用法仅仅是为了目前的讨论而提出的。在其它地方,这可能会被证明是不方便的。

我们现在可以解决那个说"我在撒谎"的人的悖论了。这句话可以有各种解释;最简单的是:"有一个命题p,我肯定了它,但它是错的。"这个命题包含一个表面变量p,因此它没有在我们所说的命题的意义上,陈述一个确定的命题。[①] 如果我确认一个真命题p,或者我不确认任何命题,那么这个陈述可能为假。第一个假设包含一个矛盾。第二个是不可能的,除非一个普遍的陈述没有肯定一个确定的命题。我们采用的是后一种假设。因此,这个人的陈述为假,不是因为他在陈述一个真命题,而是因为,虽然他在陈述,但他不是在陈述一个命题。因此,当他说他在撒谎时,他就是在撒谎,这样如下这个推论就不成立了:他必定是在陈述真的东西。他不可能是指:"我现在正在做一个假的陈述",因为一般来说,我们无法言说"普遍"陈述:我们可以言说命题的陈述,或者包含一个、两个、三个……等表面变量的陈述,但不能言说普遍陈述。如果我们想说相当于"我正在做一个包含n个表面变量的假陈述"的东西,我们必须这样说:"有一个命题函项 $\phi(x_1, x_2, ..., x_n)$ 使得我断言,对于 $x_1, x_2, ..., x_n$ 的任何值,$\phi(x_1, x_2, ..., x_n)$ 都为真,并且这实际上为假。"该陈述包含n+1个表面变量,即 $x_1, x_2, ..., x_n$ 和 ϕ。因此它并不适用于它自己。这样,我们就避免了所有埃庇米尼得斯那样的悖论,因为,对于提出的任何命题,我们都可以证明它并不适用于它自己。这个结果不能从通常关于陈述的理论得到;然而,除非我们能够得到它,否则我们的理论将无法避免恶性循环的谬误。

---

① [下面的四句话没有出现在英文版本中。]

（十）论"不解之谜"及其符号逻辑的解决

这一点可以用排中律，即"每一个命题不是真就是假"，来进一步说明。如果这为真，那么大多数人会认为，推断排中律本身要么正确要么错误是合法的；然而，这种推论恰恰导致了"说谎者悖论"。排中律不是我们所说的严格意义上的命题，因为它包含着一个表面变量。排中律是一个真陈述；但真在此有不同的含义，即该陈述不确定地意指的所有命题都为真（在前面的意义上）。当应用于陈述时，"真"一词的意义随陈述中表面变量数量的变化而变化。

上述理论被采用是为了达到如下这样广泛的结果：即使 ϕx 对于 x 的所有值为真，也并不能进一步推导出，ϕx 对于如下这个陈述为真，这个陈述是：ϕx 对于 x 的所有值为真。[1] 这样，我们就避免了，如果这样推导就会导致的恶性循环悖论的结果。

庞加莱先生避免这种恶性循环的方法是，当我们肯定"所有命题不为真就为假"（排中律就是如此）时，我们暗中就将排中律排除在外了。困难之处在于如何使这种暗中的排除合法化，同时又不使恶性循环死灰复燃。如果我们说"除了'所有命题都或为真或为假'的命题，所有命题都或为真或为假"，那么，我们就没有避免恶性循环。因为这是关于所有命题的陈述，即"所有命题要么为真，要么为假，要么与'所有命题为真或为假'的命题相同"。它假设我们知道在"所有"没有例外的情况中，"所有命题都或为真或为假"的意思。它的主旨可以通过将排中律定义

---

[1] 即，把"φx 对于 x 的所有值为真"写作 $(x).\varphi x$，我们不能得到 $(x).\varphi x.\supset.\varphi\{(x).\varphi x\}$。

为"除了排中律，所有的命题都或为真或为假"来陈述，其中的恶性循环是显而易见的。因此，我们必须找到陈述排中律，并使它不能用于自身的方法，虽然我们在陈述它时并没有说它不能用于它自身。我们通过把它的范围限制在不包含表面变量的命题上而这样做——倘若我们不必说命题不包含表面变量而能这样做的话。然后，我们可以推导出一个适用于只有一个表面变量的陈述的新排中律；这个排中律将包含不止一个表面变量，因此将再次超出它自己的范围。然后我们可以继续讨论三个、四个表面变量的情况，但是我们永远得不出一个适用于所有陈述的规律。

现在我来谈谈其它悖论，我将试着简要地说明上述原则是如何解决这些悖论的。

至于为解决理查德的不可用有限数量单词定义的数的谜题而提出的方案，必定导致庞加莱称作 E 的类不包含任何由 E 所定义的成员的结果。但在这种情况下，结果是通过表明 E 是一个在定义上有问题的概念达成的。原因是，在定义 E 时我们用了"定义"的概念，而奇怪的是，这个定义的概念是不可定义的和含义不确定的概念。因为，在一个定义中可以出现任意数量的表面变量；因此，如果我们取任意一个有限数 n，就会有包含超过 n 个表面变量的定义。但是当这种情况发生时，就不可能对我们的集合的所有或任何或一些（未定义的）成员做出陈述。因此，不存在 E 这样的集合——不仅在所有的类都是非实体的意义上，而且在 E 的成员没有共同的和特殊的性质的意义上。

同样的评论也适用于"最小的不可定义序数"，它似乎是由宣布其不可定义的那个短语所定义的；以及"不能用少于19个音节命名的最小整数"，它似乎可以用18个音节来命名。①

在关于类的悖论的讨论中，我们通过认识到如下的事实避免了恶性循环：类不是单独的实体，而是由p和a这两个实体组成的基体，并且它们只是有意义的短语的一部分，在孤立状态下没有任何意义。在这里，我们有一个关于恶性循环原则的说明；因为我们可以把一个类看作是"所有使ϕx为真的x"或者"所有使$p\overset{x}{a}$为真的x"，但是无论我们如何看待类，类在它可能有意义地出现的所有场合都涉及表面变量。因此，如果要证实恶性循环的原则，我们就要求类不包括在完全不受限制的变量的可能值中，这是我们要求不存在类的另一种说法。这样一来，我们就不能给予假定了是自己成员的类这一假定以任何意义，这样，我们就可以摆脱这一假定涉及的悖论了。②

关于数学归纳法，似乎需要说几句话。庞加莱引用我的话说："但是，就我所知，我们不能证明一个有限类中包含的类的数量总是有限的，或者每个有限数都是一个归纳数。"我认为上下文已经清楚地表明，我的意思是，如果没有乘法公理，我们就无法证明这一点；因为这一段的开头是这样写的："上面的公理是识别有限事物的两种定义所必需的。"由于怀疑乘法公理，我现在

---

① 牛津大学博德莱安图书馆的贝里先生向我提出了这个悖论。它的优点是不超出有限数。

② 我们可以非常容易地给出一个定义，来解释说一个类是一个类的类的成员意味着什么；可是，一个类的类是一个q/(p, a)形式的基体，因此永远不可能等价于一个类。

并不满足于庞加莱[1]提到的对这个识别的证明。他进一步批评说，这个证明涉及到恶性循环谬误。根据上面所提倡的观点，他的批评在形式上是正确的。但这个谬误是可以避免的，如果我们承认一个特定的假设，这个假设是其它理由所要求的，而且据我所知，并没有什么严重的反对意见。

先把归纳原理究竟是一种定义还是一种公理的问题放到一边，让我们来考虑如何陈述这个原理。我假定庞加莱先生会同意这样的陈述："任何性质，如果属于0，且属于拥有该性质的任何数的后继，那么它属于所有有限[2]数。"现在在这个陈述中，如果要避免恶性循环的谬误，"任何性质"必须限于可以不用引入任何表面变量来陈述的性质 ϕx。一个形式为" $\phi(x, y)$ 对 y 的所有值都为真"（或这种形式的任何复杂情况）的陈述，一定不能被视为 ϕx 形式的陈述。这是埃庇米尼得斯悖论的变体所提示的。假设埃庇米尼得斯断言："埃庇米尼得斯肯定的所有形式为 ϕx 的命题都为假。"如果这是形式 ψ（埃庇米尼得斯）的命题，我们就得到一个悖论。因此，一个涉及表面的函项-变量的陈述，即使包含 x，也不能是 ϕx 形式的陈述；将其扩展到涉及表面的实体-变量的陈述是很自然的。因此，在表述归纳法时，所涉及的性质必须是可以不用任何、所有、有些和该（the）等词来陈述的。

但除非这个限制被一个公理所缓和，否则它将使归纳的大多数通常应用成为谬误的；并且，它会以其它方式，摧毁许多通常

---

[1] 罗素 B 1902b。
[2] 这里"有限的"意思就是我所说的"归纳的"；但是，我使用"有限"一词是为了避免涉及到我目前所不关心的有争议的问题。

的数学推理。以这样一个命题为例："如果m和n是有限数,那么就有m<n或m=n或m>n。"如果我们把这看作是m的性质,n是表面变量;这样,归纳法从这样的事实出发——它适用于0,并且如果它适用于m也就适用于m+1,不能保证这适用于所有有限数。反对这种推论的理由,与庞加莱先生反对使用他所批评的归纳法的理由完全一样(第11号)。

但是上述对埃庇米尼得斯悖论的修正,仅仅证明了包含真正的变量x和表面变量的陈述不等同于φx形式的任何陈述,但绝不是证明了包含真正的变量x和表面变量的陈述不等价于φx形式的任何陈述。事实上,在埃庇米尼得斯的断言的实例中,这种断言等价于一个形式φ(埃庇米尼得斯)的断言。因为,不管他多么健谈,他也只能肯定有限的几个没有表面变量的命题。如果我们一个接一个地否定这些命题,我们就得到了一个不包含表面变量的陈述,这一陈述等价于一个这样的陈述:他这种形式的所有断言都是谎言。因此,由于埃庇米尼得斯悖论,没有人反对这样的假设:对于x的所有值,每一个包含x和一个表面变量的陈述都等价于某个不包含表面变量的陈述φx。有了这一假定,归纳的通常应用就有了正当性,庞加莱批评的那些用法也就有了正当性。

上述讨论说明了埃庇米尼得斯悖论的一个重要特性。在我们希望在数学中做出的大多数陈述中,如果一个命题p不在一个基体中出现,它可以被任何其它等价的命题[①]所代替,而不改变我们陈述的真假。如果一个函项φx出现了,其中的自变量x是一

[①] 命题与p等价,如果两者都为真或都为假。

个表面变量，φ通常会被其它任何具有相同外延的函项ψ，即对于x的同样的值为真的函项所代替。并且，这对于基体p/a同样适用。但在埃庇米尼得斯悖论的例子中，这并不成立。他所做的实际陈述是相关的，不能用不包含相同数量的表面变量的等价陈述来代替。因此，我们如下的假设——一个包含x和表面变量的陈述总是与某个包含x且不包含表面变量的陈述具有相同的外延——不能使我们在埃庇米尼得斯悖论的情况下用一个变量替代另一个变量，但能使我们在所有普通情况下进行这个替代。

我们现在可以简要地概括一下上面概述的理论。庞加莱把困扰着数理逻辑的悖论归结为两个来源：恶性循环和对实无限的信仰。我们同意他的前一个提示，但不同意他的后一个提示。然而，人们发现所涉及的恶性循环的奇特之处在于，我们不能仅仅通过观察它们的发生来避免它们；因为，如果不伴之以对逻辑第一原则的重述，要避免这些恶性循环的陈述本身就是它要避免的这些循环之一。当包含例如"全部"或"有些"等词的短语（即包含表面变量）本身似乎代表着"全部"或"有些"等词所应用的对象之一时，就会出现恶性循环。因此，这种表面上似乎代表的现象一定是骗人的。困难之处在于，我们有理由认为，"所有的"一定能够意指"绝对所有的"；因此，所涉及的短语根本不能代表实体。通过下述说法，这个结果就有了保障：在涉及陈述的情况下，关于所有事情的陈述陈述的是关于任何事物的一个未定的命题；在涉及类和关系的情况下，这些短语都要被视为仅仅是陈述的语词的或符号的部分，而不是所涉及的陈述表达的事实的部分。[①]这样,数学原理以与该理论相符的方式被陈述的方式就被简短地描绘出来了,而且,如下这点也已得到显示:该理论不管是真是假,总是避免了所有已知的悖论,同时几乎整个地保留了康托尔的超限理论的工作。

只有通过大量的符号逻辑的展开,才能准确而详细地阐述本文所概述的理论。如果这个理论是正确的,那么数理逻辑的开端比迄今为止所认为的要困难得多,但这只是悖论引导我们所预期的。庞加莱告诉我们,"逻辑中更清晰的概念"不是我们想要的;但他没有透露他取得这一重要发现的过程。就我而言,我不得不认为,他的避免恶性循环的企图表明了那些轻视逻辑的人的命运。似乎有理由希望本文所提出的方法能避免所有的悖论,同时保留康托尔的成果;但是,在数学原理能够以绝对最佳的形式表述之前,长期而又耐心的分析和重建的工作可能是必要的。在这项任务中取得成功,一定会给哲学和逻辑学带来很大的光明;对于数学来说,业已取得成功的手段,已经为数学征服了先前抛弃给被称作"哲学"的模糊猜想的许多领域。我不相信这个研究主题能通过如下两种方式获得更好的进步,即通过教条地接受没有深入到困难的根源的解决方案,或者通过拒绝提出可能需要或多或少做出改正的建议。毫无疑问,遵循这篇文章提出的建议,就能取得更好的进步。

---

① 这个原则是我的文章"论指称"(罗素 B 1905c)中用于指称短语的方法的扩展。

(十一)逻辑类型论

本文首次以"逻辑类型论"为名发表在《形而上学与道德评论》1910年5月第18期第263-301页。

在最近一期的《评论》杂志上,庞加莱发表了一篇有趣的文章,[①]以他一贯的清晰文风,阐述了他的理由,说明为什么不能完全接受最近提出来的解释逻辑悖论的任何理论。作为所涉及的作者之一,我乐于承认他的文章并没有争辩的语气。而且,就他对我没有做出充分解释的那些点的抱怨来说,我也坦率地承认,我的那篇他所指责的文章无疑是太简略了。[②]由于那篇文章是发表在一本数学杂志上,因此,除非绝对必要,我不愿意在哲学解释上花太多的篇幅。然而,从庞加莱的批评,我认识到,我追求简略的努力导致了某些模糊不清。在下面几页的文字中,出于解释的而不是争辩的目的,我将试图消除这些模糊之处。

---

① "论无限的逻辑",庞加莱 A 1909。
② 这篇文章是"基于类型论的数理逻辑",罗素 B 1908d。

I 命题函项的性质

人们一致认为,要避免的悖论,都源于某种恶性循环。所讨论的恶性循环都源于这样一种假设,即一个对象的集合可能包含这样一些成员,它们只能通过作为一个整体的集合来定义。例如,各种命题的集合应该包含这样一个命题,该命题断言所有命题不是真就是假。然而,这样的陈述似乎不可能是合法的,除非"所有的命题"指一些已经确定的集合。如果新的命题是由关于"所有命题"的陈述构造出来的,这种说法就不可能是合法的。因此,我们不得不说,关于"所有命题"的陈述是无意义的。更一般地说,对于对象的任何集合,如果我们假设这个集合有一个总体,它将包含预设了这个总体的成员,那么这个集合就不能有一个总体。我们说一个集合"没有总体",主要是指不能对"集合的所有成员"做有意义的陈述。如上例所示,命题必须是一个没有总体为其成员的集合。就像我们立刻就要看到的,命题函项也同样如此,即使这些命题函项被限制到比如能够有意义地以给定的对象 a 为自变量的情况下。在这种情况下,有必要把集合分解成较小的集合,其中每个都能是一个总体。这就是类型理论所要达到的目的。

符号逻辑的悖论涉及到各种各样的对象:命题、类、基数和序数等等。根据(下面要解释的)理论——这个理论把语词上涉及类和关系的陈述还原为涉及命题函项的陈述,悖论被还原为关于命题和命题函项的悖论。与命题有关的悖论,例如埃庇米尼得斯悖论,只与数学间接相关。数学家更关心的悖论都是关于命题函项的。我所说的"命题函项"是，包含一个变量x，且一旦x被赋值，就表达一个命题的语句。也就是说，它仅仅因为是未定的而不同于一个命题：它包含了未赋值的变量。事实上，在包含一个未赋值变量的这个方面，它与数学的普通函数是一致的：它的不同之处在于这个函项的值是命题。例如，"x是一个人"或"sin x=1"是一个命题函项。我们将会发现，把预设了一个命题函项的项当作该函项的可能的自变量，有可能立刻产生恶性循环的谬误。这种形式的谬误是很有教益的，我们将看到，为了避免它出现，我们才提出了类型层次的理论。

关于函项[①]的性质的问题绝不是一个简单的问题。然而，函项的本质特征似乎是不确定。举个例子，以"A是A"形式的同一律为例，这是它通常被表述的形式。显然，从心理学的角度来看，我们在这里有一个单一的判断。但对于判断的对象，我们能说些什么呢？我们并不是在判断苏格拉底是苏格拉底，柏拉图是柏拉图，也不是在判断作为同一律实例的任何其它确定的判断。然而，从某种意义上说，这些判断都在我们的判断范围之内。我们实际上是在判断命题函项"A是A"的一个不确定的情况。我们似乎有一个没有确定对象的单一思想，这一思想的对象是函项"A是A"的一个不确定的值。正是这种不确定性构成了函项的本质。当我们谈论"ϕx"，其中的x是未确定的时，我们指的是函项的一个值，但不是一个确定的值。我们可以说"ϕx"不确定地意指着ϕa，ϕb，ϕc

---

[①] 后面出现使用"函项"一词时，总是指"命题函项"。其它函项不在讨论之列。

（十一）逻辑类型论

等等。这里的 φa，φb，φc，等等是"φx"的各种值。

当我们说"φx"不确定地意指着 φa，φb，φc 等等时，我们的意思是"φx"意指着 φa，φb，φc 等等中的一个对象，虽然不是确定的一个，而是待定的一个。结论就是，只有对象 φa，φb，φc 等等是确定的，"φx"才有一个确定的意义（确定的指的是，它除了出于本质是不确定的）。也就是说，一个函项不是一个确定的函项，除非它的所有值都是确定的。由此我们得到，没有函项能有以该函项为前提的值，因为如果有的话，我们不能把被函项不确定地意指的对象看作确定的，除非函项是确定的。同时，正如我们已经看到的，函项是不确定的，除非函项的值是确定的。这是恶性循环原则的一个特例，而且可能是最基本的一个。一个函项就是不确定地意指某个全体中的一些成员即函项的值的表达式；因此，这个全体不能包含预设函项的任何成员，因为，如果包含，它将包含预设全体的成员。根据恶性循环原则，没有任何全体可以这样。

根据上面的描述可以看出，一个函项的值，是由该函项预设的，而不是相反。很明显，在任何特定情况下，函项都不是由函项的值预设的。因此，例如命题"苏格拉底是人"可以被完全理解，不需要把它看作是函项"x 是一个人"的一个值。相反地，一个函项可以正确地被理解，而不需要分别地一个一个地理解它的值。如果不是这样，就根本不可能理解任何函项，因为函项的值（真和假）的数量必然是无限的，而且必然存在不为我们所知的可能的自变量。所需要的不是函项的值被个别地和外延地给予，而是值的全体应该内涵地被给予，以便至少在理论上确定，任何被赋值的对象是否是函项的值。

从实践上有必要将函项本身与函项的待定值区分开来。我们可以认为函项本身意指的对象是不确定的，并且函项的待定值意指的对象也是不确定的。如果我们把待定值写作"ϕx"，那么我们就将函项本身写作"ϕx̂"。（可用任何其它字母代替x。）因此，我们应该说"ϕx是一个命题"，"ϕx̂是一个命题函项"。当我们说"ϕx是一个命题"时，我们是想陈述对x的每一个可能值都成立的东西，尽管我们没有确定x的值是什么。我们对函项的任何值做了一个不确定的陈述。但是，当我们说"ϕx̂是一个函项"时，我们不是在做一个未定的陈述。更准确地说，我们是在对不确定性做陈述，因为我们认为函项是不确定的。函项本身ϕx̂是不确定地意指其许多值的一个单一的东西；而在没有确定x值的情况下，ϕx是其意指的对象之一，其不确定性属于它表示对象的方式。

我们已经看到，根据恶性循环原则，函项的值不能包含只能用函项来定义的项。现在给定一个函项ϕx̂，该函项[①]的值都是ϕx形式的命题。由此可见，决不能有ϕx形式的命题，假如其中的变量x有一个涉及ϕx̂的值的话。（如果是这样的话，函项的值在函项确定之前都是不确定的，而我们发现，除非函项的值是预先确定的，否则函项是不确定的。）因此，ϕx̂一定没有带有自变量ϕx̂的值，或任何涉及ϕx̂的自变量的值。也就是说，符号"ϕ(ϕx̂)"必定不能如同"ϕa"是ϕx̂的一个值时那样，表达一个命题。事实上"ϕ(ϕx̂)"必定是不表达任何东西的符号；因此，我们可以说它没有任何意义。因此给定任何函项ϕx̂，存在使函

[①] 我们将说"对于ϕx̂的值"和"ϕx的值"，在各种情况下意指相同的东西，即ϕa，ϕb，ϕc等等。用语上的区别是为了避免涉及几个变量时的混淆。

项没有值的自变量,也存在使它有一个值的自变量。我们把使 $\phi\hat{x}$ 有一个值的自变量叫作"x 可能的值"。我们会说,当 $\phi\hat{x}$ 由于自变量 x 有一个值的时候,$\phi\hat{x}$ 是"由于自变量 x 是有意义的"。

上述对 $\phi\hat{z}$ 的可能的自变量的限制解决了很多悖论。举例子如下。令"$f(\phi\hat{z})$"意指"$\phi\hat{z}$ 没有被作为其本身的自变量所满足",也即"$\phi(\phi\hat{z})$ 为假"。(如果它是有意义的,那么在所有普通的情况下它都为真。例如,函项"$\hat{x}$ 是一个人"是一个人,不可能为真;所以,如果它是一个人不是真的就是假的,那么它就是假的。)现在让我们用函项 $f(\phi\hat{\varphi})$ 来表示这样一个函项,对于该函项来说,$f(\phi\hat{z})$ 是自变量 $\phi\hat{z}$ 的值,并且让我们探究 $f(f(\phi\hat{\varphi}))$ 为真或为假。如果 $f(f(\phi\hat{\varphi}))$ 为真,那么根据 f 的定义,"$f(f(\phi\hat{\varphi}))$ 为假";如果 $f(f(\phi\hat{\varphi}))$ 为假,根据 f 的定义,"$f(f(\phi\hat{\varphi}))$ 是假的为假",由此推出 $f(f(\phi\hat{\varphi}))$ 为真。因此,无论我们假定 $f(f(\phi\hat{\varphi}))$ 为真,还是假定它为假,我们都将陷入矛盾。如果 $\phi(\phi\hat{z})$ 是没有意义的,这一矛盾就消失了。

如果承认类必定总是由命题函项来定义,那么关于不是它的成员的类的悖论也可以由上述的考虑来解决。因为要考虑的类是那些不满足其定义函项的类的类。但是,由于类是从函项派生出来的,根据我们的原则,它不能是其定义函项的自变量,因此它既不满足,又满足其定义函项。

在谈到如"$\phi(\phi\hat{z})$"是无意义的,因而既不真也不假时,避免误解是必要的。如果我们把"$\phi(\phi\hat{z})$"解释为"$\phi\hat{z}$ 的以 $\phi\hat{z}$ 为自变量的值是真的",那将不是无意义的,而是假的。它是假的,出于与"法国国王是秃头"是假的同样的理由,就是因为"$\phi\hat{z}$ 没有以 $\phi\hat{z}$ 为自变量的值"。但当我们用一些自变量 a 断定 ϕa 的时候，我们不是要断定"φx̂的以a为自变量的值是真的"；我们想断定的是一个实际的命题，它是φx̂的以a为自变量的值。因此，例如，如果φx̂是"x̂是一个人"，φ（苏格拉底）将是，"苏格拉底是一个人"，而不是"以苏格拉底为自变量的函项'x̂是一个人'的值是真的"。因此按照我们的φ(φẑ)是没有意义的原则，我们不能合法地否认"函项'x̂是一个人'是一个人"，因为它是无意义的句子，但我们可以合法地否认"以'x̂是一个人'为自变量的函项'x̂是一个人'的值为真"，这种否认不是根据所涉及的值是假的，而是根据函项根本没有这样的值。

我们将用符号"(x).φx"来表示命题"φx总是[1]成立"，即断定了φx̂的所有值的命题。这个命题涉及函项φx̂，而不仅仅是这一函项不确定的值。对φx的断言——其中x是未定的——，与对φx̂的所有值的断言是不同的，因为，前者是一个未定的断言，而后者则是完全确定的。我们将会观察到"(x).φx"并不断言"具有x的所有值的φx"，因为，正如我们所看到的，必定存在使"φx"无意义的x的值。"(x).φx"断言的是所有是φx̂的值的命题；因此当我们断言"(x).φx"的时候，φx被断定的仅仅是x的使"φx"有意义的值，即所有可能的自变量。因此，"(x).φx"的一种方便的解读是"φx对于x的所有可能值都为真"，不过，这没"φx总是成立"的解读准确。因为真概念不是被判断的内容的一部分。当我们判断"所有人都是必死的"时，我们真实地进行了判断，但真

---

[1] 我用"总是"意指"在所有情况下"，而不是"在所有时间"。同样地，"有时"指的是"在有些情况下"。

概念并不一定存在于我们的头脑中，正如我们判断"苏格拉底是必死的"时，真概念不需要存在于我们头脑中一样。

Ⅱ 定义及真与假的系统未定性

因为"(x).ϕx"涉及函项 ϕx̂，根据我们的原则，它一定不能是 ϕ 的自变量。也就是说，符号"ϕ{(x).ϕx}"没有意义。乍一看，这一原则似乎有某些例外。例如，考虑函项"p̂ 是假的"，并考虑命题"(p).p 是假的"。这应是一个断定所有形式为"p 是假的"的命题的命题。我们应该倾向于说，这样的命题一定是假的，因为"p 是假的"并不总是真的。因此，我们应该得出如下这个命题：

"{(p).p 是假的}是假的"。

也就是说，我们应该得出这样一个命题，其中"(p).p 是假的"是函项"p̂ 是假的"的自变量，而我们已经宣布它是不可能的。现在我们将看到，"(p).p 是假的"（在上文中）意图是一个关于所有命题的命题，并且，我们将看到，根据一般形式的恶性循环原则，一定不存在关于所有命题的命题。然而，似乎显而易见的是，给定任意一个函项，总有一个命题（真或假）断言其所有的值。因此，我们得到的结论是，语句"p 是假的"和"q 是假的"并不总是单一函项"p̂ 是假的"对于自变量 p 和 q 的值。然而，只有当"假"这个词确实有许多不同的意思，适用于不同类型的命题时，这才有可能。

不难看出,"真"和"假"这两个词根据它们应用于其上的命题的种类有许多不同的意思。让我们选取任意函项 $\phi\hat{x}$,并且令 ϕa 是其值之一。让我们把适用于 ϕa 的一类真叫作"初级真"。(这并不是说它是另一种语境中的初级真,而是说它是我们的语境中的第一类真。)现在考虑命题 $(x).\phi x$。如果这个命题具有适合它的真值,这将意味着每个 ϕx 的值都有"初级真"。因此,如果我们称适合于 $(x).\phi x$ 的真为"第二级真",那么,我们可以定义"$\{(x).\phi x\}$ 有第二级真"的意思是,"$\phi\hat{x}$ 的每一个值都有初级真",即,"$(x).(\phi x$ 具有初级真$)$"。类似地,如果我们用"$(\exists x).\phi x$"来表示命题"ϕx 有些时候成立",即,像我们可能不太准确地表述的那样,"对 x 的一些值 ϕx 为真",那么,我们就发现,只要有一个 x 使得 ϕx 具有初级真,$(\exists x).\phi x$ 就具有第二级真;因此,我们可以将"$\{(\exists x).\phi x\}$ 具有第二级真"定义为"$\phi\hat{x}$ 的一些值具有初级真",即"$(\exists x).(\phi x$ 具有初级真$)$"。类似的话也适用于假。因此 $\{"(x).\phi x\}$ 具有第二级假"将意味着"$\phi\hat{x}$ 的一些值具有初级假",即"$(\exists x).(\phi x$ 具有初级假$)$",而"$\{(\exists x).\phi x\}$ 具有第二级假"将意味着"$\phi\hat{x}$ 的所有值都具有初级假",即"$(x).(\phi x$ 具有初级假$)$"。因此,可以属于一般命题的假与可以属于特定命题的假是不同的。

将这些考虑应用于命题"$(p).p$ 为假",我们可以看到,所涉及的假必须是确定的。例如,如果初级假的意思是,函项"$\hat{p}$ 具有初级假"只有在 p 是具有初级假或初级真的命题时才有意义,那么,"$(p).p$ 为假"将被一个陈述所代替,这个陈述等价于"所有具有初级真或初级假的命题都具有初级假"。这个命题具有第二级假，并且不是函项"p̂具有初级假"的一个可能的自变量。这样，表面上例外于如下原则的假象消失了，这个原则是：ϕ{(x).ϕx}必然是无意义的。

类似的考虑将使我们能够处理"非p"和"p或q"。它们似乎是任何命题可以作为自变量在其中出现的函项。但这是由于"非"和"或"的意义是系统地不确定的，因此它们使自己适应于任何层次的命题。为了充分解释这是如何发生的，我们最好先从最简单的真和假的定义开始。

宇宙由具有不同性质和不同关系的对象组成。宇宙中有些对象是复合物。当一个对象是复合物时，它由相互关联的部分组成。让我们考虑一个复合的对象，它由在关系R中彼此联系在一起的a和b两部分组成。这个"a和b在关系R中"的复合对象也许能被知觉；当被知觉时，它被视为一个对象。在人们的知觉中它显现为复合物；然后，我们便可以判断a与b处在关系R中。这样一种仅借助注意力而产生自知觉的判断，可称为"知觉的判断"。这种被认为是实际发生的知觉的判断，是一个四项关系，即a、b、R与知觉者的关系。与其不同，知觉则是两个项的关系，即"a和b在关系R中"和"知觉者"两者的关系。既然一个知觉的对象不可能是不存在的，那么，除非a与b是有R关系的，否则我们不可能知觉"a和b在关系R中"。因此，根据上述定义，一个知觉判断必定是真的。这并不是说，在向我们显得是一种知觉的判断里，我们肯定不会出错，因为我们可能错误地认为我们的知觉判断真的是来自于仅仅对我们所知觉到的东西的分析。如果我们的判断是这样来的，那它一定是真的。事实上，我们可以在与这样的判断相关的地方把真定义为在于这样一种事实,即,存在一个复合物,它对应于推论的思想,这种思想就是判断。也就是说,当我们判断"a与b有R关系"时,我们的判断在存在一个复合物"a和b在关系R中"的情况下被认为是真的,而在不存在这种情况时,被认为是假的。这就是与这类判断相关的真与假的定义。

可以看出,根据上面的叙述,一个判断并不只有一个单一的对象,即命题,而是有几个相互关联的对象。也就是说,构成判断的关系不是两个项(进行判断的心灵和命题)的关系,而是几个项(心灵和命题的诸成分)的关系。也就是说,当我们判断(比如说)"这是红色"时,所发生的是三个项的关系,心灵、"这"和红色。另一方面,当我们知觉到"这个的红"时,有一个两项关系,即心灵和复合对象"这个的红"的关系。当一个判断发生时,就存在一个复合实体,它由心灵和判断的各种对象组成。在我们所考虑的这类判断中,当判断为真时,有一个与判断的对象相对应的复合物的存在。就我们目前的判断而言,假则是由于不存在一个由诸对象构成的相对应的复合物而产生的。根据上面的理论,在一个命题应该是一个判断的对象这个意义上,这样一个"命题"的概念是一个错误的抽象,因为一个判断有几个对象,而不只是一个。正是由于判断对象(对立于知觉对象)的复多性,人们谈论作为"推论的"思想,虽然他们似乎还没有清楚地认识到这个词的含义。

由于单个判断的对象的复多性,因此我们所称的一个"命题"(在它与表达它的短语相区别的意义上)并不是一个单一的实体。也就是说，表达一个命题的短语就是我们所说的"不完整的"符号；它本身没有意义，需要一些补充以获得一个完整的意义。这一事实在某种程度上被这样一种情况掩盖住了：判断本身对命题做了充分的补充，但不对命题做任何语词的补充。因此，"命题'苏格拉底是人'"以某种方式使用了"苏格拉底是人"，这种方式要求某种补充才能获得完整的意义；但当我判断"苏格拉底是人"时，意义是通过判断的行为而变得完整的，我们不再有不完整的符号。命题是"不完整的符号"这一事实在哲学上很重要，并且在某些观点上与符号逻辑相关。

到此为止，我们所处理的判断，都是与知觉判断有同样形式的判断，即它们的主词总是特定的、确定的。但还存在很多不是这种形式的判断，如"所有的人都是必死的"、"我遇见了一个人"、"有些人是希腊人"。在处理这些判断之前，我们将引入一些技术术语。

我们将任何这样的对象，例如"a 与 b 在关系 R 中"或"a 具有性质 q"，或"a 与 b 和 c 处在关系 S 中"，称为"复合物"。广义地说，复合物是宇宙中发生的任何非简单的事物。当一个判断只是断定诸如"a 与 b 有关系 R"、"a 具有性质 q"或"a 与 b 和 c 处于关系 S 中"这类事物的时候，我们称它为基本判断。这样一个基本判断在存在一个与其对应的复合物时为真，在不存在与其对应的复合物时为假。

但是，现在我们来讨论"所有的人是必死的"这样的命题。在这里，判断并不对应于一个复合物，而是对应于许多复合物，即"苏格拉底是必死的"，"柏拉图是必死的"，"亚里士多德是必死的"等等。(就目前而言,我们没有必要探讨,在我们达到所涉及的最终的复合物之前,这些复合物是否都需要进一步的处理。举例来说,"苏格拉底是必死的"在这里被当作一个基本判断,虽然它事实上并不是一个基本判断,对此我们后面会做解释。真正的基本判断是不容易找到的。)我们无意否认人的概念可能会与必死的概念之间有一些相当于"所有的人都是必死的"的关系,但在任何情况下这种关系与我们说"所有的人都是必死的"时所肯定的关系都是不一样的。我们认为所有的人都是必死的这一判断,汇集了一些基本判断。然而,它不是由这些基本判断组成的,因为(例如)苏格拉底是必死的这一事实不是我们所断言的命题的一部分,我们可通过考虑如下事实明白这一点,我们的断言可以被从来没有听说过苏格拉底的一个人理解。为了理解判断"所有的人都是必死的",没有必要知道有什么样的人存在。因此,我们必须承认,像"所有人都是必死的"这样的普遍论断是一种全新的判断。我们断言,假设 x 是人,x 总是必死的。也就是说,对于每一个是人的 x,我们都断言"x 是必死的"。这样,我们就可以判断(不管是真的还是假的)所有具有某些特定性质的对象也具有其它某些特定性质。这是说,给定任意命题函项 $\phi\hat{x}$ 和 $\psi\hat{x}$,有一个判断断定 ψx 被每个满足 ϕx 的 x 所满足。这种判断我们称之为普遍判断。

显然(如上所述),普遍判断中真的定义与基本判断中真的定义是不同的。我们将我们给予基本判断的真的意义称为"基本真"。因此,当我们说所有的人都是必死的为真时,我们的意思是,所有"x 是必死的"形式的判断,其中 x 是人,都具有基本的真。我们可以将其定义为"第二级真"。那么,如果我们以"(x).x 是必死的,其中 x 是一个人"的形式表达命题"所有的人都是必死的",并且称这个判断为 p,那么"p 为真"必须被理解为"p 具有第二级真",而这又意味着:

"(x).'x 是必死的'具有基本的真,其中 x 是人。"

为了避免明确说出我们的变量所受的限制,可以很方便地用一种稍微不同的解释来代替上面对"所有人都是必死的"的解释。"所有的人都是必死的"的命题,等价于"对于 x 的所有可能值,'x 是人'蕴涵着'x 是必死的'。"在这里,x 并不限于是人这样的值,而可能是具有使"x 是人"蕴涵着"x 是必死的"有意义(非真即假)的任何值。这样的命题叫作"形式蕴涵"。这种形式的优点在于,变量可以取的值是由它是其自变量的函项给出的:变量可以取的值是使该函项有意义的所有值。

我们用符号"(x).ϕx"来表达对所有"ϕx"形式的判断做断定的普遍判断。这样"所有人都是必死的"这个判断就相当于:

"(x).'x 是一个人'蕴涵'x 是必死的'。"

即:

"(x).x 不是一个人或者 x 是必死的。"

适用于这一命题的真的意义与适用于"x 是一个人"或"x 是必死的"命题的真的意义是不同的。一般而言,在任意的 (x).ϕx 判断中,这个判断为真或可能为真与 ϕx 为真或可能为真的意义是不一样的。如果 ϕx 是一个基本判断,当它指向一个与其对应的复合物时，它为真。但(x).ϕx不指向一单个对应的复合物：对应的复合物与x的可能值的数量一样多。

从上述论证我们得出一个结论，只有埃庇米尼得斯的所有判断都处于相同的阶上，"他所做的所有判断是真的"这样的命题，才能为真。如果它们属于不同的阶，其中最高的是n阶的，那么，我们可做出n个断言，其形式为"埃庇米尼得斯做的所有m阶判断是真的"，其中的m具有直至n的所有值。但不存在可以将自己包括在自己的范围内的判断，因为这样的判断总是比它论及的判断的阶高。

接着，让我们考虑一下对形式为"(x).ϕx"的命题的否定是什么意思。首先，我们观察到，"ϕx在某些情况下"或"ϕx有时"，是与"ϕx在所有情况下"或"ϕx总是"处于同一阶的判断。如果对于x的一个或多个值，ϕx为真，那么判断"ϕx有时"为真。我们将命题"ϕx有时"用符号表达为"(∃x).ϕx"，其中的"∃"代表"存在"(there exists)，并且整个符号可以读作"存在一个x使得ϕx为真"。我们把以"(x).ϕx"和"(∃x).ϕx"表示的两种判断当作初始观念。我们还把基本命题的否定当作初始观念。这样我们可以定义对(x).ϕx和(∃x).ϕx的否定。任何命题p的否定都用符号"~p"表示。这样，(x).ϕx的否定将被定义为：

"(∃x).~ϕx"，

并且(∃x).ϕx的否定将被定义为："(x).~ϕx"。因此，在形式逻辑的传统语言中，全称肯定的否定要被定义为特称否定，而特称肯定的否定要被定义为全称否定。因此，这种命题的否定与基本命题的否定意义上不同。

类似的解释也适用于析取。考虑陈述"或者p，或者ϕx总是"。我们将用"p∨q"来表示两个命题p和q的析取。这样，我们的陈述是"p.v.(x).ϕx"。我们将假设p是一个基本命题，而且ϕx总是一个基本命题。我们把两个基本命题的析取当作一个初始观念，并且希望定义这一析取：

$$\text{"p.v.(x).}\phi x\text{"}。$$

这可被定义为"(x).p∨ϕx"，即"p为真或者ϕx总为真"的意思是"'p或者ϕx'总为真"。类似地，我们将

$$\text{"p.v.(∃x).}\phi x\text{"}$$

定义为"(∃x).p∨ϕx"，即我们将"p为真或者有一个x使得ϕx为真"定义为"有一个x使得p或者ϕx为真"。同样我们可以定义两个普遍命题的析取："(x).ϕx.v.(y).ψy"将被定义为"(x, y).ϕx∨ψy"，即"ϕx总为真或ψy总为真"意味着"'ϕx或者ψy'总为真"。通过这种方法，依据基本命题的析取的定义，我们得到了包含形式(x).ϕx或(∃x).ϕx的命题的析取的定义；但对于形式为(x).ϕx和(∃x).ϕx的命题来说，其析取的意义是不同于基本命题的析取的意义的。

类似的命题也可以用于蕴涵和合取，但这是不必要的，因为这些命题可以用否定和析取来定义。

Ⅲ 为什么一个给定的函项需要某种类型的自变量

一个函项的自变量不能是根据函项本身来定义的东西。到目前为止所提出的有利于这种观点的考虑，都或多或少是间接的。但直接考虑以函项为自变量和以除了函项以外的东西为自变量的函项的类型，我们会发现，如果我们没有弄错，不仅函项 $\phi\hat{z}$ 不能以它本身或来源于它的任何东西为其自变量，而且，如果 $\psi\hat{z}$ 是另一个函项，并且存在一个能使"ϕa"和"ψa"都有意义的自变量 a，那么 $\psi\hat{z}$ 和来自它的任何东西都不能是使 $\phi\hat{z}$ 有意义的自变量。这是因为，函项本质上是不确定的事实，并且，如果函项要出现在一个确定的命题中，它必定以使不确定消失而且使一个完全确定的陈述产生出来的方式出现。几个例子就能说明白。因此，我们已经考虑过的"$(x).\phi x$"，是 $\phi\hat{x}$ 的一个函项；只要指派给 $\phi\hat{x}$ 一个值，我们就有一个确定的和完全确定的命题。但很明显，我们不能用一个不是函项的东西来代替函项："$(x).\phi x$"意指"所有情况中的 ϕx"，并且其意义取决于存在着若干 ϕx 的情况，即取决于函项的不确定的特点。这个实例说明了这样一个事实，当一个函项可以有意义地作为自变量出现时，一个不是函项的东西就不能有意义地作为自变量出现。反之，当一个不是函项的东西可以有意义地作为自变量出现时，函项就不能有意义地作为变量出现。例如，"取 x 是一个人"，并考虑"$\phi\hat{x}$ 是一个人"。这里没有任何东西可以消除构成 $\phi\hat{x}$ 的不确定性；因此，没有什么确切的是一个人的东西。事实上，一个函项不是一个确定的对象，它可以是人也可以不是人；它只是一种等待决定的不确定的东西，它为了能够有意义地出现，必须接受必要的规定，而如果它只是被用来代替了一个命题中的某些确定的东西，那它显然没有接受这种规定。但是，这个论证并不能直接用于反对"{(x).ϕx}是一个人"这样的陈述。常识会宣布这样的陈述是没有意义的，但这样的陈述不能因为其主词的不确定而遭到谴责。这里我们的反对需要一个新理由，这一理由如下：一个命题不是一个单独的实体，而是几个实体之间的关系；因此，一个以命题为主词的陈述，只有在可以被还原为关于出现在命题中的项的陈述时，才是有意义的。如果我们想找到一个命题（它与"如此这般"等短语相似）的真正的主词，它就必须在从语法上看是主词的地方，被分解为它的成分。但在"p是一个人"这样的一个陈述中，p是一个命题，要进行这种分解和还原是不可能的。因此"{(x).ϕx}是一个人"是没有意义的。

Ⅳ 函项和命题的层次结构

因此，我们从恶性循环原则和直接观察出发，得出了如下结论：给定对象a可以是其自变量的诸函项不能相互作彼此的自变量，这些函项和它们可以作其自变量的函项之间没有共同的项。我们这样就被引导着去构造一个层阶。以a和其它项——这些项能够是以a为自变量的函项的自变量——开始，接下来是a为其可能变量的函项，然后是这些函项是其可能自变量的函项，等等。但是，必须构造的层阶并不像初看起来那样简单。以 a 为其自变量的函项构成一个不合法的全体，并且这些函项本身需要分成函项的层阶。按照如下这很容易理解：令 $f(\phi\hat{z}, x)$ 是一个有两个变量 $\phi\hat{z}$ 和 x 的函项；然后，如果保持 x 的值不变，就 ϕ 的所有可能值而断定这个函项，我们会得到命题：

$$(\phi).f(\phi\hat{z}, x)。$$

这里，如果 x 是变量，我们有一个关于 x 的函项；但是由于这个函项涉及 $\phi\hat{z}$[①] 的值的全体，根据恶性循环原则，它本身不能包含在值的全体中。因此，和 $(\phi).f(\phi\hat{z}, x)$ 有关的 $\phi\hat{z}$ 值的全体，不是 x 可作为自变量出现在其中的所有函项的全体，而且不存在 x 可作为自变量出现在其中的所有函项的全体。

从上面的论述我们得到，$\phi\hat{z}$ 作为自变量出现在其中的函项要求，$\phi\hat{z}$ 不应该代表任何能够成为一个确定的自变量的函项，而必须以这样一种方式受到限制，即任何一个是 $\phi\hat{z}$ 的可能值的函项都不应涉及此类函项的全体。让我们以同一性的定义为例来进行阐述。我们可以试着将"x 与 y 同一"定义为"对 x 为真的也是对 y 为真的"，即"ϕx 总是蕴涵着 ϕy"。但在这里，因为我们想断定被视为 ϕ 的函项的"ϕx 蕴涵着 ϕy"的所有值，我们将不得不给 ϕ 强加一些限制，以免我们把涉及"ϕ 的所有可能值"的值包括在 ϕ 的值之中。例如，"x 与 a 同一"是 x 的函项；因此，如果它是在"ϕx 总是蕴涵 ϕy"之中 ϕ 的一个合法值，根

[①] 当我们说"$\phi\hat{z}$ 的值"时，被赋值的是 ϕ，而不是 $\hat{z}$。

据上面的定义，我们可以推断出，如果x与a是同一的，并且x与y是同一的，那么y与a是同一的。尽管结论是有效的，推论本身却体现了一个恶性循环的谬误，因为我们已经把"(ϕ).ϕx蕴涵ϕa"当作ϕx的一个可能值，本来它不是一个可能值的。然而，如果我们对ϕ加任何限制，就目前看来，对于ϕ的其它值，我们就可能有ϕx真并且ϕy假的情况发生，以至于我们提出的同一性定义会显然是错误的。这一困难可以通过"还原公理"来避免，后面将对此进行解释。就目前而言，提及它只是为了说明划分一个给定自变量的函项的层阶的必要性和相关性。

让我们将对于给定自变量a有意义的函项命名为"a函项"。然后假定我们任意选择一个a函项，并考虑命题"a满足所有属于该选择的函项"。如果我们用一个变量替代a，我们得到一个a函项；但是根据恶性循环原则，这个函项不能是我们的选择，因为它涉及了选择的全体。让选择的函项集合由所有满足f(ϕẑ)的函项组成。那么我们的新函项是：

$$(\phi).\{f(\phi\hat{z}) 蕴涵 \phi x\},$$

其中x是自变量。这样看来，无论我们选择什么样的a函项，在我们的选择范围之外还会有其它的a函项。如同上面的实例说明的那样，这样的a函项总是这样出现的，即通过选取一个有两个自变量ϕẑ和x的函项，并且对变化着的ϕ引起的值的全部或部分加以断定。因此，为了避免恶性循环的谬误，我们有必要做的是，把我们的a-函项分成"类型"，每一个"类型"都不包含指向这个类型的全体的函项。

在皮亚诺之后，当某个变量的所有可能值或某些（未确定的）可能值被断言或否定时，这个变量被称为表面变量。命题中出现"全部"或"部分"等词表明，命题中存在一个表面变量；但通常在语言并没有立即表明一个表面变量存在的地方，约束变量是实际存在的。例如，"A是必死的"意思是"存在着A必死去的某一时刻"。因此，可变时间作为表面变量出现。

最明显的不包含表面变量的命题例子是表达知觉的直接判断的命题，如"这是红色的"或"这是痛苦的"，其中"这"是某个直接给予的东西。在其它的判断中，即使在第一眼看上去没有变量的情况下，通常情况下实际仍存在一个变量。以"苏格拉底是一个人"为例。对苏格拉底本人来说，"苏格拉底"这个词无疑代表他立即意识到的一个对象，并且"苏格拉底是一个人"这个判断没有表面变量。但对只有通过描述才能了解苏格拉底的我们而言，"苏格拉底"这个词并不意谓对苏格拉底来说所意谓的东西；对我们而言，它意谓"拥有如此这般性质的人"，比如说，"喝了毒芹汁的雅典哲学家"。现在在所有关于"如此这般"的命题中都有一个表面变量，正如我在其它地方所展示的。[①] 因此，当我们说"苏格拉底是一个人"时，我们头脑所想的东西中有表面变量，尽管在苏格拉底所作的相应的判断中没有表面变量——倘若我们认为存在着直接的自我意识的话。

无论不包含表面变量的命题的实例可能是什么，很明显，包含表面变量的命题来自于其值不包含表面变量的命题函项，这

---

① 参看"论指称"，罗素B 1905c。

（十一）逻辑类型论

个意义上的函项 $\phi\hat{x}$ 是命题 $(x).\phi x$ 的来源。由于 $\phi\hat{x}$ 的值不包含出现在 $(x).\phi x$ 中的表面变量 x，如果这些值包含表面变量 y，这个变量同样也可消除的，如此等等。这一过程必须结束，因为我们所能理解的任何命题都不可能包含超过有限数量的表面变量，这是由于我们所能理解的任何事物都必定是有限复杂的。因此，我们最终必定得到一个包含就像从初始命题到它所经历的阶段一样多数量的变量的函项，而且这个函项的值不包含任何表面变量。我们可以称这个函项为初始命题的基体，以及通过将函项的一些自变量转换为表面变量而得到的任何其它命题和函项的基体。因此，例如，如果我们有一个基体-函项，它的值是 $\phi(x, y)$，我们将从它引出：

$(y).\phi(x, y)$，这是 x 的一个函项。

$(x).\phi(x, y)$，这是 y 的一个函项。

$(x, y).\phi(x, y)$，意思是"$\phi(x, y)$ 对于 x 和 y 的所有可能值为真"。

最后这个命题是一个不包含真正的变量的命题，即除了表面变量外没有其它变量。

因此，所有可能的命题和函项都可以通过把基体的自变量转换成表面变量而从基体得到。为了将我们的命题和函项划分为类型，我们将从基体出发，考虑如何将它们划分，以避免函项定义中恶性循环的谬误。为此，我们将使用 a、b、c、x、y、z、w 等字母来表示既不是命题也不是函项的对象。我们将这样的物体称为个体。这些对象将是命题或函项的组成部分，并且将是其真正的组成部分，因为它们不会像（例如）类那样在分析时消失，也不会像"如此这般"之类的短语那样消失。

第一个出现的基体是其值是如下形式的基体：

$$\Phi x, \psi(x, y), \chi(x, y, z, \cdots),$$

也就是说，自变量不管有多少，都是个体。根据定义，函项 ϕ，ψ，$\chi\cdots$由于不包含任何表面变量，而且除了个体之外没有任何自变量，所以不预设函项的任何总体。从函项 ψ，$\chi\cdots$我们可以依次构造 x 的其它函项，如 (y).ψ(x, y), (∃y).ψ(x, y), (y, z).χ(x, y, z), (y):(∃z).χ(x, y, z)，等等。所有这些都没有预设个体之全体以外的全体。这样，我们得到了 x 的函项的某个集合，其特征是它们不涉及除了个体以外的变量。我们将这样的函项称为"一阶函项"。

我们现在可以引入一个符号来表示"任何一阶函项"。我们将用"$\phi!\hat{x}$"表示任何一阶函项，用"$\phi!x$"表示这样一个函项的任何值。因此"$\phi!x$"代表除个体外不包含其它变量的任意函项的任意值。这样就可以看到，"$\phi!x$"本身是两个变量即 $\phi!\hat{z}$ 和 x 的函项。因此，$\phi!x$ 包含一个不是个体的变量，即包含 $\phi!\hat{z}$。同样"(x).$\phi!x$"是变量 $\phi!\hat{z}$ 的函项，因此包含个体以外的变量。此外，如果 a 是一个给定的个体，"对于 ϕ 的所有可能值，$\phi!x$ 蕴涵 $\phi!a$"是 x 的一个函项，但并不是 $\phi!x$ 形式的函项，因为它包含一个（表面的）变量 ϕ，而这个变量 ϕ 不是一个个体。让我们将任意一阶函项 $\phi!\hat{x}$ 称作"谓词"（"谓词"一词的这种用法仅对现在的讨论适用）。这样，陈述"对于 ϕ 的所有可能值，$\phi!x$ 蕴涵 $\phi!a$"可以读作"x 的所有谓词也是 a 的谓词"。这是一个关于

x 的陈述，但它并没有将刚才定义的特殊意义上的谓词赋予 x。

由于一阶函项 ϕ!ẑ 变量的引入，我们现在有一个新的基体集合。因此"ϕ!x"是一个不包含表面变量，但包含两个实变量 ϕ!ẑ 和 x 的函项。（我们要注意，当 ϕ 被赋值时，我们也许得到一个其值涉及作为表面变量的个体的函项，例如，如果 ϕ!x 是 (y).ψ(x, y)。但只要 ϕ 是变量，ϕ!x 就不包含表面变量。）再次，如果 a 是一个确定的个体，ϕ!a 就是具有一个变量 ϕ!ẑ 的函项。如果 a 和 b 是确定的个体，"ϕ!a 蕴涵 ψ!b"就是一个具有两个变量 ϕ!ẑ, ψ!ẑ 的函项，如此等等。因此我们得到了一整个集合的新基体：

f(ϕ!ẑ), g(ϕ!ẑ, ψ!ẑ), F(ϕ!ẑ, x)，等等。

这些基体包含作为自变量的个体和一阶函项，但是它们（像所有的基体一样）不包含表面变量。任何这样的基体，如果它包含一个以上的变量，那么，通过把它的所有自变量（除了一个以外）转换成表面变量，就产生一个变量的新函项，我们因此得到函项：

(ϕ).g(ϕ!ẑ, ψ!ẑ)，这是 ψ!ẑ 的一个函项。

(x).F(ϕ!ẑ, x)，这是 ϕ!ẑ 的一个函项。

(ϕ).F(ϕ!ẑ, x)，这是 x 的一个函项。

那些其自变量中含有一阶函项且除一阶函项和个体外无其它自变量的基体，我们将之命名为二阶基体。（它们的自变量不必须是个体。）我们用二阶函项命名：二阶基体或者来自二阶基体的（这是通过把一些自变量变成表面变量）。可以看到，一个个体或一个一阶函项可以作为一个二阶函项的自变量出现。二阶函项包含一阶函项这样的变量，但不包含除（可能）个体之外的其它变量。

我们现在有各种各样的新函项在手。首先，我们有二阶函项，它有一个一阶函项这样的自变量。我们用符号 f!($\hat{\phi}$!$\hat{z}$) 表示这类的可变函项，并且用符号 f!(ϕ!$\hat{z}$) 表示这类函项的任意值。像 ϕ!x 一样，f!(ϕ!$\hat{z}$) 是有两个变量的函项，即有 f!($\hat{\phi}$!$\hat{z}$) 和 ϕ!$\hat{z}$ 这两个变量的函项。f!(ϕ!$\hat{z}$) 的可能值会有 ϕ!a（a 是常量）、(x).ϕ!x、($\exists$x).ϕ!x 等等。（这些结果得自于为 f 赋值、并令 ϕ 待赋值。）我们称这种函项为"一阶函项的谓述函项"。

其次，我们有两个自变量的二阶函项，一个是一阶函项，另一个是个体函项。让我们用下述符号来表示这些函项的待定值：

$$f!(\phi!\hat{z}, x)。$$

一旦 x 被指定一个值，我们将有 ϕ!$\hat{z}$ 的一个谓述函项。如果我们的函项不包含是表面变量的一阶函项，如果我们给 ϕ!$\hat{z}$ 赋值，我们将得到 x 的一个谓述函项。因此，选取最简单的可能情况，如果 f!(ϕ!$\hat{z}$, x) 是 ϕ!x，根据"ϕ!x"的定义，通过给 ϕ 赋值，我们得到 x 的一个谓述函项。但如果 f!(ϕ!$\hat{z}$, x) 包含是表面变量的一阶函项，给 ϕ!$\hat{z}$ 赋值，我们得到 x 的一个二阶函项。

第三，我们有个体的二阶函项。这些函项都是通过将 ϕ 变为一个表面变量，从 f!(ϕ!$\hat{z}$, x) 形式的函项得出。因此，我们不需要一个新的符号。

我们还有具有两个一阶函项的二阶函项，或者具有两个这样的函项和一个个体的二阶函项,等等。

我们现在可以用完全相同的方法来处理三阶基体,它是这样一个函项:包含是自变量的二阶函项,不包含表面变量,并且除了个体和一阶函项以及二阶函项外没有其它自变量。从那里,我们将像以前一样,继续进行到三阶函项;所以我们可以无限地进行下去。如果一个函项中出现的最高阶的变量(这个变量无论是自变量还是表面变量),是n阶的函项,那么它所出现于其中的函项就是n+1阶的。我们不能达至无限阶的函项,因为一个函项中自变量和表面变量的数量必定是有限的,因此每个函项都必定是有限阶的。由于函项的阶数是逐步定义的,所以不可能有"进行到极限"的过程,无限阶的函项也不可能出现。

当一个变量的函项的阶数比它的自变量的阶数高一阶时,也就是说,它的阶数是与它拥有这个自变量的阶数相容的最低阶时,我们将该函项定义为谓述的。如果一个函项有多个自变量,并且自变量中出现的最高阶函项是第n阶,那么,如果该函项为n+1阶的,也就是说,如果它的阶数是与它具有其所具有的自变量的阶数相容的最低阶时,我们就称它为谓述函项。如果一个有多个自变量的函项,其一个未确定的自变量在其它自变量被赋值时,我们得到该自变量的谓述函项,那么,这一个有多个变量的函项是谓述的。

必须注意,在上面层阶中的所有可能的函项都可以通过谓述函项和表面变量来获得。因此,正如我们所看到的,个体x的二阶函项是这种形式的:

$(\phi).f!(\phi!\hat{z}, x)$ 或 $(\exists \phi).f!(\phi!\hat{z}, x)$

或 $(\phi, \psi).f!(\phi!\hat{z}, \psi!\hat{z}, x)$ 或等等。

其中 f 为二阶谓述函项。一般来说，第 n 阶的非谓述函项是通过把所有第 n-1 阶的自变量转变为表面变量而从第 n 阶的谓述函项得到的。(其它自变量也可以变成表面变量。) 因此，除了谓述函项外，我们不需要引入任何作为变量的函项。此外，为了得到一个变量 x 的任意函项，我们不需要超出有两个变量的谓述函项。因为函项 $(\psi).f!(\phi!\hat{z}, \psi!\hat{z}, x)$——f 是给定的——是 $\phi!\hat{z}$ 和 x 的函项，是谓述的。因此，它是 $F!(\phi!\hat{z}, x)$ 形式的函项，并且，因而 $(\phi, \psi).f!(\phi!\hat{z}, \psi!\hat{z}, x)$ 是 $(\phi).F!(\phi!\hat{z}, x)$ 形式的。因此，一般地说，通过前后相续的步骤，我们发现，如果 $\phi!\hat{u}$ 是一个足够高阶的谓述函项，任何被赋值的 x 的非谓述函项都将是这两种形式中的一种：

$(\phi).F!(\phi!\hat{u}, x), (\exists \phi).F!(\phi!\hat{u}, x)$

这里的 F 是 $\phi!\hat{u}$ 和 x 的一个谓述函项。

上述函项层阶的性质可重述如下。一个函项，正如我们在前面所看到的，把它的值的全体，或者它的可能自变量的全体（这最终的意思是一样的），预设为它的意义的一部分。函项的自变量可以是函项、命题或个体。（我们应记住，个体被定义为既不是命题也不是函项的任何东西。）目前，我们忽略函项的自变量是命题的情况。考虑一个函项，它的自变量是一个个体。这个函项预设了个体的全体，但除非它包含是表面变量的函项，否则它不预设任何函项的全体。如果它确实包含一个表面变量的函项，那么它只能在函项的总体得到定义之后被定义。因此，我们必须首先定义那些以个体为其自变量且不包含是表面变量的函项的总体。这些是个体的谓述函项。一般来说，一个自变量的谓述函项是一个除了自变量的可能值和那些由任何一个可能的自变量预设的值之外不涉及任何总体的函项。因此，自变量的谓述函项是不需要引入新的变量（不必然被自变量预设的新型变量）而可确定的任何函项。

可以对命题进行类似的处理。不包含函项和表面变量的命题可被称为基本命题。不包含函项，且除了个体外不包含别的表面变量的非基本命题，可被称为一阶命题。（应该注意，命题中除了表面变量外，没有其它变量可以出现，因为任何包含真正的变量的都是函项，而不是命题。）因此，基本命题和一阶命题会是一阶函项的值。（我们应该记住，一个函项不是它的一个值的组成成分：因此例如函项"x̂是一个人"不是命题"苏格拉底是一个人"的组成部分。）基本命题和一阶命题除了预设个体的全体以外不预设任何其它全体。它们是以下三种形式中的一种或另一种：

$$\phi!x;\ (x).\phi!x;\ (\exists x).\phi!x,$$

这里 $\phi!x$ 是一个个体的谓述函项。因此，如果 p 代表一个可变的基本命题或一阶命题，那么一个函项 fp 或者是 f($\phi!x$) 或者是 f{(x).$\phi!x$} 或者是 f{($\exists x$).$\phi!x$}。因此，一个基本或一阶命题的函项总是可以还原为一个一阶函项的函项。因此，一个包含一阶命题的全体的命题可以还原为一个包含一阶函项的全体的命题；这显然同样适用于高阶。因此，命题层次结构可以从函项层阶中派生出来，我们可以将第 n 阶命题定义为包含函项层阶中第 n–1 阶的表面变量的命题。命题层阶理论在实践中是不需要的，它只与悖论的解决有关；因此，没有必要对命题的类型作进一步的讨论。

V 还原公理

仍然需要考虑的是"还原公理"。可以看出，根据上面的层阶理论，对于"所有的 a– 函项"，其中 a 是某个给定的对象，不能做任何有意义的陈述。因此，像"a 的所有性质"这样的概念，即"所有对 a 都为真的函项"，是不合法的。我们必须区分有关的函项的层次。我们可以说"a 的所有谓述性质"、"a 的所有二阶性质"等等。（如果 a 不是个体，而是 n 阶的对象，那么"a 的二阶性质"就意谓着"a 所满足的 n+2 阶的函项"。）但我们不能说"a 的所有性质"。在某些情况下，我们可以看到有些陈述对"a 的所有 n 阶性质"为真，不管 n 的值可能是什么。在这种情况下，把陈述看作是关于"a 的所有性质"的陈述，并不会造成实际的危害，只要我们记住它实际上是许多陈述，而不是一个可以被视为在所有性质之上为 a 分配另一个性质的陈述。这种情况总是涉及一些系统的不确定性，就像上文所述的"真"之词的意义所涉及的那样。由于这种系统的不确定性，有时可以把许多实际上不同的陈述合并成一个单独的陈述，而这些不同的陈述实际上是与层阶中的不同层阶相对应的。这在说谎者的例子中非常清楚，在说谎者的例子中，"A 的所有陈述都为假"这一陈述应该根据不同的层阶被分解成不同的陈述,并为每一个陈述赋予适当类型的假。

还原公理是为了使大量的推理变得合法化而引入的,在这些推理中,从表面上看,我们关心的是诸如"a 的所有性质"或"所有的 a 函项"这样的概念,然而,在这些概念中,似乎不大可能怀疑有任何实质性的错误。庞加莱猜想还原公理可能是完全归纳公理的另一种形式。然而,事实并非如此。还原公理适用的范围更广,服务于许多与数学归纳法无关的纯逻辑目的。[①]现在这些目的必须要得到解释。

如果我们称一个对象的谓词为一个对该对象为真的谓述函项,那么该对象的谓词只是其性质的一部分。举个例子,我们可以将"拿破仑拥有成为伟大将军的所有品质"理解为"拿破仑拥有成为伟大将军的所有谓词"。这里有一个谓词,它是一个表面变量。如果我们把 $f(\phi!\hat{z})$ 看作"$\phi!\hat{z}$ 是成为伟大的将军所需要的一个谓词",我们的命题就是:

$(\phi): f(\phi!\hat{z})$ 蕴涵 $\phi!$(拿破仑)。

[①] 庞加莱对于数学归纳公理的表述(庞加莱 A 1906,第 867 页),可概括为:一个递归类是这样一个类,o 属于它,并且,如果 n 属于它,那么 n+1 也属于它。一个归纳数是属于每一个递归类的数。一个有限数 n 是满足 n＜n+1 条件的数。因此,归纳公理说,每一个有限数都是归纳数。在我看来,这个公理,不仅不是显而易见的,而且是很可怀疑的:我很怀疑它为真。此外,在数学中,几乎没有什么是通过假设它是假的而使之无效的。人们以后完全有可能发现它或者被证明,或者被推翻。在这种情况下,我看不出有什么理由把它当作公理。

因为这指的是谓词的全体，所以它自身不是拿破仑的谓词。然而，这决不是说，伟大的将军没有一个共同的和特定的谓词。[①] 事实上，肯定有这样一个谓词。因为伟大的将军的数目是有限的，他们每个人肯定都有一些别的人所没有的谓词，例如，他出生的确切时刻。这些谓词的析取，就构成了伟大的将军共同的和特定的谓词。如果我们将之称为谓词 $\psi!\hat{z}$，那么我们关于拿破仑的陈述就等价于 $\psi!$（拿破仑）。如果我们用其他个人代替拿破仑，这个等式也成立。这样，我们便得到了一个谓词，它总是等价于我们赋予拿破仑的性质，即它只属于有这个性质的对象，而不属于别的对象。还原公理指出，总是存在这样的谓词，也就是说，一个对象的每一性质都归属于与那些拥有某些谓词的对象所属的对象集合相同的对象集合。

接下来，我们可以其在"同一性"上的应用为例来说明我们的原则。在这方面，它与莱布尼茨的不可区分的同一性有某种亲缘的关联。很明显，如果 x 和 y 是同一的，并且 ϕx 为真，那么 ϕy 为真。这里 $\phi\hat{x}$ 是什么样的函项都无所谓：陈述必须对任何函项都成立。但我们不能反过来说："对 ϕ 的所有值，如果 ϕx 蕴涵 ϕy，那么 x 和 y 是同一的"，因为"ϕ 的所有值"是不被许可的。如果我们想说"ϕ 的所有值"，我们必须把自己限制在一个阶的函项中。我们可以把 ϕ 或限制在谓词，或限制在二阶函项，或限制在我们愿意的任何阶函项的范围内。但我们必须排除除一

[①] 如果一个有效的枚举给出了一组（有限的）谓词，那么它们的析取就是一个谓词，因为没有哪个谓词作为一个表面变量出现在析取中。[此为法语版所加的注释。]

个阶的函项以外的所有函项。这样，可以说，我们得到了同一性的不同等级的层阶。我们可能会说"x的所有谓词都属于y"，"x的所有二阶性质都属于y"，等等。这些陈述的每一个都蕴涵了在其前的陈述：例如，如果x的所有二阶性质都属于y，那么x的所有谓词都属于y，因为具有x的所有谓词是一个二阶性质，这个性质属于x。但是，如果不借助公理，我们就不能反过来论证说：如果x的所有谓词都属于y，那么x的所有二阶性质也必定属于y。因此，如果不借助公理，尽管x和y有相同的谓词，我们也不能确保它们是同一的。莱布尼茨的不可区分的同一性提供了这个公理。我们应注意，对于他来说，"不可区分者"不能意谓所有性质都是相同的两个对象，因为x的性质之一是与x同一，因而，如果x和y的所有性质都是相同的，这个性质将必然属于y。因此，公理的必然性蕴涵着对共同性质的某种限制，这种共同性质是使事物为不可区分的所必需的。为了说明（而不是解释莱布尼茨），我们可以假设不可区分性所需的共同性质仅限于谓词。这样，不可区分者的同一性就表明，如果x和y在它们的所有谓词上是相同的，那么，它们就是同一的。如果我们假设了还原公理，这就是可以证明的。因为在那种情况下，每个性质都属于与某些谓词定义的对象集合相同的对象集合。因此，与x同一的诸对象，就有一些共同的和特定的谓词。这个谓词属于x，因为x与它自己同一；因为y有x的所有谓词，这个就谓词属于y；因此x、y是同一的。因此，我们可以这样定义：当x的所有谓词属于y时，即当$(\phi):\phi!x$ 蕴涵 $\phi!y$ 时，x和y是同一的。但离开了还原公理，或在这方面某种等价的公理，我们就必定被迫承认同一性是不可定义的，并且承认（这似乎是不可能的）两个所有谓词都是相同的对象，仍然不是同一的。

还原公理在类理论中更为重要。首先，应该注意到，如果我们假定类存在，那么还原公理是可以证明的。在这种情况下，给定任何阶的函项 φẑ，就存在满足 φẑ 的对象组成的类 α。因此"φx"等价于"x 属于 α"。但"x 属于 α"是一个不包含表面变量的陈述，并且因此是 x 的谓述函项。因此，如果我们假设类存在，还原公理就变得不必要了。因此，还原公理的假设是比存在类的假设要小的假设。

到目前为止，人们毫不犹豫地做出了后一种假设。然而，因为存在着悖论（如果类被假定了，悖论需要更复杂的处理），而且因为对于证明我们的定理来说做最少的假定总是好的，我更愿意假设还原公理而不是类的存在。但是，为了解释公理在处理类时的使用，首先有必要解释类的理论。

VI 类理论

要解释类的理论，首先要解释函项的外延函项和内涵函项的区别。这是由下列定义造成的：

一个命题如果为真，其真值是它的真；如果为假，其真值是它的假。（这个表述来自于弗雷格。）

当两个命题具有相同的真值时，即当两个命题都为真或都为假时，它们就为等价命题。

当两个命题函项对于每一个可能的自变量都是等价的，即当任何一个满足一个命题函项的自变量也满足另一个命题函项，反之亦然时，这两个命题函项就是形式上等价的。因此"$\hat{x}$是一个人"形式上等价于"$\hat{x}$是一个没有羽毛的两足动物"；"$\hat{x}$是偶素数"形式上等价于"$\hat{x}$等同于2"。

当一个函项对于任何自变量的真值与它对于任何形式等价的自变量的真值相同时，该函项的函项被称为外延函项。也就是说，只要$\psi\hat{z}$形式上等价于$\phi\hat{z}$，$f(\phi\hat{z})$就等价于$f(\psi\hat{z})$，那么，$f(\phi\hat{z})$是$\phi\hat{z}$的一个外延函项。但由于ϕ和ψ在这个定义中是表面变量，有必要将它们限制在一种函项中；我们将把它们限制在谓述函项中。因此，如果对每一个ϕ和ψ来说，只要$\phi!\hat{z}$形式上等价于$\psi!\hat{z}$，$f(\phi!\hat{z})$就等价于$f(\psi!\hat{z})$，那么，$f(\phi!\hat{z})$就是一个外延的函项。

一个函项的函项如果不是外延的，就称为内涵的。

内涵函项和外延函项之间区别的性质和重要性，通过一些例证可以更加清楚地得到说明。"'x是一个人'总是蕴涵'x是必死的'"这个命题是函项"$\hat{x}$是一个人"的外延函项，因为我们可用"x是一个没有羽毛的两足动物"，或任何其它适用于"x是一个人"所适用的对象而不是其它对象的陈述，来代替"x是一个人"。但是，命题"A相信'x是一个人'总是蕴涵着'x是必死的'"是"$\hat{x}$是一个人"的内涵函项，因为A可能从未考虑无毛两足动物是否必死的这个问题，或者也可能错误地相信无毛两足动物是不死的。因此即使"x是一个没有羽毛的两足动物"形式上等价于"x是一个人"，这也决不会使一个相信所有的人都是必死的人，必定相信所有无毛两足动物是必死的，因为他可能从未想到过无毛两足动物，或认为无毛两足动物并不总是人。此外，命题"满足函项 $\phi!\hat{z}$ 的自变量的数量是n"是 $\phi!\hat{z}$ 的外延函项，因为，我们用任何其它函项替代 $\phi!\hat{z}$——当 $\phi!\hat{z}$ 为真，这些函项为真，当 $\phi!\hat{z}$ 为假，这些函项为假——它的真和假不变。但命题"A断言满足 $\phi!\hat{z}$ 的自变量的数量是n"是 $\phi!\hat{z}$ 的内涵的函项，因为，如果A断言这涉及到了 $\phi!\hat{z}$，他就肯定不能断言这涉及所有等价于 $\phi!\hat{z}$ 的谓述函项，因为生命太短暂。再次，考虑"两个白人到达了北极"这个命题。这个命题说："两个自变量满足函项 '$\hat{x}$ 是一个到达北极的白人'。"如果我们用任何其它对于相同自变量（而不是别的）为真的陈述代替"$\hat{x}$ 是一个到达北极的白人"，这个命题的真和假不受影响。因此，它是一个外延函项。但命题"这是一个奇怪的巧合，两个白人男子应该已经到达北极"说的是："这是一个奇怪的巧合，两个自变量应满足函项 '$\hat{x}$ 是一个到达北极的白人'"，它并不等价于"这是一个奇怪的巧合，两个自变量应满足函项 '$\hat{x}$ 是库克博士或指挥官培利'"。因此"这是一个奇怪的巧合，$\phi!\hat{x}$ 应该被两个自变量满足"是 $\phi!\hat{x}$ 的一个内涵函项。

上面的例子说明了这样一个事实，即数学特别关注的函项的函项是外延函项，而函项的内涵函项只出现在非数学观念引入的情况下，例如某人相信或肯定什么，或者某一事实引起的情绪。因此，在数理逻辑中，特别强调函项的外延函项是很自然的。

当两个函项在形式上等价时，我们可以说它们具有相同的外延。在这个定义中，我们与日常用法的观点是一致的。我们不假定有一种叫外延的东西：我们只是定义了整个短语"具有相同的外延"。我们现在可以说,一个函项的外延函项的真或假仅取决于其自变量的外延。在这种情况下,我们可以方便地把有关的陈述看作是关于外延的陈述。由于外延函项很多而且很重要,所以把外延看作一个对象是很自然的,它被称为类并被看作是谈论各种形式等价的函项的所有等价陈述的主词。因此,例如,如果我们说"有十二个使徒",人们很自然地认为这个陈述是把是十二个的性质赋给了人的某个集合,即使徒的集合,而不是把被十二个变量满足的性质赋给了"$\hat{x}$是一个使徒"的函项。这种观点被这样一种感觉所鼓舞:在两个"具有相同外延"的函项中存在着某些相同的东西。如果我们考虑这样一些简单的问题,如"n个物体可以有多少种组合?"乍一看似乎每个"组合"都是可被计数为一的一个简单的物体。然而,这在技术上确实没有必要,我看不出有什么理由认为这在哲学上是正确的。克服这一明显困难的技术程序如下:

我们已经看到,一个函项的外延函项可被看作是由自变量-函项所决定的类的函项,而内涵函项却不能被如此看。为了避免对函项的内涵函项和外延函项进行不同的处理,我们构造了一个从任何一个函项的函项派生出来的外延函项,并且它具有与派生出该函项的函项等价的性质,前提是该函项是外延函项。

派生函项的定义如下:给定一个函项$f(\phi\hat{z})$,我们的派生函项是"存在一个形式上等价于$\phi\hat{z}$并且满足f的谓述函项"。如果$\phi\hat{z}$是谓述函项,只要$f(\phi\hat{z})$为真,我们的派生函项就为真。如果$f(\phi\hat{z})$是外延函项,并且$\phi\hat{z}$是谓述函项,我们的派生函项不会为真,除非$f(\phi\hat{z})$为真;因此,在这种情况下,我们的派生函项等价于 f(ϕẑ)。如果 f(ϕẑ) 不是外延函项，并且如果 ϕẑ 是谓述函项，当初始函项是假的时候，我们的派生函项可能有时为真。但在任何情况下，派生函项总是外延的。我们把自己限制在形式上等价于 ϕẑ 的谓述函项的理由是，形式上等价于 ϕẑ 的函项必定是一个表面变量，因此必定是一特定类型的，并且，把谓述函项看作最简单的类型是很自然的。我们会发现，在所有实际出现的外延函项的情况中，两个形式上等价的函项在被看作自变量[①]时，给出了相同的真值，即使其中一个或两个都不是谓述的；但这一点不能根据外延函项的定义得到说明，因为它需要一个不局限于任何一种类型的函项式表面变量。只要两个形式上等价的函项给出对于 f(ϕẑ) 的同样的真值，即使它们不都是谓述的，那么函项"存在一个形式上等价于 ϕẑ 并且满足 f 的谓述函项"将等价于 f(ϕẑ)，倘若存在形式上等价于 ϕẑ 的谓述函项的话。如果不存在这样的函项，即使初始函项为真，且 f 是外延函项，其派生函项也必然为假。在这一点上我们利用还原公理，根据这个公理，总是存在形式上等价于 ϕẑ 的谓述函项 ψ!ẑ。

为了使派生函项对任何阶的任何函项 ϕẑ（倘若它具有恰当类型的自变量的话）有意义，一个必要而又充分的条件是，f(ψ!ẑ) 应该有意义——其中 ψ!ẑ 是任意谓述函项。理由是，关于自变量 ϕẑ，我们只需要假设它形式上等价于一些谓述函项 ψ!ẑ，并且，形式上等价也有系统的未定性（这种未定性与属于真和假的未

[①] 这里的合取或析取应定性地（内涵地）给出。如果它是在外延上（即通过枚举）给出的，则不需要任何假设；但是在这种情况下，所涉及的谓词必须是数量有限的。[此为法语版所加的注释。]

定性是一样的），因此在任何两个不同层阶的函项之间都能成立——只要这些函项具有相同类型的自变量。因此，通过我们的派生函项，我们不仅在任何地方都提供了外延函项来代替内涵函项，而且实际上消除了考虑具有相同类型自变量的函项之间类型差异的必要性。这在我们的层次结构中产生了与只考虑谓述函项相同的简化效果。

正如上面所解释的，不认为一个函项的外延函项的自变量是函项，而认为是由这个函项决定的类是很方便的。现在我们知道我们的派生函项总是外延的。因此，如果我们的初始函项是 f(ψ!ẑ)，我们把派生函项 f 写作 f {ẑ(ϕz)}，其在的"ẑ(ϕz)"可读作"满足 ϕẑ 的自变量的类"，或者更简单地读作"由 ϕẑ 决定的类"。因此"f {ẑ(ϕz)}"将意谓着："存在一个形式上等价于 ϕẑ 的谓述函项 ψ!ẑ 使得 f(ψ!ẑ) 为真。"这实际上是一个 ϕẑ 的函项，但是我们从符号上将之当作好像有一个自变量 ẑ(ϕz)。借助于还原公理，我们得到了类的一般性质。例如，两个形式上等价的函项决定相同的类，反过来说，决定相同的类的两个函项是形式上等价的。还要说，x 是 ẑ(ϕz) 的一个成员，即，x 是由 ϕẑ 决定的类的一个成员，在 ϕx 为真时为真，在 ϕx 为假时为假。因此，只要我们假设了还原公理，似乎需要类的概念才能实现的所有数学目的，都由纯粹的符号对象 ẑ(ϕz) 实现了。

根据还原公理，如果 ϕẑ 是任何函项，就有一个形式上等价的谓述函项 ψ!ẑ 存在。因此，类 ẑ(ϕz) 与类 ẑ(ψ!z) 是等同的。因此，每个类都可以由谓述函项来定义。因此，一个给定项可以有意义地被认为属于或不属于的类的全体是一个合法的全体，尽管一个给定项可以有意义地被认为满足或不满足的函项的全体不是一个合法的全体。一个给定的项 a 属于或不属于的类是由 a 函项确定的类；它们也是由谓述的 a 函项确定的类。我们称它们为 a 类。这样，"a 类"构成从谓述的 a 函项的全体派生出来的一个合法的全体。因此，很多种类的普遍陈述变得可能，否则就会引起恶性循环的悖论。这些普遍陈述没有一种是会导致悖论的陈述，其中也有很多这样的陈述，甚至很难设想它们是不合法的。它们是根据还原公理成为可能否则就会被恶性循环原则所排斥的事实，可被看作是有利于还原公理的一个论据。

值得注意的是，如果我们假设，无论 $\phi\hat{x}$ 的层阶是什么，总存在一个形式上等价于 $\phi\hat{x}$ 的 n 阶函项（其中 n 是固定的），那么还原公理所服务的所有目的都可以同样好地实现的。这里我们的"n 阶的函项"指的是相对于 $\phi\hat{x}$ 的自变量的 n 阶函项；因此，如果这些自变量绝对地是 n 阶的，那么，我们就假设存在一个形式上等价于 $\phi\hat{x}$、绝对阶是 m + n 阶的函项。按照上面所说形式的还原公理，取 n=1，但是，这对于公理的使用不是必然的。下述这一点也不是必然的：对于 m 的不同值，n 必须与之一样；必然的是，只要 m 是常数，n 就应该是常数。我们所需要的是，当涉及到函项的外延函项时，我们应该能够通过某种给定类型的形式上等价的函项来处理任何 a 函项，以便能够得到结果，否则就需要不合法的"所有 a 函项"的概念；给定的类型是什么并不重要。然而，把还原公理置入上述更一般但更复杂的形式中，似乎并没有使还原公理变得更合理。

还原公理等价于假设"谓词的任何合取和析取等价于一个

单独的谓词",即等价于假设:如果我们断言 x 具有所有满足函项 $f(\phi!\hat{z})$ 的谓词,那么当我们的断言为真时,就存在 x 的某个谓词,当我们的断言为假时,就不存在这个谓词;而且如果我们断言 x 有某个满足函项 $f(\phi!\hat{z})$ 的谓词时,情况同样如此。因为通过这个假设,一个非谓述函项的阶可以低一阶;因此,通过一些有限的步骤,我们将能够从任何非谓述函项得到形式上等价的谓述函项。在符号推理中,用上述假设代替还原公理似乎是不可能的,因为它的使用需要明确地引进更进一步的假设,即,通过有限数量下降的步骤我们可以从任何函项下降到一个谓述函项,并且,如果没有在早期阶段几乎是不可能的发展,这种假设是不可能的。基于上述理由,似乎很明显,如果上述替代公理事实上为真,那么还原公理也为真。反过来也是一样。显而易见,这就完成了等价性的证明。

VII 接受还原公理的理由

还原公理是自明的这个命题是一个难以接受的命题。但事实上,自明性从来都只是接受公理的一部分理由,也从来不是不可或缺的。接受一个公理的理由,像接受其它命题的理由一样,常常主要是归纳性的,即,许多几乎是不容置疑的命题可以由它推导出来;而且如果公理为假,就没有同样合理的方法使这些命题为真;而且没有什么可能为假的命题可以从它推导出来。如果公理看起来是自明的,这实际上只意味着它几乎是不容置疑的;因为,有些曾被认为是自明的事情,后来却被证明是假的。如果公理本身几乎是不容置疑的，它也仅仅是对公理的结果几乎是不容置疑这一事实所衍生出的归纳证据的补充：它并没有提供一种完全不同的新证据。绝对确定是永远不能达至的，因此，每一个公理及其所有后果都应带有某种可怀疑的成分。在形式逻辑中，怀疑的成分比在大多数科学中要少，但并不是没有，比如从如下这样的事实会产生怀疑：从先前并不知道有限制的前提中产生了悖论。对于还原公理，支持它的归纳证据是非常有力的，因为它所允许的推理和它所导致的结论似乎都是有效的。但是，尽管这一公理似乎不可能被证明是错误的，但从另一个更基本、更自明的公理中可以推演出这一公理，却决不是不可能的。上述类型层阶理论可能比所需的更明显地使用了恶性循环原则，而通过不那么明显地使用，这一公理的必要性就可得以避免。然而，这些变化并不会使任何基于上述原理所断言的东西变为假的：它们只会为同样的定理提供更容易的证明。因此，似乎仅仅会有很小的理由让我们担心，我们会因使用还原公理而犯错。

庞加莱的"论无限的逻辑"中的一个观点需要解释一下。他断言（第469页）："类型论仍然是不可理解的，除非有人认为序数论已经建立起来。"在我看来，这一断言是依赖于一种混淆。人们承认类型有一个阶（order），但不承认有必要研究这种作为阶的阶。演绎法的诸步骤有一个阶，但演绎法并不必要研究诸步骤的阶，虽然当我们把注意力转向阶时，我们会发现它对演绎法是必不可少的。类型也是如此：它们是分阶的，并且当我们研究它时，我们就看到了它的重要性。但我们完全可以不对阶加以研究而根据所需来使用它们，就像我们可以把函项 $\phi(\hat{x}, y)$ 与函项

φx̂区分开来，而不需要知道前者有一个自变量而后者有两个自变量那样。尽管一旦我们明白，如果我们愿意，我们就能避免所有涉及这方面知识的短语，避免使用所有这样的短语不过是迂腐无聊而已。所以，对于类型，我们可以用严格说来涉及序数知识的语词来表示它们的层阶，因为很明显，我们可以在没有这些语词的情况下对类型进行所有必要的使用。我们不说一阶函项，而应说"函项 φ!x̂"；不说二阶函项，而应说"函项 f !(φ̂!x̂)"，以此类推。因此，虽然类型是有层阶的，但类型论没有预设序数，并且随后在将序数理论建立在这样的基础（这一基础假定了类型论）上中也没有逻辑的循环。

（十二）类型论

本文为《数学的原理》(The Principles of Mathematics, 剑桥大学出版社, 1903年) 的附录B, 收在该书的第522–528页。

497. 我们在此试探着将类型论当作解决悖论的可能办法提出来；但它很有可能在能够解决所有困难之前，需转变为某种更精致的形式。如果这应该是迈向发现真相的第一步，我就应当在本附录中努力刻画出它的主要轮廓，并列举出那些它未能解决的问题。

每个命题函项 $\phi(x)$, 在人们看来, 除了有它的真域外, 还有一个意义域, 即如果 $\phi(x)$——无论是真还是假——是一个命题, 那么, x 必须位于其中的一个域。这是类型论的第一个要点；类型论的第二个要点是, 意义域构成类型, 即, 如果 x 属于 $\phi(x)$ 的意义域, 那么, 就有一类对象, 即 x 的类型——不论 ϕ 怎么变化, 其所有成员都必定属于 $\phi(x)$ 的意义域；并且, 意义域要么总是单一类型, 要么是几个类型全体成员的总和。第二个要点没有第一点明确, 并且, 在数的情形中引起了悖论；我希望下面的讨论能使其重要性和意义变得清楚。

一个项或个体是任何一个非域的对象。这是最低类型的对象。如果这样一个对象——比如一个空间中的某一点——出现在一个命题中,那么,任何其它个体总是可替代而不失去意义。在第六章中,我们所说的一个单一类是一个个体,只要组成它的成员都是个体:日常生活的对象,人、桌子、椅子、苹果等,都是一个类。(一个人是心理存在的一个类,其它的则是物质点的一类,或许与第二性质有关。)因此,这些对象与简单的个体属于相同的类型。似乎所有由单个单词意指的对象,无论是事物还是概念,都是这种类型的。因此,在实际关系命题中出现的关系和事物个体是相同类型的,虽然,符号逻辑所使用的外延关系是与其不同的类型。(在普通关系命题中出现的内涵关系在它们的外延被给予时不是确定的,但符号逻辑的外延关系是"对"的类。)个体是唯一不能有意义地用数断言的对象。

接下来一种类型由域或个体的类组成。(序数观念与"域"一词无关)例如,"布朗和琼斯"是这样一类对象,而且如果在"布朗"是其组成部分的任何真假命题中被用来代替"布朗",通常不会产生一个有意义的命题。(在某种意义上,这构成了单数和复数的语法区别的理由;但是该类比并不贴切,因为,一个域可能有一个或多个项,而且在它有多个项的地方,它在某些命题中也可能作为单数出现。)如果 u 是由命题函项 $\phi(x)$ 确定的意义域,那么,非 u 将包含所有使 $\phi(x)$ 为假的对象,因此,非 u 包含在 $\phi(x)$ 的意义域中,并且仅仅包含与 u 的成员类型相同的对象。在这方面有一个困难,它来自这样的事实:两个命题函项 $\phi(x)$、$\psi(x)$ 可能有相同的真值域 u,而它们的意义域可能不同;因此,非 u 就变得含义模糊了。总是有一个包含 u 的"最小的类型",并且非 u 可以被定义为该类型的其余部分。(两个或两个以上类型的和是一个类型;"最小的类型"是一种不是这样的和的类型。)考虑到悖论,这种观点似乎是最好的;因为非 u 一定是使"x 是 u"为假的意义域,并且"x 是一个 x"一般来说必定是无意义的;因此,"x 是 u",必定要求 x 和 u 应该是不同类型的对象。值得怀疑的是,在这方面,除非限制在"最小的类型"之内,否则这个结果是不能确保的。

必须否认混合类(其成员不全属于同样的"最小的类型")与其一个成员属于相同的类型,这不可避免地与常识发生冲突。例如,考虑一下"海涅和 the French"这样的短语。如果这是一个由两个个体组成的类,"the French"必须被理解为"法国",即一个"单一类"。如果我们将"the French"当作多来言说,我们就得到一个不是由两个成员组成的类,而是一个由多于法国人数量的个体组成的类。是否有可能形成一个类,其中一个成员是海涅,而另一个成员是作为多的"the French",这是我以后还要回到的地方;目前,只需指出的是,如果有这样一个类,为了避免悖论,它就必须与个体组成的类和由个体的类组成的类不同。

在个体类之后的下一个类型是个体类的类。例如,俱乐部协会;这些协会的成员即俱乐部,本身就是由个体组成的类。我们习惯于将"类"说成是只由个体组成的类,将"类的类"说成是由个体组成的类所组成的类,以此类推。我用"域"这个词来表示一般的概念。这些类型有一个发展序列,由于一个域可以由任何给定类型的对象组成,结果是,出现了一个比其成员的类型更高的域。

一个新的类型系列从有意义的对开始。这些类型的域是符号逻辑所处理的关系:这是外延的关系。然后,我们可以形成关系的域，或关系的关系，或对的关系（例如，透视几何中的分离），或者个体与对的关系，以此类推；以此方式，我们得到的就不仅仅是一个单一的序列，而是由诸序列组成的整个无限系列。我们也有由"三元组"组成的类型，这些"三元组"是被看作外延域的三元关系的成员；但是在"三元组"中，有几种类型可还原为以前的类型。因此，如果 $\phi(x, y, z)$ 是一个命题函项，它可能是命题 $\phi_1(x)\cdot\phi_2(y)\cdot\phi_3(z)$ 的积或命题 $\phi_1(x)\cdot\phi_2(y, z)$ 的积，或者关于 x 和 (y, z) 对的命题，或者它可以用其它类似的方式被分析。在这种情况下，不会有新的类型出现。但是如果我们的命题不是可被如此分析的——而且又似乎没有先验的理由总是可被如此分析的——那么我们就获得了一种新的类型，即"三元组"的类型。我们可以组成一个三元组的域，三元组的对（二元组），三元组的三元组，由一个三元组和一个个体组成的对，等等。所有这些都产生了新的类型。因此，我们得到了类型的一个巨大的层级结构，并且很难确定可能有多少种类型；但是，从获得新类型的方法可以得出的结论是，总数只有 α_0（有限整数的数目），因为，得到的序列或多或少类似于有理数的序列，按次序排列：1, 2, $\cdots$, n, $\cdots$, 1/2, 1/3, $\cdots$, 1/n, $\cdots$, 2/3, $\cdots$, 2/5, $\cdots$ 2/(2n+1), $\cdots$无论如何，这只是一个推测。

上面列举的每一种类型都是最小的类型；即，如果 $\phi(x)$ 是一个命题函项，这个函项对属于上述类型之一的一个 x 的值是有意义的，那么 $\phi(x)$ 对于属于该类型的每个 x 的值都是有意义的。但是，似乎是——尽管我很怀疑——任何数量的最小的类型的和是一个类型，即，某些命题函项的意义域。因为每个域都有一个数,所以,所有的域确实构成了一个类型,不管这是否普遍为真;所有的对象也是如此,因为每个对象都与它自己是同一的。

在上述一系列类型之外还存在着命题的类型;以此为起点,可以设想,一个新的层级结构就开始形成了;但这种观点中存在着一些困难,使人们怀疑是否可以像对待其它对象一样对待命题。

498. 数也是上述系列之外的一种类型,并呈现出了难题。因为,每个数都从每个其它类型的域即那些具有给定数量成员的域中,选择确定数量的对象,这使得0的显见定义成了错误的。由于每种类型的域都有自己的零域——它将是被认为是各种域的域的0的成员,因而,我们不能说0是其成员仅有零域的域。此外,数还需要对类型和域的总体加以考查;在这方面也可能会存在难题。

因为所有的域都有数,所以各种域也构成了一个域;因此,$x \in x$有时是有意义的,在这种情况下,对它的否定也是有意义的。所以,存在一个域w,使得$x \in x$是假的;因此,悖论证明了这个域w不属于$x \in x$的意义域。因为在$x \in u$中,u必须总是比x高1阶的类型,我们可以观察到,只有当x是无限阶的类型时,$x \in x$才是有意义的;可是,所有域的域当然是无限阶的。

由于数是一种类型,所以命题函项"x不是u"必然意味着"x是一个不属于u的数",其中u是一个数的域;除非,为了避免这个自相矛盾的后果,我们说,虽然数是关联于某些命题的一个类型,但它们不是关联于"u包含在v中"或"x是u"这样的命题的类型。这样的观点是完全站得住脚的,尽管它导致了很难看

（十二）类型论

清后果的复杂性。

从只有命题才能有意义地说是真或假的事实（如果这是一个事实）出发，我们得出命题是一种类型的结论来。由于只有真命题才是被断言的，所以真命题似乎形成了一种类型（参见附录A.§479）。如果是这样的话，由于每个对象与自身都是同一的，并且命题"x和x是自身同一的"和x具有一一对应的关系，因而，命题的数量必定要和所有对象的数量一样大。然而，这里出现了两个难题。首先，我们所说的命题概念似乎总是一个个体；因此，不应该有比个体更多的命题。其次，如果有可能形成命题的域，那么必定存在比命题数量更多的域，尽管这些域只是对象全体的一部分（参见§343）。这两个难题非常重要，值得做充分的讨论。

499.第一点可以用更简单的方式来加以说明。我们知道，存在着比个体数量更多的类，并且，一个谓词也是一个个体，因此，不是所有的类都有定义性的谓词。这个结果也可以从悖论中推导出来，它显示了区分类与谓词，以及坚持外延类观点的必要性。同样的，对的域的数量比对的数量多，因而也比个体的数量多；但在内涵上表达关系的动词都是个体。因此，并不是每一个对的域都构成了一些动词的外延，尽管每一个这样的域都构成了一些包含两个变量的命题函项的扩展。因此，虽然动词对于这些命题函项的逻辑发生是必不可少的，但内涵论的立场并不足以给出所有被符号逻辑视为关系的对象。

在命题的情况下，似乎总是存在一个相关的表示一个个体的动名词。我们有"x同一于x"和"x的自我同一"，"x区别于

y"和"*x* 与 *y* 的区别";等等。被我们叫作命题概念的动名词,考察起来显得似乎是个体;但这是不可能的,因为"*x* 的自我同一"有和对象一样多的值,所以,它具有的值的数量比个体的总数要多。这源于这样一个事实:每一个可以想象的对象都存在着与其相关的命题,并且同一性的定义表明(§26):每一个存在相关命题的对象,都与它自身是相同的。避免这一困难的唯一途径是否认命题概念是个体。这似乎是我们被迫选择的唯一道路。然而,不可否认的是,命题概念和颜色是两个对象;因此,我们必须承认,构造其所有成员不是相同类型成员的混合域是可能的,但这样的域将总是不同于我们所说的只包含一种类型成员的纯域。事实上,命题的概念除了是命题本身以外似乎什么都不是。二者的差异仅仅是心理上的,我们在一种情况下不断言命题,在另一种情况下断言命题。

500. 在第二点上,我们遇到了更大的困难。我们不能否认命题域的存在,因为我们常常想断定这些域的逻辑积;但我们不能承认域比命题多。乍一看,通过发现与每一个不是零的命题域相关联的一个命题——即域的命题的逻辑积,困难可被认为克服了;[①] 但这并没有摧毁康托尔对一个域的子域比其成员数量更多的证明。让我们通过假设一个特定的一对一关系来实施这个证明,这个关系将每个不是逻辑积的命题 *p* 与其唯一成员为 *p* 的域

[①] 人们可能疑惑于命题域与其逻辑积的关系是否是一对一还是多对一的关系。例如,*p* 和 *q* 和 *r* 的逻辑积与 *pq* 和 *r* 的积不同? 逻辑积的定义会消除这一疑问;因为所讨论的两个逻辑积,虽然相等,但绝不是相同的。因此,所有命题域与某些命题都存在着一对一的关系,这与康托尔定理直接矛盾。

联系起来,同时它将所有命题的积与命题的零域联系起来,并将所有其它命题的逻辑积与它自己的因素的域联系起来。这样,根据康托尔证明的一般原理,与任何命题不相关的域ω,是产生自逻辑积但本身不是自身因数的诸命题的域。但是,根据相关关系的定义,ω应该与ω的逻辑积相关。我们会发现旧的悖论重新产生了。因为我们可以证明ω的逻辑积既是又不是ω的成员。这似乎表明没有像ω这样的域,但类型论并没有说明为什么没有这样的域。因此,悖论需要对解决办法的进一步微秒改进来加以克服;但到底怎么改进,我现在无法想象。

让我们更充分地讨论一下这个新的悖论。如果 m 是一个命题类,那么命题"每个 m 都是真的"自身可能是 m,也可能不是 m。但是这个命题和 m 有一一对应的关系:如果 n 不同于 m,"每个 n 都是真的"和"每个 m 都是真的"不是同一个命题。现在考虑一下"每个 m 都是真的"这种形式命题的整个类,并且具有不属于它们各自的 m 的成员的性质。设这个类是 ω,并且设 p 是命题"每一个 ω 都是真的"。如果 p 是 ω,它必定具有 ω 的定义性质;但是这个性质要求 p 不应该是 ω。另一方面,如果 p 不是 ω,那么 p 确实具有 ω 的定义性质,因此是 ω。因此,这种悖论似乎是不可避免的。

为了克服这一悖论,我们需要重新讨论等价的命题函项的同一性和两个命题的逻辑积的性质问题。这些问题的产生如下。如果 m 是一个命题类,它们的逻辑积是命题"每个 m 都是真的",我用 $\wedge'm$ 表示该命题。如果我们现在考虑由 m 和 $\wedge'm$ 组成的一个命题类的逻辑积,这等价于"每个 m 是真的并且每个 m 是真的",

即"每个 m 是真",即 $\wedge`m$。因此,新命题类的逻辑积等价于新类的一个成员,这个新类与 $m$ 的逻辑积相同。因此,如果将等价的命题函项等同起来($\wedge`m$ 是 m 的命题函项),上述悖论的证明就失败了,因为 $\wedge`m$ 形式的每一个命题既是它是其成员的类也是它不是其成员的类的逻辑积。

但这种逃避实际上是行不通的,因为不言自喻的是,等价的命题函项往往是不等同的。例如,谁会认为"x 是一个不是2的偶质数"等同于"x 是查理二世的一个明智的行为或愚蠢的言论"。然而,如果要归诸一个著名的墓志铭的话,这些是等同的。由 m 和 $\wedge`m$ 组成的类的所有命题的逻辑积是"每一个命题,无论是 m 或断言每一个 m 都是真的,都是真的";这与"每个 m 都是真的"是不相同的,尽管两者是等价的。因此,似乎没有什么简单的方法来避免这一悖论。

这个悖论与第十章中讨论的悖论的相似强烈地表明,这两者必定有相同的解,或者至少有非常相似的解。当然,也有可能认为命题本身有各种类型,而逻辑积必须只有一种类型的命题作为因数。但这个建议似乎粗疏和过于人为。

综上所述,第十章的特殊悖论似乎由类型论克服了,但可能至少有一个类似的悖论不能被这一理论克服。所有逻辑对象或所有命题的整体,似乎都涉及到一个基本的逻辑难题。完全解决困难的办法是什么,我还没有成功地发现;但由于它关系到推理的基础,我诚挚地推荐对它的研究,以引起所有逻辑学学者的注意。

四

逻辑和数学的哲学

（十三）无限公理

首次发表于《希尔伯特杂志》1904年7月第2期第809-812页。

凯瑟教授非常有趣的文章"论无限公理"[1]包含了对无限论极其重要的观点。那些像我一样认为所有纯数学只不过是符号逻辑的延伸的人们主张：在数学的后面部分，其中包括普通算术和无限数算术，根本没有新的公理。与此相反，凯瑟教授认为，在所有试图证明无限存在的论证中，都秘密地引用了一个特定的公理。我相信，他在这样认为的时候，一定是被学者们陈述其对这个问题的论点时通常采取的简洁也许是晦涩的方式误导了。我自己也令人讨厌地受到了同样的指责。由于逻辑上严格和详细的证明需要用很长的篇幅，不能顺便说一下便可，因此，我把《数学的原理》第二卷留给这个论证。然而，我们仍然有可能小心地提出论证的大纲，这个大纲使论证看起来不管"精致"与否，肯定不是"圆满的"。[2]

在提出论证时，我预设了数的定义，并预设了根据预设的定义对每一个都有一些确定数量的项的类的证明。对这些问题我在

---

[1] 凯瑟 A 1904。
[2] 同上，第549-550页。

上面提到的著作的第二部分中已经详细地讨论过了；凯瑟教授在这些问题上看起来没有失误。

第一步是证明存在数0。满足任何没有东西能满足的条件的事物的数量被定义为0；并且事实可能会证明存在这种条件。例如，没有什么命题是同时为真和为假的。因此，既是真又是假的命题的数目就是0。因此存在0这样的数。

接下来，我们将数1定义如下。如果一个类中有一个项，当该项被删除时，余下的项数为0，则该类中的项数为1。证明有一个成员的类的存在并不困难；例如，与数0等同的事物的类只包含数0，并且只有一个成员。

我们以同样的方式定义数2，我们证明由数0和1组成的类有两个成员，由此可以推出数2实存。

如果我没有弄错的话，在论证的下一个阶段，凯瑟教授被论证的过分简洁所误导了。在这一点上，他似乎认为，无限论的倡导者满足于一个未定的"等等"——一种旨在掩盖很多例外的东西。但是这种在普通的数学中很常见的，由成行的小点来表示的"等等"，却不被更严格的符号逻辑学家所容忍。我将试着说明，没有它们，论证是如何进行的。

我们首先证明数学归纳法的原则[①]——在这个领域里，这个原理对我们来说的有效，几乎只能期待于"等等"。这个原则规定，数0具有的，以及当数n具有时为n+1所具有的任何性质，被所有有限的数所具有。通过这一原则，我们证明，如果n是任意有限

[①] 这里我省略了这里假设的命题的证明。其中一些证明可以在罗素 B 1901b 的第4节中找到；其它的证明参见怀特海 A 1902。

数，从0到n的数的数（包括0和n），是n+1。因此，如果n存在，n+1也存在。这样，由于0存在，根据数学归纳法，所有有限数也就存在。我们也证明，如果m和n是0以外的两个有限数，那么，m+n既不等同于m也不等同于n。因此，如果n是任意有限数，那么n就不是有限数的数，从0到n的数的数是n+1，并且n+1和n是不同的。因此没有有限数是有限数的数，因此，既然基数[①]的定义无疑允许有限数的数的存在，那么这个数就是无限的。因此，仅从逻辑的抽象原理出发，就可以严格地证明无限数的存在。

上面所说的是一个适用于纯数学的严格证明，因为它所处理的实体仅仅是那些属于纯数学领域的实体。其它的证明，例如来自于事物的概念与事物不同这一事实的证明，不适用于纯数学，因为正如凯瑟教授指出的那样，它们假定的前提在数学上是不可证的。但这样的证明并不因此是循环的和谬误的。我接受凯瑟教授所列举的戴德金提出的五个设定，完全否认其中任何一个是以实无限为前提的。诚然，它们一起蕴涵着实无限；这确实是它们的目的所在。但在哲学上，把蕴涵和预设混为一谈是很普遍的。这样的话，所有的推论都是循环的。凯瑟教授提出的论点基本上是这样的：如果结论（无限存在）不真，那么其中一个前提不真；因此，前提预设结论，论证是循环的。但是在所有正确的推论中，如果结论为假，那么至少有一个前提为假。前提的假预设了结论的假，但它决不推论出，前提的真就预设了结论的真。错误的根源似乎是，在很容易得出推论的

[①] 参看罗素 B 1903，第11章。

地方,这推论就被视为前提实际上的一部分;因此,非常基本的论证,相当错误地,获得了预期理由(petitiones principii)的表象。

另外需要批评的一点是凯瑟教授陈述无限公理的心理学形式。他这样陈述这个公理(第551页):"概念和逻辑推理都绝对地预设:心灵发现自己能够进行的一种活动本质上是可无限地进行的。"这一陈述被"本质上"(intrinsically)一词弄得含糊不清;但我真诚地希望推论中不存在这样的预设,因为一个最确定的经验事实是,心灵不可能无休止地重复进行同一活动。即使不考虑人是必死的这一事实,人也注定要有睡眠的间隙;当他喝醉酒的时候,他不能进行清醒时所能进行的心理活动等等。当然,我知道,这些意外本来就是要用"本质上"这个词来加以消除的;但是,当它们像它们必定被消除那样消除时,我们就得到了这样一个如此复杂如此明显地充满了经验因素的公理,以至于要把它作为所有逻辑的基础,就需要非凡的勇气。唯一的遁辞就是把这里说的"心灵"说成是上帝的心灵。但是现在很少有人坚持认为上帝的存在是所有逻辑的必要前提。[①]

事实是,逻辑和数学是完全与人类的心灵或任何其他心灵的存在无关的;心理过程通过逻辑得到了研究,但逻辑的主题并不预设心理过程,而且即使没有心理过程,它仍然为真。诚然,在那种情况下,我们会不懂逻辑;但不能把我们的知识与我们所知道的真理本身混淆在一起。就逻辑而言,虽然我们的知识当

---

① 参见罗素 B 1900a,第15章,特别是第3节。

然地涉及心理过程，但我们所知道的东西本身并不涉及心理过程。除非人们认识到一个真理和对它的认识就像一个苹果和对它的食用一样不同，否则，逻辑将永远不会获得它在科学中应有的地位。

（十四）论无限和超限的公理（1911）

　　这篇论文于1911年3月22日在巴黎数学家学会宣讲。这是罗素访问巴黎期间发表的三个演讲之一。首次用法文发表在《法国数学学会学报》（巴黎，1911年2号，第22-35页）。

我们知道，数学完全可以用逻辑的概念和公理来表达和证明。对于考虑演绎性质的人来说，这是显而易见的。在演绎中，我们说：因为 x 具有这个性质，所以，x 就具有那个性质。现在，如果知道这一点，我们就可以肯定这两个性质一定存在形式联系，使得我们可以把这两个性质转化为变量，并断言任何具有这种或那种形式联系的两个性质都是如此这般地一个蕴含着另一个。这里我们有一个逻辑命题。事实上，任何数学命题都可以通过将命题中包含的常数足够多地转化为变量而成为逻辑命题。

　　我将给出这个过程的一个几何例子。无限空间的几何（包括欧几里得几何）可以发展为点与点之间关系的理论。我们定义一个点为任意项 y，它介于 x 和 z 之间。用 ϑ 表示"在…之间"。我们将直线 (x, z) 定义为 y 使得 $y\vartheta(x, z)$ 或 $x\vartheta(y, z)$ 或 $z\vartheta(x, y)$ 和 x 和 z。我们将有这样的公理：

$$y\vartheta(x, z).\supset.\sim x\vartheta(y, z),$$

$$y\vartheta(x, z).z\vartheta(y, w).\supset.z\vartheta(x, w), ...$$

我们可以考虑任何具有这些性质的关系 ϑ，我们就有了一个逻辑。

然而，只有当我们不再过分坚持要求存在证实我们考虑其结果的假设的对象时，才能得向逻辑还原。这样的对象偶尔也会先验地构造出来。例如，我们可以先验地构造一个具有有限个任意项的类（事实上，只有当我们先验地承认至少存在一个对象的公理或一些与其等价的公理时，这个构造才是先验的）。但是大多数存在定理（顺便说一下，这些定理对于其它定理的真并不是必需的，而只是对于它们是重要的）需要的材料并不是纯粹逻辑的。在纯数学中，两个存在公理提供了人们想要的所有存在定理。这两个公理是：

1. 无穷公理；
2. 乘法公理，也称为策墨罗公理。

这两个公理不能仅用逻辑来证明。在我看来，它们在直觉上并不明显。然而，在继续考察人们肯定或否认它们的真的理由之前，我首先想解释一下它们的性质和后果。

无限公理是这样构成的：如果 n 是任意有限基数，则有一个由 n 个个体组成的集合。这里"个体"一词与"类"、"函项"、"命题"等对立。换句话说，"个体"是"现实世界中的存在，而不是逻辑世界中的存在"。为了扩展这个概念，我必须解释逻辑类型理论，但我不希望这样做；听众无疑会注意到这一忽视带来的空隙。

设 i_n 是所有具有 n 个个体的集合的类。然后，给定无限公理，则系列

（十四）论无限和超限的公理（1911）

$$i_0, i_1, i_2, ..., i_n ...$$

形成了一个序列，即序数为 ω（根据康托尔的符号）的系列。因此，无限公理是序列存在的充分和必要条件。存在序列的形式为

$$x_1, x_2, \cdots, x_n, \cdots \text{以至无穷}。$$

因此，这个公理是存在最小超限序数 ω 和最小超限基数 $\aleph_0$ 的充分和必要条件。

给定 $\aleph_0$ 存在，可以得出存在 $2^{\aleph_0}$，因为这是一个具有 $\aleph_0$ 个项的类中包含的类的数量。由此可知，$2^{2^{\aleph_0}}$，$2^{2^{2^{\aleph_0}}}$ 等都存在。可以很容易表明，所有这些数都是不同的，它们形成了一个有序的递增序列。

这就是第一个超限基数的无限序列。

给定 ω 存在，我们也可以断言通过改变序列中各项的顺序来得到的其它序数的存在。例如，我们有序列

1, 2, 3, $\cdots$, n, $\cdots$,

2, 3, 4, $\cdots$, $n+1$, $\cdots$, 1,

2, 4, 5, $\cdots$, $n+2$, $\cdots$, 1, 3,

2, 4, 6, $\cdots$, $2n$, $\cdots$, 1, 3, 5, $\cdots$, $2n-1$, $\cdots$

这样我们就得到了某个序数的集合，即其项为有限整数的序列的序数的集合。康托尔已经证明，人们可以把这些序数按大小递增的顺序排列。因此，这些数本身形成了一个良序的数列，其序数大于数列中出现的任何数。我们称这个为序数 ω_1。这很容易证明类型 ω_1 序列中的项的基数大于 $\aleph_0$，我们跟着康托尔称之为 $\aleph_1$。

这样我们就得到了一个序数序列和一个基数序列。后者是

$\aleph_0, \aleph_1, \aleph_2, ..., \aleph_n, ...$假设无限公理，所有这些数的存在都可以被证明。但在我看来，如果没有另一个公理，就不能证明 $\aleph_\omega$ 存在，或任何比 $\aleph_0, \aleph_1, \aleph_2, ..., \aleph_n, ...$ 的所有数都要大的基数存在。

通过假设无限公理，我们建立了两个基数的序列的存在，即

$$\aleph_0, 2^{\aleph_0}, 2^{2^{\aleph_0}}, ...,$$

$$\aleph_0, \aleph_1, \aleph_2, ...$$

如果我们不假设乘法公理，就不能证明第一个序列的项比第二个序列的项大或小（除了项 $\aleph_0$）。康托尔曾希望证明 $2^{\aleph_0}=\aleph_1$，但无论是他还是其他人都没有成功地证明这个等式。

根据另一种观念的顺序，可依无限公理证明不同类型的稠密序列的存在。例如，按照以下规则排列有限整数。根据二进比例来表示整数，这样它们就有了形式

$$\sum_{}^{\alpha} 2^n,$$

即，对每一个属于 α 的 n，求所有的 2^n 的和。那么，给定 $\sum^{\alpha} 2^n$ 和 $\sum^{\beta} 2^n$ 两个数，如果属于 α 或 β 这两个类中的一个而不既属于 α 又属于 β 的最小的数字属于 α，则将第一个放在第二个前面。

这样就产生了一个数的系列，其中结尾零最多的数字排在后；在以相同数目的 0 结尾的数中，0 之前 1 最少的数排在最后；在以相同数目的 0 结尾，且在 0 前面有相同数目的 1 的数中，在 1 前面 0 最多的数排在后面，以此类推。这个序列可以这样构造：

（十四）论无限和超限的公理（1911）

把 1 放在中间，10 放在右边，11 放在左边。我们所说的空隙，不仅指两个数之间的空间，也指所有数左右的空间。然后填空，从右边开始，先填数 0，不改变顺序，然后填 1，省略已经得到的数。换句话说，如果我们放弃二进制，把 1 放在第一行；在 1 下面把 2 和 3 放在右左空隙里。在第二行下面，第二行的数加倍填充在 1 右侧的空隙，并将已经获得的属于第三行的数加上 1 填充在 1 左侧的空隙

```
                    1
         3                        2
    7          5         6           4
 15   11   13    9   14    10    12    8
31 23 27 19 29 21 25 17 30 22 26 18 28 20 24 16
```

为了得到第 n 行，从最右边的 2^{n-1} 开始，然后加上 2^{n-2}；然后在已经得到的数上加 2^{n-3}，同时保持顺序；然后在已经得到的数上加 2^{n-4}，同时保持顺序，直到得到填满左侧的奇数。

继续使用这种方法显然会得到一个由有限整数组成的稠密序列。因此，假设无限公理，就存在有 $\aleph_0$ 项的稠密序列。在康托尔的意义上，这样一个数列的段是连续的，也就是说，它是一个实数类型的数列。因此，通过假定无限公理，我们证明了连续统的存在。由此可见，欧几里得空间和非欧几里得空间都可以被证明存在（在数学意义上）。

根据我们刚才所说的，很明显，单凭无限公理就足以证明算术所需的大多数存在定理。然而，还有另一个存在公理，即乘法公理，如果我们知道它为真的话，将非常有用。这个公理的用处

涉及超限的理论，而不是一般数学的理论，而无限公理对于一般数学的大部分是必要的，例如无穷小微积分。

乘法公理有许多等价的形式。策墨罗是第一个明确提出它的人，他给出了一个形式，可以表述如下：

给定任意集合a，设χ是属于a（包括a本身）的所有非空集合的类。那么存在一个函数f满足，如果β是χ的成员，则$f\beta$也是β的成员。换句话说，存在这样一个规则，我们可以从a的任意连续的非空类中选择一个代表项。

为了理解这个公理及其对乘法的用处，必须提到选择理论。假设χ是一个互斥集合的集合，那么我们称一个类为来自χ的选择，这个类包含一个且只包含一个来自于其是χ的成员集合的项。我们可以称这个项为它所属集合的代表。假设，例如，如果下议院完全由他们所代表的选区的居民组成，那么下议院就是对看作选民类的选区的一个选择。

现在，当属于χ的成员的数量是有限的，就总是可以任意选择集合的代表，因此总是存在着选择。很明显，在这种情况下，可能的选择的数量是属于χ的集合的数量的积。选择的类总是可以用来定义这个积，因此我们有一个可以扩展到因数的数量是无限的情况的乘积的定义。正是由于这个原因，选择理论与乘法理论紧密联系在一起。

首先，我们必须使选择的概念具有一定的精确性。当χ的成员数可以是无限的时，不可能通过任意选择来创建一个选择。因此，有必要有一个规则，根据它来做出选择。（例如，如果属于χ的集合是序列，每个序列都有第一项，那么第一项总是被选中

(十四）论无限和超限的公理（1911）

的。）现在，在逻辑上，选择规则用一个一对一的关系 R 来表示，当 $\alpha\varepsilon\chi$ 时，有且只有一个 x 与 α 有关系 R，这个 x 是 α 的成员，这是说，R 是一个一对一的关系，它的逆域是 χ 并蕴含着 ε，其中 ε 是一个项与它所属的类的关系。像 R 这样的关系被称为 χ 的选择关系，我们将其写成 $\varepsilon'_\triangle\chi$。用符号表示：

$$\varepsilon'_\triangle\chi = (1\to Cls) \cap \overline{\sigma}{}'\chi \cap Rl'\varepsilon。$$

现在这个概念可以进一步普遍化：

$$P'_\triangle\chi = (1\to Cls) \cap \overline{\sigma}{}'\chi.\supset.Rl'P \qquad \text{Df.}$$

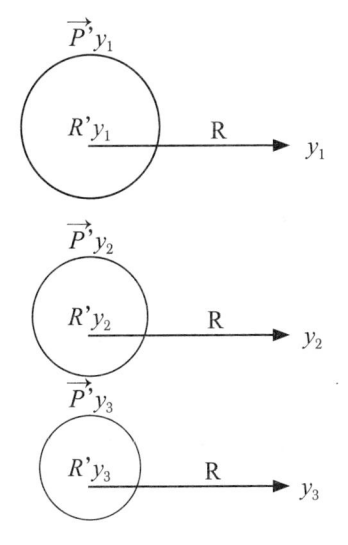

如果我们有 $R\varepsilon P'_\triangle\chi$，$R$ 将类似于图中的关系。

普遍概念是有用的，但目前我们主要关注的是 $\varepsilon'_\triangle\chi$。

首先请注意，只有当 χ 的成员互斥时，选择类才可以定义算术积，而 $\varepsilon'_\triangle\chi$ 则不受此限制。我用 $Nc'\alpha$ 表示 α 的基数，其中 α 是一个类（集合）。我用 $\prod Nc'\chi$ 表示 χ 中的成员的积，其中 χ 是一个类的类。因此我们可以给出：

$$\prod Nc'\chi = Nc'\varepsilon'_\triangle\chi \qquad \text{Df.}$$

那么当 χ 是一个有限类时，即使 χ 的成员是无限类，$\prod Nc'\chi$ 也将具有算术积的已知性质。但如果 χ 是一个无限类，我们就不知道类 $\varepsilon'_\triangle\chi$ 是否是空的，除非我们假设乘法公理。这样，一个算术积的因数都不为零时，也可能为零。如果我们假设乘法公理，这就不可能了；事实上，"如果一个因数为零，其基数积只能为零"，这一命题等价于乘法公理。

乘法公理表述如下："设 χ 为非空集的集合；那么，至少有一个类 μ，它有一个且只有一个项属于每个为 χ 的一个成员的集合。"

策墨罗的公理表述如下："设 α 是任意类，且设 χ 是 α 中包含的所有非空类的类；则 χ 至少有一个选择关系。"用符号表示：

$$(\alpha).\exists!\varepsilon'_\triangle Clex'\alpha.$$

证明这两个公理是等价的很容易。[①]

因此，根据策墨罗定理，它们都等价于这样一个命题："任何类都可以是良序的。"它们也等价于这样一个命题：给定一个由非空集组成的集合 χ，总存在 χ 的选择关系；以及，如果 P 是任意

[①] 见《数学原理》，第88节。

关系，χ是P的逆域中包含的类，则$P'_\Delta\chi$非空。

只有借助乘法公理才能证明的命题有很多。以下是其中的一些：

1.两个不同的基数，一个必定比另一个大。

2.借助加1而增加的基数与归纳数相同，即我们所说的自然数。这个命题统一了无限的两种定义。当一个类中包含了一个与整个类一一对应的部分时，我们可以说这个类是无限的。根据这个定义，一个数加1而不增大就是无限数。或者我们可以称任何从0开始符合完全归纳法的数为有限整数。这是说，称属于$n+1$的任何属性为递归属性，只要它属于n，称属于0的任何递归属性为归纳属性。然后称任何具有所有归纳属性的数，即用完全归纳证明有效的数为归纳数。很容易看出，归纳数与自然数0，1，2，…，100，…，1000，…是相同的。并且有一些数（假设无限公理）不是归纳数，例如，归纳数的个数。所谓的完全归纳原则就变成了一个定义，即归纳数的定义。因此，我们可以说，无限大的数是非归纳数。康托尔总是假定非归纳数与不因加1而增大的数是相同的，但是为了证明这一点，我们需要乘法公理为真，不是普遍地，而只是对于$\aleph_0$个因数的积。

3.我们这样定义两个因数的乘积：设α和β为任意类，则α和β的积是(x, y)对的类，这里的$x\varepsilon\alpha$并且$y\varepsilon\beta$。这两个因数的积的大多数已知性质都可以不用乘法公理给出证明。然而，如果我们想要在加法和乘法之间建立关系，就需要公理，即我们需要它来证明μ个类的和，每个类包含v个项，有$\mu\times v$个项。乘法和乘方之间的关系也是如此。

4. 根据我们刚才所说的，如果没有乘法公理，就不能证明，包含 $\aleph_0$ 个成员的 $\aleph_0$ 个类的和有 $\aleph_0 \times \aleph_0$ 个成员。我们知道 $\aleph_0 \times \aleph_0 = \aleph_0$，通常可以推断出包含 $\aleph_0$ 个成员的 $\aleph_0$ 个类的和有 $\aleph_0$ 个成员。然而，只有当我们假设乘法公理时，这个推论才成立。

5. 用刚才讨论过的推理方法，通常可以证明第二类序数（即由基数为 $\aleph_0$ 的数列构成的序数）的序列的界限本身就是第二类序数。只有我们假设了乘法公理，这才能有效。因此，超限序数理论的很大一部分变得有问题。这对于如下这个定理也成立：在任何数列中，一个项不能同时是 ω 型数列和 ω_1 型数列的界限。随之而来的是，费利克斯·豪斯多夫"论有序类型的研究"（Untersuchungen über Ordnungstypen）的几乎所有漂亮工作都依赖于乘法公理。

6. 为了证明每个具有 v 项的 μ 集合的组成的集合与每个具有 μ 项的 v 集合组成的集合具有相同数目的项，乘法公理是必要的，除非 μ 和 v 都是有限的。以最简单的情况为例，考虑成对的序列：

$x_1, y_1, x_2, y_2, x_3, y_3, ..., x_v, y_v, ...$

并且假设可以证明相同类的项可以序列对的形式排列。使用上面使用的符号，我们通过以序列的样式来做到这一点

$x_1, x_2, ..., x_v, ..., y_1, y_2, ..., y_v, ...$

但是通过用符号 x_v，y_v 表示第 v 对，我们引入了一个假设，即对每对都给出了一个顺序，因此在每对中每个元素可以被识别为第一个元素或第二个元素。如果我们不假设这个假设，就不可

能给出一个规则，根据这个规则可以同时选择每对中的一个项。因此，我们不知道如何将这些项分成两个序列。

举个例子，刚才所说的就会更清楚了。从前有一个百万富翁，他有 $\aleph_0$ 双靴子。我们能证明他拥有的靴子数是偶数吗？是的，因为我们可以把所有左边的靴子放在一个类里，把所有右边的靴子放在另一个类里。但是，如果这个百万富翁够古怪，他有成双相似的靴子，每双靴子不是一只左靴子，一只右靴子，那么，就不可能把这双靴子分成相等的两部分了。这样就不可能证明他的靴子数是偶数，或者他有 $\aleph_0$ 靴子，尽管我们有

$$2\times\aleph_0=\aleph_0\times 2=\aleph_0$$

数学家不自觉地使用乘法公理，不仅在集合论中，而且在普通数学中，直到策墨罗明确地将其表述为公理。[①] 我自己也无意地使用过它，但在1904年，我发现它是一个独立的公理。许多数学家就像策墨罗那样，声称这个公理和其它公理一样自明的，可以毫不犹豫地断言其为真。也有人说没有理由相信这个公理为真。皮亚诺在证明了公理的独立性之后，仅用以下几句话来讨论公理的真理性："现在我们必须相信这个命题是真还是假呢？我们的意见不重要"（第148页）。

皮亚诺在同一篇文章中说，自明性的问题是一个心理学问题，与逻辑无关。然而，逻辑依赖于逻辑的公理，而假定这些公理是因为它们是自明的，我们接受公理的唯一原因是，至少公理

[①] "每个集合都被证明可以是良序的"（《数学年鉴》，第LIX卷，1904年）。

或其结果是自明的。因此，我们可能会问乘法公理是否为真，尽管事实是它不能从其它公理推导出来。必须承认，在这个问题上没有太多可说的；但也有可能提出一些对这一公理质疑的意见。

至于这个公理所宣称的自明性，在我看来，即使我们想说有无限的种类，想象力也总是提供有限的类。在有限的情况下，不需要公理，因为选择的可能性很容易证明。因此，公理表面上的自明性通过反思趋于消失。而且，当我们说到一个无限的类时，它必然是由这个类的所有且只有它的成员都具有的性质产生的。因此，不可能通过枚举生成类。因此，乘法公理必须断言，对于任何类的集合，在属于该集合的每个类中总是有且只有一个项具有某种性质。但在我看来，这一点并不自明。因此，我不得不得出这样的结论：公理的意义一旦被理解，公理就不再是自明的了。

还必须指出，如果策墨罗定理成立，那么每一类都可以是良序的——这是认为公理为假的那些人提出的理由，因为很难相信每个类都可以是良序的。许多聪明的数学家曾试图找到一个良序的实数数列，但还没有人成功地找到这样一个数列。这种论证没有多大分量，但它们也有一定的价值。

以后人们可能会通过归谬法发现该公理为假的证明，但在目前，至少对我来说，它仅仅是可疑的。它可能为真，并且其意义重大，但它缺乏自明性。在这种情况下，我认为明智的做法是避免使用它，除非在一些论证中，为了避免可能会产生的荒谬结论，而否定地解决公理之真的问题。

无限公理和乘法公理之间有一个从认识论的角度来看是很

重要的区别。乘法公理具有逻辑公理的形式和性质,因为它的真不可能有经验的证明。关于乘法公理的真与假的考虑是逻辑的考虑,是先验的考虑。另一方面,无限公理是纯粹经验的。对于任意 v,无论 v 是有限基数还是无限基数,v 都先验地可能是宇宙中个体的数量。但是,根据经验证据,考虑到物理对象的可分割性,宇宙中存在有限数量个体的假设似乎是不能成立的。在我看来,经验材料似乎不足以证明个体数量不是有限的,但它们足以表明,有限主义假设要比另一种假设困难得多,而且不如另一种假设简单。无限的逻辑表明,有限主义假设并不先验可取。我由此得出结论,出于通常决定科学假设的理由,最好假定个体的数量是无限的,但同时要想着,这个假设可能为假,即使实际的证据表明,人们永远不可能知道它为假。

综上所述,我们已经看到,尽管所有纯数学都可以表示为逻辑的扩展,但我们希望证明的存在定理往往需要两个公理,它们尽管可以用逻辑术语来表述,但却不能用逻辑原则来证明。这些公理是无限公理和策墨罗公理(即乘法公理)。

无限公理对于证明以下的东西的存在是必要和充分的:形式为"$x_0, x_1, x_2, \cdots, x_v \cdots$ 直到无穷"的序列;基数 $\aleph_0, \aleph_1, \cdots, \aleph_v$(其中 v 是有限的),$2^{\aleph_0}, 2^{2^{\aleph_0}}$ 等;序数 $\omega_0, \omega_1, \omega_2, \ldots, \omega_v$(其中 v 是有限的)以及它们的所有中间数;η 和 θ 的类型(即有理数和实数的类型);以及很多其它类型的序。乘法公理能以许多不同的等价方式来表示,它对于证明以下的东西是充分和必要的:一个有无限个因数的算术积只有在其中一个因数为零的情况下才可能为零;任何类都可是良序的。这个公理足以说明超限理论中许多极为重要的定理，而这些定理是不能以其它方式说明的。例如，它足以证明无限的两个定义是等价的。但在我看来，没有理由相信乘法公理为真，然而，根据经验的原因，无限公理在现实世界中得以实现似乎是可能的。就我而言，我认为人们目前应该把这两个公理中的任何一个都只当作明确的假设。

无限公理的唯一必要性来自解决悖论的逻辑类型理论。因此，有可能通过修改类型理论，使无限公理变得不必要。至于乘法公理，仍然有可能在寻找它的结果时发现悖论，从而证明公理为假。就目前而言，这两个公理仍然存疑。可能两个都为真，也可能一个为真，另一个为假。我们所知道的只是，不可能两者都为假，因为如果没有无限的类，选择就一定总是可能的，这样乘法公理就一定为真。

希望这个微不足道的结果很快被数学家的工作所扩大。

（十五）论数学与逻辑的关系

第一次以"论数学与逻辑的关系"（Sur la Relation des Mathématiques à la Logistique）为题发表于《形而上学和道德杂志》第13期，1905年11月，第906-917页。

这篇文章的主要意图是回应布特鲁先生在"数学对应和逻辑关系"[①]一文中讨论的某些观点。由于其讨论中的某些批评来自对我的观点的相当严重的误解，并且，这些误解可能是由于我提出观点的方式的晦涩不明，现在，我将不得不再次很简短地对引起误解的几个观点加以解释。

布特鲁先生断言，根据我的观点，对应和次序（order）是无法定义的（第620页和第626页）。关于次序，考虑到我为确定这一概念的定义所做的长篇讨论[②]，我不明白他如何能够做出这样一种解释。关于对应，他一定设想我认为它是不可定义的，这要么是因为我认为函项是不可定义的，要么是因为我认为关系是不可定义的。但这两个概念都与对应的概念不同。对应关系是从 y=f(x) 这种形式的方程中产生的，并且，在数学中，在得到这样

---

① 布特鲁 A 1905。
② 罗素 B 1903a，第24章，第25章。特别参看第207节。

一个方程的时候,我们习惯于说这里存在一个关系,并把它想象成所有关系的一般类型。但实际上,这样的一个方程只定义了x与y的一致关系(uniform relation),而这种关系是一种特殊的情况。例如,"x是y的表兄弟"或"sin x = sin y"就不能被还原成y=f(x)的形式。逻辑中最基本的关系概念并不是一致关系的概念,而是一种更一般的概念,一致关系只是它的一种特殊的情况。

此外,逻辑中基本的函项不是方程y=f(x)中的f所属的那类函项。许多混乱都是由人们可赋予"函项"一词的各种不同意义引起的。逻辑中最基本的函项是命题函项,数学中常用的函数就是因此而定义的;为了避免误解,我将简短地列举这一展开的要点。

我所说的不可定义者是包含一个或多个变量的表达式的概念[1],比如"x是一个人"、"x是y的表兄"、"x大于2"、"x蕴涵着y"等等。我用 φ!x 代表每个包含x的表达式;同样用 φ!(x, y) 代表每个包含x和y的表达式等等。这些表达式是命题函项;根据它们包含的变量的数量,它们被称为简单的、二元的、三元的等等。[2]

数学中的普通函数,如 $2x$、x^2、$\sin x$、$\log x$ 等,不是命题函项,而是指称(denoting)函项。人们不仅可以定义特定的指称函项,还可以定义指称函项的一般概念。以下是我的解释。令 φ!(x, y) 是一个命题函项。可能发生的是,对于x的某些值,有且仅有

---

[1] 我认为这个概念可被更初始的用一个变量替代一个常数的替代概念所取代,通过这种方法,人们可以避免某些悖论的类的矛盾,例如布拉里-弗蒂先生发现的悖论。布特鲁先生没有讨论引起这些悖论的困难,因此我也不在此讨论这些困难。

[2] 这些名称只在谈论有关的函项才是必要的。对它们做符号处理并不要求人们能够计算变量的数量。

y的一个值，使得φ!(x, y)为真。现在，对这样的值，"使φ!(x, y)为真的y"是x的一个函项，我称之为指称函项。对于x的其它任何值，也就是说，对于使φ!(x, y)不能被y的任何值或可被y的许多值所满足的值，表达式"使φ!(x, y)为真的y"是无意义的，不指称什么东西[①]。因此，"使φ!(x, y)为真的y"是x的一个函项，它是相对于x的某些值而得到定义的，并且相对于其它所有值都没有意义。每一个指称函项都可以用这种方法得到。我用f'x来表示这样一个函项，撇号可以读作"of"。通过上述过程得自φ!(x, y)的x的指称函项，可被表示为φ₁'x[②]（这里引进的符号₁类似于皮亚诺的符号）。因此，例如，2x是"这样的y，它使得每个基数是y的类，可以被划分为其基数都是x的两个排它的部分"。类似地，两个变量的指称函项源自三个变量的命题函项，以此类推。

关于关系，内涵关系是一个双变量命题函项φ!(x, y)。外延关系对于某些问题可能是必需的，例如，计算一个类的元素的排列的数。它们像类一样，可由一个新的不可定义者引入，也可以经过一个相当复杂的过程通过命题函项的类来定义。只有在特殊的情况下——在这种情况下，对于给定的x，有且仅有y的一个值，使得

[①] 关于对这种表达式出现于其中的命题的解释，请参阅我的"论指称"，罗素B 1905c。

[②] 严格地说，我们不定义（按照在以前引用的文章中发展起来的指称理论）指称函项φ₁'x本身，而是定义每一个出现这个函项的命题。下面就是怎么做的：令ψ!y是包含y的一个命题函项。然后，对x的每个值，ψ!φ₁x根据定义表示："有且仅有y的一个值，使得φ!(x, y)为真并且这个值满足ψ!y"。这里"有一个且仅有y的一个值，使得φ!(x, y)为真"本身被定义为："有一个y，使得对于z的每一个值，φ!(x, z)与'y和z是等同的'是等价的"。因此φ₁'x本身没有任何意义，但是每个以它为主语的断言有一个确定的意义。

$\phi!(x, y)$ 为真的——$\phi!(x, y)$ 等价于 $y=f'x$ 形式的一个方程；因此，这样的方程并不表示关系的一般类型，而只是表示一致的关系。每一个方程 $y=f'x$ 都给出了 y 与 x 的对应关系；如果 x 的两个不同值永远不会给出 y 的相同的值，这种对应就是相互的。因此，对应的概念不是不可定义的，它可以非常简单地用逻辑术语来加以定义。①

我希望，通过以上的论证，被布特鲁先生（1905年，第630-632页）引用来表明函项概念是不确定的特定论证就被排除在外了。然而，这些论证包含某些需要解释之点。首先，比如皮亚诺先生的两种类型的函项，拥有两种不同而又明确区分开来的概念，并没有含混不清之处。这两种类型的函项，实际上就是内涵函项和外延函项：ux 中的 u 可被看作是一种运算，它被理解为内涵的；而"被定义的函项"F，实际上是对于一个由 x 的值构成的给定类而言的 x 和 ux 之间的关联；这个函项是外延的，可以用我的"外延关系"来界定。说"无穷多的条件"（布特鲁，1905年，第632页）被引进到"关联"的定义中是不正确的：命题函项 $\phi!(x, y)$ 所表达的唯一条件——这是 x 和 y 必须满足的——是充分的条件，因为这个函项决定了相应的外延。②把关联当作"一个使函项的普遍概念变得贫乏的东西"来加以反对（第633页），就好像把人的概念当作"一个使动物的普遍概念变得贫乏的东

---

① 我不打算断言这是处理指称关系和函项的唯一方法，而只是想说，在许多可能的方法中，这种方法对我来说是最方便的。我完全不认为，我与那些像皮亚诺那样更喜欢另一种方法的作者，存在必然的原则分歧。

② 外延的实际规定可以是"我们所追求的目标之一"（第632-633页），这是完全正确的；但是外延是符合逻辑地确定的，否则我们无法去发现它。布特鲁先生在这里混淆了逻辑上确定的东西和已知的东西。

西"来加以反对一样。这两个概念都有它们的用处；并且，在我看来，尽管皮亚诺先生提出的内涵函项的概念是可以加以完善的，但布特鲁先生的批评并没有击中目标。

因此没有任何理由把"数学对应看作类似于物理定律的直觉的事实，看作是科学领命分析的一个对象，并认为其内容将一点点通过持续的工作发掘出来"（第620-621页）。为了证明这一观点，就必须在上述推论过程中找到一个确定的中断；但我没有看到布特鲁先生如此做了。他指出，函项这个词在语法上有多种含义；这是词典编纂者感兴趣的一个事实。此外，他还指出，定义这个或那个特殊函项有时是困难的。但这并没有模糊函项一词的含义，正如对铁面人身份的怀疑没有模糊人一词的含义一样。在我看来，布特鲁先生过分重视名称了。他似乎相信，如果"函项"这个词首先在某种意义上被使用，然后在另一种意义上被使用，那么，首先被这个名称意指的对象变成了后来被这个名称意指的对象。但是，很明显，事物并不受我们愿意给它们起的名称的影响，而且无论我们的命名法和知识如何变化，它们都不会改变。

如果我没搞错的话，这个特殊的例子表明，布特鲁先生混淆了发现的行为和被发现的命题，因而其许多论证失败了。他似乎相信，因为我们的数学知识改变了，数学本身也改变了。因此他（第629页）说："如果我们采用希尔伯特先生的观点，我们将不得不把数学看作一种进化着、增长着和丰富着的科学，罗素先生的八个逻辑常量现在变成了什么？"首先，数学的发展完全有可能在于定义和研究新的借助于逻辑常量而构成的复合概念。一种类似于布特鲁先生的论证是："如果我们采纳历史学家的观点，加洛林是一个在不断发展、壮大和传播中的家族。查理曼大帝现在怎么样了？"但这不是重点。重点是，进展的是我们的数学知识，而不是被我们逐渐发现的真理。这种进展很可能会使我们在目前的知识状况下列出的八个常量表需要修正；但这丝毫不会使得人们完全不能找到常量表。因为，我这时想一件事，然后又想另一件事，这并不意味着事情本身已经变了。根据布特鲁先生的看法，事物的可变性似乎在于我们在不同的时间对不同的事物使用相同的名称。但是，如果思维的对象没有任何恒常性，我们就很难看出我们思维的变化。为了认识到某些变化，我们必须能够比较两种不同思想的对象，并看出它们是不同的。然而，为了使布特鲁先生的理论成为合法的，旧的对象必须完全消失，通过进化成为新的对象。

布特鲁先生指出（第622页），我们可以从一个数学概念趋向于成为什么，或者从它目前的状态是什么的角度来考虑它。这里又有一些混乱。在什么意义上，一个概念保持其同一性不变，同时经历其所谓的发展？难道布特鲁先生没有想到如下的过程：某些定理已知对于我们称之为N的概念是有效的；然后，人们发现这些定理适用于一个不同的、更普遍的概念，我们把这个概念改称为N。因此，在实际中，一个数学概念是由适用于它的大量的定理构成的：它现有的意义将是最普遍的意义，这种意义使所涉及的定理在目前被认为是真的，然而，概念被认为将有的意义（对人类理智的未来持乐观的看法）才是使所涉及的定理为真的最普遍意义。但目前的概念与未来的概念一样合法，因为我们没有勇气断言我们对它无法进一步进行有用的普遍化。

（十五）论数学与逻辑的关系

无论如何，如果一个人不具备预言的天赋，我们很难理解他是如何提出一个概念应该是什么的主张的。当我们想到以后人们会怎么想时，我们通常想谈论我们自己已经想到的东西，尽管我们的大多数同时代人并不接受它。但这涉及一个无法证明的前提，即我们比同时代的人更聪明。因此，我们不可能对一门科学将要是什么持有观点，我们只能真实地谈论一门科学的现状。

至少对我来说，布特鲁先生的直觉理论并不容易理解。他说（第624页）："我们可以说，一部分知识是直觉的，如果一方面它不是感觉经验的结果，并且，另一方面它也不是通过分析或综合从以前的知识中推导出来的话。"但这并不像他先前所说的那样清楚（第623页）："对应概念有可能是无法定义的，但我们仍不能放弃定义。如果一方面这一概念的内容是无限的、未定的（不能用有限的几个词来表达），另一方面仍不能离开这一概念的定义来论说数学上的对应关系，那么，就会发生这种情况。"

这个假设带来了许多困难，在我看来，这足以表明它是站不住脚的。首先，必须假定我们有一种对应的概念，我们可以通过与之比较来检查各种定义，并确定它们或多或少是不适当的。我们拥有的对应概念不应随着我们的定义的改变而改变；它必须保持不变；因为，即使这个概念改变了，相续的定义也不会是不合适的，而会是对不同概念的恰当定义。这样，我们就有了对应概念，不过，这个对应概念是无限复杂的。但我们的概念没有一个是无限复杂的，这不是很明显的吗？例如，我们的无限类的概念，总是通过那些只是有限复杂的概念来获得的。的确，那种认为我们能够想象一个无限复杂的概念的意见是一种新见解，但是，对我来说，我看不出有什么理由相信它是正确的。

但是，对布特鲁先生的理论的主要批评来自于这样一种假设，即尽管提出的所有关于对应的定义都是错误的，但为了对其进行推理，仍有一些定义是必要的。因为，由于定义（根据假设它是假的）可能——以使我们的推论为假的方式——是假的，因而建立在所提出的定义基础上的所有推论都可能是假的。因此，如果布特鲁先生是正确的，我们将完全不知道关于对应的任何东西，尽管我们会知道足够的信息来检查它的各种定义。但这种事态是矛盾的。

在我看来，要不矛盾地坚持与所讨论理论相似的东西，唯一的办法就是公开承认对应的概念是我们的不可定义术语之一，并且把这些所谓的定义看作是关于对应的初始命题。在这种情况下，所有连续的阶段都是正确的，尽管圆满的程度不同。我们的初始命题是正确的，尽管可能存在其它真的初始命题——为了推导出对应的其它性质，这些初始命题是必需的。这个理论并不矛盾；但这不是布特鲁先生的理论，事实上，有充分的理由相信对应不是不可定义的。

因此，我的结论是，当我们消除了上面提出的直觉理论的一切矛盾之后，它就变成了不可定义和不可证明的理论，并且我们没有理由把对应放进不可定义的概念中间。

现在我来谈谈布特鲁先生的文章中提出的一些不太普遍的问题。他对数学分析可以完全用我的《数学的原理》中列举的不可定义的术语来解释表示怀疑。显然，他对我明确处理的概念可以这样解释这一点没有异议。他引用了（第626页，注释2）我列举"数、无穷大、连续性、几何的各种空间和运动"的一段,并且认为我打算在那里列举数学的全部概念。事实上,我并没有任何这样的意图,因为显然数学概念的数量是无限的。例如,基数3210肯定是一个数学概念,但我还没有给它下定义。在定义了0、1和2之后,我认为很明显这个过程可以继续下去。同样地,关于数学分析方面,我定义了复数(第360节)[①]、函数的连续性、导数及其积分(第304、305、307节)。但这些明显的都是数学分析借以开始的概念:其余的构建是在教科书中完成的。

布特鲁先生相信函数理论超出了逻辑的范围的理由似乎有两个,即:(1)该理论处理的函数的多样性,(2)促使数学家研究某些函数而不是其它函数的动机。关于第一点,他说(第630页):"函数理论是使用量化关系来表示能够存在于变量之间的对应关系的理论。数学家的工作在于确定、具体化和表达他直觉地知觉到的对应关系。"他接着说[②](这里是重点):"因此,我们又回到了上面提到的结论。数学分析的概念是未定义的(它们的定义永远不是完备的)。"在这一段文字里,就像在其它段落里一样,布特鲁先生似乎混淆了类的定义和它的元素的列举;否则,他的前提和结论之间就不会出现联系。论证似乎是这样的:"数学家们无休止地发现新函数,并且这一进步的过程没有终点。因此,函数的概念是无限复杂的,永远无法给予完备的定义。"如果这就是它的意义所在,那么它就会引起内涵和外延之间单纯而简单的

[①] 第379页,第27行,"real"是一个打印错误,应该用"complex"替换。

[②] 过了一段时间,它是真的;但推理似乎还在继续。

混淆。根据同样的论证，"有限基数"的意义将是无限复杂的；因为，即使从现在开始到最后一个人死亡，整个人类把自己投入到枚举新的有限基数的过程中，也永远不能接近这个过程的终点。布特鲁先生或许回答说，他不是只思考不同的个别函数，而且也思考不同类型的函项。但是每个新的基数也属于无限多的类，在它之前的数都不属于这些类；因此，每一个新的基数不仅属于新的类型，也属于无限的新类型。因此，根据上述论证，"有限基数"这个概念是无限复杂的，"这一复杂会不断发展、增长并变得更丰富"，就像百万富翁会被他们计算的需求所诱导，考虑越来越大的数一样。同样，只要婴儿继续被带到这个世界上，"人"的意义就是不确定的。因此，归根结底，如果我们不能提供一个概念的所有例子的列表，那么我们就可以说这个概念的意义是不确定的。对于这个问题，我们必须回答说，借助假设我们能够确定，给定的每一个对象是否是所涉及概念的一个例子；但是，如果概念不是固定的——即独立于知道它是否（在外延上）包括所考虑对象的问题，这就是不可能的。从逻辑上讲，一旦概念确定了，概念的外延也就确定了；从心理学上讲，即使不知道概念的全部外延，完全了解概念也是可能的。我所坚持的是，逻辑足以定义"对应"的内涵，从逻辑上说，因而也足以定义它的外延。但是，关于我们的知识，逻辑只允许我们断定这个或那个对象是或不是一种对应关系，而不给我们提供一种方法来完整地列举所有存在的无限多的对应关系。

人们可以用另一种形式来表达布特鲁先生的观点："要

彻底了解一个类概念，仅仅知道类元素的一个共同的和特殊的性质是不够的，还需要知道所有类似的性质。正是这些性质的总和才能被称为类的内涵，但是，在对应这类情况下，我们总是发现那些我们认为必然结合着的性质实际上是可分离的。因此，我们并不完全了解所讨论的内涵。"

对于这个论点，我们将会回应说，在这个意义上，内涵只是类概念的外延，也就是说，是"具有给定外延的所有类概念"的外延。它并不是一个基本的逻辑实体，而且永远没有必要或者说绝不可能知道具有给定外延的所有类概念，因为它们的数量总是等于所有实体的数量。当人们说一个类是可定义的时候，他指的并不是了解这个外延的可能性。人们的意思是，一个其外延是给定类的类概念，可以通过已知的概念来构造。从这个意义上说，布特鲁先生没有说什么来表明对应的类是不可定义的。

我认为我发现的对研究动机和研究对象的混淆，出现在许多反对把数学还原为逻辑的论证中。例如下面这段话（第627页）：

"数学家的发现和适当的工作首先是对所研究的函项的类的选择，是对用来下定义的命题的选择。就其形式而言，数学分析的问题本质上是不确定的，因此不能被限制在任何定义之内。"

奇怪的是，紧随上述讨论之后，作者宣称连续性问题以一种确定的形式呈现自己。这很奇怪，由于这个问题只有一个奇特性质，因此它被解决了，而且解决的方法是布特鲁先生所不喜的。但这不是关键。关键是，没有人声称单独逻辑就能告诉我们应该研究什么问题，每个人都会同意，研究问题的选择是一个个人判断的问题。但这与知道数学问题是否可从逻辑上得到解答毫无关系。同样合乎逻辑的说法是："人们不是通过铁路旅行；因为单单铁路公司不能决定我应该到哪里去度假，而这一点毕竟才是重要的。"把布特鲁先生说的应用到数学家的心理学上，布特鲁先生是对的；但是数学家的心理学不是数学。

总而言之，如果前面的论证是正确的，那么布鲁克斯先生的讨论会招致批评的主要之点是：

1. 他相信一个类概念只有在其外延已知的情况下才能为人所知。
2. 他混淆了发现的行为与被发现的命题。
3. 他的推理似乎是，当一个人把一个名称从一个概念转移到另一个概念时，第一个概念本身就变成了另一个概念。
4. 他的直觉理论导致这样的结论：我们可以对一个被描述为必然不可知的物体有更多的了解。
5. 他混淆了逻辑的常量与历史的常量，逻辑的常量简单地说就是一个确定的实体，历史的常量则与事物无关，而仅仅与我们认识事物的方式有关。

如果一个人承认这些都是错误的，那么他的论点即对应关系是不可定义的和数学分析中包含超逻辑概念就站不住脚了。

（十六）发现数学前提的回归方法

1907年3月9日宣读于剑桥数学俱乐部。

我在本文的目标是，解释在何种意义上一个相对模糊的和困难的命题可能是比较明显的命题的前提，并且考察在这个意义上前提如何可能被发现，进而强调纯数学的方法和观察科学的方法之间存在着切近的相似关系。

人们在算术的逻辑理论中，通过许多非常难解的符号逻辑的命题达至对"2+2 = 4"等自明之理的"证明"，这一过程明显存在荒谬之处：因为，清楚的是，这里的结论比它的前提更加确定，因此，所谓的证明似乎是无用之功。当然，我们真正要证明的不是2+2=4的真理，而是从我们的前提可以推导出这个真理这个事实。2+2=4这个命题本身就告诉我们它是一个显而易见的真理；如果我们被要求证明2只羊+2只羊=4只羊，我们应该倾向于把它从2+2=4推导出来。但是，在2+2=4这个命题被发现之前，牧羊人可能已经知道"2只羊+2只羊=4只羊"这个命题有几千年时间了；当2+2=4第一次被发现时，它可能是从羊的例子和其它具体的例子中推断出来的。因此，我们看到"前提"一词有两种完全不同的意义：一种我们可将之称为"经验前提"，即我们实际上由之而相信所讨论的命题的命题；另一种我们将之称为"逻辑前提"，这是逻辑上更简单的一个命题或一些命题，通过有效的演绎我们可以从之得到所讨论的命题。因此，2+2=4 的经验前提将是"2 只羊 +2 只羊 =4 只羊"，以及其它类似的事实；而逻辑前提则是符号逻辑的某些原则。

我们可以区分一个给定命题的最近的和最终的逻辑前提。最近的逻辑前提是在证明中恰好在给定命题之前的任何命题。因此，在欧几里得几何学中，最近的前提由证明中引用的命题构成，而相对而言的最终前提由公理和公设构成。在一项研究中是最终的前提，在另一项研究中可能不再是最终的前提；也就是说，我们可找到这些命题可逻辑地由之推出的更简单的命题。

大概地说，一个命题的"逻辑简单性"是由它的组成部分的数量来衡量的。因此，2+2=4 的命题比 2 只羊 +2 只羊 =4 只羊的命题更简单，因为后者包含了前者的所有成分，但增加了一个成分即"羊"。认为较简单的概念或命题总是比较复杂的容易理解是错误的；这个错误是先验哲学家们很多错误的源头。最容易理解的命题是介于两者之间的命题，既不是很简单也不是很复杂。一般来说，随着文明的进步，它们变得越来越简单。因此，我们可能发现，想到钓鱼比想到钓鳟鱼或钓鲑鱼要容易得多；但有人告诉我，野人习惯用一个动词表示"钓鳟鱼"，另一个动词表示"钓鲑鱼"，但没有动词表示"钓鱼"。当我们超过使命题变得最容易的复杂程度时，经验的前提和最近的逻辑前提一般会重合在一起。因此，在数学中，除了最初的部分，用来推导一个给定命题的命题，通常都给出了我们相信给定命题的理由。但在研究数学的原理时,这个关系就反过来了。我们的命题太简单而不容易理解,因此它们的结果通常比它们本身更容易理解。因此我们倾向于相信前提,因为我们可以看到它们的结论是真的,而不是因为我们知道前提是真的,倾向于相信结果。从结果中推断前提是归纳法的本质;因此,研究数学原理的方法实际上是一种归纳方法,与发现任何其它科学的一般规律的方法在本质上是相同的。

在每一门科学中,我们都是从我们觉着相当确定的一组命题开始的。这些是我们通常称为事实的经验前提,一般是通过观察得到的。然后我们可能会问:从这些事实中可以得出什么结论?或者,这些事实从何而来?科学的一般规律在逻辑上比科学的经验前提简单,但会使得经验前提或者其中的一些可以从这些规律中推导出来。只有我们可以证明没有其它假设会导致经验前提,或者(就如发生在数学中的)这些规律一旦获得就被发现自身是确定的,从而自己能够成为经验前提,规律才变得和某些经验前提一样确定。例如,矛盾律最初肯定是通过从实例中归纳而发现的,虽然,一经发现,它就同实例一样是不容置疑的。因此,它既是一个经验的前提,也是一个逻辑的前提。但是,当一般规律本身既不显而易见,也不能证明是解释经验前提的唯一假设时,这个一般规律就仍然只是可能的;虽然,随着观察和实验过程中它们所解释的经验前提的数量的增加,这些规律的可能性程度可以无限提高。

在归纳中,如果 p 是我们的逻辑前提,q 是我们的经验前提,那么我们就知道 p 蕴涵着 q,并且在教科书中,我们往往倾向于从 p 开始推断出 q 来。但 p 只是由于 q 而被相信的。因此,我们需要一个或大或小的 q 蕴涵着 p 的概率,或非 p 蕴涵着非 q 的概率。如果我们能证明非p蕴涵着非q，即p是唯一符合事实的假设，那么就解决了问题。但通常我们所做的是检验尽可能多的替代假设。如果它们都失败了，这或多或少可能会使除p以外的任何假设都失败。但在这一点上，我们只是把宝押在了我们的创造力上：我们认为，如果事实上有更好的假设，我们就不太可能想不出更好的假设。然而，通过以下观察，我们也许就可以强化这一相当薄弱的信念的根据：当归纳假设需要修正时，与旧假设相比，新假设通常没有太大的变化，以至于我们很有可能已经获得正确的假设了。这因如下的事实而是可能的：一个错误假设的结果为真和为假的数量是相同的；因此，如果一个给定假设的结果的偶然集合的整体被发现是真的，该假设为真的概率就很高，或者，如果这一整体不完全是真的，它可被分成一个为真的部分和一个为假的部分，而在获得真结果的集合时，只有为真的部分才是真正相关的。

获得简单的逻辑前提而非经验前提的优势部分地在于它使我们更有机会来分离一个可能广泛存在的假元素，部分地在于它把我们的知识组织成一个结构，部分地在于通常来说逻辑前提比经验前提有更多的结果，从而导致发现许多以其它方式不能被人知道的事情。例如，万有引力定律产生了很多结果，而这些结果仅仅从对天体运动观察获得的经验前提出发是无法揭示出来的。并且在算术中也是如此，以算术的一般命题为经验前提，我们得到一组逻辑前提，从之我们可以推出康托尔的超限理论。

在算术上更详细地说明这个过程是值得的。通常的基本命题，如2+2=4，如同我们看到的，曾经是从经验前提中获得的相对普遍的规律；但它们现在已变得足以被看作经验前提。那么，

（十六）发现数学前提的回归方法

假设基础算术为真，我们可以要求用最少和最简单的逻辑前提来推导它。皮亚诺用三种初始概念把算术所需的特定前提减少到五个。三种初始概念是0，自然数，后继。这五个初始命题是：

1. 0是一个自然数。
2. 如果a是自然数，那么a的后继数也是自然数。
3. 如果a、b是有相同后继数的自然数，那么a=b。
4. 0不是任何自然数的后继数。
5. 如果s是一个类，其中0是它的成员，并且如果只要x是s的成员，x的后继数就是s的成员，那么每个自然数都是s的成员（这是数学归纳法的原则）。

皮亚诺证明这五个初始命题足以构成算术的基础。值得注意的是，它们超越了它们从中被提炼出来的经验前提。因为，算术中已知的具体事实，都只涉及到不超过某种有限但可以无限扩展大小的数。但是，皮亚诺的前提之所以受到推荐，不仅是因为算术可以从它们产生出来，还因为它们内在的确定性。这两个理由结合在一起，使它们的可能性是如此之大，以致几乎无可置疑。

皮亚诺的前提并不是算术的最终逻辑前提。通过把分析深入到符号逻辑，我们可以有更简单的前提和更简单的初始概念。皮亚诺的公理可被陈述为一个存在定理，即"存在一个叫作自然数的类，它包含着一种叫作相续的关系，和一个叫作0的确定的成员，并且这个类具有相随的性质。"然后，我们可以重述那五个公理。因此，如果我们能用逻辑上更简单的前提来证明这一存在定理，则向最终逻辑前提的回归将会向前推进一大步。众所周知，所有普通的纯数学,包括各种几何的存在定理,都起源于算术,因此也起源于皮亚诺的五个前提:这代表了回归的前一个阶段。因此,就目前而言,我们可以把皮亚诺的五个前提作为我们的经验前提,打个比喻说,把它们看作是整个普通纯数学的抵押物。

皮亚诺以对符号逻辑的阐述开始他的算术理论研究;符号逻辑被他用来从他的五个前提推导出算术理论。因此,符号逻辑的前提无论如何都是算术理论所必需的;如果符号逻辑的前提也能被证明是充足的,那么这五个前提将不再是逻辑前提,而将成为定理。这个方向上的第一次严肃尝试是由弗雷格做出的,他表明基数可被定义为相似类的类。这样,0是所有没有成员的类的类,即其唯一的成员是空类的类,并且,自然数可被定义为从0开始的那些服从数学归纳法的数。被我们看作等价于皮亚诺的五个公理的存在定理,以这种方式从纯粹的逻辑命题推导出来,这些纯粹逻辑命题,是皮亚诺理论所需的,就像是弗雷格理论所需的那样。因此,这些逻辑命题比皮亚诺的五个前提更具逻辑前提的终极性。

详细地记住弗雷格的前提是不需要的,但知道它们是什么样的命题是十分需要的。因此,我将不加评论地列举它们。

弗雷格把他的前提分为原则和规则。我们将这些原则尽可能地翻译成日常语言如下:

1. 如果 a 和 b 都为真,那么 a 为真。如果 a 为真,那么 a 为真。

2. 如果 f(a) 对 a 的所有值为真,那么它对 a 的任何值为

（十六）发现数学前提的回归方法

真（这一原则在两种情况下，即 a 是一个对象和 a 是一个函项的两种情况下被分别加以陈述。）

3. 关于命题"a 与 b 是等同的"的陈述蕴涵着相应的关于命题"b 的每个性质也是 a 的一个性质"的陈述。

4. "a 为真"或者等价于"b 为真"或者等价于"b 为假"。

5. 两个命题函项 f(x) 和 g(x) 规定相同的类，当且仅当，对所有 x 值，f(x) 等价于 g(x)。

6. a 是唯一的等同于 a 的对象。

其次，我们也将规则尽可能地翻译成日常语言如下：

1. 命题"p 为真是真的"可以被"p 为真"所代替。

2. 如果 p 蕴涵着 q 蕴涵着 r，那么 q 蕴涵着 p 蕴涵着 r。

3. 如果 p 蕴涵着 q，那么非 q 蕴涵着非 p。

4. 在假言命题的假设中，如果 p 不止一次地出现，我们可以省略除一次以外的所有 p 的出现（例如，如果 p 和 q 和 p 一起蕴涵着 r，那么 p 和 q 一起蕴涵着 r）。

5. 如果，不管 x 是什么，命题 f(x) 为真，那么 f(x) 对 x 的所有值都为真。

6. 蕴涵中的真前提可以去掉。

7. 如果 p 蕴涵 q，q 蕴涵 r，那么 p 蕴涵 r。

8. 如果 q 同时来自 p 和非 p，那么 q 一定为真。

9. 若无论我们给变量赋什么值，一个包含两个或多个变量的命题都为真，那么我们可以识别变量。[至少我认为这是他的意思]。

10和11只涉及符号。

12. 一个定义总是可以被视为一个真命题。

这些原则和规则足以论证整个纯数学。

要不是出现了众所周知的悖论，有了这个结果，回归的研究将可以完成。其中布拉里-弗蒂悖论是第一个被发现的悖论。我现在并不要讨论解决这些悖论的可能方案——我只是想指出它们与方法及证明的性质的普遍问题的关系。

在弗雷格列举的逻辑前提中，有一些比另一些更具内在的自明性。悖论的存在表明这些前提需要加以修正，所以我们自然应该从那些不自明的前提开始。例如，否认矛盾律的普遍有效性，将是一种非常绝望的补救办法，除非万不得已不要采用。（我曾试图部分地否定排中律，以此逃避悖论；但显然，最好先尝试其它的否定。）有些逻辑前提不是很自明的，例如，对一个个体来说是有意义的，对一个类来说就是有意义的（不一定是真的）。（这个前提在列表中没有明确列举出来，但在解释中体现了出来。）这些原则，是逻辑上简单的命题——以它们为前提可以推出期望的结论——意义上的前提，但它们不是内在自明的经验前提。因此，如果我们可以用其它前提来代替它们，从这些前提中我们可以得到我们想要的结果，而不掺杂可证明的错误，那么我们的问题就解决了。

在任何知识体系中内在自明性的作用都是需要被考虑的。可以看出，它必然地提供了所有其它知识的基础：我们的经验前提

（十六）发现数学前提的回归方法

必须是自明的。在自然科学中，显见性是感觉的确定性，而在纯数学中，它是先验的自明性，如矛盾律的自明性。但是，关于自明性，有三个重点值得注意。(1)这是一个程度的问题，并且，在存在冲突的情况下，其它条件不变，应优先选择更自明的。(2)即使在具有最高程度自明性的地方，我们也不能假定我们是绝对正确的——与其它自明命题之间产生的全面冲突可能会使我们放弃我们的信念，就像后来被认识到的幻觉一样。(3)假定有通常的演绎法则，两个自明的命题，一个可以从另一个推导出来，这两个命题都比孤立的两个命题更加自明；因此，在一个复杂的演绎系统中，很多部分是自明的，在总概率上，可能变成几乎绝对的自明性。因此，虽然内在自明性是每一门科学的基础，但在一门得到充分发展的科学中，它决不是我们相信科学的任何一个命题的全部理由。

因此，当我们面对一个问题，如面对符号逻辑的悖论时所要寻求的方法，首先是，必须在我们的前提要导致的各结论之间划分出自明性的不同层次，然后，如果可能的话，分离出悖论由之而产生的前提，以及导致悖论的推理，最后对错误前提进行各种修正，并用如下两条标准来检验这些修正:(1)对于要获得结论，它们必定能让我们找到相对来说更具自明性的结论，(2)它们不能产生任何可指明的错误结论。第二个条件是无法带着确定性加以保证的。我们能做的最多的就是检验悖论最可能由之而产生的那种推论。因此，我们不能指望我们可以确保新前提免于错误。但是如果我们似乎已经确定地发现了我们的前提导致悖论的原因，以至于（除了结论）曾明显为真的，现在却显然为假，并且，如果产生悖论的那种类型的推理被我们新的前提取消了，那么，我们就至少可合理地认为，我们做了正确的修正，而且如果需要更多的修正，它们也必定是同样类型的。从头到尾，主要的困难在于如何调和避免错误和坚持我们必须认其为真的东西这两个目标：我们的前提的修正如果与 2+2=4 不一致，它就几乎与没有避免悖论的修正一样糟糕。所有这些都很像其它科学的步骤。例如，波义耳定律仅仅是近似地正确的；因此，我们的前提只能证明它近似正确，而不能证明它绝对正确。因此，弗雷格的前提无疑给出了一个初步的近似值，而精确的真理必定与之非常相似。[①]

把悖论考虑在内，我认为弗雷格的前提可以被下列命题所取代。在以下的列表中，"ϕx 总为真"的意思是"每一个 ϕx 形式的命题都为真"，不是"ϕx 对于 x 的所有值都为真"，因为常常会有 x 的值使得 ϕx 没有意义。我们的前提可以分为三组。首先有六个演绎原则，关于这六个原则，几乎不可能有任何合理的怀疑。这些原则是：

1. 真命题所蕴涵的一切都为真。
2. 如果 p 为真或者 p 为真，那么 p 为真。
3. 如果 q 为真，那么或者 p 为真，或者 q 为真。
4. 如果 p 或 q 为真，那么 q 或 p 为真。
5. 如果或者 p 为真，或者 q 为真，或者 r 为真，那么或者

[①] 博谢（A 1904，第 111-120 页）做过类似的评论，他在那里谈到了"连续近似值"。

（十六）发现数学前提的回归方法　　　329

q 为真，或者 p 为真，或者 r 为真。

6. 如果 q 蕴涵 r，那么 p 或者 q 蕴涵 p 或者 r。

接下来的四个原则，如同前面的六个原则，也几乎是不容置疑。它们是关于"φx 总为真"的概念的四个原则，这里的 φx 是其值为命题的函项。

7. 如果 φx 的所有值为真，那么 φx 的任何值为真。

8. 如果不管自变量 x 可能的值是什么，φx 为真，那么 φx 的所有值为真。

9. 如果 φx 的所有值为真，那么 φx 的这个或那个值为真。

10. 如果当 x 变化的时候，"p 蕴涵着 φx"总为真，那么 p 蕴涵着"φx 总为真"。

如果我们既要避免矛盾，又要保留普通的数学，那么就仍有两个必不可少的原则，虽然它们不那么自明。第一个原则涉及 x 的一般命题函项和给 x 赋予性质的函项之间的区别。我们假设：

11. 关于 x 的任何命题函项都等价于给 x 赋予性质的命题函项。

第二个原则同样地区分了关于 x 和 y 的一般命题函项和断言 x 和 y 之间关系的命题函项，并假定：

12. 关于 x 和 y 的任何命题函项都等价于断定 x 和 y 之间关系的命题函项。

这 12 个原则，加上对最后两项的可能修改或补充，似乎体现了数学的要求，同时也避免了悖论。要明确界定它们的全部范围需要大篇幅的解释；我仅仅提到它们以说明我们的回归把我们引向的剩余物。

需要指出的是，除非有很多算术是完全微不足道的，否则我们需要进一步的假设：没有一个有限数是宇宙中事物的总数。

上述前提是通过分析数学的过程和命题而得到的：它们是迄今为止可以把普通数学推导出来的不可还原的最低数量的假设。

如果这篇论文的论点是正确的，那么，通常的数学方法——即设定某些前提，然后推导出结论，虽然是正确的论述方法，但除了在较高级的部分中，并没有给出知识的层阶。这被一个事实所掩盖：那些传统上被当作前提的命题，除了平行公理之外，在很大程度上是非常自明的。但是，当我们进一步推进分析的步骤，得到更终极的前提时，其自明性就会减少，与其它科学过程的相似就会更加明显。各种各样的科学被它们的主题区分开来，但是关于方法，它们似乎只在每种科学由以组成的三部分之间的比例上不同，这三部分是：(1)"事实"的记录，这是我所说的经验前提；(2)归纳地发现符合事实的假设或逻辑前提；(3)从事实和假设中推演出新的命题。

如果我们被问及这些研究的用途，那么，几个重要的用途可能会被提到。首先，当一些事实表明它们是从几个前提推论出来的时候，这不仅本身是一个新的真理，也是我们知识的组织结构，它使我们的知识更易于掌握和更有趣。第二，在被发现之时，这些前提相当肯定地会导致一些不能通过别的方法被知道的新结果：在科学中，这是如此明显以至于不需要说明，并且在数学中也是如此。第三，在数学原理的特定情况下，哲学后果是深远的和极其重要的。无可否认，数学比其它任何知识都更加可靠，因此大多数哲学家在很大程度上都把他们的知识论建立在数学的基础上；任何关于数学方法和原理的新发现，都有可能推翻其它许多似是而非的哲学观，并提出一种与它的数学基础的有效成比例的一种可靠的新哲学。

（十七）数理逻辑的哲学意蕴

1911年3月22日宣读于法国高等社会研究院，第一次发表于《形而上学与道德杂志》第19期（1911年9月）第281-291页。

谈到"数理逻辑"，我是在一个很广泛的意义上使用它的。借助这个概念，我理解了康托尔关于超限数的工作，以及弗雷格和皮亚诺的逻辑工作。维尔斯特拉斯和他的后继者已经"算术化"了数学：也就是说，他们将整个数学分析的任务简化为对整数的研究。这一还原工作的成功标志着一个非常重要阶段的完成，在这一阶段结束时，分析的精神可以得到一个短暂的休息。然而，整数理论不能自主地建立起来，特别是当我们考虑到有限数和无限数性质的相似性时。因此，必须更进一步把算术，尤其是数的定义简化为逻辑。因此，我将用"数理逻辑"这个名称来意指任何逻辑理论，其目的是用明显地属于逻辑的概念来分析和推演算术和几何。我打算在这里讨论的正是这种现代的趋势。

在对数理逻辑所做工作进行考察时，我们可以考察数学结论，以及现代研究所揭示的数学推理的方法，或者，根据数理逻辑对数学命题进行的分析，考察数学命题的内在本质。我们不可能对研究主题的这三个方面进行准确的区分，但它们之间的区别足以为我们的讨论提供一个框架。人们可能会认为，相反的次序会是最好的，即，我们应该首先考虑一个数学命题是什么，然后再考虑证明这些命题的方法，最后再考虑这个方法所带来的结果。但是我们必须解决的问题，就像每一个真正的哲学问题一样，是一个分析的问题；在解决分析问题时，最好的方法是从结论出发，到达前提。在数理逻辑中，结论具有最大程度的确定性：我们越接近终极前提，我们发现的不确定性和困难就越多。

从哲学的观点来看，新方法最辉煌的成就是，我们能够形成关于无限和连续性的精确理论。我们知道，当我们必须处理无限的集合时，例如有限整数的集合时，我们可以在整个集合和它的一部分之间建立一一对应的关系。例如，有限整数与偶数之间存在这样的对应关系，因为有限数与它的两倍数之间的关系是一一对应的。因此，一个无限集合的数目显然等于这个集合的一部分的数目。以前人们认为这是一种矛盾；甚至莱布尼茨，也因为这个被假定的矛盾而否认了无限数，尽管他是实无限的拥护者。为了证明存在矛盾，我们必须假设所有的数都服从数学归纳法。为了解释数学归纳法，让我们把只要属于n就属于n+1的性质称为一个数的"遗传性质"。例如，大于100的性质就是这样的遗传性质。如果一个数大于100，那么继它之后的下一个数也大于100。让我们把数零具有的遗传性质称为数的"归纳性质"。这样一种性质必定属于1，因为它是遗传的并且属于0的性质；同样，它必定属于2，因为它属于1，以此类推。因此日常生活中的数具有每一种归纳性质。现在我们在数的归纳性质中发现了以下性质。

如果任一集合具有数 n，那么这个集合的任何部分都不能具有这个数 n。因此，如果所有的数具有所有的归纳性质，就会出现矛盾的结果，即有一些集合与它的一部分具有相同的数。然而，一旦我们承认有些数不具有所有的归纳性质，这种矛盾便不再存在了。这样看来，在无限的数中就不存在矛盾了。康托尔甚至构造了一完整的无限数的算术，借助这一算术他完全解决了先前关于无限的性质的问题，这些问题自古以来就困扰着哲学。

连续统的问题与无限的问题有密切的联系，它们的解决是通过相同的手段实现的。爱利亚学派芝诺的悖论，以及空间、时间和运动的难题，都可以通过现代的连续性理论被完全地解释。这是因为一种不矛盾理论已经被发现了，根据这种理论，连续统是由无限多个不同的元素组成的；这在以前看来是不可能的。不可能通过连续二分法得到所有的元素；但这并不意味着这些元素不存在。

由此引发了空间和时间哲学的一场彻底革命。被认为是矛盾的实在主义的理论不再被认为是矛盾的了，观念主义的理论失去了存在的理由。被认为是不能分析到不可分元素的流变，表明自己是能够被数学分析的，并且我们的理性表明，我们能够对物理的和感觉的世界进行解释，而不需要在存在连续性的地方假设跳跃，也不需要放弃对分离的和不可分的元素进行分析。

关于运动和其它连续变化的数学理论，除了使用无限数和连续统性质的理论外，还使用两个相关的概念，即函项和变量。这些概念的重要性可以用一个例子来说明。在哲学著作中，我们仍然可以找到这样形式的因果律的表述："当同样的原因再次发生时，同样的结果也会发生。"不过，可以很正确地说，同样的原因再也不会发生了。实际发生的是，在某类原因和由此产生的结果之间存在着一种恒定的关系。只要有这样一种恒定的关系，结果就是原因的函项。我们用一种恒定的关系，把无穷无尽的原因和结果归纳成一个公式，从而避免了同一原因会重复出现的陈腐假设。函项的概念，也就是恒定关系的概念，揭示了数学同时处理无限数据的能力的秘密。

要理解函项概念在数学中所起的作用，我们首先必须理解数学演绎的方法。人们会承认，数学证明，即使是那些通过所谓的数学归纳法而完成的证明，总是演绎的。在演绎中，情况几乎总是这样的：演绎的有效性并不取决于所讲的主题，而只取决于所讲内容的形式。举个经典论证的例子：所有人都必死，苏格拉底是一个人，所以，苏格拉底也必死。很明显，如果柏拉图或亚里士多德或任何其他人取代了苏格拉底，这里所说的仍然为真。这样，我们可以说：如果所有的人都是必死的，并且 x 是一个人，那么 x 也是必死的。这是对我们由之出发的命题的最初概括。但走得更远一些也很容易。在已经讲述的推论中，没有什么东西取决于是一个人和必死的（它们引起我们的关注）这个事实。如果类 α 的所有成员都是类 β 的成员，并且如果 x 是类 α 的成员，那么，x 就是类 β 的成员。在这个陈述中，我们拥有一种逻辑形式，该形式是某种形式的一切推论之基础，而所说的某种形式是指与证明苏格拉底必死的形式相同的形式。为了获得一个纯粹数学的命题（或数理逻辑的命题，这说的是一回事），我们必须把任何种类的演绎，交给类似于我们刚刚执行的程序来检验，也就是说，一个论证在其诸项之一改变了仍然保持有效性时，这个项必定可用一个变量即用一个不确定的对象来代替。这样，我们就得到了一个纯逻辑的命题，也就是说，这个命题除了逻辑常量外不包含任何别的常量。对逻辑常量下定义并不容易，但可以这么说：当我们试图用一个变量替代一个常量时，如果它在其中被发现的命题仍然包含它，那么这个常量就是逻辑常量。更准确一些，我们可以通过下述方式刻画逻辑常量的性质：如果我们选取任意的演绎推理，并用变量替代它的项，在完成了一定数量的这种替代的步骤之后，我们将会发现，仍然存在于演绎中的一些常量属于某一组，如果我们想进一步地概括，那就是，总是会存在属于这个组的常量。这个组就是逻辑常量组。逻辑常量是那些构成纯粹形式的常量；一个形式命题是除了逻辑常量外不包含任何其它常量的命题。我们已经将证明苏格拉底必死的推论简化为以下形式："如果 x 是一个 α，并且，如果 α 的所有成员都是 β 的成员，那么，x 是 β。"这里的常量是：是一个 α、所有、如果……那么。这些是逻辑常量，它们显然是纯粹的形式概念。

现在，任何有效的推论的有效性都取决于它的形式，而它的形式是通过用变量替代推论的项，直到推论中除了逻辑常量之外没有其它常量而得到的。反过来说，每一个有效的推论都可开始于借助逻辑常量来操作变量的推论，这是通过赋予变量一定的、假设由之变成真的值。

通过这种概括操作，我们把论证中严格演绎的成分与依赖于所讲内容的特殊性的成分区分开来。纯数学只涉及演绎的元素。我们通过一个纯化的过程获得纯数学的命题。如果我说："这里有两件东西，并且这里有两件其它的东西，因此这里总共有四件东西",我并不是在陈述一个纯数学命题,因为在这里涉及到了特定的东西。我所陈述的命题是一般命题的应用:"给定任何两件东西和任何两件其它东西,总共就有四个东西。"后一个命题是纯数学命题,前一个命题是应用数学命题。

很明显,假设的验证依赖于主词的特殊性,并且这使我们能够断定,假设不仅蕴涵着论题,而且由于假设为真,所以论题也为真。这一断定不是在纯数学中做出的。在这里,我们满足于假言的形式:如果任何主词满足如此这般的假设,那么它也将满足如此这般的论题。因此,纯数学完全成为假言式的,并且它只涉及不确定的主词,也就是说,涉及一个变量。任何有效的推论都在一个属于纯数学的假言命题里找到它的形式;但在纯数学本身中,我们既不肯定假设,也不肯定论题,除非它们都能用逻辑常量来表达。

如果有人问为什么要把演绎推理还原到这种形式,我的回答是,有两个相关的原因。首先,尽可能概括真理是一件好事;其次,使用不定的x进行演绎推理可以让工作更省力。当我们对苏格拉底进行推论时,我们获得的结果只适用于苏格拉底,因而,如果我们想知道关于柏拉图的一些事情,我们必须重新进行推理。但是当我们对x进行推论时,我们得到的结果对于每一个满足假设的x都是有效的。于是,普通的追求省力和普遍概括的科学动机就把我们引向了刚刚概述的数学方法理论。

根据以上所述,我们很容易看出,对于纯数学命题的内在本质,我们必须思考些什么。在纯数学中,我们从不讨论适用于某一个别对象的事实;我们从不需要知道现实世界的任何事情。我们只关心变量,也就是说,只关心我们对其做假设的主词——这些假设有时也许会得到满足。但是针对这样或那样的对象而对假设进行的验证只是对于推论的重要性而非真实性而言才是必要的。乍一看,在这样一门科学中,一切似乎都是任意的。但事实并非如此。假设必须真正地蕴涵着论题。如果我们假设假设蕴涵着论题,我们只能在新假设真正包含新论题的情况下进行推论。蕴涵是一个逻辑常量,是不能取消的。因此,我们需要关于蕴涵的真命题。如果我们把并不为真的关于蕴涵的命题当作前提,那么由此产生的结论就不会真正地被前提所蕴涵,以至于我们甚至不会得到一个假言的证明。真前提的这种必然性强调了一种首要的区别,即前提和假设之间的区别。当我们说"苏格拉底是一个人,因此苏格拉底必死"时,命题"苏格拉底是一个人"是一个前提;但当我们说"如果苏格拉底是一个人,那么苏格拉底是必死的"时,"苏格拉底是一个人"这个命题只是一个假设。同样当我说"如果从 p 我们推出 q,从 q 我们推出 r,那么从 p 我们推出 r"时,命题"从 p 我们推出 q 和从 q 推出 r"是一个假设,但是这整个命题不是一个假设,因为我肯定它而且它事实上为真。这个命题是一个演绎规则,演绎规则在数学中有两种用途:一是作为前提,二是作为从前提获得结论的方法。现在,如果演绎的规则不是正确的,通过使用它们而得到的结论就不是正确的结论,所以,从错误的前提出发我们甚至没有正确的演绎。正是演绎规则的这种双重用途,使数学的基础有别于后面的部分。在后面的部分,我们使用同样的演绎规则来演绎,但是我们不再直接把这些规则当作前提。因此,在后面的部分,直接的前提可能是假的,但推论不必是逻辑上不正确的,但是,在基础中,如果前提不是真的,推论将是不正确的。有必要弄清楚这一点，否则，任意性和假设的部分可能显得比实际更大。

因此，数学完全是由只包含变量和逻辑常量的命题，也就是说，纯粹形式命题构成的——因为逻辑常量就是构成形式的那些东西。值得注意的是，我们有能力认识这样的命题。知识理论对数学知识分析的结论是十分感兴趣的。首先必须指出，与经验理论相反，数学知识需要不以感性材料为基础的前提。每一个普遍的命题都超出了通过完全局限于个体感官获得的知识的范围。如果我们说，把一个特定的情形推广到一般情形，是通过归纳的方法实现的，那我们就不得不承认，归纳本身并不是通过经验得到证明的。归纳法的基本原则的准确表达无论是什么，显然，首先这些原则是普遍的，其次如果要避免恶性循环，那么这些原则本身不能通过归纳证明自己。

可以认为，归纳法的原则或多或少可以用下面的方法来表述。如果事实表明，任何两种性质同时出现在一定数量的例子中，那么，具有其中一种性质的新例子，相比于没有这些事实时，更可能具有另一种性质。我并不是说这是一个令人满意的归纳原则的表达；我只是说，归纳法原则必定是这样的，就其必定是一个包含着概率概念的绝对普遍原则而言。现在很明显，感觉经验不能证明这样一个原则，甚至不能使它成为可能的；因为它只是凭借这一原则本身才常常成功地使人相信，它将来可能会取得成功。因此，归纳知识就像所有通过推理获得的知识一样，需要先验的、普遍的逻辑原则。通过把归纳原则公式化，我们将每一个归纳都转化为演绎；归纳法不过是一种使用某种前提，即归纳原则作为前提的演绎。

就其原始和未经证明而言，人类知识被分为两类：一类是特定事实的知识，它使我们能够确认事实的存在；另一类是逻辑真理的知识，它使我们能够进行关于材料的推理。在科学和日常生活中，这两种知识是相互混合的：被肯定的命题是通过逻辑原则从特定的前提中获得的。在纯粹的知觉中，我们只发现特定事实的知识。在纯数学中，人们只能找到逻辑真理。要使这种知识成为可能，就必须有不证自明的逻辑真理，也就是说，不需证明就能知道的真理。这些真理是纯数学的前提，以及在任何主题的每个论证中存在的演绎元素。

因此，不仅对我们所能观察到的情况，而且对所有实际的或可能的情况，都可以作出断定。这类断定的存在，以及这一事实，即它们对于几乎所有据说是建立在经验之上的知识来说是必要的，表明存在着先验的和普遍的知识，并且，传统的经验主义是错误的。

尽管传统经验主义的知识论是错误的，但不能因此认为唯心主义是正确的。唯心主义——至少是来自于康德的每个知识理论——假定先验真理的普遍性来自于它们表达心灵的性质这一性质[①]：事情似乎如此，是因为现象的性质以如下的方式取决于主体，如果我们有蓝色的眼镜，一切对我们都似乎是蓝色的。康德的那些范畴是心灵的有色眼镜，先验的真理是由这些眼镜所产生的假象。此外，我们必须知道，每个人都有同样类型的眼镜，而

---

① 康德的真正解释可能没有我这里设想的这样地是心理的；但在目前的讨论中，历史真实问题对我们来说只是次要的。

眼镜的颜色是永远不变的。康德不愿意屈尊告诉我们他是怎么知道这一点的。

一旦我们考虑康德的假设的后果,我们就会发现,普遍的和先验的真理必须与物质世界的特殊事实具有同样的客观性,同样的对于心灵的独立性。事实上,如果普遍真理只表达心理的事实,我们就无法知道它们怎么会从一个时刻到另一个时刻或从一个人到另一个人而保持不变,我们永远不可能使用它们从一个事实合法地推断出另一个事实来,因为它们不会关联事实,而只关联我们对事实的看法。因此,逻辑学和数学迫使我们承认一种经院哲学意义上的实在论,也就是说,承认有一个并不直接关系到某一特定存在的普遍的和真理的世界。这个普遍的世界必须潜存(subsist),尽管它不能在具体感性材料存在的意义上实存。我们直接认知关于普遍的无数命题:这是一个终极的事实,就像感觉是终极的事实一样。纯数学——它的基础部分通常被称为"逻辑"——是我们对某些普遍的东西所可知道的东西的总合,无论这是直接知道的还是通过论证知道的。

关于自明的真理的主题,有必要避免一种误解。自明是一种心理性质,因此是主观的和可变的。它对于知识是必不可少的,因为所有的知识要么是自明的,要么是从自明的知识中推导出来的。但是从自明的东西出发获得的知识的层阶和逻辑演绎的层阶是不一样的。并且,我们不能假设当我们给一个演绎系统提供了如此这般前提时,我们就认为这些前提构成了系统自明的东西。首先,自明有程度之分:结论非常有可能比前提更加自明。第二,我们可确定许多结论的真实性,而前提却显得只是可能的,并且，它们的可能性是由于这样一个事实，即许多真结论来自于它们。在这种情况下，我们可以确定的是，前提蕴涵了它希望放在演绎系统中的所有真结论。这句话适用于数学的基础，因为从本质上讲，很多终极前提并不比它们推导出的许多结论更具有自明性。此外，如果我们过于强调演绎系统前提的自明性，我们可能会搞错直觉（不是空间上的，而是逻辑上的）在数学中所起的作用。逻辑中的直觉部分的问题是一个心理学问题，在构造演绎系统时没有必要关注它。

综上所述，我们已经看到，首先，数理逻辑已经解决了无限和连续性的问题，并且为空间、时间和运动的哲学奠定了坚实的基础。第二，我们已经看到，纯数学可以被定义为一个只用变量和逻辑常量表示的命题的类，也就是说，可以被定义为一类纯粹形式的命题。第三，我们看到数学知识的可能性反驳了经验主义和唯心主义，因为它表明人类的知识不完全是从感觉的事实推导出来的，而且，先验知识绝不能用主观的或心理的方式来解释。

（十八）数学纯粹是语言学的吗？

本文原为现存于麦克马斯特大学伯特兰·罗素档案馆的罗素手稿。

如果要更聪明一些提出这个问题，我们必须首先定义"数学"和"语言学"两个词。找到对"数学"的定义不是一件容易的事情。因此，让我们从对"语言学"一词界定开始。

让我们先来考虑一些语言陈述的例子。出现在词典里的那些就是最明显的例子。然而，有时一本词典也会出现偏差，如约翰逊博士把"燕麦"定义为"英格兰马和苏格兰人的食物"。他不可能通过佯称这句话纯粹是语词上的，就能平息一个苏格兰人的愤怒。事实上不是定义的定义只是一种机智的表达方式。例如，我们被告知，所谓的"乐观主义者"是指"一个希望从苏格兰人那里买东西然后卖给犹太人来赚钱的人"。如果我们不是已经知道乐观主义者是什么，这个定义就没有意义。不同于上述，真正的定义假定所定义的词或短语具有以前所不知道的含义。它们宣布的是关于语言使用的一个决定。它们说："我作为作者在此宣布，每当我愿意，我将使用一个特定的词或短语 A 代替某些短语 B，并且，当我做这个替代时，我要考虑不能引起有关句子意义的变化。"这样一个定义就表达了一种意愿。如果你想要反对它,你必须在伦理层面上反对,而不是佯称这个定义是不真实的。从逻辑上讲,定义与翻译是同一层次的,它与翻译的不同之处(至少就技术资料而言)在于它更受作者的支配。法语词"chien"意指"狗",虽然是语言的,但却是一个事实,独立于任何人的意志。但是,当一个人发明了一种新的数学,需要新的技术术语时,他的定义取决于他的自由选择;它们可以是恰当的或不恰当的,可以是有启发性的或令人困惑的,但它们不是对的或是错的。

关于定义就谈这么多。让我们来继续讨论语言陈述的其它形式。

考虑如下这类陈述,比如"拿破仑是波拿巴"或者"奥古斯都是屋大维"。这句话断言的是什么?显然不是"拿破仑是拿破仑"所断言的(如果有的话)。后者是一种只有在逻辑上才会说出来的话,而前者则可能是历史老师说出来的话。它可能意味着两件事:(1)"拿破仑有另一个名字,即'波拿巴'";或者(2)"有一个人,他有两个名字,即'拿破仑'和'波拿巴'。"这两种说法有一个重要的区别。(1)是关于拿破仑的,而(2)没有提到拿破仑。没错,它提到了"拿破仑",但是"拿破仑"是一个词,不是一个人。如果我们赋予语词以名称,而不是满足于使用引号,事情就会变得更清楚。设N为"拿破仑"一词的名称,B为"波拿巴"一词的名称。那么,(1)说:"N和B都叫拿破仑",而(2)说:"有一个实体,N是它的名称并且B也是它的名称。"即使你完全不知道拿破仑,你也能理解这个陈述。你可以在百科全书里找到:"邦巴斯特斯,参看帕拉塞尔苏斯。"这样你就认知了像(2)这样的命题,尽管这两个名称对你来说可能都是新的。

上面的讨论与同一性的讨论有关。同一性被设定为"A是A",但事实上它从未以这种形式使用过。如果要以这种形式使用它,需要这样的解释:"有一个各种类似形状的类,该类的名称是'A'。以下表述是书面语言的惯例:这个类的两个成员对它们可能在其中出现的形状的任何复合物作出了相同的贡献。"我们曾经被告知同一律是一种思维法则,但现在看来,它是一种印刷中的排印规范。而且,它是一种经常被有意捐弃的俗规;例如,卡尔那普在他最近的《概率的逻辑基础》中提醒读者,他在两种完全不同的意义上使用 π 这个希腊字母。

有批判思想的听众会注意到,在上面关于"A是A"的陈述中我提到了"相同的贡献"。也就是说,我假设了未曾谈到的另一种同一性。事实上,同一性并不会以"A是A"的形式出现在普通的言语中。我们可以说"所有这些谋杀都是同一个人干的",或者我们可以说"杜鲁门是美国的总统"或者"拿破仑是波拿巴"。这样的陈述可以出现在逻辑学之外的著作中。

我们已经看到,"拿破仑是波拿巴"可以用一种不使用"同一性"概念的方式来表达,用"'波拿巴'的名称"代替"波拿巴"。让我们看看这在我们的其它例子中是否也可成立。

"A、B和C都被同一个人杀害"可以解释为:

"有一个实体M,这个M谋杀了A,这个M谋杀了B,并且这个M谋杀了C。"

在这里"同一性"被字母M的重复所代替。

类似的消除"同一性"的方式,可以在我们其它的例子看到。令"P（x）"表示"x是美国的总统"，在这里没有假定只有一个人可是美国的总统。"杜鲁门是美国的总统"可以表示为：

P（杜鲁门）：ϕx.~ϕ（杜鲁门）.⊃_{ϕx}.~P(x)。

这即："杜鲁门具有性质P，如果x是任何对象，ϕ是任何性质，如果是x而不是杜鲁门具有性质ϕ，那么结论是，x不具有性质P。"

在这里，"同一性"再一次消失了。

你可能会反对说这是一个诡计，因为在我的翻译中，我必须重复"相同的"字母。然而这一反对是错的。因为尽管事实上相同的字母重复出现了，但我不是必须如此说。此外重复出现的并不是"相同的"字母，而是某个字母的不同实例。再举个例子，

"A、B、C都是被同一个人谋杀的"，变成了：

"有这么一个M，这个M谋杀了A，这个M谋杀了B，并且这个M谋杀了C"。这里重要的是"M"的重复。但我们通过重复"M"意谓什么呢？我们意谓的是类"M"中不同成员的出现。如果我想说：

"M在上面的句子中出现了三次"，

我应该说的是："在上面这句话中出现了三个形状，它们都属于类'M'。"

如果不进行无穷后退，我们就无法继续进行下去。

因此，"同一性"似乎可以从它出现的所有陈述中消除。另外，一些似乎涉及同一性的陈述是语言的，而另一些则不是。

接下来考虑一种不同类型的语言陈述，例如"没有老处女是已婚的"。我们并不是通过一个接一个地翻阅人口普查记录来证

（十八）数学纯粹是语言学的吗？

明这一点的；我们是通过考虑语词的意义来证明它的。通过替换该定义，这一陈述变成了：

"任何老了的、女的和未婚的，都是未婚的。"

这是如下普遍逻辑原则的一个例子：

"如果 x 有两个性质 ϕ 和 ψ，那么，x 具有性质 ϕ。"

或者，更简单地说：

"（p 并且 q）蕴涵着 p"。

这是当数学从逻辑推导出来时，出现在数学的前提中的陈述。没有理由不把它称为数学陈述。每个人都会同意，我们借以开始的陈述，即"没有老处女是已婚的"，是语言的陈述。因此，它的一般形式"p.q.⊃p"，似乎也是语言的。就其表现来说，这是支持数学是语言学的观点的一个论证。

让我们选择另一个语言的陈述，即：

"如果 A 是 B 的丈夫，那么 B 是 A 的妻子。"

我们可以用"妻子"来定义"丈夫"，或用"丈夫"来定义"妻子"。每一种关系都是另一种关系的"逆反"，并且，只要 x 和 y 之间存在关系 R，关系 R 的"逆反"是存在于 y 和 x 之间的关系。我们的命题从这个"逆反"的定义，以及下面的定义，

"妻子＝丈夫的逆反"　（Df）．

推论出来。在这里,再一次,我们的命题与某些数理逻辑的命题的不同只在于我们的命题缺乏普遍性。

从上面的例子可以清楚地看出,语言命题有两种类型,一种取决于词汇,另一种取决于句法。"拿破仑是波拿巴"取决于词汇,而"未婚的女人是未婚的"取决于句法。那些取决于句法的命题类似于数学命题,并使自己可被普遍化为逻辑命题。

确切地说,例如"棕色的狗是狗"断言了什么?我们必须知道什么才能认识这个断言?我们不需要知道"棕色"和"狗"这两个词是什么意思,但我们必须知道它们是类-词,并且当它们并列在一起时,它们意指的是其共同的部分。我们还必须知道"a"和"是 a"是什么意思。因此,我们必须知道的只是句法的知识。此外,我们说的是关于语词或句子的事情。我们说:"如果'x 是一只棕色的狗'为真,那么'x 是一只狗'为真。""真"必须被提到这一事实是某些语言命题的特征。如果我说"那是一只棕色的狗",就没有提到"真"。在这种情况下,考虑到英语的情况,我所说的为真(或为假)取决于狗的特性。我所说的句子表达了一种思想,这种思想可以被翻译成任何其它语言。语词只是用来表达思想的;它们(可以这么说)是透明的,没有什么东西说语词本身。这是语言的日常用法。

但如果我说:"那只狗是棕色的是真的",那么我说的一些东西,虽然被我之前的陈述所蕴涵,但不再是关于那只狗的,而是关于一个句子的。一般来说"'p'为真"与"p"是完全不同的断言。通常来说,发现"p"为真的唯一方法就是找到 p。我知道"那是一只棕色的狗"是真的,因为我可以看到那是一只棕色的狗。但我可能知道p，却不知道"p是真的"，反之亦然。一个不懂英语的人可以看到一条狗是棕色的，但不知道"that is a brown dog"这句话是真的；另一方面，他可能会在听到一个品德高尚的英国人在说"that is a brown dog"（那是一只棕色的狗）的时候，并不知道这句话是什么意思，就认为这句话是正确的。

我倾向于认为，出现在所有句法的语言命题中的是"'p'为真"，而不是"p"。我并不是意指我们要断言"p"为真，而是说我们把它作为一个假设来考虑。现在让我们来谈谈第二个主要问题：我们所说的"数学"意指什么？

"数学"的定义是什么？首先，这个问题是什么意思？我们都知道数学是什么，它就是在中小学和大学里被称为"数学"的东西。但有人可能会错误地认为，那些制定课程的人已经有了一些理由给某类知识起一个共同的名称叫作"数学"。在寻找定义的过程中，我们想找出这个理由。也就是说，我们想要找到包括所有通常被称为"数学"的东西的一些共同特征，而其它的东西几乎没有这些特征。在这个意义上，我在1903年《数学的原理》的第一句话中给出了"数学"的定义，但是这个定义包含了各种各样的错误，正如我在那本书的第二版中指出的那样。让我们看看是否能做得更好。

毕达哥拉斯，以及他之后的柏拉图，有一个既简单又迷人的数学理论。柏拉图的理论已经不像毕达哥拉斯的理论那么简单了，因为他必须把他认为不能简化为算术的几何考虑在内。毕达哥拉斯认为数学是对数的研究，并且每一个数都是一个独立的永恒实体，居住在一个超感性的天堂里。我年轻的时候相信类似的东西；弗雷格直到晚年都是如此。但研究的进程逐渐驱散了这种信念。首先，很多毋庸置疑是数学的东西——例如，拓扑学——与数无关。其次，算术是建立在逻辑之上的；此外，从逻辑到算术的过渡是如此的连续，以至于没有人能说出一个的起点和另一个的终点在哪里，因此我们不得不把数理逻辑和算术视为一个科目。第三——这是最严重的问题——事实证明，数只不过是一种语言上的便利，当似乎包含数的命题被完全写出来时，数就消失了。因此，在天上寻找数是徒劳的，就像寻找（比如说）"等等"。

最后一点非常重要，我将通过翻译"1+1=2"来说明这一点。我不会尝试一个完全准确的翻译；如果你想，你可以在《数学原理》的第110小节中找到它。略去一些细节，命题"1+1=2"可以通过以下几个步骤来解释。

如果 ϕ 有下列两个性质，我们会说，它是一个单元性质：（1）存在一个具有性质 ϕ 的对象 a；（2）无论性质 f 是什么，并且无论对象 x 是什么，如果 a 具有性质 f 并且 x 不具有，那么 x 不具有性质 ϕ。我们会说 χ 是一个二元性质，如果有一个对象 c，以及有一个对象 d，并且：

  1. 存在属于 c 但不属于 d 的性质 F；

  2. c 具有性质 χ 并且 d 具有性质 χ；

  3. 无论性质 f 和 g 可能是什么，并且无论对象 x 可能是什么，如果 c 具有性质 f 并且 d 具有性质 g 并且 x 没有这两种性质的任何一种，那么 x 就不具有性质 χ。

我们现在可以阐明"1+1 = 2"如下："如果 ϕ 和 ψ 是单元性

质，并且存在一个具有性质 φ，而不具有性质 ψ 的对象，那么'φ 或 ψ'是一个二元性质。"

学校里的孩子们如此容易地掌握这一伟大的真理，这是对他们智力超群的赞颂。

我们把"1"定义为一个单元性质，把"2"定义为一个二元性质。

这段冗长的废话的目的，是为了说明"1+1=2"可以不用提及"1"或"2"就能清晰地表达出来。如果我们举个例子，这一点会更清楚。假设 A 先生有一个儿子和一个女儿。需要证明他有两个孩子。我们打算以一种不涉及"1"和"2"的方式来陈述前提和结论。

我们把上面的一般性陈述翻译为：

Φx.=.x 是 A 先生的一个儿子。
Ψx.=.x 是 A 先生的一个女儿。

这样，存在一个具有性质 φ 的对象，即小 A 先生；而且无论 x 是什么，如果它有一些小 A 先生没有的性质，它就不是小 A 先生，因此也不是老 A 先生的儿子。这就是我们说"'是 A 先生的儿子'是一个单元性质"的意思。同样，"是 A 先生的女儿"也是一个单元性质。现在考虑性质"是 A 先生的一个儿子或女儿"，我们将称之为 χ。存在儿子和女儿两个对象，其中：（1）儿子有男性的性质，而女儿没有；（2）儿子具有性质 χ 并且女儿具有性质 χ；（3）如果 x 是一个对象，它缺乏儿子具有的和女儿也具有的一些性质，那么 x 不是 A 先生的儿子或女儿。因此 χ 是一个二元性质。简而言之（正如米考伯先生会说的），一个有一个儿子和一个女儿的男人有两个孩子。

我们现在可以尝试定义"数学"了。你会注意到，当我们明确地提出"1+1 =2"时，我们没有提到任何特定对象或任何特定性质；我们说的是"任何性质"或"任何对象"，而不是这个或那个性质或对象。也就是说，项和性质是由变量表示的。这是数学和逻辑命题的一个必要但不充分的特征。这不是一个充分的特征，因为许多具有这一特征的命题的真假是不可知的，除非有超出逻辑的证据。例如，世界上至少有三个对象。这可以表示如下：

(x,ψ,χ,θ)(∃ϕ,a, b, c):ϕa.ϕb.ϕc:ψa.~ψx.χb.~χx.θc.~θx .⊃.~ϕx.:(∃f).fa .~fb:(∃g). ga .~gc:(∃h).hb.~hc。

对于这个命题没有逻辑上的证明或反驳；我们相信它的唯一理由是经验主义的。因此，它不是一个数学或逻辑命题。

成为一个数学或逻辑命题需要的进一步的性质很难定义。这是传统上通过说相关的命题是"分析的"或"逻辑上必然的"来表达的性质。或者我们可以说，逻辑命题或数学命题是"凭借其形式而为真"的命题。如果我说"苏格拉底是智慧的"，我说的是一些实质性的东西，这些东西是从历史而知的，不能通过其它途径。但如果我说"苏格拉底是智慧的或者是不智慧的"，我说的是一些不需要历史知识就可以知道的东西；它的真来自于词语的意义。我所说的是排中律的一个例子，它说，如果 p 是任意命题，那么我们可以断言"p 或非 p"。这里有两个未普遍化的词；它们是"或"和"非"。这些是"句法"词,是逻辑或数学命题中除了变量之外唯一可能出现的语词。但这只定义了可以用数学或逻辑术语表达的命题;我们现在要弄清楚的是这些命题中哪一个是可被知道为真的,但这个定义对我们没有任何帮助。

数学中的一切都可以从少量的前提中推导出来。选择前提的方法有很多种。显然,它们必定具有符合数学和逻辑命题定义的性质。因此,我们要简化我们的问题,选取一些很早就提出的命题,例如可以作为前提的命题,并探讨它们与那些只能凭经验认识或根本不能被认识的命题之间的区别。让我们选择排中律。

排中律可以用多种方式表述。我们可以说"每一个命题不是真就是假"。我们可以说"如果'p'是一个命题,那么'p'或者'非p'为真"。或者我们可以(至少在口头上)省略掉"真"和"假",而说"如果'p'是一个命题,那么p或非p"。在每一种特殊的例子中,最后一种是最自然的形式。我们应该举出排中律的例子:"现在在下雨或现在没下雨","这个数是一个质数或者不是一个质数"等等。只有在一般形式下,我们才倾向于把"真"这个词带进来。"真"这个词是否出现的问题是一个很重要的问题,因为,就像我之前说过的,断言"p"或断言"'p'为真"是完全不同的两件事。后者总是语言的;前者一般来说不是。

我自己的信念是——尽管我这样说有些犹豫——,当"或"和"非"这样的词出现时,总是必然会带来"真"。让我们把注意力集中在"非"上。就拿"现在没下雨"来说吧。这没有直接应用到"现在在下雨"这个事实上。当我们说"现在没下雨"时,首先被考虑的是"现在在下雨"这个命题,然后对之加以否定。

"非p"可被定义为"'p'为假";事实上,这是一个关于引号中p的陈述。当我们断言"p或非p"时,"或"必须连接两个具有(可以说)相同句法地位的命题,因此"p"也必须被"'p'为真"所代替。因此,表述排中律的正确方式成为:

"'p'为真,或者'p'为假"。

我们现在可(假设"真"已被定义了)定义"假"如下。有些命题是真的;根据定义,其余的就被称为"假的"。如果接受了上面的观点,排中律显然纯粹是语词的;它是根据趣味而对"假"或"非"做的定义。

数学命题在某种意义上是"真的",但不是在适用于事实命题的意义上是真的。由于"安娜女王死了"这些词和某个非语言事实之间的关系,"安娜女王死了"这个命题是真的。就这类命题而言,"真"不是一个句法概念。但确保"安娜女王是死的或不是死的"为真的是什么事实呢?不是与安娜女王有关的事实:并不是对其统治的历史的研究说服了我接受排中律的这一例子。然而,有一个事实是相关的;这是关于"或"和"非"的意义的事实。正是因为这是唯一相关的事实,数学命题可以不诉诸外部观察而被了解。所有的数学证明都仅仅是用另一种表述方式来述说前提中已说过内容的部分或全体。如果你从一个定理A推导出一个定理B,那么它一定是B以另一些语词重复了A(或者它的一部分)的情况。而且A的真必然产生于表述它的语词的意义。

作为一种定义,我们可以说:数学和逻辑命题是这样的命题:(a)除变量外,只包含句法词,(b)由于其所包含的句法词的意义,或(作为另一种选择)凭借其形式,可被视为是真的。必须补充一些关于"句法"和"形式"的定义的东西。

在每个句子中,语词之间都有一定的关系。这些关系可用其它句子来肯定,但不能在句子本身中被肯定。以主谓句为例。在拉丁语和数理逻辑中,这可以通过使名词和形容词并列起来并把名词放在前面来表述。在英语中我们用 is 这个词;我们说"苏格拉底是智慧的"。这里有三个单词,它们之间的关系对句子的意义至关重要。我们可以更确定地说:"'智慧'是一个适用于苏格拉底的谓词。"但在这里,我们仍然有以对句子意义至关重要的方式互相联系在一起的几个词语。无论我们做什么,我们都不可能使自己不去考虑词语之间的非语词关系。当任何这样的关系被语词化时,新的非语词的关系就会取而代之地出现。

正是这些非语词的关系构成了句法。给定任意一个句子,把其中所有的词都变成变量,剩下的就是原来句子的"形式"。我们总是可以用提到这种形式的句子来代替原来的句子;这就产生了一个不同形式的句子,包含一个"句法"词。我们可以说"Socrates wise",意思用英语表达是"Socrates is wise"(苏格拉底是智慧的)。我们可以把"苏格拉底"和"智慧的"变成变量,得出"xP"的"形式",这将是所有主谓命题的共同形式。或者我们可以像在英语中一样,用"is"这个词来表达主语和谓语的关系。"is"是一个句法词,因为它表达了我们前面所有命题"xP"的共同"形式"。类似地,我们可以选取二元关系,比如说"布鲁图杀死了凯撒"。在这里结构没有表达出来。我们可以通过替换变量来概括"形式",因此形式可以用"xRy"来表示。但是,如果我们要谈论形式，而不仅仅是表达形式，我们就必须从"布鲁图与凯撒有杀死……关系"开始。正是通过对此进行概括我们才能够谈论关系，而不仅仅是使用它们在其中出现的句子。这些词是"句法的"，除了变量之外，它们是唯一能在数学或逻辑中出现的词。

以上对句法词的解释可能不适用于"或"和"非"这样的词。正是这样的词构成了命题演算的特征。在这种演算中，我们不关心函项，也不关心一般的命题——也就是说"(x).ϕx"和"(∃x).ϕx"没有出现。命题演算中的一切都可以用"不相容"来定义。如果 p 和 q 中至少有一个是假的，我们就说它们是"不相容的"。我们写这个为"p\q"。演算中最简单的命题是"p\(p\p)"，它可被表述为："p 与 p 与自身的不相容是不相容的。"这可被解释为排中律或矛盾律。似乎"不相容"及其衍生词"或者"、"非"、"并且"、"蕴涵"必须被添加到上面所定义的句法概念中。它们也必须被称为"句法的"词。

我们现在可以总结一下这次讨论。我们的结论是，逻辑学和数学的命题纯粹是语言学的，它们与句法有关。当一个命题"p"似乎发生时，真正发生的是"'p'为真"。数学的一切应用都依赖于这样一个原则：

"'p'为真"蕴涵着"p"。

数学和逻辑的所有命题都是关于少数语词的正确使用的断言。

这个结论，如果它是正确的，可被看作毕达哥拉斯的墓志铭。

(十九)建基于类型论的数理逻辑

最初发表于《美国数学杂志》第30卷第3期(1908年7月)第222-262页。

下面讨论的符号逻辑理论起初因能解决某些悖论引起了我的重视。在这些悖论中,数学家最熟悉的是布拉里-弗蒂关于最大序数的悖论。[①]但这个理论似乎并不完全依赖于这个间接的用处;如果我没弄错的话,它也与常识有某种一致之处,这使它具有内在的可信度。然而,这并不是一个值得过分强调的优点;因为常识比它愿意相信的更容易犯错。因此,我将首先说明一些需要解决的悖论,然后说明逻辑类型理论如何影响这些悖论的解决。

1.悖论

(1)这类悖论中最古老的是埃庇米尼德斯悖论。克里特人埃庇米尼德斯说,所有的克里特人都是骗子,克里特人所说的其它一切话都是谎言。这是一个谎言吗?这一悖论的最简单形式是由说"我

---

① 见下。

在说谎"的人提供的。如果他在说谎,他就是在说真话,反之亦然。

(2)设ω是所有不属于它们自身的成员的类的类。那么,无论x是什么类,"x是ω"都等价[①]于"x不是x"。因此,给x赋值ω,"ω是ω"等价于"ω不是ω"。

(3)设T为R与S没有R关系时,R与S这两种关系之间的关系。那么,无论关系R和S是什么,"R与S有关系T"都等价于"R与S没有关系R"。因此,给R和S赋值T,"T和T有T关系"就等价于"T和T没有T关系"。

(4)有限整数的英文名称的音节数会随着整数的增大而增加,并且必然会无限递增,因为给定有限的音节数只能构成有限的名称。因此,一些整数的名称必须由至少19个音节组成,其中必须有一个最小的音节。因此,"不能用少于19个音节命名的最小整数"(the least integer not nameable in fewer than nineteen syllables)必定表示一个确定的整数。事实上,它表示,111777。但是"不能用少于19个音节来命名的最小整数"(the least integer not nameable in fewer than nineteen syllables)本身是一个由18个音节组成的名称。因此,不能用少于19个音节命名的最小整数可以用18个音节命名,这是一个悖论。[②]

(5)在超限序数中,有的可以定义,有的不能定义。可能定义的总数为$\aleph_0$,而超有限序数的数量超过$\aleph_0$。因此,必定有不可定义的序数,而在这些序数中,必定有最小的序数。但这被定

---

① 当两个命题都为真或都为假时,它们为等价命题。
② 这个悖论是博德莱安(Bodleian)图书馆的 G.G. 贝里(Berry)先生向我提供的。

义为"最小的不可定义的序数",这是一个悖论。①

(6)理查德悖论②类似于最小的不可定义序数的悖论。它是这样的:考虑所有可以用有限数量的单词来定义的小数,设E为这类小数。然后E有$\aleph_0$项。因此,它的成员可以排序为1,2,3,……设N是一个定义如下的数:如果第n个小数中的第n个数是p,则N中的第n个数是p+1(如果p=9,则为0),则N不同于所有E的成员,因为,不管n的有限值是多少,N中的第n个数与组成E的第n个小数中的第n个数是不同的,因此N与第n个小数是不同的。然而,我们用有限个词定义了N,因此N应该是E的一个成员。因此N既是E的一个成员,又不是E的一个成员。

(7)布拉里-弗蒂悖论③可以表述如下:我们可以证明,每一个良序序列都有一个序数,达到和包括任何给定序数的序数序列都比给定序数多1,并且(根据某些非常自然的假设)所有序数的序列(根据大小排序)都是良序的。因此,所有序数的序列有一个序数,称之为Ω。但在这种情况下,所有序数的序列包含序数$\Omega+1$,它必定大于Ω。因此Ω不是所有序数的序数。

上述所有悖论(它们只是从大量悖论中选出的例子)有一个

---

① 参见柯尼希(Konig):"论量和连续统问题的基础",《数学年鉴》第LX1卷(1905);A.C.狄策尼(Dixon):"论'良序'集",《伦敦数学学会学报》第2辑,第Ⅳ卷,第1部分(1906);E.W.霍布森(Hobson):"论算术的连续统",出处同上。这三篇中的最后一篇文章提出的解答,我认为是不充分的。

② 参见庞加莱:《数学与逻辑》,《形而上学与道德评论》(1986年5月),特别是第七和第九节;同样,皮亚诺,《数学杂志》,第八卷,第5期(1906),第149页及以下。

③ "超限数本身的一个问题",载于《巴勒莫数学小组报告集》第Ⅺ卷,1897年。

共同的特点，我们可以把它称为自我指涉或自指。埃庇米尼德斯所说必定包括它自己。如果所有的类，只要它们不是自身的成员，都是 ω 的成员，这必定也适用于 ω。类似的关系悖论也是如此。在名称和定义的情况下，由于将不可命名性和不可定义性视为名称和定义中的成分而产生悖论。在布拉里-弗蒂悖论中，其序数引起困难的序列是所有序数的序列。在每一个悖论中，都有人对某种类型的所有情况说了一些话，并且似乎从这种说出来的东西中产生了一个新的情况，这个新情况与前面所说的所有情况所涉及的情况既属于同一类，又不属于同一类。让我们一个一个地分析这些悖论，看看这是如何发生的。

（1）当一个人说"我在说谎"时，我们可以把他的话解释为："存在我正在肯定的命题，而这个命题为假。"凡是说"存在"某某的说法，都可以看作是对反面总是为真的断言的否定。"因此我在说谎"变成："要么我不肯定所有命题，要么它们为真，这并不是对所有命题都为真。"换句话说："如果我肯定 p 命题，命题 p 就为真，这并不是对所有命题 p 都为真。"把这个陈述看作是肯定一个命题，并且这个命题必定包括在陈述之内，这就导致了悖论的结果。这清楚地表明，"所有命题"的概念都是不合法的，否则，就必然有一些命题（如上所述）是关于所有命题的，但又不能毫无矛盾地包含在它们所讨论的命题之中。无论我们假定命题的整体是什么，关于这个整体的陈述就会产生新的命题，而这些命题必然是在整体之外的，这是有悖论的。扩大整体是没有用的，因为那样同样会扩大关于整体的陈述的范围。因此，命题的整体是不存在的，"所有的命题"是没意义的短语。

（2）在这个例子中，类 ω 是通过引用"所有的类"来定义的，然后它又成了所有的类中的一个。如果我们通过判定没有一个类是自身的成员来寻求帮助，那么 ω 就成为所有类的类，我们必须判定它不是自身的一个成员，也就是说，不是一个类。这只有在不存在悖论所要求的"所有类的类"的情况下才有可能。没有这样的类，这是因为，如果我们假定有这样的类，这种假定就会立即产生（如上述悖论所示）在假定的所有类的总和之外的新的类。

（3）这个例子与（2）完全相似，表明我们不能合法地说"所有关系"。

（4）"不能用少于19个音节命名的最小整数"涉及名称的整体，因为它是"所有名称要么不适用于它，要么是多于19个音节的最小整数"。在这里，为了得到这个悖论，我们假定包含"所有的名称"的短语本身是一个名称，尽管从这个悖论来看，它不可能是被认为是存在的所有名称的名称之一。因此，"所有的名称"是一个不合法的概念。

（5）这个例子同样表明，"所有的定义"是一个不合法的概念。

（6）这个问题可以像（5）一样，通过指出"所有的定义"是一个不合法的概念来解决。因此，数 E 并不是用有限的单词数来定义的，事实上根本就没有定义。[①]

[①] 参见本书作者的"逻辑悖论"，载《形而上学和道德杂志》，1906年，9月号，第645页。

(7) 布拉里-弗蒂悖论说明:"所有的序数"是一个不合法的概念;因为,否则按大小排列的所有序数就构成一个良序的序列。这个序列必定具有一个大于所有序数的序数。

因此,所有的悖论都预设了整体:如果它是合法的,它马上就借助于它自身所定义的新成员而扩大。

这使我们得出以下原则:"凡涉及一个集合的所有元素的对象,它一定不是这一集合中的一个元素";或者相反:"如果假定某个集合有一个全体,且这个全体包含由只能通过这个全体来定义的元素,那么所说的集合就没有全体"。①

然而,上述原则在其范围内是纯粹否定的。它足以表明许多理论是错误的,但它没有表明怎样纠正这些错误。我们不能说"当我说及所有的命题时,我是指除被提及的'所有的命题'之外的所有命题";因为在这个解释里,我们提及了在其中所有的命题都被提及的命题,我们不能有意义地做到这一点。通过提及我们不会提及一事物而避免提及这一事物是不可能的。和一个有长鼻子的人谈话时,你可能这样说:"当我谈论鼻子时,我排除那些特别长的鼻子。"这恐怕不是很成功地避免令人难堪话题的尝试。因此,如果我们不打算违反上述否定性的原则,构造我们的逻辑时有必要不提及"所有的命题"或"所有的性质"这类东西,甚至不必说我们在排除这类东西。这种排除必定自然地而又不可避免地来自我们的肯定的学说,这些肯定的学说必须表明"所有

---

① 当我说一个集合整体时,我是说关于其所有成员的陈述是无意义的。而且我们将发现:使用这一原则需要区别所有和任何。这一区别将在第 2 节中讨论。

的命题"和"所有的性质"是一些无意义的短语。

我们遇到的第一个困难涉及到在"思维规律"这个奇妙的名称下众所周知的基本逻辑原则。例如,"所有的命题或为真或为假"已经是无意义的了。这句话如果是有意义的,它就会是一个命题,并处在它自己陈述的范围中。然而,必须找出某种替换,否则,演绎推论的所有的一般性解释就是不可能的。

数学归纳法的特定情况表明了另一个更特殊的困难。我们希望能够说:"如果 n 是一个有限整数,n 具有 0 具有的所有性质,以及具有所有具有这些性质的数的后继数具有的所有性质。"但在这里,"所有性质"必须被其它一些不会引起同样反对的短语所取代。可以认为,"0 具有的所有性质和所有具有这些性质的数的后继数具有的所有性质"可能是合法的,即使"所有性质"不是合法的。但事实上并非如此。我们将会发现,"诸如此类的所有性质"这种形式的词组,不仅涉及了那些实际地论及的无论具何种特点的性质,而且还包括了"诸如此类"能有意义地肯定或否定的所有性质。因为,在没有具有这种特点的性质的列表情况下,关于所有具有这种特点的性质的陈述,就必定是假设的,而且是这样的:"如果一种性质具有这种特点,则……总是为真。"因此,如果"所有的性质"是一个毫无意义的短语,那么,数学归纳法看起来就不能获得有价值的说明。我们将在后面看到,这个困难是可以避免的。现在我们必须研究逻辑规律,因为这些规律是更为基本的。

2. 所有和任何

给定一个包含变量x的语句，比如"x=x"，我们可以肯定它在所有情况下都成立，或者我们可以肯定所有情况的任一情况，而不用确定我们肯定的是哪一情况。这种区别与欧几里得几何中一般阐明和特殊阐明之间的区别大致相同。一般阐明告诉我们关于（比如说）所有三角形的事情，特殊的阐明则取一个三角形，对这个三角形做同样的陈述。但所取的三角形是任何三角形，而不是某个特殊的三角形。因此，尽管在整个证明过程中，只涉及了一个三角形，但证明仍保留了它的一般性。如果我们说，ABC是一个三角形，那么边长AB和AC加起来都大于边长BC。在这里我们说的是一个三角形，而不是所有三角形。但是这个三角形完全是不确定的，因此我们的陈述也是完全不确定的。我们不是肯定任何一个确定的命题，而是肯定了从假设ABC是这个三角形或那个三角形所产生的所有命题中的一个不确定的命题。不明确断言的概念是非常重要的。重要的是不要混淆不明确的断言和明确的断言（即同一事物在所有情况下都成立）。

（1）断言一个命题函项的任意值和（2）断言这个函项总是真之间的区别，在整个数学中都存在，就像欧几里得几何中一般阐明和特殊阐明的区别那样。在任何数学推理链中，其**性质**被研究的对象是某个命题函项的任意值的自变量。以下面的定义为例加以说明：

（十九）建基于类型论的数理逻辑

如果对于不同于0的每一个正数 σ，存在一个不同于0的正数 ϵ，使得对于所有在数值上小于 ϵ 的 δ 值，其差值 $f(a+\delta)-f(a)$ 在数值上小于 σ，我们称 $f(x)$ 对于 $x=a$ 是连续的。

这里函项 f 是上述陈述具有意义的任何函项。这个陈述是关于 f 的，并且随着 f 的变化而变化。但是这个陈述不是关于 σ，ϵ，δ 的，因为涉及到了它们所有可能的值，而不是一个待定值。（关于 ϵ，"存在一个正数 ϵ，使得如何如何"这一陈述否认了下述断定：对"如何如何"的否定对所有正数都成立。）因此，当断定一个命题函项的任何值时，自变量（例如上面的 f）被称为实变量。然而，当一个函项总是为真或不总是为真时，其自变量称为表面变量[①]。因此在上面的定义中，f 是一个实变量，σ，ϵ，δ 是表面变量。

当我们断定一个命题函项的任何值时，我们可以简单地说，我们断定了这个命题函项。因此，如果我们以"x=x"的形式阐明同一律，我们就是在断定函项"x=x"。也就是说，我们断言了这个函项的任意值。同样地，当我们否定命题函项的任何情况时，我们也可以说否定了命题函项。只有当我们无论如何选择，值都为真时，我们才能真正断定一个命题函项。同样，只有当我们无论如何选择，值都为假时，我们才能真正否认它。因此，在一般情况下，有些值为真，有些值为假，我们既不能断定也不能否定

[①] 这两个术语源于皮亚诺，他大致将它们用于上述意义。例如，参见《算术原理》（都灵，1503年），第1卷第5页。

一个命题函项。①

如果φx是一个命题函项，我们用"(x).φx"表示"命题φx总是正确的"。类似地，"(x, y).φ(x, y)"表示"φ(x, y)始终为真"，以此类推。这样断定所有值和断定任何值之间的区别就是（1）断定(x).φx和（2）断定φx（其中x是待定的）之间的区别。后者不同于前者，因为它不能被视为一个确定的命题。

我认为，弗雷格首先强调了断定φx和断定(x).φx之间的区别。② 他明确地引入这一区别的原因与导致它在数学家的实践中出现的原因是相同的，也就是说，这种推理只能用于实变量的情况，而不能用于表面变量的情况。以欧几里得的证明为例，这是显而易见的：我们需要（比如说）一个三角形ABC来进行推理，尽管它是什么三角形并不重要。三角形ABC是实变量，尽管它是任何三角形，在整个论证中它都是相同的三角形。但在一般的阐明中，三角形是一个表面变量。如果坚持表面变量，我们就不能进行任何演绎，这就是为什么在所有的证明中，都必须使用实变量。举一个最简单的例子，假设我们知道"φx总是为真"即"(x).φx"，而且我们知道"φx总是蕴含着ψx"即"(x).(φx蕴含ψx)"。我们如何推断"ψx总是为真"，即"(x).ψ(x)"？我们知道，如果φx为真，并且如果φx蕴含ψx，那么，ψx为真。但是我们没有

---

① 麦科尔先生谈到"命题"可分为三类：确定的、可变的和不可能的。我们可以接受这一划分并用于命题函项。一个可被断定的函项是确定的，一个可被否定的函项是不可能的，而所有的其它函项（在麦科尔的意义上）是可变的。

② 见弗雷格：《算术的基本规律》（耶拿，1893年）第1卷，第17节，第31页。

前提来证明 ϕx 为真和 ϕx 蕴含 ψx。我们有的是：ϕx 总是为真和"ϕx 总是蕴含 ψx"。为了做出我们的推论，我们必须从"ϕx 总是为真"到 ϕx，从"ϕx 总是蕴含 ψx"到"ϕx 蕴含 ψx"，其中的 x，在仍然是任何可能变量的情况下，在两者中保持相同。然后，从"ϕx"和"ϕx 蕴含 ψx"，我们推断出"ψx"。因此 ψx 对于任何可能的变量为真，因此总是为真。因此，为了从"(x).ϕx"和"(x).ϕx 蕴含 (x).ψx"推断出"(x).ψx"，我们必须从表面变量转换到实变量，然后再转变回到表面变量。这一过程对于从断定一个或多个命题函项的所有值到断定另一个命题函项的所有值这样的所有数学推理都是必需的。例如，从"所有等腰三角形的底角都相等"到"所有底角相等的三角形都是等腰三角形"。这个过程对于证明三段论第一个的第一式和三段论的其它式尤其是必需的。总之，所有的演绎推理都是用实变量（或常数）进行的。

我们可能会认为，我们可以完全放弃表面变量，满足于用任何变量来代替所有变量。然而，并不能如此。以上面引用的连续函项的定义为例：在这个定义中，σ，ε，δ 必须定是表面变量。定义常常需要表面变量。例如，当一个整数除了 1 和自身外没有其它整数因数时，它被称为素数。这个定义不可避免地涉及到一个表面变量，其形式为："如果 n 是除 1 或给定整数之外的整数，对于 n 的所有可能值，n 不是给定整数的因数。"

因此，所有与任何之间的区别是演绎推理所必需的，并贯穿于整个数学。不过，据我所知，在弗雷格指出来之前，它的重要性一直没有引起人们的注意。

对于我们的目的，它有一个不同的非常大的用途。对于像命题或**性质**这样的变量,"任何值"是合法的,而"所有值"则不合法。因此,我们可以说:"p是真或假,这里的p是任何命题",虽然我们不能说"所有命题都是真或假"。这是因为,在前者中,我们只是肯定一个形式为"p是真或假"的未定命题,而在后者中,我们肯定(如果有的话)了一个不同于形式为"p是真或假"的所有的命题的新命题。因此,在"所有值"会导致自指谬误的情况下,我们可以承认变量的"任何值";因为承认"任何值"并不以同样的方式创造新值。因此,逻辑的基本规律可以适用于任何命题,尽管我们不能有意义地说它们适用于所有命题。这些规律可以说有特殊的阐明,但没有一般的阐明。不存在一个命题是矛盾律(比方说);只有矛盾律的各种实例。对于任何命题p,我们可以说:"p和非p不能都为真。"但不存在这样的命题:"每一个命题p都是这样的,p和非p不能都为真。"

类似的解释也适用于性质。我们可以讨论x的任何性质,但不能讨论所有性质,因为这样会产生新的性质。因此,我们可以说:"如果n是一个有限整数,并且如果0具有性质φ,而m+1具有性质φ(前提是m具有性质φ),那么n具有性质φ。"这里我们不需要确定φ代表"任何性质"。但我们不能说:"一个有限整数被定义为这样的数,它具有0所具有的性质和具有这些性质的数的后继数具有的每种性质φ。"因为在这里必须考虑每种性质[1],而不是任何性质。在使用这样的定义时,我们假定它包含了区别于有限整数的一种性质,正是从这种假设,我们看到了自指悖论

---

[1] 这就和"所有性质"区别不开。

的产生。

在上述情况下，有必要避免使用普通语言，因为它不适合表达所需的区别。这一点可以进一步说明如下：如果要用归纳法来定义有限整数，归纳法必须陈述有限整数的一个确定的性质，而不是一个模糊的性质。但如果φ是实变量，则陈述"n具有性质φ，前提是这个性质φ被0和具有这个性质的有限整数的后继者所拥有"给n赋了一个随着φ一起变化的性质，而这个性质不能用来定义有限整数的类。我们想说："n是一个有限整数"的意思是："无论性质φ是什么，n具有性质φ，只要0及其具有此性质的有限整数的后继数拥有性质φ。"但这里φ已成为一个表面变量。为了保持它是一个实变量，我们应该说："无论性质φ是什么，'n是一个有限整数'意味着：'n具有性质φ，只要0及其拥有此性质的有限整数的后继数拥有性质φ'。"但在这里，"n是一个有限整数"的含义随着φ变化而变化，因此这样的定义是不可能的。这个例子说明了一个重要的问题，即："实变量的作用域[①]不能小于该实变量所在断言的整个命题函项。"也就是说，如果我们的命题函项是（例如）"φx蕴含p"，断定这个函项将意味着"'φx蕴含p'的任何值为真"，而不是"'φx的任何值为真'蕴含p"。在后者中，我们有"φx所有的值都为真"，x是一个表面变量。

[①] 一个实变量的辖域是其"任何值"被论及的全部函项。因此，在"φx蕴含p"中，x的范围不是φx，而是"φx蕴含p"。

3. 普遍命题的含义和范围

在本节中，我们首先要考虑所有一词出现在其中的命题的意义，然后讨论满足关于其所有成员的命题的集合。

就方便而言，我们不仅将包含所有的命题，也适用于包含有些（未定义）的命题看作普遍的命题。命题"φx有时为真"等同于否定"非φx总是为真"；"有些A是B"等同于否定"所有A不是B"，也即，"没有A是B"。没必要问是否有可能找到一种解释，将"φx有时为真"，与否定"非φx总是为真"区分开来。为了我们的目的，我们可以定义"φx有时为真"为"非φx总是为真"。无论如何，这两种命题需要同样的解释，并受到同样的限制。每一个都有一个表面变量；正是一个表面变量的存在，构成了我所说的普遍命题。（注意，在任何命题中都不可能有实变量；因为包含实变量的是命题函项，而不是命题。）

在这一节中，我们要问的第一个问题是，我们如何解释"所有人都会死"这样的命题中所有这个词？乍一看，人们也许会认为这没有什么困难，"所有人"是一个非常清楚的观念，我们说所有的人都会死。但对这一观点有很多反对意见。

（1）如果这种观点是正确的，那么如果没有人，"所有人皆有一死"这句话似乎就不成立了。然而，布拉德雷先生曾极力主张[1]，即使没有人非法侵入，"入侵者也会被起诉"可能是完全正

---

[1] 《逻辑》，第Ⅱ章，第Ⅰ部分。

确的。因此，正如他进一步论证的那样，我们被迫将这些命题解释为假设，这意味着如果"任何人入侵，他将被起诉"，也就是说，"如果 x 入侵，他将被起诉"，其中 x 可能有的值域无论是什么，当然不局限于那些真正入侵的人。同样地，"所有人都会死"意味着"如果 x 是一个人，x 是会死的，其中 x 在一定范围内可以有任何值"。这个域是什么，还有待确定。但无论如何，它比"人"的域更广，因为当 x 不是人时，上述假设也常常为真。

（2）"所有的人"是一个指称短语，而且，由于我在其它地方已经说明过的原因[①]，指称短语似乎从来没有独立的意义，而只是作为组成部分进入到命题的语词表达式中，而这些命题不包含与所讨论的指称短语相对应的组成部分。也就是说，一个指称短语是通过其语词表达发生于其中的命题来定义的。因此，这些命题不可能通过指称短语来获得它们的意义；对于包含这些短语的命题，我们必须找到一个独立的解释，而不能用这些短语来解释这些命题的意义。因此，我们不能把"所有的人都会死"当作关于"所有的人"的陈述。

（3）即使存在"所有的人"这样一个对象，当我们说"所有的人都会死"（all men are mortal）时，我们显然也不是把必死性归于这个对象。如果我们把必死性归于这个对象，我们应该说："所有的人都会死"（all men is mortal）。因此，假设存在"所有的人"这样一个对象，并不能帮助我们解释"所有的人都会死"。

（4）很明显，如果我们遇到一个东西，它可能是人，也可能

---

① "论指称"，载《心灵》（1905 年 10 月）。

是伪装的天使，我们就可以在"所有的人都会死"范围内断定，"如果这是人，它就会死"。因此，再一次，和入侵者的情况一样，似乎很明显，我们是真正地说，"如果有什么东西是人，它是会死的"，这个或那个是否为人的问题不属于我们断言的范围，而如果所有真正指的是"所有人"，它就属于我们断言的范围。

（5）因此，我们可以得出这样的观点："所有的人都会死"这句话可以更明确地表述为"如果x是一个人，他是会死的，这总是真的"。这里我们必须考察总是一词的范围。

（6）显然，总是包括一些x不是人的情况，就像我们在伪装的天使的例子中看到的那样。如果只限于x是人的情况，我们就可以推断x是会死的。因为，如果x是人，x就是会死的。因此，依据总是的同样的意义，我们应该发现"x会死的总是真的"。但很明显，如果不改变总是的意义，这个新命题为假，尽管另一个命题为真。

（7）人们可能希望"总是"意谓"x的所有值"。但是"x的所有值"如果是合法的，会包括"所有命题"和"所有函项"，以及此类不合法的整体。因此，x的值必须以某种方式限制在某个合法的整体内。这似乎把我们引向一个传统的学说，即x必须被假定存在于其中的"论域"的学说。

（8）然而，相当重要的是，我们必须有某种意义上的总是，这种意义不必用关于x的限制性的假设来表达。因为，假设"总是"的意思是"每当x属于i类时"。那么"所有人都会死"就变成了"只要x属于i类，那么，如果x是人，x就会死"，即，"如果x属于i类，那么，如果x是人，x就会死，这总是为真"。但我们的新总是意谓什么？在这个新命题中，似乎没有更多的理由把x限制在i类，就像以前把x限制在人类一样。因此，我们将被引导到一个新的更广的论域，如此下去，直到无限，除非我们能发现函项"如果x是一个人，x是会死的"的可能值的某种自然限制（即，某种给定的限制），而不需要从外部强加的限制。

（9）显然，既然所有的人都会死，就不可能有任何为"如果x是人，x会死"这个函项的值的假命题。因为如果这是一个命题，那么假设"x是人"必然是一个命题，结论"x会死"也必然是一个命题。如果假设为假，假言命题为真；如果假设为真，假言命题为真。因此，不可能有"如果x是人，x会死"这种形式的假命题。

（10）由此可见，如果x的任何值被排除在外，那么这些值只能是没有"如果x是人，x会死"这样的命题的值；也就是说，对这些值来说，这个短语是没有意义的。因为，正如我们在(7)中看到的，x必须有被排除的值，因此，"如果x是一个人，x会死"这个函项必须有一定的意义域①，这个域小于x的所有可以想象的值，尽管它超过了所有人的值。因此，对x的限制是对函项"如果x是人，x会死"意义域的限制。

（11）因此，我们得出结论："所有人都会死"意味着"如果x是人，x总是会死"，其中总是意谓"'如果x是人，x会死'函

---

① 一个函项如果对变量x有一个值，被认为对变量x是有意义的。因此，我们可以简短地说，"φx是有意义的"，这意味着"函项φ对于变量x有一个值"。函项的意义域包括所有使函项为真的变量，以及所有使函项为假的变量。

项的所有值"。这是对 x 的内在限定,由函项的性质决定;这是一个不需要显式表述的限制,因为一个函项不可能比对它的所有值更普遍地为真。此外,如果函项的意义域是 i,那么,函项"如果 x 是 i,那么如果 x 是一个人,x 会死的"具有相同的意义域,因为,它不可能是有意义的,除非它的组成部分"如果 x 是一个人,x 会死"是有意义的。但在这里,意义域再次是隐含的,就像在"如果 x 是人,x 会死"中一样。因此,我们不能使意义域明确,因为这样做的尝试只会产生一个新的命题,在这个命题中,同样的意义域是隐含的。

因此一般来说:"(x).ϕx"表示"ϕx 总是"。这可以解释为,虽然不太准确,"ϕx 总是为真",或者更明确地解释为:"ϕx 形式的所有命题都为真",或者"函项 ϕx 的所有值都为真"。① 因此,基本的所有的是"一个命题函项的所有值",而其它的所有的都是由此衍生出来的。每一个命题函项都有一个特定的意义域,落在该域内的变量使函项获得其值。在这个变量域内,函项为真或假。超出这一域,则是无意义的。

上述论证可以总结如下:

限制变量的尝试遇到的困难在于,限制自然地表现为变量是这样或那样的类型的假设。可是,当这样表达时,预期的限制却被这样得到的假设摆脱了。例如,让我们试着把变量限定在"男人"身上,并断言,在这种限制下,"x 是会死的"总是为真的。

---

① 从语言学上讲,这一观念的一个方便表达是:"对于 x 的所有可能值,ϕx 都为真",一个可能值被理解为 ϕx 意义域的值。

（十九）建基于类型论的数理逻辑

那么，如果x是一个人，那么，x是会死的，这总是为真的；即使x不是男人，这个假设也成立。因此，一个变量永远不能被限制在一定的域内，如果该变量出现的命题函项在该变量超出该域时仍然是有意义的。但是，如果当变量超出某个域时，函项不再有意义，那么变量事实上就被限制在这个域内，而不需要任何明确的声明。在逻辑类型的发展过程中，我们必须牢记这一原则，我们不久将继续讨论这一问题。

我们现在可以开始看为什么"所有的如此如此"有时是一个合法的短语，有时则不是。假设我们说"所有具有性质 φ 的项都具有性质 ψ"。这意味着，根据上面的解释，"φx 总是蕴含着 ψx"。只要 φx 的意义域与 ψx 的意义域相同，则该陈述就是有意义的。因此，给定任何确定的函项 φx，存在关于"所有满足 φx 的项"的命题。但有时（我们在后面会更充分地看到）从语词上看是作为一个函项出现的，实际上是许多具有不同意义域的类似函项。例如，这适用于"p 为真"，我们会发现，它并不真的是p 的一个函项，而是诸多不同的函项——根据p 是什么类型的命题。在这种情况下，表达模糊函项的短语，可能由于模糊，在超出任何一个函项意义域的变量的值的集合中都具有意义。在这种情况下，所有的是不合法的。因此，如果我们试图说"所有真命题都具有性质 φ"，即，"'p 为真'总是蕴含着 φp"，那么"p 为真"的可能的变量必然超出"φ 为真"的可能的变量。因此，人们期待中的一般陈述是不可能的。因此，不能对所有真实的命题做出真正的一般性陈述。然而，也可能发生这样的情况：假设的函项 φ 确实是模棱两可的，就像"p 为真"，而且如果它恰好具有与"p为真"完全相同的模棱两可，我们就总能对"'p为真'蕴含 φp"的命题给出一种解释。例如，如果 φp 是"非 p 为假"，就会发生这种情况。因此，在这些情况下，我们得到一个关于所有命题的一般命题的表象。但这种表象是由于真和假这类词语的系统性歧义造成的。（这种系统的歧义源于命题的层次结构，我们后面会对此进行解释。）在所有这些情况下，我们可以对任何命题做出我们的陈述，因为模棱两可的词语的意义将适应于任何命题。但是，如果我们把我们的命题变成一个表面变量，并且说一些关于所有的事情，我们就必须假定这些模棱两可的词语确定具有这个或那个可能的意义，尽管它们具有哪一种可能的意义是完全无关紧要的。这就是为什么所有一词具有的限制排除了"所有的命题"，然而似乎却有关于"所有的命题"真陈述。当类型理论被解释之后，这两点将变得更清楚。

　　经常有人[①]提出，要合法地谈论一个集合的所有，所要求的集合应该是有限的。因此，"所有人都会死"是合法的，因为人形成了一个有限的类。但这不是我们谈论"所有人"的真正原因。从上面的讨论可以看出，根本的东西不是有限性，而是可以称为逻辑同质性的东西。此性质属于其所有项都包含在某个函项的意义域内的任何集合。一个集合是否具有这种性质总是一目了然的，如果不是因为常见的逻辑术语如真与假所隐藏的模糊性——这种模糊性使人误以为是一个单一的函项，实际上是许多具有不同意义域的函项的集合。

---

　　① 例如，庞加莱提出的看法，见《形而上学和道德杂志》(1906年5月)。

本节的结论如下：每一个包含了所有一词的命题断定某个命题函项总是为真；这意味着所说函项的所有值都为真，而不是该函项对所有变量都为真，因为对于某些变量，任何给定函项都是无意义的，即没有值。因此，当且仅当集合构成某个命题函项的意义域的一部分或全部时，我们才能说集合的所有，意义域被定义为对所讨论的函项具意义的（即具有值）那些变量的集合。

4. 类型的层次结构

类型被定义为一个命题函项的意义域，也就是说，使该函项具有值的变量的集合。每当一个命题中出现一个表面变量时，该表面变量的值域就是一种类型，该类型由"所有值"所涉及的函项所确定。对象必须被划分为不同的类型，否则就会产生自指谬误。正如我们所看到的，这些谬误可以用所谓的"恶性循环原则"来避免，这一原则是说，"没有一个整体可以包含以自身定义的成员"。这个原则，用我们的技术语言来说，就是："任何包含表面变量的东西，都不可能是这个变量的可能值。"因此，任何包含表面变量的东西都必须与该变量的可能值的类型不同；我们可以说，它是一种更高的类型。因此，表达式中包含的表面变量决定了它的类型。这是接下来的指导原则。

包含表面变量的命题是由不包含这些表面变量的命题通过普遍化过程生成的，即，通过用一个变量替代一个命题的一项，并断言该变量的所有可能值产生的函项。因此，当一个命题包含一个表面变量时，它被称为普遍命题。不含表面变量的命题称为初等命题。很明显,一个包含了表面变量的命题,预设了可以通过普遍化得到它的其它命题;因此,所有普遍命题都以初等命题为前提命题。在一个初等命题中,我们可以区分一个或多个项和一个或多个概念;项是命题的主词,概念是断定这些项的谓词或关系。① 我们将初等命题的项称为个体;这些形成了第一种或最低的类型。

实际上,不需要知道什么对象属于最低类型,甚至不需要知道在给定上下文中出现的最低类型变量是个体变量还是其它变量。因为实际上,只有相关类型的变量是相关的;因此,就某一特定语境而言,出现在该语境中的最低的类型可称为个体类型。由此可见,上述关于个体的阐述对于以下陈述的真并不重要;重要的是,无论个体的类型是怎样构成的,其它类型都是如何从个体中产生的。

通过将普遍化过程应用于出现在初等命题中的个体,我们得到了新的命题。这一过程的合法性只要求不让任何个体成为命题。这一点,由我们赋予个体一词的意义来保证。我们可以把个体定义为缺乏复杂性的东西;它显然不是一个命题,因为命题本质上是复杂的。因此,在将普遍化过程应用于个体时,我们不会有产生自指谬误的危险。

我们将初等命题和只包含作为表面变量的个体的命题称为一阶命题。这些构成了第二种逻辑类型。

这样,我们就有了一个新的整体,即一阶命题的整体。因

---

① 见《数学的原理》,第 48 节。

此，我们可以形成新的命题，其中一阶命题作为表面变量出现。我们将之称为二阶命题；这些构成了第三种逻辑类型。例如，如果埃庇米尼德斯断言"我所肯定的所有一阶命题都为假"，他就断言了一个二阶命题；他可以真实地断言这一点，而不真实地断言任何一阶命题，因此不会产生悖论。

上述过程可以无限地继续下去。第 n+1 个逻辑类型将由 n 阶命题组成，即包含 n-1 阶命题，但没有更高阶命题，作为表面变量。这样得到的类型是相互排斥的，因此，只要我们记住一个表面变量必须总是局限在某种类型内，就不可能出现自指谬误。

实际上，函项的层次结构比命题的层次结构更方便。用代换法可以从不同阶的命题中得到不同阶的函项。如果 p 是一个命题，a 是 p 的一个组成部分，让 "p/a'x" 表示在 p 中出现 a 的地方用 x 替代 a 的命题。那么我们称之为基体的 p/a 就可以代替一个函项；其对于变量 x 的值是 p/a'x，其对于变量 a 的值是 p。类似地，如果 "p/(a, b)'(x, y)" 表示先用 x 替代 a，然后用 y 替代 b 的结果，我们可以使用双重基体 p/(a, b) 来表示一个双重函项。这样我们就可以避免个体和不同阶的命题以外的表面变量。基体的阶被定义为替代在其中进行的命题的阶，我们称这个命题为原型。一个基体的阶并不能决定它的类型：首先，因为它不能决定被其它变量替代的变量的数量（即，基体是 p/a 或 p/(a, b) 或 p/(a, b, c) 等形式）；其次，因为如果原型的阶数大于一阶，那么变量可以是命题，也可以是个体。但很明显，基体的类型总是可以通过命题的层次结构来定义的。

尽管可以用基体替代函项，尽管这个过程在类型解释中引入了某种简单性，但在技术上不方便。技术上，用 φa 代替原型 p，用 φx 代替 p/a'x 比较方便。因此，如果使用基体，p 和 a 将作为表面变量出现，我们现在有了表面变量 φ。为了使 φ 作为一个表面变量是合法的，它的值必须局限于某种类型的命题。因此，我们继续如下。

如果一个函项的变量是一个个体，且其值总是一个一阶命题，则称为一阶函项。一种包含一阶函项或命题作为表面变量的函项称为二阶函项，以此类推。比其变量高一阶的变量的函项，则称为谓词函项。如果一个函项有多个变量，该函项由于这些变量之一，在其它变量被赋值时，变成了谓词函项，则该函项也被称为谓词函项。这样，函项的类型由其值的类型及其变量的数量和类型决定。

函项的层次结构可以进一步解释如下。个体 x 的一阶函项将用 φ!x 表示（字母 ψ，χ，θ，f，g，F，G 也将用于函项）。一阶函项不包含作为表面变量的函项；因此，这些函项形成了一个确定的整体，而且 φ 在 φ!x 中可以转化为一个表面变量。任何一个命题，只要出现在其中的 φ 表现为一个表面变量，并且没有比它更高类型的表面变量，它就是一个二阶命题。如果这样的命题包含一个个体 x，它就不是 x 的谓词函项；但如果它包含一阶函项 φ，则它是 φ 的谓词函项，将被写成 f!(ψ!ẑ)。这样 f 是一个二阶谓词函项。f 的可能值形成一个确定的整体，我们可以把 f 变成一个表面变量。因此，我们可以定义三阶谓词函项，其值为三阶命题，其变量为二阶谓词函项。这样我们就可以无限地进行下去。一个完全相似的发展适用于多元变量。

（十九）建基于类型论的数理逻辑

我们将采取下列约定。用小写拉丁字母表示在任何语境中出现的最低类型的变量（不包括 f 和 g，它们是为函项保留的）。用 ϕ!x 表示（这里 ψ, χ, θ, f, g, F, G 可以替代 ϕ）变量 x 的谓词函项（其中 x 可以是任何类型）；类似地，用 ϕ!(x, y) 表示两个变量 x 和 y 组成的谓词函项。用 ϕx 表示 x 的一般函项，用 ϕ(x, y) 表示 x 和 y 的一般函项。在 ϕx 中，ϕ 不能是表面变量，因为其类型是不确定的。但在 ϕ!x 中，ϕ 是其变量为给定类型的谓词函项，因此 ϕ 可以是表面变量。

重要的是要注意，因为存在着各种类型的命题和函项，并且因为普遍化只适用于某些类型，所以，所有包含"所有命题"或"所有函项"的短语都显然是无意义的，尽管在某些情况下，它们能够得到无异议的解释。悖论产生于在找不到任何确切含义的情况下使用这些短语。

如果我们现在回过头去看那些悖论，我们立刻就可以看出，有些悖论被类型论解决了。凡是提到"所有命题"的地方，我们必须用"所有 n 阶命题"来代替，我们赋予 n 什么值无关紧要，但 n 必须有一定的值。因此，当一个人说"我在说谎"时，我们必须把他的意思解释为："有一个阶为 n 的命题，我肯定了它，但它是假的。"这是一个 n+1 阶的命题；因此这个人不是在肯定任何 n 阶的命题；因此，他的陈述为假，然而，陈述的假不蕴含着，就像"我在说谎"那样，他在做真陈述。这就解决了说谎者悖论的问题。

接下来考察悖论"不能用少于 19 个音节命名的最小整数"。首先要注意的是，可命名的必须是指"通过这样或那样的指定的名称而可命名的"，并且指定的名称的数目必须是有限的。因为如果它不是有限的，那么就没有理由存在一个不能用少于19个音节命名的整数，这个悖论就会瓦解。接下来，我们可以假设"通过名称的类N可命名的"是指"唯一满足完全由类N的名称组成的函项的项"。我认为，这个悖论的解决方法在于，简单地观察到，"可用类N的名称来命名的"本身永远不可用该类的名字来命名。如果我们通过添加"可用类N的名称来命名的"名称来扩大N，我们的基本名称装备就扩大了，我们称新装备为N'，以"可用类N'的名称来命名的"，仍然不能以N'类名称命名。如果我们试图扩大N直到它包含所有的名称，"可命名的"就变成了（如上所述）唯一满足完全由名称组成的函项的项。但这里有一个函项是表面变量；因此，我们被限制于某种类型的谓词函项（因为非谓词函项不能是表面变量）。因此，我们只需观察到，为了避免悖论，这些函项的可命名性是非谓词的。

"最小的不可定义序数"的情形与我们刚才讨论的情形十分相似。在这里，像前面一样，可定义的必须是相关于某种给定的基本观念的装备而言的；我们有理由假定，"用N类的观念可以定义的"，是用N类的观念不能定义的。在这一系列的序数中，确实存在着一些完全由可定义的序数组成的确定的部分，并且以最小的不可定义的序数为极限。只要稍微扩大一下我们的基本装备，这个最难以定义的序数就可以定义了。但是，这样就会有一个新的序数，它将是用新装备所不能定义的最小序数。如果我们扩大我们的装备，以包括所有可能的观念，就不再有任何理由相信有任何无法定义的序数。我认为，这个悖论明显的力量很大程度上在于这样一个假设：如果某个类的所有序数都是可定义的，那么这个类就必须是可定义的，在这种情况下，它的后继者当然也是可定义的；但是没有理由接受这种假设。

其它悖论，尤其是布拉里－弗蒂悖论，需要进一步的工作来解决。

5. 还原公理

如我们所见，x 的命题函项可以是任意阶的；因此，任何关于"x 的所有性质"的陈述都是没意义的。（"x 的性质"与"包含 x 的命题函项"是等价的。）但是，如果要使数学成为可能，我们就必须有一种陈述的方法，这种陈述通常与我们（不准确地）谈论"x 的所有性质"时所想的东西是等价的。许多情况都需要这种方法，数学归纳中尤其需要。我们通过用任何而不是所有可以说"0 具有任何性质，以及具有这种性质的数的后继数具有任何性质，被所有有限数所具有"。但我们不能继续说："有限数是具有 0 具有的性质，以及具有这些性质的所有数的后继数所具有的所有性质的数。"如果我们把这个陈述局限于数的所有一阶性质，我们就不能推断它也具有二阶性质。例如，我们不能证明如果 m、n 是有限数，那么 m+n 也是有限数。因为，根据上述定义，"m 是有限数"是 m 的二阶性质；因此，m+0 是有限数，如果 m+n 是有限数，那么 m+n+1 也是有限数，这一事实并不能让我们通过归纳得出 m+n 是有限数的结论。很明显，这种情况使许多初等数学变为不可能。

关于有限的另一种定义，即整体与部分的不相似，也好不了多少。因为这个定义是："当一个类的每一个一对一关系——它的域是这个类并且它的逆域包含在这个类中——以该整个类为其逆域，那么这个类就是有限的。"这里出现了一个变量关系，即两个变量的变量函项；我们必须取这个函项的所有值，这要求它必须具有指定的阶数；但是，任何指定的阶数都不能使我们推导出初等数学的许多命题。

因此，如果可能的话，我们必须找到某种方法来减少命题函项的阶数，而不影响其值的真或假。这似乎是常识承认类所做的。给定任何命题函项 ϕx，不管它的阶数是多少，对于 x 的所有值，它都等价于这样的陈述："x 属于类 a。"现在这个陈述是一阶的，因为它没有提到"某某类型的所有函项"。实际上，它相对于原初表述 ϕx 的唯一优势是它是一阶的。假定真的有类这样的东西并没有什么优势，而关于本身不是其成员的类的悖论表明，如果有类，它们一定是与个体截然不同的东西。我相信，使用类的主要目的，以及使它们在语言上方便的主要原因是，它们提供了一种减少命题函项阶数的方法。因此，我将不假定常识承认类所包含的任何东西，除了这一点：每一个命题函项，就其所有的值而言，都等价于某个谓词函项。

无论函项的变量类型是什么，关于函项的这个假设都是可以做出的。设 ϕx 为一个任意阶的函项，其变量为 x，它本身可以是一个个体，也可以是任意阶的函项。如果 ϕ 的阶数比 x 高一阶，我们将函项写成 $\phi ! x$；在这种情况下，我们把 ϕ 叫作谓词函项。因此，个体的谓词函项是一阶函项；对于更高类型的变量，谓词函项取代了一阶函项。因此，我们假设每个函项，就其所有值而言，都等价于具有相同变量的某个谓词函项。这个假设似乎是通常的类假设的本质。无论如何，它保留了我们所需要的类，这些类中，有很少的类能避免不愿勉强地承认类可能引起的悖论。我们称这个假设为类公理，或还原公理。

我们应同样地假设，对于其所有的值，两个变量的每个函项都等价于这些变量的一个谓词函项，其中两个变量的谓词函项是这样的：当一个值赋给一个变量时，该函项就成为另一个变量的谓词函项（在我们前面的意义上）。这一假设似乎意味着，任何关于两个变量的陈述都定义了它们之间的一个关系。我们称这个假设为关系公理或还原公理。

在处理两个以上项之间的关系时，对于3，4……个变量的情况也需做类似的假设。但这些假设对于我们的目的来说并不是不可缺少的，因此本文便不做这一假设了。

借助于还原公理，关于"x 的所有一阶函项"或"a 的所有谓词函项"的陈述可以产生"所有函项"才能产生的结果。关键的一点是，这样的结果是在只有所涉及函项的真假值是相关的情况下得到的，在数学中总是如此。因此，例如，数学归纳法现在只需对所有数的谓词函项加以说明；然后，根据类的公理，它对于无论任何阶数的任何函项都适用。人们可能会认为，我们发明类型层级想要解决的悖论现在又会出现。但事实并非如此，因为在这样的悖论中，要么是与超出函项值的真假的东西相关，要么甚至是在引入还原公理后出现了毫无意义的表达式。例如，"埃庇米尼德斯断言 ψx" 和 "埃庇米尼德斯断言 $\phi!x$" 是不相等的，

即使 ψx 和 ϕ!x 是相等的。因此，如果我们试图把所有命题都包括在我可能错误地肯定的命题内，"我在说谎"就没意义；如果我们把它限制在 n 阶命题中，它就不受类公理的影响。因此，命题和函项的层次结构只在需要避免悖论的情况下才是需要的。

6. 符号逻辑的初始观念和命题

符号逻辑所需的初始观念似乎有以下七个：

（1）一个变量 x 或几个变量 x, y, z… 的任何命题函项，我们用 ϕx 或 ϕ(x, y, z…) 来表示。

（2）一个命题的否定。如果 p 是命题，用 ～p 表示它的否定。

（3）两个命题的析取或逻辑和，即，"这个或那个"。如果 p, q 是两个命题，它们的析取记为 pvq。[①]

（4）命题函项的任何值的真。也就是 x 未定时 ϕx 的真值。

（5）命题函项的所有值的真。用 (x).ϕx 或 (x):ϕx 或把命题放进括号可能需要的任何更大数量的圆点数来表示。[②] 在 (x).ϕx 中，x 被称为表面变量，而当 ϕx 被断言时，X 是未确定的，X 被称为实变量。

[①] 在以前刊登在本刊的一篇文章里，我将蕴涵而不是析取看作不可定义的。这两者之间的选择是兴趣问题；现在我选择析取，因为它使我们能够减少初始命题的数目。参见"蕴涵理论"，《美国数学杂志》，1906年，第XXVIII卷，第159-202页。

[②] 圆点的这一用法源于皮亚诺，怀特海先生的"论基数"（《美国数学杂志》，第XXIV卷）和"论物质世界的数学概念"（《美国哲学学报》，第CCV卷，第472页）对此做了充分的解释。

（6）一个任何类型变量的任何谓词函项。根据情况，用 φ!x 或 φ!a 或 φ!R 来表示。如果 x 是一个个体或一个命题，x 的谓词函项是这样一个函项，其值是比 x 类型高一层的命题。如果 x 是一个函项，则其值是 x 值的函项。它可以被描述为一种其表面变量（如果有的话）是与 x 相同类型或更低类型的函项；如果一个变量可以有意义地作为 x 的变量出现，或作为 x 的变量的变量出现，则它的类型较 x 为低。

（7）断定。也就是说，断定某些命题为真，或者某些命题函项的任何值为真。这是区分一个实际被断定的命题与一个仅仅被考虑的命题，或区别一个作为假设被提出的命题与其它命题所必需的。用置于被断定东西之前的符号"⊢"，以及省略被断定东西所需足够多的圆点标记断定。[①]

在讨论初始命题之前，我们需要一些定义。在下列定义中，以及在初始命题中，字母 p，q，r 被用来表示命题。

$p \supset q .=. \sim p \vee q$ Df.

这个定义是说"p⊃q"（读作"p 蕴含 q"）意指"p 为假或者 q 为真"。我并不是说"蕴含"不能有别的意思，而只是说，在符号逻辑中，赋予"蕴含"这个意思是最方便的。在定义中，等号和字母 Df 是作为一个符号，共同的意思"被定义为意指"。没有字母"Df"的等号有不同的含义，稍后定义。

[①] 这个符号以及它表述的观念的引入都来自弗雷格。参见他的《概念文字》（哈雷，1879 年）第 1 页，和《算术的基本规律》（耶拿，1893 年），第 1 卷，第 9 页。

$$p.q.=.\sim(\sim p \vee \sim q) \quad \text{Df.}$$

这定义了两个命题 p 和 q 的逻辑积，即，"P 和 q 都为真"。上面的定义指出，这意味着："p 为假或 q 为假，是假的。"在这里，这个定义并没有给出可给予"p 和 q 都为真"的唯一意义，而是给出了对我们的目的最方便的意义。

$$p \equiv q .=. p \supset q . q \supset p \quad \text{Df.}$$

"p ≡ q"，读作"p 等价于 q"，意思是"p'蕴含'q 并且 q'蕴含'p"；由此可以得出 p 和 q 都为真或都为假。

$$(\exists x).\phi x.=.\sim\{(x).\sim\phi x\} \quad \text{Df.}$$

这定义了至少有一个 x 的值，对于它来说 φx 为真，我们将其定义为"φx 总是为假的是假的"。

$$x=y.=:(\phi):\phi!x.\supset.\phi!y \quad \text{Df.}$$

这是同一性的定义。它指出，当 x 满足的每个谓词函项 y 都满足时，x 和 y 被称为同一的。根据还原公理，如果 x 满足 ψx，其中 ψ 是任何谓词或非谓词的函项，则 y 满足 ψy。

下面的定义不那么重要，仅仅是为了缩写的目的而引入的。

$$(x,y).\phi(x,y).=:(x):(y).\phi(x,y) \quad \text{Df,}$$
$$(\exists x,y).\phi(x,y).=:(\exists x):(\exists y).\phi(x,y) \quad \text{Df,}$$
$$\phi x.\supset_x.\psi x:=:(x):\phi x \supset \psi x \quad \text{Df,}$$
$$\phi x.\equiv_x.\psi x:=:(x):\phi x.\equiv.\psi x \quad \text{Df,}$$

（十九）建基于类型论的数理逻辑

$$\phi(x,y).\supset_{x,y}.\psi(x,y):=:(x,y):\phi(x,y).\supset.\psi(x,y) \quad \text{Df},$$

对任何多变量，以此类推。

所需的初始命题如下。(在2、3、4、5、6和10中，p、q、r分别代表命题。)

（1）真前提蕴含的命题为真。

（2）$\vdash:p\vee p.\supset.p.$

（3）$\vdash:q.\supset.p\vee q.$

（4）$\vdash:p\vee q.\supset.q\vee p.$

（5）$\vdash:p\vee(q\vee r).\supset.q\vee(p\vee r).$

（6）$\vdash:.q\supset r.\supset:p\vee q.\supset.p\vee r.$

（7）$\vdash:(x).\phi x.\supset.\phi y;$

也就是说，"如果所有$\phi\hat{x}$的值都为真，那么ϕy为真，其中ϕy为任何值"。[①]

（8）如果ϕy为真，其中ϕy为$\phi\hat{x}$的任意值，则$(x).\phi x$为真。这不能用我们的符号来表达。因为如果我们写"$\phi y.\supset.(x).\phi x$"，则意味着"$\phi y$蕴含着$\phi\hat{x}$的所有值都为真，其中 y 可以有任何适当类型的值"，这不是普遍的情况。我们想要断言的是："如果无论怎么选择 y，如果ϕy都为真，则$(x).\phi x$为真"，而"$\phi y.\supset.(x).\phi x$"表示则是："如果无论怎么选择 y，如果$\phi y$都为真，则$(x).\phi x$为真。"这是一个完全不同的陈述，一般来说是一个假陈述。

（9）$\vdash:(x).\phi x.\supset.\phi a$，其中 a 是任何确定的常数。

这个原则实际上是多个不同的原则，就如 a 的可能值一样

[①] 用$\phi\hat{x}$来表示函项本身，而不是函项的这个或那个值，是很方便的。

多。例如，它说，凡是对所有个人为真的，对苏格拉底为真，对柏拉图也为真，等等。这是一般规则适用于特定情况的原则。但是，为了给它一定的范围，就必须提到特定情况，否则，我们就需要原则本身向我们保证，一般的规则，即一般的规则可以适用于特定情况，也可以适用于（比如说）苏格拉底的特定情况。因此，这一原则不同于（7）；我们现在的原则是关于苏格拉底、柏拉图或其它确定的常数的，而（7）则是关于变量的。

符号逻辑和纯数学从来没有使用过上述原则，因为我们所有的命题都是一般的，甚至当我们似乎有一个严格意义上的特定情况时（如"1是一个数"），仔细研究后也会发现并非如此。实际上，上述原则的运用是应用数学的显著标志。因此，严格地说，我们可在我们的列表中把它略去。

（10）⊢：$(x).p\vee\phi x.\supset.p.\vee.(x).\phi x$

即，"如果'p或ϕx'总是为真，那么或者p为真，或者ϕx为真。"

（11）当无论变量x是什么，$f(\phi x)$为真，而且无论变量y是什么，$F(\phi y)$为真时，则无论变量x是什么，$\{f(\phi x).F(\phi x)\}$为真。

这是"变量的同一"的公理。当两个独立的命题函项都为真，并且我们希望推断出它们的逻辑积总为真时，就需要这一公理。这个推论只有在两个函项取相同类型的变量时才成立，否则它们的逻辑积是没有意义的。在上述公理中，x和y必须是同类型的，因为它们都以ϕ的变量的形式出现。

（12）如果$\phi x.\phi x\supset\psi.(x)$对于任何可能的x都成立，那么$\psi x$对于任何可能的x也成立。

（十九）建基于类型论的数理逻辑

为了确保我们在假定的情况下，ψx 的意义域与 $\phi x.\phi x \supset \psi.(x).\supset.\psi.(x)$ 的意义域是相同的，我们需要这一公理。两者实际上都和 ϕx 的意义域是一样的。我们知道，在假设的情况下，当 $\phi x.\phi x \supset \psi.(x)$ 和 $\phi x.\phi x \supset \psi.(x).\supset.\psi.(x)$ 都有意义的时，ψx 为真。如果没有公理，我们就不知道当 ψx 是有意义的时候 ψx 为真。这是公理的必要性。

公理（11）和公理（12）是必需的，例如，我们要证明：

$(x).\phi x:(x).\phi x \supset \psi x:\supset.(x).\psi x.$

通过（7）和（11），

$\vdash :.(x).\phi x:(x).\phi x \supset \psi x:\supset:\psi y,$

借助（12），得到

$\vdash :.(x).\phi x:(x).\phi x \supset \psi x:\supset:\psi y,$

由（8）和（10）得到要证明的结果。

（13）$\vdash :.(\exists f):.(x).\phi x.\equiv.f!x.$

这是还原公理。它指出，给定任何函项 $\phi\hat{x}$，都有一个谓词函项 $f!\hat{x}$ 使得 $f!x$ 总是等价于 ϕx。注意，由于以"$(\exists f)$"开头的命题，根据定义，是以"(f)"开头的命题的否定，上述公理涉及考虑"x 的所有谓词函项"的可能性。如果 ϕx 是 x 的任何函项，我们不能提出以"(ϕ)"或"$(\exists \phi)$"开头的命题，因为我们不能考虑"所有函项"，而只能考虑"任何函项"或"所有谓词函项"。

（14）$\vdash :.(\exists f):.(x,y).\phi(x,y).\equiv.f!(x,y).$

这是双重函项的还原公理。

在上述命题中，x 和 y 可以是任何类型。在其中类型理论与之相关的唯一方式是，在（11）中，只有在发生在不同内容中的实变量以相同同函项的变量的形式出现而显示为同一类型的时候，才允许我们把这些真实变量看作是同一的。并且在（7）和（9）中，y 和 a 必须分别是 $\phi\hat{z}$ 的变量的适当类型。因此，例如，假设我们有一个形式为 $(\phi).f!(\phi!\hat{z}, x)$ 的命题，它是 x 的二阶函项，

然后由（7）得到：

$$\vdash :(\phi).f!(\phi!\hat{z}, x).\supset.f!(\psi!\hat{z}, x),$$

其中 $\psi!\hat{z}$ 是任何一阶函项。但不要将 $(\phi).f!(\phi!\hat{z}, x)$ 当作是 x 的一阶函项，且不要将该函项当作上面的 $\psi!\hat{z}$ 可能的值。正是这种类型的混淆导致了说谎者的悖论。

同样，考虑不是自身成员的类。很明显，既然我们用函项来标识类，[①] 就没有一个类可以被有意义地说成是或不是自身的成员；因为类的成员是类的变量，而函项的变量总是比函项的类型低。如果我们问："那么所有类的类呢？它不是一个类吗？因此不是自身的成员吗？"答案是双重的。首先，如果"所有类的类"指的是"任何类型的类的类"，那么就不存在这样的概念。其次，如果"所有类的类"指的是"所有类型为 t 的类的类"，那么这是一个高于 t 的一个类型的类，因此也不是它自己的成员。

因此，虽然上述初始命题同样适用于所有类型，但它们不能

[①] 这种同一常要做一些修正，稍后将进行解释。

使我们引出悖论。这样在任何演绎的过程中，从来没有必要考虑变量的绝对类型；只需要看到在一个命题中出现的不同变量是适当的相对类型。这就排除了我们由之得到第四个悖论的函项，即："R和S之间存在R的关系。"因为R和S之间的关系必然比它们中的任何一个都具有更高的类型，因此所提出的函项是没有意义的。

7.类和关系的基础理论

包含函项ϕ的命题，其真值可能取决于特定的函项ϕ，也可能只取决于ϕ的外延，也就是取决于满足ϕ的变量。我们称后一种函项为外延函项。因此，例如，"我相信所有人都会死"可能并不等同于"我相信所有无羽毛两足动物都会死"，即使人与无羽毛两足动物有相同的外延；因为我可能不知道它们的外延是相同的。但是，如果人与无羽毛两足动物外延相同，那"所有人都会死"就等于"所有无羽毛两足动物都会死"。因此，"所有人都会死"是"x是人"函项的一个外延函项，而"我相信所有人都会死"不是一个外延函项；如果函项不是外延的，我们就称其为内涵函项。数学特别关注的函项都是外延的。函项$\phi!\hat{z}$的外延函项f的标记是：

$$\phi!x.\equiv_x.\psi!x\mathbin{:}\supset_{\phi,\psi}\mathbin{:}f(\phi!\hat{z}).\equiv.f(\psi!\hat{z}).$$

从函项$\phi!\hat{z}$的任意函项f我们可以推导出一个相关的外延函项：

$$f\{\hat{z}(\psi z)\}.=:(\exists\phi):\phi!x.\equiv_x.\psi x:f\{\phi!\hat{z}\} \quad \text{Df.}$$

函项 $f\{\hat{z}(\psi z)\}$ 实际上是 $\phi!\hat{z}$ 的函项，尽管与 $f(\psi\hat{z})$ 不是同一个函项，假设后者是有意义的。但从技术上讲，处理 $f\{\hat{z}(\psi z)\}$ 更方便，就好像它有一个变量 $\hat{z}(\psi z)$，我们称之为 "ψ 所规定的类"。我们有：

$$\vdash :.\phi x.\equiv_x.\psi x:\supset:f\{\hat{z}(\phi z)\}.\equiv.f\{\hat{z}(\psi z)\},$$

因此，将上述关于同一性的定义应用于这些虚构的对象 $\hat{z}(\phi z)$ 和 $\hat{z}(\psi z)$，我们发现：

$$\vdash :.\phi x.\equiv_x.\psi x:\supset.\hat{z}(\phi z)=\hat{z}(\psi z)。$$

这一公式及其逆公式（逆公式也可以得到证明）是类的显著特性。因此，我们把 $\hat{z}(\phi z)$ 当作 ϕ 所规定的类是有道理的。以同样方式我们提出：

$$f\{\hat{x}\hat{y}\psi(x,y)\}.=:(\exists\phi):\phi!(x,y).\equiv_{x,y}.\psi(x,y):f\{\phi!(\hat{x},\hat{y})\} \quad \text{Df.}$$

这里有必要区分 $\phi!(\hat{x},\hat{y})$ 和 $\phi!(\hat{y},\hat{x})$。我们将采用以下约定：当一个函项（相对于它的值）以涉及 $\hat{x}$ 和 $\hat{y}$ 或字母表中的任何**其它**两个字母的形式表示时，将 $\hat{x}$ 替换为 a，$\hat{y}$ 替换为 b，这个函项就获得对于 a 和 b 的变量的值，即，第一次提及的变量要用字母表中前面的字母替换，第二次提及的变量要用后面的字母替换。这样，就充分区分了 $\phi!(\hat{x},\hat{y})$ 和 $\phi!(\hat{y},\hat{x})$，例如：

$\phi!(\hat{x},\hat{y})$ 对变量 a，b 的值是 $\phi!(a,b)$

（十九）建基于类型论的数理逻辑

$\phi!(\hat{x}, \hat{y})$ 对变量 b，a 的值是 $\phi!(b, a)$

$\phi!(\hat{y}, \hat{x})$ 对变量 a，b 的值是 $\phi!(b, a)$

$\phi!(\hat{y}, \hat{x})$ 对变量 b，a 的值是 $\phi!(a, b)$

我们规定：

$$x\epsilon\phi!\hat{z}.=.\phi!x \quad \text{Df},$$

由此得到：

$$\vdash :.x\epsilon\hat{z}(\psi z).=:(\exists\phi):\phi!y.\equiv_y.\psi y:\phi!x。$$

根据还原公理，我们有：

$$(\exists\phi):\phi!y.\equiv_y.\psi y,$$

进一步得到：

$$\vdash :x\epsilon\hat{z}(\psi z).\equiv.\psi x.$$

这对任何 x 都成立。现在假设我们讨论 $\hat{z}(\psi z)\epsilon\phi f\{\hat{z}(\phi!z)\}$。根据上述推论，我们有：

$$\vdash :.\hat{z}(\psi z)\epsilon\phi f\{\hat{z}(\phi!z)\}.\equiv:f\{\hat{z}(\psi z)\}:$$
$$\equiv:(\exists\phi):\phi!y.\equiv_y.\psi y:f\{\phi!z\},$$

由此得到：

$$\vdash :.\hat{z}(\psi z)=\hat{z}(\chi z).\supset:\hat{z}(\psi z)\epsilon x.\equiv_x.\hat{z}(\chi z)\epsilon x,$$

这里 x 表示形式为 $\phi f\{\hat{z}(\phi!z)\}$ 的任何表达式。

我们规定:

$$cls=\hat{a}\{(\exists\phi).a=\hat{z}(\phi!z)\} \quad \text{Df.}$$

在这里,cls 的意义取决于表面变量 φ 的类型。因此,例如,上述定义之结果的命题"cls ϵ cls",要求"cls"在它出现的两个地方具有不同的含义。符号"cls"只能用于不需要知道类型的地方;它有一种随环境而变化的模糊性。如果我们引入一个不可定义的函项"Indiv!x",表示"x 是一个个体",我们可以有:

$$Kl=\hat{a}\{(\exists\phi).a=\hat{z}(\phi!z.\text{Indiv}!z)\} \quad \text{Df.}$$

这样,Kl 是一个确定的符号,表示"个体的类"。

我们使用小写希腊字母(除了 ϵ,φ,ψ,χ,θ)来表示任何类型的类;即,表示形式 $\hat{z}(\phi!z)$ 或 $\hat{z}(\phi z)$ 的符号。

类理论从这一点开始,就像皮亚诺的体系一样,用 $\hat{z}(\phi z)$ 代替 $z\ni(\phi z)$。我们也设定:

$$\alpha\subset\beta.=:x\epsilon\alpha.\supset_x.x\epsilon\beta \quad \text{Df,}$$
$$\exists!\alpha.=.(\exists x)x\epsilon\alpha \quad \text{Df,}$$
$$V=\hat{x}(x=x) \quad \text{Df,}$$
$$\Lambda=x\{\sim(x=x)\} \quad \text{Df,}$$

在皮亚诺那里 Λ 是空类。符号 ∃,Λ,V,就像 cls 和 ϵ 一样,是模糊的,只有当有关的类型被指示出来时,它们才有明确的意义。

我们以完全相同的方式对待关系,规定

$$a\{\phi!(\hat{x},\hat{y})\}b.=.\phi!(a,b) \quad \text{Df},$$

（顺序由 x 和 y 的字母顺序和 a 和 b 的印刷顺序决定），得出：

$$\vdash:.a\{\hat{x}\hat{y}\psi(x,y)\}b.\equiv:(\exists\phi):\psi(x,y).\equiv_{x,y}.\phi!(x,y):\phi!(a,b),$$

再根据还原公理，得到：

$$\vdash:a\{\hat{x}\hat{y}\psi(x,y)\}b.\equiv.\psi(a,b)。$$

我们用大写拉丁字母作 $\hat{x}\hat{y}\psi(x,y)$ 这类符号的缩写，得到：

$$\vdash:.R=S.\equiv:xRy.\equiv_{x,y}.xSy,$$

其中：$R=S.=:f!R.\supset_f.f!S$ Df.

我们设定：

$$\text{Rel}=\hat{R}\{(\exists\phi).R=\hat{x}\hat{y}\phi!(x,y)\} \quad \text{Df},$$

我们看到，对于类来说被证明的任何东西，对于二元关系来说都有类似的东西。根据皮亚诺，我们设定：

$$\alpha\cap\beta=\hat{x}(x\epsilon\alpha.x\epsilon\beta) \quad \text{Df},$$

这定义了两个类的积或共同部分：

$$\alpha\cup\beta=\hat{x}(x\epsilon\alpha.\vee.x\epsilon\beta) \quad \text{Df},$$

这定义了两个类的和。

$$-\alpha=\hat{x}\{\sim(x\epsilon\alpha)\} \quad \text{Df},$$

这定义了一个类的否定。同样，对于关系我们有：

$R \cap S = \hat{x}\hat{y}(xRy.xSy)$　Df,

$R \cup S = \hat{x}\hat{y}(xRy.\vee.xSy)$　Df,

$\dot{-}R = \hat{x}\hat{y}\{\sim(xRy)\}$　Df.

8. 摹状函项

迄今为止所考虑的函项，除了一些特殊的函项，如 $R \cap S$，都是命题函项。但是数学中的普通函数，比如 x^2, $\sin x$, $\log x$，都不是命题函项。这类函项总是指"与 x 有这样那样关系的项"。由于这个原因，它们可被称为摹状函项，因为它们通过与它们的变量的关系来描述某个特定的项。因此，"$\sin \pi/2$"描述了数字 1；然而，"$\sin \pi/2$"出现在其中的命题与将之代入为 1 得到的命题是不一样的。例如，从命题"$\sin \pi/2 = 1$"中可以看出，它传达了有价值的信息，而"1=1"却是意义贫乏的。摹状函项本身没有意义，只有作为命题的组成部分才有意义；这一般适用于"具有这样或那样性质的项"形式的短语。因此，在处理这些短语时，我们必须定义它们出现的任何命题，而不是短语本身。[①] 因此，我们得到以下定义，其中"$(\iota x)(\phi x)$"可以读作"满足 ϕx 的项 x"。

$\psi\{(\iota x)(\phi x)\}.=:(\exists b):\phi x.\equiv_x.x=b:\psi b$　Df.

这个定义指出，"满足 ϕ 的项满足 ψ"是指"存在一个项 b 使

---

① 参见前面提及的"论指称"，其中详细给出了这种观点的理由。

得，当且仅当 x 为 b，且 ψb 为真时，ϕx 为真。"因此，如果不存在某某或几个某某，所有关于"那个某某"的命题都为假。

摹状函项的一般定义是：

$R`y=(\iota x)(xRy)$ Df;

即，"$R`y$"指的是"与 y 有 R 关系的项"。如果有几个项或没有项和 y 有关系 R，所有关于 $R`y$ 的命题都为假。我们提出：

$E!(\iota x)(\phi x).=:(\exists b):\phi x.\equiv_x.x=b$ Df.

这里"$E!(\iota x)(\phi x)$"可被读作"存在满足 ϕx 的项 x"，或者"满足 ϕx 的 x 存在"。我们有：

$\vdash:.E!R`y.\equiv:(\exists b):xRy.\equiv_x.x=b$。

$R`y$ 中的倒逗号可读作"的"。因此，如果 R 是父子关系，"$R`y$"就是"y 的父亲"。如果 R 是子父关系，所有关于 $R`y$ 的命题都为假，除非 y 只有一个且不多于一个儿子。

从上面可以看出，摹状函项是从关系中得到的。现在要定义的关系之所以重要，主要是由于这些关系所产生的摹状函项。

$Cnv=\hat{Q}\hat{P}\{xQy.\equiv_{x,y}.yPx\}$ Df.

这里 Cnv 是"逆"（converse）的缩写。它是一种关系与其逆的关系的那种关系。例如，较大的与较小的，父母与儿子的，之前与之后的，等等。我们有：

$\vdash . \mathrm{Cnv}`P = (\iota Q)\ \{xQy. \equiv_{x,y}. yPx\}$

为了得到更短，更方便的符号表达，我们规定：

$\check{P} = \mathrm{Cnv}`P$ Df.

我们接下来要用一个符号来表示和 y 有 R 关系的项的类。为了这个目的，我们规定：

$\overrightarrow{R} = \hat{a}\hat{y}\{a = \hat{x}(xRy)\}$ Df,

由此得出：

$\vdash . \overrightarrow{R}`y = \hat{x}(xRy)$。

同样地，我们规定：

$\overleftarrow{R} = \hat{\beta}\hat{x}\{\beta = \hat{y}(xRy)\}$ Df,

由此得出：

$\vdash . \overleftarrow{R}`x = \hat{y}(xRy)$。

接下来我们想要的是 R 的域（即，对某物有关系 R 的一类项），R 的逆域（即，某物与其有关系 R 的一类项），以及 R 的**场**，即域和逆域的和。为此，我们定义了域、逆域、场与 R 的关系。定义如下：

$D = \hat{a}\hat{R}\{a = \hat{x}((\exists y).xRy)\}$ Df,

$Œ=\hat{\beta}\hat{R}\{\beta=\hat{y}((\exists x).xRy)\}$　Df,

$C=\hat{\gamma}\hat{R}\{\gamma=\hat{x}((\exists y):xRy.\vee.yRx)\}$　Df.

请注意，只有当R是我们所谓的同一性关系时，即，如果xRy成立，则x和y是同一类型时，第三个定义才有意义。否则，无论我们如何选择x和y，xRy或yRx都没有意义。这个观察结果对于布拉里–弗蒂悖论是很重要的。

根据上述定义，我们有：

⊢ $.D'R=\hat{x}\{(\exists y).xRy\}$,

⊢ $.Œ'R=\hat{y}\{(\exists x).xRy\}$,

⊢ $.C'R=\hat{x}\{(\exists y):xRy.\vee.yRx\}$,

只有当R是同一的时候最后一个才有意义。"$D'R$"读作"R的域"，"$Œ'R$"读作R的逆域，"$C'R$"读作"R的场"。字母C被选为"场"（campus）一词的首字母。

接下来，我们要用一种符号来表示，a的某些成员与之有关系R的项的类与R域中包含的类a的关系，并且要用一种符号来表示，与β中某些成员有关系R的项的类与R的逆域中包含的类β的关系。对于第二个，我们假定：

$R_\epsilon=\hat{a}\hat{\beta}\{a=\hat{x}((\exists y).y\epsilon\beta.xRy)\}$　Df.

从而得出：

⊢ $.R_\epsilon'\beta=\hat{x}\{(\exists y).y\epsilon\beta.xRy\}$。

因此，如果 R 是父子关系，β 是伊顿公学学生的类，那么 $R_\epsilon`β$ 就是"伊顿公学学生的父亲"的类；如果 R 是"小于"的关系，并且 β 是，对于 n 的整数值具有 $1\text{-}2^{-n}$ 形式的真分数的类，$R_\epsilon`β$ 将是比有 $1\text{-}2^{-n}$ 形式的某个分数更小的分数的类；即是说，$R_\epsilon`β$ 将是真分数的类。上面提到的另一个关系是 $(Ř)_\epsilon$。

我们用一种更方便的表示法：

$R``β=R_\epsilon`β$　Df.

两个关系 R 和 S 的关系积就是 x 和 z 之间的关系，只要有一个项 y 使得 xRy 和 yRz 都成立。关系积用 R\S 表示。因此：

$R|S=\hat{x}\hat{z}\{(Ǝy).xRy.yRz\}$　Df.

我们再设定：

$R^2=R|R$　Df.

类的类的积和和通常是必需的。它们的定义如下：

$s`κ=\hat{x}\{(Ǝα).α\epsilon κ.x\epsilon α\}$　Df,
$p`λ=\hat{x}\hat{y}\{R\epsilon λ.\supset_R.xRy\}$　Df.

类似地，对关系而言，我们设定：

$\dot{s}`λ=\hat{x}\hat{y}\{(ƎR).R\epsilon λ.xRy\}$　Df,
$\dot{p}`λ=\hat{x}\hat{y}\{R\epsilon λ.\supset_R.xRy\}$　Df.

我们需要一个符号来表示其唯一的成员是 x 的类。皮亚诺用

（十九）建基于类型论的数理逻辑

的是 ιx，因此我们将使用 $\iota\text{'}x$。皮亚诺表明（弗雷格也强调过）这个类不能等同于 x。根据通常对类的看法，这种区分的必要性仍然是个谜；但根据上面的观点，这种区分就变得显而易见了。

我们给出：

$$\iota = \hat{a}\hat{x}\{a = \hat{y}(y=x)\} \quad \text{Df},$$

从而得出：

$$\vdash .\iota\text{'}x = \hat{y}(y=x),$$

和：

$$\vdash :E!\breve{\iota}\text{'}a .\supset. \breve{\iota}\text{'}a = (\iota x)(x\epsilon a);$$

也就是说，如果 a 是一个只有一个成员的类，那么 $\breve{\iota}\text{'}a$ 就是那个唯一的成员。[①]

对于包含在给定类中的类的类，我们设定：

$$\text{Cl'}a = \hat{\beta}(\beta \subset a) \quad \text{Df}.$$

现在我们可以继续讨论基数和序数，以及它们是如何受到类型论的影响的。

---

① 因此 $\breve{\iota}\text{'}a$ 就是皮亚诺的 ιa。

9. 基数

类 α 的基数被定义为所有与 α 相似的类的类，当两个类之间存在一一对应关系时，它们是相似的。一一对应一关系的类表示为 $1 \to 1$，定义如下：

$$1 \to 1 = \hat{R}\{xRy.x'Ry.xRy'.\supset_{x,y,x',y'}.x=x'.y=y'\} \quad \text{Df.}$$

相似性用 Sim 表示；它的定义是：

$$\text{Sim} = \hat{\alpha}\hat{\beta}\{(\exists R).R\mathbin{\epsilon} 1 \to 1.D`R=\alpha.D`R=\beta\} \quad \text{Df.}$$

那么根据定义，$\overrightarrow{\text{Sim}}$ `$a$ 是 $a$ 的基数；我们用 N$c$`a 来表示。由此我们给出：

$$Nc = \overrightarrow{\text{Sim}} \quad \text{Df.}$$

从而得出：

$$\vdash .Nc`a = \overrightarrow{\text{Sim}}`a 。$$

我们用 NC 来表示基数的类；因此：

$$NC = Nc``cls \quad \text{Df.}$$

0 被定义为其唯一成员为空类 Λ 的类，因此

$$0 = \iota`\Lambda \quad \text{Df.}$$

（十九）建基于类型论的数理逻辑

1 的定义：

$$1=\hat{a}\{(\exists c):x\epsilon a.\equiv_x.x=c\} \quad \text{Df.}$$

根据定义，很容易证明 0 和 1 是基数。

然而，应注意，根据上面的定义，0、1 和所有其它基数都是模糊的符号，就像 cls 一样，并且，有多少类型，它们就有多少意义。从 0 开始：0 的意义取决于 Λ 的意义，而 Λ 的意义根据它是空类的那个类型而不同。因此，有多少种类型，就有多少种 o；这也适用于其它基数。然而，如果两个类 a、ß 属于不同的类型，我们可以说它们具有相同的基数，或者其中一个比另一个具有更大的基数，因为在 a 的成员和 ß 的成员之间可能存在一一对应的关系，即使 a 和 ß 具有不同的类型。例如，设 β 为 ι"α；即，其成员是由 α 的唯一成员组成的类的类。那么，ι"α 比 α 的类型高，但与 α 相似，与 α 有一一对应的关系 ι。

类型的层次结构对于加法来说非常重要。假设我们有一具有 α 项的类和另一具有 ß 项的类，其中 a 和 ß 是基数；有可能完全不可能把它们加在一起得到具有 a 和 ß 项的类，因为，如果相加的类不是同一类型的，它们的逻辑和是没有意义的。只有当涉及有限数量的类时，我们才能避免这样做的实际后果，因为我们总是可以对一个类进行操作，将其类型提升到任何所需的程度而不改变其基数。例如，给定任意类 α，类 ι"α 具有相同的基数，但在类型上比 α 高一级。因此，给定任何有限数量的不同类型的类，我们可以将它们全部提升到我们所说的所有类型的最低公倍数类型；我们可以证明，这可通过所产生的类没有公共成员的方式产生。这样，我们就可以构造所有如此得到的类的逻辑和，它的基数将是初始类的基数的算术和。但是，当我们有类型上升的类的无限系列的时候，这种方法就不适用了。因此，我们现在还不能证明一定有无限个类。假设宇宙中总共只有 n 个个体，而 n 是有限的。然后就会有 2^n 个个体的类，2^{2^n} 个个体的类的类，以此类推。因此，每种类型的项的基数是有限的；尽管这些数字会增长到超出任何指定的有限数，但没有办法将它们相加从而得到无限大的数。因此，我们需要一个公理，它似乎是这样的：没有一个有限的个体类包含所有的个体；但是，如果有人假设宇宙中个体的总数（比如）是10367，似乎没有一个先验的方法来反驳他的观点。

从上述的推理方式来看，类型论显然避免了关于最大基数的一切困难。每一种类型都有一个最大的基数，即整个类型的基数。但这个基数总能被下一类型的基数所超越，因为如果 α 是一种类型的基数，那么下一类型的基数就是 $2^α$，正如康托尔所证明的，它总是大于 α。由于不同的类型不能相加，所以我们不能说任何类型的所有对象的基数，因此不存在绝对的最大基数。

如果承认没有一个有限的个体的类包含所有的个体，那么就可以得出存在任何有限数量的个体的类的结论来。因此，所有有限基数都作为个体基数存在；也就是说，作为个体的类的基数。由此可见，存在一个有 $\aleph_0$ 个基数的类，即有限基数的类。因此，$\aleph_0$ 作为个体的类的类的类的基数而存在。通过构造有限基数的所有类，我们发现 $2^{\aleph_0}$ 作为个体的类的类的类的类的基数存在。所以我们可以无限地进行下去。对于 n 的每一个有限值，$\aleph_n$ 存在也可得到证明，但这需要考虑序数。

如果除了假设没有一个有限类包含所有的个体，我们还假设乘法公理（即公理：给定一个互斥类的集合，其中没有一个是空的，那么至少有一个类是由集合中每个类的一个成员组成的），那么我们可以证明存在一个包含 $\aleph_0$ 个成员的个体的类，因此，$\aleph_0$ 将作为一个个体基数而存在。这在某种程度上减少了我们为了证明任何给定基数的存在定理所必须达到的类型的数量，但它没有给我们任何存在定理，而且我们也不能得到这一定理。

许多关于基数的初等定理都需要乘法公理。[①] 注意，这个公理等价于策墨罗的选择公理[②]，因此也等价于以下假设，即每个类都可以是良序的。[③] 这些等价的假设显然都不能证明，尽管至少乘法公理显得是高度自明的。在缺乏证明的情况下，似乎最好不要假定乘法公理，而在每一个使用它的场合都把它作为假设加以陈述。

[①] 参考作者"论超限数和序型理论中的困难"的第3部分，载《伦敦数学学会学报》，第二辑，第Ⅳ，第1部分。

[②] 参考上述引文中关于策梅罗公理的一个陈述，以及关于这个公理蕴涵乘法公理的证明的部分。其逆蕴涵证明如下：给定 Prod'k 作为 k 的乘法类，考虑：

$Z`\beta = \hat{R}\{(\exists x).x\epsilon\beta.D`R=\iota`\beta.\mathbb{C}`R=\iota`x\}$　　Df，

并假定

$\gamma\epsilon\mathrm{Prod}`Z``cl`a.R=\hat{\xi}\hat{x}\{(\exists S).S\epsilon\gamma.\xi Sx\}$。

那么 R 是一个策梅罗关系。因而，如果 Prod'Z''cl'a 不是空的，那么对于 a 至少有一个策梅罗关系存在。

[③] 见策梅罗："每一个量都可以良序"，《数学年鉴》，第 LIX 卷，第 514—516 页。

10. 序数

一个序数是一类顺序相似的良序序列，即产生这样的序列的关系的类。顺序相似或相像的定义如下：

$$\text{Smor}=\hat{P}\hat{Q}\{(\exists S).S\epsilon_1\to_1 S.\text{D}`S=C`Q.P=S|Q|\check{S}\} \quad \text{Df},$$

其中 Smor 是"顺序上相似"的缩写。

我们称序列关系的类为"Ser"，其定义如下：

$$\text{Ser}=\hat{P}\{xPy.\supset_{x,y}.\sim(x=y):xPy.yPz.\supset_{x,y,z}.xPz:$$
$$x\epsilon C`P.\supset_{x}.\overrightarrow{P}`x\cup\iota`x\cup\overleftarrow{P}`x=C`P\} \quad \text{Df}.$$

P读作"先于"，这是说，一种关系是序列关系，如果（1）没有先于自身的项，（2）前项的前项是一个前项，（3）如果x是关系场中的任何一项，则x的前一项与x和x的后继项一起构成关系的整个场。

我们称良序序列关系为Ω，其定义如下：

$$\Omega=\hat{P}\{P\epsilon\text{Ser}:\alpha\subset C`P.\exists!\alpha.\supset_{\alpha}.\exists!(\alpha-\check{P}``\alpha)\} \quad \text{Df};$$

即，如果P是序列关系，而且P场中包含的且非空的任何一个类a都有第一项，则P生成一个良序序列（注意，$\check{P}``\alpha$是α的某个项后面的那些项）。

如果我们用No`P表示良序关系P的序数，用NO表示序数的类，我们就会得到

$No=\hat{a}\hat{P}\{P\epsilon\Omega.a=\overrightarrow{\text{Smor}}{}^{\prime}P\}$　Df,

$NO=No`"\Omega$。

从 N_0 的定义，我们得到：

⊢ :$P\epsilon\Omega.\supset.No`P=\overrightarrow{\text{Smor}}{}^{\prime}P$,

⊢ :~$(P\epsilon\Omega).\supset.$~$E!No`P$。

如果我们现在从类型论的角度来考察我们的定义，我们就会发现，首先，"Ser"和 Ω 的定义涉及到序列关系的场。只有当关系是同类的时候，场才有意义。因此，非同类的关系不会产生序列。例如，关系 ι 可以被认为生成了序数 ω 的序列，如

$x, \iota`x, \iota`\iota`x, ... \iota^n`x, ...$

我们可以尝试以这种方式证明 ω 和 $\aleph_0$ 的存在。但是 x 和 $\iota`x$ 是不同类型的，因此根据定义，没有这样的序列。

根据上述 No 的定义，一个体序列的序数是个体关系的一个类。因此，它与个体不是同一类型，不能构成任何个体出现于其中的序列的一部分。另外，假设所有有限序数都以个体-序数的形式存在；也就是说，作为个体序列的序数。然后有限序数本身形成一个序数为 ω 的序列；因此 ω 作为序数-序数存在，即，作为序数序列的序数存在。但序数-序数的类型是个体的关系类的关系类的类型。这样 ω 的存在就在比有限序数更高的类型中得到了证明。同样，由有限序数构成的良序序列的序数的基数是 $\aleph_1$；因此 $\aleph_1$ 存在于个体关系类的关系类的类的类的类型中。由

有限序数构成的良序序列的序数也可以按大小排列,得到序数为ω_1的良序序列。因此ω_1以序数－序数－序数的形式存在。这个过程可以重复任何有限次,因此我们可以以适当的类型,确立对 n 的任意有限值来说$\aleph_n$和ω_n的存在。

但以上的生成过程不再导致所有序数的总和,因为,如果我们取任意给定类型的所有序数,高级类型中总有更大的序数;我们不能把一组序数加在一起,这些序数的类型超过了任何有限的界限。因此,任意类型的全部序数都可以按大小排列在一个良序的序列中,该序列具有比组成该序列的序数更高类型的序数。在新类型中,这个新序数并不是最大的。事实上,在任何类型中都不存在最大序数,但在每种类型中所有序数都小于一些更高类型的序数。序数系列是不可能完成的,因为它上升到了超出每一个可指定的有限界限的类型。因此,虽然序数序列的每一部分都是良序的,但我们不能说整个序数序列是良序的,因为"整个序列"是虚构的。因此布拉里－弗蒂悖论消失了。

从最后两节可以看出,如果个体的数目可以不是有限的,那么康托尔的所有基数和序数的存在都可以被证明,除了$\aleph_\omega$和ω_ω(这些数的存在也很可能是可以证明的)。所有有限基数和序数的存在都可以证明,而不需要假设任何东西的存在。因为如果任何类型的项的基数是 n,那么下一类型的项的基数就是2^n。因此,如果没有个体,就会有一个类(即空类),两个类的类(一个是不包含类的类和另一个是包含空类的类),四个类的类的类,以及通常是 n 阶的2^{n-1}个类。但我们不能把不同类型的项加在一起,因此我们不能用这种方法证明任何无限类的存在。

（十九）建基于类型论的数理逻辑

我们现在可以总结一下整个讨论。在陈述了一些逻辑悖论之后，我们发现所有这些悖论都源于这样一个事实：一个指涉某个集合的所有成员的表达式本身似乎意指该集合中的一个；例如，"一切命题不是真就是假"这句话本身就是一个命题。我们认为，在这种情况发生的地方，我们所处理的是一个假的整体，事实上，对于给定集合的所有成员，没有任何有意义的东西可以说。为了使我们的观点合法，我们阐述了变量的类型论，根据这样的类型论，任何表示某一类型的所有成员的表达式，如果它表示任何东西，就必须表示比它所指的所有成员的类型更高的东西。在某种类型的所有成员都被指涉的地方，有一个表面变量属于该类型。因此，任何包含表面变量的表达式都比该变量的类型高。这是类型论的基本原则。类型的构成方式的改变，如果被证明是必需的，只要遵守这一基本原则，就不会影响到悖论的解决。上面所解释的构造类型的方法使我们能够陈述所有数学的基本定义，同时避免所有已知的悖论。在实践中，似乎只有在涉及到存在定理的地方，或者在应用于某些特殊情况的地方，类型论才有意义。

类型理论提出了许多关于它的解释的哲学难题。然而，这些问题本质上是与理论的数学发展相分离的，并且，像所有哲学问题一样，引入了不属于理论本身的不确定因素。因此，在阐述理论时，最好不涉及哲学问题，对哲学问题要单独地加以处理。

五 附录
休·麦科尔的四篇文字

休·麦科尔

苏格兰逻辑学家休·麦科尔从伦敦大学获得学士学位，一生大部分时间都在布洛涅教授数学。他主要的创作有两个高峰期。首先是他在19世纪70年代后期写了一系列关于微积分的论文，其次是他从1897年到1905年在《心灵》杂志发表了一系列关于符号逻辑的论文，这些论文1906年收录在《符号逻辑及其应用》中。

麦科尔是在逻辑学中最早提出逻辑的基本关系是命题之间的蕴涵关系而不是类的包含关系的人之一。麦科尔使用符号 τ、ι、ε、η 和 θ 意指真、假、肯定、不可能和变量，并且把"p蕴涵q"定义为"p并且非q是不可能的"，预先提出了刘易斯后来提出的严格蕴涵的定义。在这里重印的论文包括"符号推理"系列的第6篇，以及麦科尔从1905年开始写的关于空类的一系列笔记，这些论文应与上述第四章一起阅读。

符号推理

第一次发表在《心灵》第 14 期（1905 年 1 月）第 74-81 页。

（1）逻辑学家在任何问题上的分歧都没有在"命题的存在的意义"问题上的分歧大。当我们做出一个肯定 A^B，或任何[①]一个否定 A^{-B} 时，我们是否同时隐含地断言主词 A 确实存在？我们是否断言谓词 B 确实存在？传统形式逻辑的四种命题，即"每一个（或所有）A 是 B"，"没有 A 是 B"，"有些 A 是 B"，"有些 A 不是 B"，是否必然蕴含着类 A 的实际存在？是否必然蕴含着类 B 的实际存在？逻辑学家在这些问题上做了大量的思考，花费了大量的笔墨；然而，在这些问题上，他们似乎像以往一样远不能达成一致意见。因此，关于这一主题的简单理论，一个他们都能赞同的理论，应该作为一种真正所期望的而受到欢迎。我希望在下面的文章中能够提供这样一个理论。

（2）令 e_1、e_2、e_3 等（直到我们论证或研究中提到的个体的任何数量）表示我们的真实存在物的域。令 o_1、o_2、o_3 等表示我们

[①] 符号 A^{-B} 在这里用作 $(A^B)'$ 即 A^B 的否定命题的方便符号（见 1903 年 9 月 5 日《雅典娜》）。

的非存在物的域,这一领域包括非现实的事物,如马人、神酒、仙馔、精灵,以及自我矛盾的事物,如圆的方、方的圆、平面球体等,也许还包括四维的非欧几里得几何和其它多维空间几何。最后,令 S_1、S_2、S_3 等表示我们的符号域,或"论域",它由我们的论证或研究中所有用语词或其它符号命名或表示的真实或不真实的事物组成。按照这个定义,我们假设我们的符号域(或"论域")由我们的实在域 e_1、e_2、e_3 等等,和我们的非实在域 o_1、o_2、o_3 等等组成——在这两者进入我们的论证的时候。但是当我们的论证只讨论实在物时,我们的符号域 S_1、S_2、S_3 等等和我们的实在域 e_1、e_2、e_3 等等就会是同一的;将不存在一个由 o_1、o_2、o_3 等组成的非实在域。同样地,我们的符号域可以设想为——但在现实中几乎不可能,与我们的非实在域相一致。

(3)现在,假设我们有一个类 A。在它之中包含的个体 A_1、A_2、A_3 等等,都必定归属于符号域 S;但是它们是否都属于实在域 e,或者都属于非实在域 o,或者部分属于实在域 e,其余部分属于非实在域 o,取决于我们的论证或研究的具体情况。当一个类 A 整个地属于域 e,或整个地属于域 o 时,我们可以称它为纯类;当它部分地属于类(或域)e,部分地属于类 o 时,我们可以称它为混合类。由个体 $`A_1$、$`A_2$、$`A_3$ 等组成的否定类 $`A$(带有重音符),包含我们符号域中不属于肯定的类 A 的所有个体。因此,类 $`e$ 是类 o 的同义词,并且类 $`o$ 是类 e 的同义词。类 $`A$ 可以被称为类 A 的补充体,因为两者共同构成了符号域。

(4)任何肯定命题 A^B 的主词 A,或任何否定命题 A^{-B} 的主词 A,总是被理解为指称一个单一的个体。如果 A 恰好是一个类的名称，那么，在任何命题 A^B 或 A^{-B} 中，主词 A 都被理解为指称一个已知的，或先前已指出的 A_1, A_2, A_3 等系列的一个个体，其特定名称或编号无需说出。例如，假设 A 代表美国人，B 代表律师，那么命题 A^B 将断言"该美国人是一位律师"。它并没有说所指的是 A_1、A_2、A_3 等整个系列中哪个美国人；这被假定是已知的。当有必要指出是哪一个时，我们就不用 A^B，而是写成 A^B_1, A^B_2, A^B_3，视情况而定。

（5）令 S 是我们从符号域 S 中随机抽取的任何个体，并且令 a、a′、b、b′ 等分别为 S^A、S^{-A}、S^B、S^{-B} 等的同义词。然后我们得到以下自明的或容易证明的公式，我们将其命名为 F_1、F_2、F_3 等等：

（1）A^S；（2）$(S^A)^{-\eta}$；（3）$a^{-\eta}$；（4）$a^{\eta\iota}$；
（5）$({}^`A)^S$；（6）$({}^`S)^S$；（7）$({}^`A)^{-A}+(A \equiv S)$。

公式 F6 看起来有点矛盾；但它很容易证明。根据我们的定义（参见第 2、3 节），符号 ${}^`S$ 意指一个不属于类 S 的个体。但是，根据定义，类 S 意指整个符号域（或"论域"），我们的论证中所命名的每个个体（真实的、不真实的或自相矛盾的）必定都属于这一域。因此，${}^`S$ 是自相矛盾的。但是，根据我们的定义，所有的自相矛盾都属于类 o。因此 ${}^`S$ 必定属于类 o。但是，根据定义，符号域 S 包含类 o 的所有个体 $o_1$、$o_2$、$o_3$ 等等，以及属于实在物的类 e 的所有个体 $e_1$、$e_2$、$e_3$ 等等。因此，${}^`S$ 必定属于类 S。换句话说，这个用 F_6 表示的公式 $({}^`S)^S$ 总是为真。前面的推论是一种芭芭拉式的三段论，可以简单地表示为："每一个 ${}^`S$ 都是 o，并且每一个 o 都是 S，因此每一个 ${}^`S$ 都是 S。"最后一个公式 F_7 断言否定类

`A 的个体不属于肯定类 A，除非 A 与 S 同义，并且因此意指整个符号域。这个符号域，或"论域"，可随着证明的进行而扩大，这种证明在进行中抓住、占有，并牢牢地把我们用符号意指的每一个新实体（不排除像`S 这样自相矛盾的实体）保存下来。例如，假设在论证过程中我们不得不谈到几个类，既有纯类也有混合类（见第 3 节），并且所有这些类的所有个体的数量达到 82 个，其中 80 个属于类 e，2 个属于类 o。这样，到目前为止我们的符号域 S 包含 82 个个体，因此我们有：

$$S = (S_1、S_2...S_{82}) = (e_1、e_2...e_{80}、o_1、o_2)。$$

一个新来者 `S 进入我们的符号域，我们的符号域立即扩大为之腾出空间；但问题是必须确定陌生者是进入类 e 还是类 o，就像父母必须先确定家里新添的成员的性别，然后才能知道是叫这个成员为 Eva 还是为 Oscar 一样。这个问题在两种情况中都没有什么困难；新来者 `S（或 S_{83}）立即被认出属于 o 类，所以现在我们有：

$$S = (S_1、S_2...S_{83}) = (e_1、e_2...e_{80}、o_1、o_2、o_3)，$$

新来者 `S（或 S_{83}）是新来者 o_3 的同义词。

（6）如果类 A（无论是纯类还是混合类）的每个个体也属于类 B；这时，并且只有这时，我们才说"每一个（或所有）A 是 B"。如果不是这样——如果一个 A 被排除在类 B 之外，那么我们说，"有些 A 不是 B"；如果 A 类的每个个体都被排除在 B 类之外，这时并且只有这时，我们才说"没有 A 是 B"。如果不是这样——如果类 A 的一个个体属于类 B，这时我们说，"有些 A 是

B"。例如，令类 A 由 5 个个体 S_1、S_2、S_3、S_4、S_5 组成；令类 B 由前 5 个个体和 3 个个体 S_6、S_7、S_8 共 8 个个体组成；令类 C 由三个成员 S_7、S_8、S_9 组成。更简短地表述，令 A=(S_1、S_2...S_5)；令 B=(S_1、S_2...S_8)，并且令 C=(S_7、S_8、S_9)，那么，A、B、C 这三个类中的任何一个不管是纯的还是混合的（见第 3 节），从我们的材料必然得出下面的命题：

(1) 每一个 A（或者所有）是 B，(2) 有些 A 是 B，

(3) 有些 B 是 A，(4) 有些 B 不是 A，

(5) 没有一个 A 是 C，(6) 一些 A 不是 C，

(7) 没有一个 C 是 A，(8) 有些 C 不是 A，

(9) 有些 B 是 C，(10) 有些 B 不是 C。

A、B、C 三个类中的任何一个都可以完全由实在物组成，或者完全由非实在物组成，或者由两者的混合组成；无论我们以这种方式接受什么样的假设，前面的 10 个命题都为真（参见第 11 节）。

(7) 我们可以简单地总结如下：第一，当任意符号 A 意指一个个体，那么，任意包含符号 A 的可理解的陈述 φ(A)，蕴涵着 A 所代表的个体具有符号的存在；但是，陈述 φ(A) 是否蕴涵着 A 所代表的个体具有真实的存在，则取决于语境。其次，当任意符号 A 意指一个类时，那么，任意包含符号 A 的可理解的陈述 φ(A) 蕴涵着整个类 A 具有符号的存在；但陈述 φ(A) 是否蕴涵类 A 整个地真实或不真实，或部分地真实或不真实，则取决于语境。

(8) 例如，令 M 意指"你在花园里看到的那个人"，并且令 U

意指"我的叔叔",令 ϕ(M, U) 意指"你在花园里看到的那个人是我叔叔"。在这种情况下,我们通常有:

$$\phi(M, U):M^e U^e。$$

也就是说,陈述 ϕ(M, U) 通常会蕴涵 M 和 U 两者都真实存在。接下来,令 B 意指"一只熊",令 ϕ(M, B) 意指"你在花园里看到的那个人实际上是一只熊"。这里我们通常应该有:

$$\phi(M, B):M^o B^e。$$

也就是说,陈述 ϕ(M, B) 一般蕴涵着 B 真实存在,但个体 M 是虚构的——只是一种视错觉。现在以否定 ϕ(M, B) 并断言"你在花园里看到的那个人不是熊"的陈述 ϕ′(M, B) 为例。这里我们通常应该有:

$$\phi'(M, B): M^e B^o。$$

也就是说,否定的陈述 ϕ′(M, B) 通常被理解为蕴涵着 M(在花园里看到的人)真实存在,但是所谈的特定的熊是虚构的和不存在的。最后,选取否定 ϕ(M, U) 并断言"你看到的那个人在花园里不是我叔叔"的陈述 ϕ′(M, U)。这里我们一般会说:

$$\phi'(M, U): M^e;$$

但不一定说 ϕ′(M, U):U^e。也就是说,否定陈述 ϕ′(M, U) 通常会蕴涵花园里看到的人真实存在,但不一定蕴涵"我叔叔"真实存在。因为,甚至在假设无论是父亲还是母亲都不曾有过一个兄弟所以叔叔从来没有存在过的情况下，否定陈述 $\phi'(M, U)$ 仍然可能为真。同样地，我们可以举出蕴涵类存在或不存在的例子，并且表明不能就真实的而非仅仅符号的存在而给出绝对规则。在每种情况下，结论取决于陈述的特定性质和一般的语境。

（9）对我来说，前面的讨论指出了建立在布尔代数的类包涵原则基础之上被普遍接受的符号逻辑系统中的一个严重的根本错误。这些系统通常用符号 AB 意指类 A 和类 B 的共同的个体的类，并且用符号（A=AB）断言类 A 和类 AB 是相同的，一个类中的每一个个体也在另一个类中被发现。有了这样的解释，它们就真的说，（A=AB）这个等价的陈述，等价于传统的"所有的 A 都是 B"或"每一个 A 都是 B"。到目前为止，我同意这些看法。但是，当它们把 o（或任何其它符号）定义为意指不存在物，然后断言不管类 A 是什么，等价式 o=oA 总为真的时候，在我看来，它们做出了很难与其数据或定义相一致的断言。假设类 o 由三个非实在物 o_1、o_2、o_3 组成，类 A 由 o_3、e_1、e_2、e_3（一个非实在物和三个实在物）组成，那么两者共有的类 oA 只包含一个个体，即非实在物 o_3。在这里，我们不能说包含三个个体的类 o 与只包含一个个体的类 oA 是相同的；我们也不能说构成类 o 的 o_1、o_2、o_3 这三个个体每个都包含在类 A 中，类 A 只包含其中的一个，即 o_3。更有甚者，一个无限类（o_1、o_2、o_3 等等）不能包含在有限类 OA 中，其中 A=（A_1、A_2、…A_m）。

（10）如果在我的逻辑体系中，我的公式（η=ηA）断定类 η 和类 ηA 包含完全相同的个体，那么这个公式就会面临与刚刚批评的公式（o= oA）完全相同的反对意见。但我的公式（η=η

A）并不断定这一点；它只断定双重蕴涵 $(\eta : \eta A)(\eta A : \eta)$ 所表达的自明之理，即，两个陈述 η 和 ηA 其中一个为真而另一个为假的情况永远不会发生。$(\eta_1 = \eta_2 A)$ 形式的公式同样成立，不管 η_1 和 η_2 是什么样的不可能事物，也不管 A 是一个什么样的陈述。因为，通过我相信所有逻辑学家都接受的语言的约定，任何复合陈述，例如 ABC，当且仅当其所有的要素 A、B 和 C 为真时，才被认为是真的；但是如果它有一个要素 A 为假，它就被认为是假的。因此，如果它有一个不可能的要素 η，那么它一定是不可能的（或者总是假的）。因此，$\eta_2 A$ 因为要素 η_2 而是不可能的。这样，我们可用 η_3（第 3 个不可能的事物）意指 $\eta_2 A$，所以公式 $(\eta_1 = \eta_2 A)$ 就等价于 $(\eta_1 = \eta_3)$。现在，根据定义：

$$(\eta_1 = \eta_3) = (\eta_1 : \eta_3)(\eta_3 : \eta_1) = (\eta'_1 \eta_3)^\eta (\eta_3 \eta'_1)^\eta。$$

但是 $\eta'_3 = \varepsilon_1$ 并且 $\eta'_1 = \varepsilon_2$，因为[①]任何不可能的 η_x 的否定都是某种确定的 ε_y，所以 η_3 的否定是一种确定，我们记为 ε_1，并且 η_1 的否定是另一种确定，我们记为 ε_2。因此，用 ε_1 代替 η'_3，用 ε_2 代替 η'_1，我们得到：

$$(\eta_1 = \eta_2 A) = (\eta_1 = \eta_3) = (\eta_1 \varepsilon_1)^\eta (\eta_3 \varepsilon_2)^\eta = \varepsilon_3 \varepsilon_4 = \varepsilon_5。$$

---

① 一个确定的否定是一个不可能，一个不可能的否定是一个确定，一个变量的否定是一个变量。如果 A 的机会是 a，A′ 的机会是 1−a。当 a=1 时，A 是一个确定，A′ 是一个不可能。当 a=0 时，A 是一个不可能，而 A′ 是一个确定。当 a 是 1 和 0 之间的一个部分时，那么，1−a 也是 1 和 0 之间的一个小部分，因此，在这种情况下，A 和 A′ 都是变量。

（11）前面的"命题的存在的意义"理论似乎对其有决定性的作用的另一个有争议的问题是四种传统的三段论——达拉普提（Darapti）、费拉普顿（Felapton）、费斯波（Fesapo）和布拉曼提（Bramantip）——的有效性或非有效性的问题。现在，正如我在《心灵》杂志（1902年7月，§32）上指出的，全部19个三段论中没有一个在传统形式PQ∴R下是有效的，就像它在这种形式下没有根据地断定两个前提P和Q都为真一样。因此，在这种形式中，只要P或Q是假的，任何三段论都是假的。为了使三段论有效，应该写成PQ:R的形式（"如果P和Q为真，那么R为真"）。这样写出来，我们如果在任何三段论里，用P、Q、R的具体前提和结论来代替P、Q、R，就会发现，PQ:R（它意谓PQR′：η）是一种形式的确定，不管我们以19个三段论中的哪个为例。以达拉普提为例，它是被认为可疑的四个三段论中的一个。在它的修正的或有条件的形式中，达拉普提说"如果每个B是C，每个B是A，那么有些A就是C"。当B不存在，A和C虽然存在却相互排斥时，它被认为不成立。让我们看看。假设：

$B=(o_1、o_2、o_3)$，$C=(e_1、e_2、e_3)$，$A=(e_4、e_5、e_6)$。

这里我们有三个陈述：

P= 每个B是C=$η_1$

Q= 每个B是A=$η_2$

R= 有些A是C=$η_3$，

这里的每个陈述都与我们的材料相矛盾，因为根据我们在本例的材料，三个类 A、B、C 是互斥的（见第 6 节）。因此，在本例中，我们有：

$$(PQ{:}R) = (\eta_1\eta_2{:}\eta_3) = (\eta_4{:}\eta_3) = (\eta_4\,\eta_3')^\eta = \varepsilon_1;$$

因此，修正形式（PQ:R）的达拉普蒂在上面的情况下是成立的。

（12）布尔派逻辑学家认为达拉普蒂即使在其修正的 PQ:R 形式中也是无效的，他们得出这一结论的谬误推理，是建立在这样一个假设之上的：他们对符号的定义导致了这样的结论：陈述（o=oA）是形式确定的；然而，与他们的定义一致，这个陈述可能为真也可能为假。例如，在第 11 节中给出的 B^oA^e 的例子中，陈述（o=oA）就是假的。

（13）奇怪的是，我以前通过一种完全不同的谬误推理，得出了与布尔派逻辑学家关于达拉普蒂和其它三种可疑的三段论相同的错误结论。首先，我发现我可以用 F（a、b、c）来表达的二阶蕴涵

$$(b{:}c)(b{:}a):(a{:}c')'$$

在假设三个命题 a、b、c 有相同的主词，即一个被随机地从我们的"论域"中选出的个体的条件下，表达了达拉普蒂式三段论；其次发现，这个被认为是普遍公式的公式，与达拉普蒂式三段论或任何其它三段论没有必然的关系，它在 $b^n(ac)^n$ 的情形中是无效的，因此我有点儿过于草率结论道，达拉普蒂在这个例子中也一定是无效的了。在这儿，我忽视了下面的事实，即，虽然只要 a、b、c 被理解为完全不受限制的，在普遍公式 F（a、b、c）中

就可能出现 $b^\eta(ac)^\eta$ 无效的情况，但是，它不需要出现，并且事实上不能出现，只要命题a、b、c受到了使F（a、b、c）等价于达拉普蒂式的限制。因为这些限制必然蕴涵着 $a^{-\eta}b^{-\eta}c^{-\eta}$（见第5节的公式2、3）。

（14）对于一个过于草率的研究者，无论在什么科学领域，当他冒险把他的公式扩展到其适当的范围之外时，遭遇了伏击他的这些和类似的陷阱后，可发现要遵循的规则和谨慎是有用的。当变量x、y、z等等的取值范围不受限制（或非常宽）时，令 φu 意指任何公式 φ（x、y、z等等）；当变量有一个受限制的范围（或同样限制内的更窄的范围时），令 φr 意指同样的公式。然后，使用符号 ϕ^ε 来断定 φ 对它的构成成分x、y、z等等的所有可容许的值都为真，我们就得到了真的公式 $\phi_u^\varepsilon:\phi_r^\varepsilon$。但是，我们没有权利假定相反的公式 $\phi_r^\varepsilon:\phi_u^\varepsilon$，也没有权利假定它的等价公式 $\phi_u^{-\varepsilon}:\phi_r^{-\varepsilon}$。假设 $\phi_r^\varepsilon:\phi_u^\varepsilon$ 是科学研究中常见的一种过于草率归纳的谬误，它错误地假设了 φr 的有效性[①] 蕴涵着 φu 的有效性。假设 $\phi_u^{-\varepsilon}:\phi_r^{-\varepsilon}$ 错误地假设了 φu 的无效性蕴涵着 φr 的无效性，这是一种曾导致我犯了第13节中提到的错误的谬误。

---

① 当我们有 ϕ^ε 时，任何 φ（x、y、z等等）都是有效的；也就是说，当这个公式为真时，在我们的数据范围内，不管我们给变量s、y、z赋什么值等等，这个公式都是真的。陈述 $\phi^{-\varepsilon}$ 说的是 φ 是无效的，这一陈述并不蕴涵 ϕ^η——即它永远都不是真的。

发表于《心灵》上的三篇笔记

首次发表于1905年4月、7月和10月，分别在第205-206页、第401-402页和第578-579页。

I
4月1日：存在的意义

对于那些不管类A是什么仍然坚持认为他们的公式（oA=o）必然正确的布尔派逻辑学家，我可以要求他们在下面的推理中指出错误（如果他们发现错误的话）吗？

根据他们的符号约定，不管X和A代表什么，陈述（XA=X）断言"每个X都是A"。仍然根据他们的约定，符号o代表非存在者。令A代表存在者。结论是：陈述（oA=o）断言"每一个非存在者都是存在的"，这是一个自相矛盾的断言。因此，陈述（oA=o）对于A的所有值（即意义）并不总是为真。

当然，公式（oA=o）在数学中对每一个数或比率A都成立，比如，（0×2=0）。但是，在数学中，（0×2=0）并不断言"每个0都是2"。

II
7月2日：命题的存在的意义
（对上文第四章的答复）

罗素先生非常友好和礼貌地给我寄来了上述的证明，以便逻辑学家有机会，在同一期《心灵》杂志中，对照阅读他的批评和我想发表的任何评论。我的评论将是简短的。对于罗素在其对问题的精辟而有趣的剖析中所说的大部分内容，我表示赞同。但我不是全部赞同。"存在"这个词和其它许多词一样，有多种不同的含义，这是千真万确的；但是我不能承认这些意义"完全处在符号逻辑之外"。符号逻辑有权利关注任何问题，不管它能给我们带来什么样的启发。至于存在的意义，我与所有其他符号学者不同的一个重要之点是：他们将空类o定义为不包含任何成员的类，我为了便于符号运算则将之定义为由空的或非实在成员o_1、o_2、o_3等组成的类，他们将空类o理解为包含在每个类（不管是实在的还是非实在的）中，我则认为它被排除在每一个实在类之外。我认为，他们所持的普遍包含的约定导致了尴尬的并且不必要的悖论，例如，"每个圆的方是一个三角形"，因为圆的方构成了一个空类，他们将这个空类理解为包含在每个类中。在这种情况下，我的约定导致了直接相反的结论，即"没有圆的方是三角形"，因为我认为每一个纯粹的非实在类，如圆的方的类，必然被排除在每一个纯粹的实在类，比如被称为三角形的图形类之外。

作为一个并非无关紧要的事实，我可以指出，正是在把我的符号系统实际应用到具体问题时，我发现用特殊符号 e 和 o 标记实在的类和非实在的类，并把后一个类分解成单独的个体 o_1、o_2、o_3 等等，就像我把前者分解成单独的个体 e_1、e_2、e_3 等等一样，是绝对必要的。我们应该修改，并在可能的情况下简化我们的符号，以使其适应不同类型问题的各种需要，在任何有效的符号系统的发展过程中，这都是一个至关重要的原则。正是这种适应环境的弹性——这个只要符合研究的目的，就可以随意改变任何符号的意义（零也不例外），甚至改变符号的任何约定俗成的排列的意义——，使我的符号系统有能力解决某些问题（特别是在数学中），这些问题是我所知道的任何其它符号逻辑所完全无能为力的。我这么说，并不以任何方式意指我从未研究过的其它问题而言，其它符号系统没有超过我的优势。特别是罗素先生的系统似乎是专门为处理我的研究完全没有涉及到的问题而构造的。不同的工作需要不同的工具。

下面这篇文章来的太迟了，以至于无法添加到"符号推理"那篇文章中。

[我在 §3（关于"符号推理"）的陈述，"如果 X 和 Y 是任意两个互相排斥的类，则互补的类 'X 和 'Y 就有重叠"，需要加以限定。我应该说的是"如果任意两个非互补的类，等等"，我的发现用符号表述如下；虽然，它自然可以通过更简洁的方式得到证明。令 φ 意指非限定的陈述。我们得到：

$$\phi = (xy)^\eta:(x'y')^{-\eta} = (xy)^\eta(x'y')^\eta:\eta = (x:y')(y':x):\eta = (x=y'):\eta$$
$$=(x = y')^\eta。$$

因此，ϕ 等价于这样一个陈述：类 X 不能是类 Y 的补充类，这个陈述只有在 X 和 Y 完全被理解为非补充类时才成立。]

III
10月：命题的存在的意义

我在《心灵》杂志最近一期上对罗素先生的答复在所有基本观点上，也是对谢尔曼先生在同一期杂志上发表笔记的答复。谢尔曼先生像大多数符号学者一样，坚持认为"说（o < A）是不会自相矛盾的，不论 A 代表的是'实存物'还是任何其它的项"。现在考虑公式 AB < A，我相信所有布尔派的逻辑学家都认为它对 A 和 B 的所有值都有效。它断言类 AB 总是完全包含在类 A 中。假设类 A 和 B 都是实存的但是互相排斥。根据我们的材料，由个体 A_1、A_2 等等构成的类 A 真实地存在着；由 B_1, B_2 等等组成的类 B 也真实存在着。但是，由被认为是 A 和 B 所共有的个体 $(AB)_1$、$(AB)_2$ 等等构成的类 AB，却不是真实存在的；它是一个非实在类，因此构成它的非实在个体可以用 o_1、o_2 等等来表示。我们能否始终如一地断言，如公式 AB < A（或其在本例中其等价公式 o < A）所断言的那样，非实在（因而不存在）的个体 o_1、o_2 等等，包含在实在的个体 A_1、A_2 等等的类中？说符号 o，像逻辑学家通

常定义的那样,并不像我定义的那样,意指一个由非实在的成员组成的一个非实在的类,而是意指一个没有成员的空类,几乎不能算是一个答复。因为,一个不包含任何成员的空类难道不是在逻辑上等价于一个由非实在的成员组成的非实在的类吗?正如我在答复罗素先生时所说的,我认为,在这里把我与所有其他符号学家区别开来的关键一点是,我认为类o,不论它是空的还是由非实在的东西构成的,都必然被排除在每一个实在类之外;然而,他们都认为它包含在每一个类中,不论这些类是实在的,还是非实在的。

谢尔曼先生说,在他所批评的我的笔记中,我混淆了"存在"(existent)这个词和这个词所意指的事物的存在(existence),混淆了词o和它所意指的事物的不存在。稍后,他说——如果他阅读我发表在包括他的笔记的那一期上的文章的11和12段的话,他会发现在这一点上我是很同意他的——"'存在'一词的出现,并不蕴含着这个词所意指的事物的存在"。现在,谢尔曼先生想象他在我的笔记中发现的关于"存在的"和"非存在的"这两个词的概念混乱,正是我认为我在他的笔记和其他符号学者的推理中发现的缺陷,这难道不奇怪吗?这是怎么发生的?从我的观点得到的解释是,混淆仅仅存在于他们那一边,并且它源自于这样一个事实:他们(像我以前一样)没有用符号区分我现在分别用符号e和o表述的存在类和非存在类。对于他们,"存在"只意指"论域"中的存在,而不管构成域的个体是真实的还是非真实的,并且符号o,按照他们的理解,仅仅表示不存在于域中。对于我,符号e代表实在的类,o代表非实在的类,两者可能、也可能不共存于论域或符号域S中。不存在于论域S，我认为是不合逻辑的。任何事物（实在的或不实在的）一旦被谈及，仅凭这个事实，它必定属于符号域S，虽然不一定属于实存域e。

我看不出谢尔曼先生的论证的相关性。他的论证以下面一句话开头："论域必然被两个项o和e（'存在的'）分成四个部分。"即使像他错误地设想的那样，这四个部分所对应的诸类是互相排斥的，他在这一段中的批评并没有击中我在笔记中阐述的原则。我笔记中的论证，我现在的论证仍然是：由于陈述（XA=X）或其等价陈述（X<A）被布尔派逻辑学家理解为断言了"类X的每一个体也是类A的个体"，一致性就要求陈述（oe=o），或其等价陈述（o<e）同样地断言，"类o的每一个体也是类e的个体"；并且由于这是自相矛盾的，当A=e（存在）时，公式（oA=o）或（o<A）就不成立了。

下面是很重要的一个观点。设A和B为任意两个类；令S为一个从我们的论域中随机抽取的个体；并且令括号内的（AB）意指A和B共有的个体的类。只要A和B是实在的，并且不互相排斥，我们就有：

$$S^A S^B = S^{(AB)} = \theta。$$

但是当A和B是实在的但相互排斥时，类（AB）是不真实的，所以在这种情况下，我们有：

$$S^A S^B = \eta，但是 S^{(AB)} = S^0 = \theta。$$

因此，当A和B是实在的且不相互排斥时，$S^A S^B$ 和 $S^{(AB)}$ 是等价的;当 A 和 B 是实数且相互排斥时,它们是不等价的。

在我的一般逻辑或陈述的逻辑中,蕴涵（AB:A）——不（如某些人所认为的）等价于布尔学派的（AB < A）——总是为真。因为,根据定义我们得到:

$$AB:A=(AB \cdot A')_\eta=(AA' \cdot B)_\eta=(\eta B)_\eta=e_\circ$$

同样,我的公式（η:A）可以证明为真,它并不等价于布尔式（o < A）。稍微考虑一下就会发现,虽然蕴涵（η:A）是有效的,但是蕴涵（$Q^\eta:Q^A$）是无效的。后者在 $Q^\eta A\varepsilon$ 情况和 $Q^\eta A^\theta$ 情况中都不成立。在第一种情况下,令 Q=η 和 A=ε,我们得到:

$$Q^\eta:Q^A=\eta^\eta:\eta^\varepsilon=\varepsilon:\eta=(\varepsilon\eta')^\eta\text{——}(\varepsilon\varepsilon)^\eta=\eta;$$

在第二种情况下,令 Q=η,A=θ,我们与以前一样得到:

$$Q^\eta:Q^A=\eta^\eta:\eta^\theta=\varepsilon:\eta=\eta_\circ$$

我的蕴涵符号（:）和通常的类包含符号（＜）之间的区别,将出现在下面的事实中:语句 η:ε 和 η:θ 都为真,而语句 η＜ε 和语句 η＜θ 都为假。例如,η＜ε 断定每一个不可能事物都是必然的事物,这是荒谬的;而 η:ε 只断定 $(\eta\varepsilon')^\eta$,这是不言而喻的。

六

参考文献

A　历史背景

包括《数学原理》发表以前在基础研究上的主要发展和在这本书的论文中提到的 1910 年以前的作品。

1847 Boole, George.

The Mathematical Analysis of Logic (London and Cambridge).

1854 Boole, George.

An investigation of the Laws of Thought (London).

1870 Peirce, Charles Sanders.

Description of a notation for the logic of relatives, resulting from an amplification of the conceptions of Boole's calculus of logic, *Memoirs of the American academy of Arts and Sciences*, 9.317–78.

1872 Dedekind, Richard.

Stetigkeit und irrationale Zahlen (Braunschweig).

1874 Cantor, Georg.

Uber eine Eigenschaft des Inbegriffes aller reellen algebraischen Zahlen, *Journal für die reine und angewandte Mathematik*, 77, 258–62.

1877 Schroder, Ernest.

Der Operationskreis des Logikkalkuls (Leipzig).

1878 Cantor, Georg.

Eine Beitrag zur Mannigfaltigkeitslehre, *Journal für die reine und angewandte Mathematik*, 84, 242–58.

1879 Frege, gottlob.

Begriffschrift, eine der arithmetischen nachgebildete Formelsprache des reinen Denkens (Halle).

1880, Peirce, Charles Sanders.

On the algebra of logic, *American Journal of Mathematics*, 3.15–57.

1883 Bradley, F, H.

The Principles of Logic (Oxford).

Cantor, Georg.

Uber unendliche, lineare Punktmannichfaltigkeiten, *Mathematische Annalen*, 21, 545–591.

1884 Frege, Gottlob.

Die Grundlagen der Arithmetik, eine logisch-mathematische Untersuchung über den Begriff der Zahl. (Breslau).

Weierstrass, Karl.

Zur Theorie der aus n Haupteinheiten gebildeten complexen Grössen. *Nachrichten von der Königlichen Gesellschaft der Wissenschaften zu Göttingen*, 395–419. Weierstrass published little and his work became known mainly through his pupils. In the *Principles of Mathematics*, Sec. 268, Russell quotes from Otto Stolz, *vorlesungen über allgemeine arithmetik* (2 parts, Leipzig, 1885–1886) concerning Weierstrass.

1887 Cantor, Georg.

Mitteilungen zur Lehre vom Transfiniten, *Zeitschrift fur Philosophie und philosophische kritik*, n.s. 91, 81–125, 252–70.

1888 Cantor, Georg.

Ibid. 92, 240–65.

Dedekind, Richard.

Was sind und was sollen die Zahlen? (Brunswick).

1889 Peano, Giuseppe.

Arithmetices principia, nova methodo exposita (Turin).

1890 Cantor Georg.

Über eine elementare Frage der Mannigfaltigkeitslehre. *Jahresbericht der Deutschen Mathematiker-Vereinigung*, I, 75–8.

Schröder, Ernest.

Vorlesungen ber die Algebra der Logik, I (Leipzig).

1891 Frege, Gotlob.

Function und Begrif. Vortag gehalten in der Sitzung vom 9.januar 1891 der Jenaischen Gesellschaft für Medicin und Naturwissenschaft.

Peano, Giuseppe.

(a) Principii di logica matematica. Rivista di Matematica, I, 1–10.

(b) Sul concetto di numero. *Ibid.* 87–102, 256–67.

Schröder, Ernest.

Vorlesungen über die Algebra der Logik, II (Leipzig).

1892 Frege, Gottlob

(a) Uber Begriff und Gegendstand. *Vierteljah schrift fur Wissenschaftliche Philosophie.*

(b) Uber Sinn und Bedeutung. *Zeitschrift für Philosophie und philosophische Kritik*, n.s. 100, 25–50.

1893 Frege, Gottlob.

Grundgesetze der Arithmetik, begriffsschriftlich abgeleitet, 1 (Jena).

1894 Peano, Giuseppe.

Notations de logique mathtmatique. Introduction au Formulaire de mathematique (Turin).

1895 Cantor, Georg.

Beitrage zur Begrundung der transfiniten Mengenlehre (Erster Artikel). *Mathenatische Annalen*, 46, 481–512.

Peano, Giuseppe.

Review of Frege: *A* 1893, *Revista di Matematica*, 5, 122–128.

Schröder, Ernest.

Vorlesungen über der Algebra der Logik, III (Lceipzig).

1896 Burali-Forti, Cesare.

Le classi finite, *Atti dell'Accademia di Torino*, 32, 34–52.

1897 Burali-Forti, Cesare.

Una questione sui numeri transfiniti, *Rendiconti del Circolo matematico di Palermo*, II, 154–64.

Cantor, Georg.

Beitrage zur Begrundung der transfiniten Mengenlehre (Zweiter Artikel), *Mathermatische Annalen*, 49, 207–46.

1898 Peano, Giuseppe.

Formulaire de Mathématiques, II (Turin).

Whitehead, A. N.

A Treatise of Universal Algebra, I (Cambridge).

1899 Cantor, Georg.

(a) Letter to Richard Dedekind, 28 July 1899; in Georg Cantor, *Gesammelte*

Abhandlungen mathematischen und philosophischen Inhalts (Olms, Hildesheim, 1932), 443–47.

(b) Letter to Dedekind, 31 August 1899. In *Gesammelte Abhandlungen*, 448.

Couturat, Louis.

La logique mathématique de M. Peano, *Revue de Métaphysique et de Morale*, 7, 616–646.

Meinong, Alexius.

Uber Gegendstände höherer Ordnung und deren Verhaltnis zur inneren Wahrnehmung, *Zeitschrift für Psychologie and Physiologie der Sinnesorgane*, 21, 182–272.

Moore, G. E.

The nature of judgment, *Mind*, n.s. 8, 176–93.

1900 Moore, G. E.

(a) Identity, *Proceedings of the Aristotelian Society*, v. I, pp.103–27.

(b) Necessity, *Mind*, n.s. 9 88–304.

1902 Frege. Gottlob.

Letter to Russell. Printed in *From Frege to Godel: A Source Book in Mathematical Logic*, ed. J. van Heijenoort (Cambridge, Harvard University Press, 1967), 127–8.

Meinong. Alexius.

Uber Annahmen (Leipzig).

Whitehead, A. N.

On cardinal numbers, *American Journal of Mathematics*, 24, 267–93.

1903 Frege, Gottlob.

Grundgesetze der Arithmetik begriffsschriftich abgeleite, II (Pohle, Jena).

Keyser, C.J.

Concerning the axiom of infinity and mathematical induction, *Bulletin of the American Mathematical Society*, 9, 424–34.

Moore, G. E.

(a) Experience and empiricism, *Proceedings of the Aristotelian Society*, 3 (1902–3), 80–95.

(b) The refutation of idealism, *Mind*, n.s. 12, 433–53.

1904 Bocher. Maxime.

The Fundamental Conceptions and Methods of Mathematics, *Bulletin of the American Mathematical Society*, II, 115–135.

Couturat, Louis.

Les principes des mathématiques, *Revue de Métaphysique et de Morale*, 12, 19–50, 211–40, 664–98, 810–844.

Hardy, G. H.

A theorem concerning the infinite cardinal numbers, *Quarterly Journal of Pure and Applied Mathematics*, 35, 87–94.

Hilbert, David.

Uber die Grundlagen der Logik und der Arithmetik, *Verhandlungen des Dritten Internationalen Mathematiker-Kongresses in Heidelberg vom 8. bis 13. August 1904* (Teubner, Leipzig, 1905).

Huntington, E. V.

Sets of independent postulates for the algebra of logic, *Transactions of the American Mathematical Society*, 5, 288–309.

Jourdain, P. E. B.

(a) On the transfinite cardinal numbers of well-ordered aggregates, *Philosophi-*

cal Magazine, series 6, 61–75

(b) On transfinite cardinal numbers of the ordinal form, *Ibid.* series 9, 42–56.

Keyser, C. J.

On the axiom of infinity, *Hibbert Journal*, 2, 532–52.

Meinong, Alexius, and others,

Untersuchungen zur Gegenstandstheorie und Psychologie (Leipzig).

Zermelo, Ernst.

Beweis, dass jede Menge woblgeordnet werden kann, *Mathematische Annalen*, 59, 514–16.

1905 Borel, Emile.

Quelques remarques sur les principes de la théorie des ensembles, *Mathematische Annalen*, 60, 194–95.

Boutroux, P.

Correspondance mathématique et relation logique, *Revue de Métaphysique et de Morale*, 13, 621–37.

Couturat, Louis.

(a) *L'algebra de la logique* (Paris)

(b) *Les principes des mathematiques*, avec un appendice sur la philosophie des mathématiques de Kant (Paris).

Hilbert, David.

On the foundations of logic and arithmetic, *The Monist*, 15, 338–52. Translation of Hilbert, 1904.

Hobson, E. W.

On the general theory of transfinite numbers and order types, *Proceedings of the London Mathematical Society*, series 2, 5, 170–88.

Jourdain, P. E. B.

On a proof that every aggregate can be well-ordered, *Mathemalische Annalen*, 60, 465–470.

Konig, Julius.

(a) Zum Kontinuum-Problem, *Mathematische Annalen*, 60, 177–80. Berichtungen, 462.

(b) Uber die Grundlagen der Mengenlehre und das Kontinuum-problem, *Ibid.* 156–60.

MacColl, Hugh.

(a) Symbolic reasoning, VI, *Mind*, n.s, 14, 74–81.

(b) Note to *Mind*, n.s, 14, 295–6.

(c) Note to *Mind*, n.s. 14, 401–402.

(d) Note to *Mind*, n.s. 14, 578–80.

Richard, Jules.

Les principes des mathématiques et le problème des ensembles, *Revue générale des sciences pures et appliquées*, 16, 541.

1906 Couturat, Louis.

Pour la logistique (Réponse à M. Poincaré), *Revue de Métaphysique et de Morale*, 14, 208 250.

Dixon, A. C.

On "well-ordered" aggregates, *Proceedings of the London Mathematical Society*, series 2, 4, 18 120.

Hobson, E. W.

On the arithmetic continuum, *Ibid.* 21–8.

Meinong, Alexius.

Uber die Erfahrungsgrundlagen unseres Wissens (Berlin).

Poincaré, Henri.

Les mathématiques et la logique, *Revue de Métaphysique et de Morale*, 14, 17–34, 294–317, 866–8.

1907 Brouwer, L. E. J.

Over de grondslagen der wiskunde (Maas and van Suchtelen, Amsterdam and Leipzig; Noordhoff, Groningen).

Meinong, Alexius.

Uber die Stellung der Gegendstandstheorie im System der Wissenschaften (Leipzig).

1908 Brouwer, L. E. J.

De onbetrouwbaarheid der logische principes, *Tijdschrift voor wijsbegeerte*, 2, 152–8.

Grelling, Kurt and Leonard Nelson.

Bemerkungen zu den Paradoxien von Russell und Burali Forti. Bemerkungen zur Vorstehenden Abhandlung von Gerhard Hessenberg, *Abhandlung Fries-Schule*, n.s. 2, 300–34.

Hausdorf, Felix.

Grundzuge einer theorie der geordneten Mengen, *Mathematische Annalen*, 65, 435–505.

Zermelo, Ernst.

(a) Neuer Beweis für die Moglichkeit einer Wohlordnung. *Mathematische Annalen*, 65, 107–28.

(b) Untersuchungen über die Grundlagen der Mengenlehre 1, *Ibid.* pp. 261–81.

(c) Ueber die Grundlagen der Arithmetik. *Atti del IV Congresso Internazionale dei matematici, Roma 6–11 Aprile 1908* (Accademia dei Lincci, Rome 1909), 2, 8–11.

1909 Poincaré, Henri.

La logique de l' infini, *Revue de métaphysique et de Morale*, 17, 451–82.

Zermelo, Ernst.

Sur les ensembles finis et le principe de l' induction complète. *Acta mathematica*, 32, 183–93.

1911 Brentano, Franz.

Psychologie vom Empirischen Standpunkt, 2nd ed. (Leipzig).

弗雷格1879，皮亚诺1889的部分，布拉里－弗蒂1897，康托1899，弗雷格1902，希尔伯特1904，策墨罗1905，理查德1905，柯尼希1905，策墨罗1908a、1908b，都可在《从弗雷格到哥德尔：数理逻辑的文献集》英文版中找到，J.范·黑约诺特编辑，剑桥：哈佛大学出版社，1967。弗雷格1884的英文译本由J. L.奥斯汀提供，牛津：巴兹尔·布莱克威尔出版，1950年。弗雷格在1893年的大约五分之一著作由蒙哥马利·弗思译成英文，并由伯克利和洛杉矶：加州大学出版社1964年出版。

B 罗素的逻辑学著作

第二部分包括罗素在逻辑学主题上的所有已知著作。某一年出版的书在年初列出，文章在发表年份按时间顺序列出。如果不清楚发表或写作的确切日期，则将它们列在可能写作年份的末尾。

1896（a）The logic of geometry, *Mind*, n.s. 5, 1–23.

(b) The *a priori* in geometry, *Proceedings of the Aristotelian Society*, n.s. 3 (1895–6), 97–112.

1897 (a) *An Essay on the Foundations of Geometry*. London: Cambridge University Press. Revised edition in French as *Essai sur les fondements de la Géométrie*, Paris: Gauthier-Villars, 1901.

(b) Review of L. Couturat's *De l'Infini mathématique*, *Mind*, n.s. 6, 112–19

(c) On the relations of number and quantity, *Mind*, n.s. 6, 326–411

1898 (a) Les Axiomes propres à Euclide. Sont-ils Empiriques? *Revue de Métaphysique et de Morale*, 6, 759–76.

1899 (a) The Classification of Relations. Unpublished ms. in Russell Archives. 20 pp. January 1899.

(b) Review of A. Meinong's *Uber die Bedeutung des Weberschen Gesetzes*, *Mind*, n.s. 8, 251–6.

(c) Sur les axiomes de la géométrie, *Reue de Métaphysique et de Morale*, 7, 684–

707.

1900 (a) *A Critical Exposition of the Philosophy of Leibniz, with an Appendix of Leading Passages.* London: Cambridge University Press. (2nd ed., with new preface, London: George Allen and Unwin, 1937.)

(b) Necessity and Possibility.Unpublished ms. in the Russell Archives. 33 pp. [c. 1900]

1901 (a) L'idée de l'ordre et la position absolue dans l'espace et dans le temps, *1st International Congress of Philosophy*, Paris, 1900. Paris: Colin. iii, 241–77.

(b) Sur la logique des relations avec des applications à la théorie des séries, *Revue de Mathématiques* (Turin), 7, 115–148. (Reprinted in *Logic and Knowledge* (1956).This is the first article Russell wrote after encountering Peano.)

(c) On the notion of order, *Mind*, n.s. 10, 30–51.

(d) Is position in time and space absolute or relative? *Mind*, n.s. 10, 293–317.

(e) Recent work on the principles of mathematics, *International Monthly*, 4, 83–101. (Reprinted as "Mathematics and the Metaphysicians" with six footnotes added in 1917, in *Mysticism and Logic* (1918).)

(f) Recent Italian Work on the Foundations of Mathematics. Unpublished ms. in the Russell Archives. 28 pp. [Possibly 1900.]

1902 (a) Geometry, Non-Euclidean. *The New Volumes of the Encyclopaedia Britannica.* London: Black; New York: Encyclopaedia Britannica. 10th ed., iv, 664–74.

(b) On finite and infinite cardinal numbers [Section iii of *On Cardinal Numbers* by A. N. Whitehead], *American Journal of Mathematics*, 24 378–83.

(c) Théorie générale des séries bien-ordonnées, *Revue de Mathématiques* (Turin), 8, 123.

(d) Letter to Frege. In *From Frege to Godel*, ed. J.van Heijenoort. Cambridge,

Mass.: Harvard University Press, 1967. pp. 124–5.

1903 (a) *The Principles of Mathematics*. London: Cambridge University Press. (2nd ed.with new Introduction, London: George Allen and Unwin, 1937; New York: Norton1998.)

(b) Review of K. Geissler's *Die Grundsätze und das Wesen des Unendlichen in der Mathematik und Philosophie*, *Mind*, n.s. 12, 267–9.

1904 (a) Meinong's theory of complexes and assumptions, *Mind*, n.s. 13, 204–19; 336–54; 509–524. (Reprinted in this volume, chapter I.)

(b) The axiom of infinity, *Hibbert Journal*, 2, 809–12. (Reprinted in this volume, chapter II.)

(c) Non-Euclidean geometry, *The Athenaeum*, no. 4018, 29 October, 592–593.

(d) On Functions, Classes and Relations. Unpublished ms. in the Russell Archives.18 pp. 1904.

(e) On Meaning and Denotation. Unpublished ms. in the Russell Archives. 100 pp. [Possibly 1905.]

(f) Points about Denoting.Unpublished ms. in the Russell Archives. 17 pp. [Possibly 1905.]

(g) On the Meaning and Denotation of Phrases. Unpublished ms. in the Russell Archives. 24 pp. [Possibly 1905.]

1905 (a) The existential import of propositions, *Mind*, n.s. 14 398–401. (Reprinted in this volume, chapter 4.)

(b) Review of H. Poincaré's *Science and Hypothesis*, *Mind*, n.s.14, 412–18. See also Russell's reply to Poincaré's criticism of this review, in *Mind*, n.s. 15 (1906), 141–3.

(c) On denoting, *Mind*, n.s 14, 479–93. (Reprinted in *Logic and Knowledge*

(1956) and in this volume, chapter 5.)

(d) Review of A. Meinong's *Untersuchungen zur Gegendstandstheorie und Psychologie*, *Mind*, n.s. 14, 530–8. (Reprinted in this volume, chapter 2.)

(e) Sur la relation des mathématiques à la logistique, *Revue de Métaphysique et de Morale*, 13, 906–17. (Reprinted in English in this volume, chapter 12.)

(f) On Fundamentals. Unpublished ms. in the Russell Archives. 40 pp. Begun 7 June 1905. Russell also noted:'pp.18ff. contain the reasons for the new theory of denoting.'

(g) On Substitution. Unpublished ms. in the Russell Archives. 13 pp. Dec. 1905.

1906 (a) On some difficulties in the theory of transfinite numbers and order types, *Proceedings of the London Mathematical Society*, series 2, 4, 29–53 (Reprinted in this volume, chapter 7.)

(b) On the substitutional theory of classes and relations. Read before the London Mathematical Society in April 1906. Ms. in the Russell Archives. 45 pp. (First published in this volume, chapter 8.)

(c) The theory of implication, *American Journal of Mathematics*, 28, 159–202.

(d) Review of H. MacColl's *Symbolic Logic and its Applications*, *Mind*, n.s. 15, 255–60. Another review, unsigned but verified as Russell's, is in *The Athenaeum*, no. 4092:31 March, 396–7.

(e) On Substitution. Unpublished ms. in the Bertrand Russell Archives. April-May 1906. 146 pp.

(f) Review of A. Meinong's *Ueber die Erfahrungsgrundlagen unseres Wissens*, *Mind*, n.s. 15, 412–15.

(g) Les paradoxes de la logique, *Revue de Métaphysique et de Morale*, 14, 627–50. English ms. in the Russell Archives, titled 'On "Insolubilia" and their

Solution by Symbolic Logic'. 44 pp. (Reprinted in this volume, chapter 9.)

(h) The paradox of the liar.Unpublished ms. in the Russell Archives. Sept. 1906. 120 pp. Marginal corrections dated June 1907.

(i) The nature of truth, *Mind*, n.s. 15, 528–33.

1907 (a) On the nature of truth, *Proceedings of the Aristotelian Society*, n.s. 7, 1906–7, 28–49. Parts i and ii only reprinted in *Philosophical Essays* (1910).

(b) The Regressive Method of Discovering the Premises of Mathematics. Read to the Cambridge Mathematical Club, 9 March 1907. Ms. in the Russell Archives. (First published in this volume,chapter 13.)

(c) The study of mathematics, *New quarterly*, I, 29–44. (Reprinted in *Philosophical Essays* (1910) and *Mysticism and Logic* (1918).)

(d) Review of A. Meinong's *Uber die Stellung der Gegendstandstheorie im System der Wissenschaften*, *Mind*, n.s. 16, 436–439. (Reprinted in this volume, chapter 3.)

1908 (a) Transatlantic'truth', *Albany Review*, 2, 393–410. (Reprinted in *Philosophical Essay*. (1910).)

(b) 'if' and 'imply', *Mind*, n.s.17, 300–1.

(c) Mr Haldane on infnity, *Mind*, n.s. 17, 238–42.

(d) Mathematical logic as based on the theory of types, *American Journal of Mathematics*, 30, 222–62. (Reprinted in *Logic and Knowledge* (1956).)

(e) Review of L. Bloch's *La Philosophie de Newton*, *Nature*, 78. 99–100. Unsigned, but verified as Russell's.

1909 (a) Pragmatism, *Edinburgh Review*, 209, 363–88.

(b) Review of A. Reymond's *Logique et Mathématiques*, *Mind*, n.s. 18, 299–301.

(c) Review of Paul Carus's *The Foundations of Mathematics*, *Mathematical*

Gazette, 5, 103–4. (Reprinted in *The Monist*, 20,1910, 64–5.)

1910 (a) *Principia Mathematica*, vol.1. With A. N. Whitehead.London: Cambridge University Press. 2nd edition, with new introduction (by Russell), 1925.

(b) *Philosophical Essays*. London: Longmans Green, 1910. (2nd ed. with some changes of contents, London: George Allen and Unwin, 1966; New York: Simon and Schuster,1966.)

(c) La Théorie des types logiques. *Revue de Métaphysique et de Morale*,18, 263–301.English ms. in the Russell Archives titled 'The Theory of Logical Types'. (Reprinted in this volume, Chapter 10.)

(d) Some explanations in reply to Mr Bradley, *Mind*, n.s. 19, 373–8.

(e) Review of G. Mannoury's *Methodologisches und Philosophisches zur Elementar-Mathematik*, *Mind*, n.s. 19, 438–9.

1911 (a) Le réalisme analytique, *Bulletin de la Société Française de Philosophie*, ii, 55–82.

(b) L'importance philosophique de la logistique, *Revue de Métaphysique et de Morale*, 19, 281–91. English translation in *The Monist*, 23, 1913 481–93. (Reprinted in this volume, chapter 14).

(c) Sur les axiomes de l'infini et du transfini, *Sociélé mathématique de France. Comptes rendus des Séances de 1911*, no. 2, 22–35.

1912 (a) *Principia Mathematica*, vol.ii. With A. N. Whitehead.London: Cambridge University Press. 2nd edition, 1927.

(b) *The Problems of Philosophy*. London: Williams and Norgate (Home University Library).

(c) On the relation of universals and particulars, *Proceedings of the Aristotelian Society*, n.s.12, 1911–12, 1–24. Reprinted in *Logic and Knowledge* (1956).

(d) Review of C. Mercier's *A New Logic*, *The Nation* (Lond.) 10, 23 Mar, 1029–30. Unsigned.

(e) Review of F. C. S. Schiller's *Formal Logic*, *The Nation* (Lond.), 11, 18 May, 258–9.

(f) Review of H. S. Macran's *Hegel's Doctrine of Formal Logic*, *The Nation* (Lond.), 11, 17 Aug., 739–40. Unsigned.

(g) Réponse à M. Koyré. *Revue de Métaphysique et de Morale*, 20, 725–6. Reply to Koyré's 'Sur les nombres de M. Russel' on pp. 722–4.

1913 (a) *Principia Mathematica*, vol.iii. With A. N. Whitehead.London: Cambridge University Press. 2nd edition, 1927.

1914 (a) *Our Knowledge of the External World*. Chicago and London: Open Court. 2nd ed., with revisions, London: George Allen & Unwin, 1926; with new preface and slightly different revisions, New York: Norton, 1929.

(b) Review of A. Ruge, *et al.*, *Encyclopaedia of the Philosophical Sciences*: vol. 1, *Logic*. *The Nation* (Lond.), 14, 771–2.

(c) Preface to Henri Poincaré's *Science and Method*. London: Nelson, 1914.

(d) Mysticism and logic, *Hibbert Journal*, 12, 780–803. Reprinted in Mysticism and Logic (1918).

(e) *Scientific Method in Philosophy*. London: Oxford University Press. 25 pp. Reprinted in *Mysticism and Logic* (1918).

1918 (a) *Mysticism and Logic, and other Essays*. Longmans Green.

(b) The philosophy of logical atomism, *The Monist*, 28, 495–527; 29, 1919, 33–63, 90–222, 344–80. Lectures delivered in London in 1918. (Reprinted in *Logic and Knowledge* (1956).)

1919 (a) *Introduction to Mathematical Philosophy*. London: George Allen & Unwin;

New York: Macmillan.

(b) Review of J. Dewey's *Essays in Experimental Logic*, *Journal of Philosophy*, 16, 5–26.

(c) Note on C. D. Broad's [A general notation for the Logic of Relations], *Mind*, n.s, 28, 124.

(d) On propositions: what they are and how they mean, *Proceedings of the Aristotelian Society*, supp. vol. ii, 1–43. Reprinted in *Logic and Knowledge* (1956).

(e) A microcosm of British philosophy [review of *Proceedings of the Aristotelian Society*, 1918–19], *The Athenaeum*, no.4671, 7 Nov., 1149–50.

1920 (a) Review of B. Bosanquet's *Implication and Linear Inference*, *The Nation* (Lond.), 26, 27 Mar., 898, 900. Unsigned. Another signed 'B.R.', appeared in *The Athenaeum*, no 4694, 16 April 1920, 514–15.

(b) Mathematical philosophy, *Science Progress*, 15, 101.

(c) The meaning of 'meaning' [Symposium: F. C. S. Schiller, Bertrand Russell, H. H. Joachim.] *Mind*, n.s, 29, 398–404 (Russell's contribution).

1922 (a) Introduction to Ludwig Wittgenstein's *Tractatus Logico Philosophicus*. London: Kegan Paul, Trench & Trubner; New York: Harcourt, Brace. Written in early 1920.

(b) Review of J. M. Keynes's *A Treatise on Probability*, *Mathematical Gazette*, ii, 119–25.

1923 (a) Vagueness, *Australasian journal of Psychology and Philosophy*, 1, 84–92.

(b) Review of C. K. Ogden and I. A. Richards' *The Meaning of Meaning*, *The Nation and The Athenaeum*, 33, 87–8.

(c) Review of Hu Shih's *The Development of the Logical Method in Ancient China*, *The Nation and The Athenaeum*, 33, 778–9.

(d) Truth-Functions and Meaning-Functions. Unpublished ms. in the Russell Archives. 5 pp. [c.1923.]

1924 (a) Logical Atomism. *Contemporary British Philosophy: Personal Statements*. First series.London: George Allen & Unwin; New York: Macmillan. pp. 356–83.

(b) Philosophy in the twentieth century. *The Dial*, 77, 271–90. (Reprinted in *Sceptical Essays*.)

(c) Preface [in French] to J. Nicod's *La Géométrie dans le Monde Sensible* [Paris: Alcan,1924]. *Revue Philosophique*, 98: Nov.-Dec.,450–4. (Reprinted (in English) in Nicod's *Foundations of Geometry and Induction* (London: Kegan Paul, Trench & Trubner; New York: Harcourt, Brace, 1930)and Nicod's *Geometry and Induction* (London: Routledge and Kegan Paul; Berkeley: University of Calif., 1970).)

1925 (a) Second edition of *Principia Mathenatica*, vol. I. The new Introduction and three appendices to vol. I are wholly due to Russell.

1926 (a) Review of Ogden and Richards, *The Meaning of Meaning*, *The Dial*, 81, 114–21.

1927 (a) *The Analysis of Matter*. London: Kegan Paul, Trench & Trubner, New York: Harcourt, Brace.

(b) *An Outline of Philosophy*. London: George Allen & Unwin; New York: Norton (under the title of *Philosophy*). Especially ch. xxiv, Truth and Falsehood, and ch. xxv, The Validity of Inference.

1930 (a) Heads or tails, *Atlantic Monthly*, 146, 163–70.

1931 (a) Review of F. P. Ramsey's *Foundations of Mathematics and other Logical Essays*, *Mind*, n.s. 46, 476–82.

1932 (a) Review of Ramsey's *The Foundations of Mathematics*, *Philosophy*, 7,

84–6.

1936 (a) On order in time, *Proceedings of the Cambridge philosophical Society*, 32, 216–28.

(b) Review of A. J. Ayer's *Language, Truth and Logic, London Mercury*, 33, 541–3.

(c) Review of John Laird's *Recent Philosophy, The Listener*, 16, 14 Oct., supp. p. ii.

1937 (a) New introduction to 2nd edition of *The Principles of Mathematics*.

1938 (a) The relevance of psychology to logic, *Proceedings of the Aristotelian Society*, supp.vol. xvii, 42–53.

(b) On the Importance of Logical Form. *International Encydopaedia of Unified Science*. Ed. O. Neurath, R. Carnap and C. W. Morris. Chicago: University of Chicago, 1938.I (no. 1), 39–41.

1939 (a) Dewey's new logic, In *the Philosophy of John Dewey*. Ed. P. A. Schilpp. Evanston and Chicago: Northwestern University. pp. 135–56.

1940 (a) *An Inquiry into Meaning and Truth*. New York: Norton;London: George Allen & Unwin.

1944 (a) Reply to Criticisms. *The Philosophy of Bertrand Russell*. Ed. P. A. Schilpp. Evanston and Chicago: Northwestern University. pp. 681–741.

1945 (a) *A History of Western Philosophy*. New York: Simon and Schuster, 1945; London: George Allen & Unwin,1946. Especially ch. xxxi, The Philosophy of Logical Analysis.

(b) Logical positivism, *Polemic*, no. 1, 6–13.

1946 (a) The problem of universals, *Polemic*, no. 2, 21–35.

(b) My Own Philosophy. Unpublished ms. in the Russell Archives. 27 pp. [1946.]

1947 (a) Review of A. J. Ayer's *Language, Truth and Logic*, 2nd edition. Horizon,

15, 71–2.

(b) Logical analysis, *The Listener*, 37, 3 April, 500 (Reprinted as 'A Plea for Clear Thinking' in *Portraits from Memory*.)

1948 (a) *Human Knowledge: Its Scope and Limits*. London: George Allen & Unwin; New York: Simon and Schuster. Especially Part ii: Language, and Part v: Probability.

(b) Whitehead and Principia Mathematica, *Mind*, 57, 137–8.

1951 (a) Is Mathematics Purely Linguistic? Ms. in the Russel Archives. 22 pp. (First published in this volume, chapter 15.)

1953 (a) The cult of 'Common Usage', *British Journal for the Philosophy of Science*, 3, 103–7. (Reprinted in Portraits from Memory.)

1954 (a) Review of A. J. Ayer's *Philosophical Essays*, *The Observer*, 8 Aug. 7.

1955 (a) My Debt to German Learning. Unpublished ms.in the Russell Archives. 5 pp. Sept. 1955.

1956 (a) *Logic and Knowledge*. Ed.R. C. Marsh. London: George Allen & Unwin.

(b) Review of J. O. Urmson's *Philosophical Analysis*, *Hibbert Journal*, 54, 320–9. (Reprinted in *My Philosophical Development* (1959).)

1957 (a) The pursuit of truth, *London Calling*, no. 910: ii April, 14. (Reprinted in *Fact and Fiction*. London: George Allen & Unwin, 1961; New York: Simon and Schuster, 1962.)

(b) Review of G. F. Warnock's 'Metaphysics in Logic', *Journal of Philosophy*, 54, 225–30. (Reprinted in *My Philosophical Development* (1959).)

(b) Mr Strawson on Referring, *Mind*, n.s. 66, 385–9. (Reprinted in *My Philosophical Development* (1959) and in this volume, chapter 6.)

1958 (a) Mathematical infinity, *Mind*, 67, 385.

1959 (a) *My Philosophical Development*. London: George Allen & Unwin; New York: Simon and Schuster.

(b) Introduction to Ernest Gellner's '*Words and Things*'. London: Gollancz, 1959; Penguin Books, 1968.

1960 (a) Notes on *Philosophy*, January 1960. *Philosophy*, 35, April, 146–7.

1961 (a) Preface to J. Nicod's *Le Problème logique de l'induction*.Paris: Presses Universitaires de France. Reprinted (in English) in J. Nicod, *Geometry and Induction*.

1965 (a) Letters to Meinong. *Philosophenbriefe aus der Wissen schaftlichen Korrespondenz von Alexius Meinong*. Ed. R. Kindinger. Graz: Akademische Druck-u. Verlagsanstalt.

1967 (a)*The Autobiography of Bertrand Russel*. 3 vols. Lon don: George Allen & Unwin, 1967–9; Boston: Atlantic Little, Brown, 1967–8; New York: Simon and Schuster,1969. Especially the appendices for correspondence with such philosophers as Bradley, Janes, Moore, Wittgenstein, Ouine and Ayer.

(b) False and true, *The Observer*, 12 March, 33. A letter correcting the statement in his *Autobiography*, vol. 1, of the paradox involving 'The statement on the other side of this piece of paper is false'.

1969 (a) Blurb for G. Spencer Brown's *Laws of Form*. London: George Allen & Unwin, 1969. The blurb, which shows Russell's continuing interest in mathematical topics, is:'In this book Mr Spencer Brown has succeeded in doing what, in mathematics, is very rare indeed. He has revealed a new calculus, of great power and simplicity. I congratulate him.'

1971 (a) Addendum to my 'Reply to Criticisms'. Ed. P. A.Schilpp. *The Philosophy of Bertrand Russell*. 4th ed. La Salle: Open Court. pp. Xvii– xx.

C 二手文献

这个二手文献书目是高度选择性的,只包括与本书的主题有关的材料。

I 罗素对迈农的批评

1932 Ryle, Gilbert.

Systematically misleading expressions, *Proceedings of the Aristotelian Society*, 32 (1931–1932), 139–170.

1933 Findlay, J. N.

Meinong's Theory of Objects. Oxford: Clarendon Press.

1960 Chisholm, Rodrick C. (ed.).

Realism and the Background of Phenomenology. Glencoe: The Free Press.

1967 Bergmann, Gustav.

Realism: A Critique of Brentano and Meinong. Madison: University of Wisconsin Press.

Linsky, Leonard.

Referring. Ch. II. London: Routledge and Kegan Paul.

Suter, Ronald.

Russell's criticisms of Meinong in 'On Denoting', *Philosophy and Phenomenological Research*.18, 512–16.

1970 Gram, M. S.

Ontology and the Theory of Descriptions. Section 1. In E. D. Klemke, *Essays on Bertrand Russell*. pp. 118–146.

II 摹状词和存在

1933 Reeves, J. W.

The origin and consequences of the theory of descriptions, *Proceedings of the Aristotelian Socity*, 34 (1932–3), 211–30.

1936 Kneale, W.

Is existence a predicate? *Proceedings of the Aristotelian Society*, suppl., 15, 154–74.

Moore, G. E.

Is existence a predicate? *Ibid*.175–88.

1939 Quine, Willard Van Orman.

Designation and existence, *Journal of Philosophy*, 36, 701–709.

1944 Moore, G. E.

Russell's Theory of Descriptions. In *The Philosophy of Bertrand Russell*, ed. P. A Schilpp, 177–225.

1948 Hallden, Soren.

Certain problems connected with the definition of identity and of definite descriptions given in *Principia Mathematica*, *Analysis*, 9, 29–33.

Quine. Willard van orman.

On what there is, *Review of Metaphysics*, 2, 115–35.

Smullyan, A. F.

Modality and description. *Journal of Symbolic Logic*, 13, 31–7.

1950 Geach, P. T

(a) Russell's Theory of Descriptions, *Analysis*, 10, 84–88.

(b) Russell's Analysis of Existence, *Analysis*, 11, 124–31.

Strawson, P. F.

On Referring, *Mind*, n.s. 59, 320–44.

1951 Donagan, Alan.

Recent Criticisms of Russell's Analysis of Existence, *Analysis*, 12, 132–7.

1952 Martin, Richard M.

On the Berkeley-Russell theory of proper names, *Philosophy and Phenomenological Research*, 13, 221–31.

Pap, Arthur.

Logic, existence, and the theory of descriptions, *Analysis*, 13, 97–111.

1953 Wilson, N. L.

(a) Description and designation, *Journal of Philosophy*, 50, 369–83.

(b) In defense of proper names against descriptions, *Philosophical Studies*, 4, 72–8.

1954 Butler, R. J.

The scaffolding of Russell's theory of descriptions, *Philosophical Review*, 63, 350–64.

Sellars, Wilfrid.

Presupposing, *Philosophical Review*, 63, 197–215.

Strawson, P. F.

A Reply to Mr Sellars, *Philosophical Review*, 63, 216–231.

1956 Leonard, Henry.

The logic of existence, *Philosophical Studies*, 7, 49–64.

1957 Hochberg, Herbert.

Descriptions, scope, and identity, *Analysis*, 18, 20–2.

1958 Searle, John.

Russell's objections to Frege's theory of sense and reference, *Analysis*, 18, 137–42.

1959 Geach, P. T.

Russell on meaning and denoting, *Analysis*, 19, 69–72.

Hailperin, Theodore, and Leblanc, Hughes.

Nondesignating singular terms, *Philosophical Review*, 68, 239–243.

Hintikka, Jaakko.

Existential presuppositions and existential commitment, *Journal of Philosophy*, 63, 125–137.

Rescher, Nicholas.

On the logic of existence and denotation, *Philosophical Review*, 68, 157–80.

1960 Jager, Ronald.

Russell's denoting complex, *Analysis*, 20, 53–62.

Lejewsky, Czeslaw.

A re-examination of Russell's theory of descriptions, *Philosophy*, 35, 14–29.

1962 Linsky, Leonard.

Reference and referents, in *Philosophy and Ordinary Language*, ed. C. Caton. Urbana: University of Illinois Press.

1964 Kalish, D. and Montague, R.

Remarks on descriptions and natural deduction I, *Archiv fur mathematische Logik und Grundlagenforschung*, 3, 50–64.

1965 Prior, A. N.

Existence in Leśniewski and Russell in *Formal Systems and Recursive Functions* (Amsterdam), 149–55.

1966 Linsky, Leonard.

Substitutivity and descriptions, *Journal of Philosophy*, 58, 673–84.

1967 Ayer, A. J.

An appraisal of Bertrand Russell's Philosophy. In *Bertrand Russell: Philosopher of the Century*, ed. R. Schoenman, pp. 167–78.

Linsky, Leonard.

Referring. Chap. iv. London, Routledge and Kegan Paul.

1968 Cassin, Christine.

Bertrand Russell's theory of descriptions (1903–1919).Dissertation, Florida State University.

1970 Cassin, Chrystine E.

(a) Russell's discussion of meaning and denotation. In E. D. Klemke, *Essays on Bertrand Russell*, 256–72.

(b) Russell's distinction between the primary and secondary occurrence of definite descriptions, *Ibid*. 273–84.

Hochberg, Herbert.

Strawson, Russell, and the King of France, *Ibid*. 309–41.

Jacobson, Arthur.

Russell and Strawson on referring, *Ibid*. 285–308.

Kaplan, David.

What is Russell's Theory of Descriptions? in *Physics, Logic and History*, pp. 277–96, ed.W. Yourgrau and Allen D.Breck. New York: Plenum Press.

III 类和悖论

1909 Poincaré, Henri.

La logique de l'infini, *Revue de Métaphysique et de Morale*, 17, 451–82.

1914 König, Julius.

Neue Grundlagen der Logik, Arithmetik, und Mengenlehre (Leipzig), p. 155.

1921 Chwistek, Leon.

Antynomje logiki formalng (Antinomies of formal logic), *Przeglad Filozoficzny*, 24, 164–171. Reprinted in *Polish Logic*, ed. Storrs McCall. Oxford, 1967.

1922 Chwistek, Leon.

Zasady czysteg teerzi typow (The principles of a simple theory of types), *Przeglad Filozoficzny*, 25.

1923 Fraenkel, A.

Einleitung in die Mengenlehre (Berlin), pp.183 ff.

1924 Chwistck, Leon.

The theory of constructive types, *Bocznik Polskiege Towarzystma Matematycznego* (Year Book of the Polish Mathematical Society), 2, 9–48.

1925 Ramsey, F. P.

The foundations of mathematics, *Proceedings of the London Mathematical Society*, series 2, 25, 338–84.

1926 Langer, S. K.

Confusion of symbols and confusion of logical types, *Mind*, n.s. 35, 222–9.

1928 Hilbert, D. and Ackermann, W.

Grundzüge der Theoretischen Logik (Berlin-Göttingen-Heidelberg), pp. 114–15.

Weiss, Paul.

The theory of types, *Mind*, n.s. 37, 338–48.

1930 Hahn, Hans.

Überflüssige Wesenheiten (Vienna).

1931 Joergensen, Joergen.

A Treatise of Formal Logic (Copenhagen), iii, ch. 12.

1934 Black, Max.

The Nature of Mathematics (Part I-Logistic) London.

1936 Quine, Willard Van Orman.

On the axiom of reducibility, *Mind*, n.s. 45, 498–500.

1937 Quine, Willard Van Orman.

New foundations for mathematical logic, *American Mathematical Monthly*, 44, 70–80.

1938 Fitch, Frederick.

The consistency of the ramified Principia, *Journal of Symbolic Logic*, 3, 140–50.

Quine, Willard Van Orman.

On the theory of types, *Ibid*. 125–39.

1940 Church, Alonzo.

A formulation of the simple theory of types, *Journal of Symbolic Logic*, 5, 56–68.

1941 Quine, Willard Van Orman.

Whitehead and the rise of modern logic, in *The Philosophy of Alfred North Whitehead*, pp. 15–64, ed. P. A. Schilpp (La Salle: Open Court).

1944 Black. Max.

Russell's philosophy of language, in *The Philosophy of Bertrand Russell*, ed. P. A.Schilpp, pp. 227–56.

Godel, Kurt.

Russell's mathematical logic, *Ibid.* 123–54.

1948 Turing, A. M.

Practical forms of type theory, *Journal of Symbolic Logic*, 13 30–94.

1949 Henkin, Leon.

Completeness in the theory of types, *Journal of Symbolic Logic*, 14, 159–66.

1950 Copi, Irving.

The inconsistency or redundancy of *Principia Mathematica*, *Philosophy and Phenomenological Research*, 11, 190–9.

Shearn, Martin.

Whitehead and Russell's theory of types—a reply, *Analysis*, 11, 45–8.

Smart, J. J. C.

Whitehead and Russell's theory of types, *Analysis*, 10, 93–6.

1951 Myhill, John.

Report of some investigations concerning the consistency of the axiom of reducibility, *Journal of Symbolic Logic*, 16, 35–42.

Smart, J. J. C.

the theory of types again, *Analysis*, 11, 31–7.

1958 Borkowski, Ludwig.

Reduction of arithmetic to logic based on the theory of types, *Studia Logica*, 8, 283–95.

1960 Schutte, Karl.

Syntactical and semantical properties of simple type theory, *Journal of Sym-

bolic Logic, 25, 305–26.

1963 Peters, Franz.

Russell on class theory. *Synthèse*, 15, 327–35.

Sommers, Fred.

Types and ontology, *Philosophical Review*, 72, 327–63.

Sellars, Wilfrid.

Classes as abstract entities and the Russell paradox. *Review of Metaphysics*, 17, 67–90.

1971 Copi, Irving.

The Theory of Logical Types. London: George Allen & Unwin.

IV 逻辑和数学的哲学

1904 Wilson, Edwin B.

Review of *Principles of Mathematics, Bulletin of the American Mathematical Society*, II, 74–93.

1912 Shaw. James B.

Review of *Principia Mathematica, Bulletin of the American Mathematical Society*, 18, 386–411.

1915 Lowenheim, L.

Uber Möglichkeiten im Relativkalkul, *Mathematische Annalen*, 76, 447–470.

1918 Weyl, Hermann.

Das Kontinuum (Leipzig).

1920 Skolem, Thoralf.

Logisch-kombinatorische Untersuchungen über die Erfullbarkeit oder Beweisbarkeit mathematischer Sätze nebst einem Theoreme uber dichte Mengen, *Videnskapsselskapets skrifter, I Matematisk-naturevidenskabelig klasse, no.4.*

1921 Wittgenstein, Ludwig.

Tractalus-Logico-Philosophicus. Annalen der Naturphilosophie. Eng. translation by C. K. Ogden. London: Routledge and Kegan Paul, 1922.

1925 Ramsey, F. P.

The foundations of mathematics, *Proceedings of the London Mathematical Society*, series 2, 25, 338–84.

1926 Ramsey, F, P.

Mathematical logic, *Mathematical Gazette*, 13, 185–94.

1927 Russell, Bertrand.

Introduction to *Principia Mathematica*, 2nd ed. London: Cambridge University Press.

1928 Carnap, Rudolph.

Die Logische Aufbau der Welt (Berlin).

Church, Alonzo.

Review of *Principia Mathematica* vols. ii and iii, *Bulletin of the American Mathematical Society*, 34, 237–40.

Skolem, Thoralf.

Uber die Mathematische Logik, *Norsk Matematisk Tidsskrift*, 10, 125–42.

1929 Carnap, Rudolph.

Abriss der Logistik (Wien).

1930 Godel, Kurt.

Die Vollstandigkeit der Axiome des logischen Funktionenkalküls, *Monatshefte für Mathematik und Physik*, 37, 349–60.

1931 Carnap, Rudolf.

The logicist foundations of mathematics, *Erkenntnis*, 1931; in English in Pears'*Bertrand Russell*, pp. 175–91.

Godel, Kurt.

Uber formal unentscheidbare Satze der *Principia Mathematica* und verwandter Systeme 1, *Ibid.* 38, 173–98.

1934 Nelson, E. J.

Whitehead and Russell's theory of deduction as a non-mathematical science, *Bulletin of the American Mathematical Society*, 40, 478–86.

1936 Church, Alonzo.

A note on the Entscheidungseproblem, *Journal of Symbolic Logic*, 40–41, 101–2.

1956 Hochberg, Herbert.

Peano, Russell, and logicism. *Analysis*, 16, 118–20.

1960 Church, Alonzo.

Mathematics and Logic. In *Logic, Methodology and Philosophy of Science. Proceedings of the 1960 International Congress*, ed, E. Nagel, P. Suppes, and A. Tarski, stanford: Stanford University Press.

1962 Henkin, Leon.

Are logic and mathematics identical? *Science*, 9,788–794.

1965 Wang, Hao,

Russell and his logic, *Ratio*, 7, 1–34.

1967 Prior, A. N.

Russell, Bertrand Arthur William; Logic and mathematics. Article in *Encyclopedia of Philosophy*, ed, Paul Edwards.New York: Random House.

Putnam, Hilary.

The Thesis that Mathematics is Logic. In R, Schoenman, *Bertrand Russell: Philosopher of the Century*, pp. 273–903.

1970 Hochberg, Herbert.

Russell's Reduction of Arithmetic to Logic. In E. D.Klemke, *Essays on Bertrand Russell*, pp. 396–415.

Pollock, John L.

On Logicism, *Ibid*, 388–95.

1972 Chihara, Charles S.

Russell's Theory of Types. In Pears, *Bertrand Russell*, pp. 245–89.

Kreisel, George.

Bertrand Russell's Logic. In Pears, *Bertrand Russell*, pp.168–74.

《分析哲学名著译丛》书目

第一辑

指称与存在：约翰·洛克讲座	〔美〕克里普克
笛卡尔语言学：唯理主义思想史上的一章	〔美〕乔姆斯基
语言的逻辑句法	〔德〕卡尔纳普
思想与实在	〔英〕达米特
感觉的界限：论康德的《纯粹理性批判》	〔英〕P. F. 斯特劳森
分析论文集	〔英〕罗素

第二辑

个体：论描述的形而上学	〔英〕P. F. 斯特劳森
真与谓述	〔美〕唐纳德·戴维森
怀疑论集	〔英〕罗素
哲学论文集	〔英〕J. L. 奥斯汀

图书在版编目（CIP）数据

分析论文集 /（英）罗素著；邱文元译. -- 北京：商务印书馆，2024. --（分析哲学名著译丛）. -- ISBN 978-7-100-24517-3

Ⅰ. B089-53

中国国家版本馆CIP数据核字第2024RC3637号

权利保留，侵权必究。

分析哲学名著译丛

分析论文集

〔英〕罗素 著
邱文元 译

商务印书馆出版
（北京王府井大街36号 邮政编码100710）
商务印书馆发行
北京市艺辉印刷有限公司印刷
ISBN 978-7-100-24517-3

2024年11月第1版　　开本880×1230　1/32
2024年11月北京第1次印刷　印张14 7/8
定价：65.00元